**权威·前沿·原创**

皮书系列为

“十二五”“十三五”国家重点图书出版规划项目

金融蓝皮书

BLUE BOOK OF FINANCE

# 中国互联网金融行业分析与评估（2018）

ANALYSIS AND EVALUATION ON CHINA'S INTERNET FINANCE INDUSTRY (2018)

## 互联网金融专项整治与网贷（互金）平台风险评级

主　编／黄国平　伍旭川
副主编／胡志浩　蔡　真　潘瑾健

社会科学文献出版社
SOCIAL SCIENCES ACADEMIC PRESS (CHINA)

**图书在版编目(CIP)数据**

中国互联网金融行业分析与评估：互联网金融专项整治与网贷（互金）平台风险评级 . 2018 / 黄国平，伍旭川主编 . -- 北京：社会科学文献出版社，2018. 5

（金融蓝皮书）

ISBN 978 - 7 - 5201 - 2432 - 4

Ⅰ. ①中… Ⅱ. ①黄… ②伍… Ⅲ. ①互联网络 - 应用 - 金融 - 研究报告 - 中国 - 2018 ~ 2018 Ⅳ. ①F832. 2

中国版本图书馆 CIP 数据核字（2018）第 047976 号

金融蓝皮书

**中国互联网金融行业分析与评估（2018）**

——互联网金融专项整治与网贷(互金)平台风险评级

主　　编 / 黄国平　伍旭川

副 主 编 / 胡志浩　蔡　真　潘瑾健

出 版 人 / 谢寿光

项目统筹 / 邓泳红　吴　敏

责任编辑 / 张　超

出　　版 / 社会科学文献出版社 · 皮书出版分社（010）59367127

地址：北京市北三环中路甲 29 号院华龙大厦　邮编：100029

网址：www. ssap. com. cn

发　　行 / 市场营销中心（010）59367081　59367018

印　　装 / 三河市龙林印务有限公司

规　　格 / 开 本：787mm × 1092mm　1/16

印 张：22. 5　字 数：335 千字

版　　次 / 2018 年 5 月第 1 版　2018 年 5 月第 1 次印刷

书　　号 / ISBN 978 - 7 - 5201 - 2432 - 4

定　　价 / 99. 00 元

皮书序列号 / PSN B - 2016 - 585 - 7/7

# 《中国互联网金融行业分析与评估（2018）》
# 编　委　会

# 主要编撰者简介

**黄国平** 安徽潜山人，研究员，博士。2004 年毕业于中国社会科学院研究生院数量经济与技术经济专业，获经济学博士学位，2004 年 9 月至 2007 年 3 月在中国社会科学院金融研究所从事博士后研究。中国社会科学院金融研究所研究员，中国社会科学院投融资研究中心主任，中国社会科学院研究生院教授，中国金融期货交易所北京金融衍生品研究院特约研究员，中国保险行业协会互联网分会委员。主要研究方向为金融风险管理与度量、金融（衍生）产品设计与定价、普惠与互联网金融的创新与评价以及金融科技政策和理论研究。

**伍旭川** 安徽安庆人，经济学博士。2004 年毕业于中国社会科学院研究生院财贸经济系。中国人民银行金融研究所研究员、综合部主任，互联网金融研究中心副主任兼秘书长。主要研究方向为货币理论与政策、普惠与互联网金融创新与发展。

# 编撰单位简介

**国家金融与发展实验室**

国家金融与发展实验室系中央批准设立的首批国家级高端智库。遵循科学性、建设性、独立性和开放性原则，主要集中于国内外货币金融政策、金融改革与发展、金融创新与监管、金融安全与风险管理、全球治理与政策协调等广泛领域，开展高质量、专业性、系统化、前瞻性研究，为提高我国经济和金融综合研判、战略谋划和风险管理能力服务，为国家制定货币金融政策和宏观经济政策服务，为各地区金融发展服务，为推动国内外金融学术交流和政策对话服务，为国内外科研组织、金融机构和工商企业提供应用性研究成果和咨询服务。

# 序 言

党的十八大以来，中国金融发展取得新的重大成就。社会融资规模、金融机构数量和直接融资比例显著提高。人民币国际化和金融双向开放取得新进展，外汇储备稳居世界首位。此际，我们还发起了亚投行、金砖银行，设立丝路基金，有力支持了“一带一路”的实施，促进金融服务实体经济本源回归。毋庸讳言，我国金融业在取得显著成绩的同时，金融体系也经历了一系列冲击。

2008 年以来，中国金融市场持续波动发展，其间发生的诸多事件，规模之大、影响之烈可谓世之罕见。目前，中国金融体系正处于维护金融稳定和防范系统性风险的关键期。经济金融经过上一轮扩张期后，进入下行“清算”期。同时，实体经济供需失衡，金融业内部失衡，金融和实体经济循环不畅。另外，体制性原因导致一些市场行为出现异化，道德风险明显上升，而金融监管很不适应。中国金融业面临新挑战，需直面应对。

第一个挑战就是结构失衡。目前，实体经济存在严重的供需结构性失衡，循环不畅。解决这一问题，需要扎实推进供给侧结构性改革，这也是当前和今后一个时期金融为实体经济服务的一个根本任务。

第二个挑战是外延式扩张模式已至末路。过去经济快速增长，金融业可以快速上规模，可以搞外延式扩张。随着我国经济进入新常态，原来的路已至末路。质量优先，效率至上，内涵式发展成为发展的新模式。特别是在产能过剩的条件下，更要注重存量重组、增量优化、动能转换。

第三个挑战是中国金融业的发展环境已经彻底改变。金融业制度性利差明显，一度存在“坐地收钱”的强势思维。而如今这种情况已经一去不复返了，今后要突出的是以客户需求为导向、以服务创造价值，靠竞争力吃饭。

为此，我们需要重新打造适应实体经济发展的“金融链”。这可以从六个方面入手，即把发展直接融资特别是股权融资放在突出位置，加快资本市场改革，注重提高上市公司的质量；支持创业投资，发展天使投资、创业投资等风险投资；改善间接融资结构，加快实现国有大银行战略转型，发展中小型银行和民营金融机构；坚持开发性、政策性金融功能定位，加大对重点领域和薄弱环节的支持，与商业性金融联动互补、差异化发展；中小金融机构要注重本地化，扎根基层、服务当地、精耕细作，不宜搞业务多元化和跨区域经营；促进商业保险发挥长期稳健投资作用，发挥经济的“减震器”和社会“稳定器”功能。

事实上，这也是2017年全国金融工作会议为未来金融体系勾画的要点。在全国金融工作会议上，习近平总书记做出了“金融风险的源头在高杠杆”的明确判断。这就告诉我们，我国风险管理和加强监管任务，集中在去杠杆上，去杠杆是防范风险和维护稳定的必要前提。今后一个时期我国实体经济的主要风险，将集中体现为经济增长速度下滑、产能过剩、企业困难加剧和失业率上升等。与之对应，我国主要的金融风险将集中体现为杠杆率攀升、债务负担加重和不良资产增加。为此，促进实体经济发展，引导资金脱虚向实是关键。而引导资金脱虚向实，仅仅依靠从金融侧去杠杆倒逼资金流向实体经济，效果并不明显，更重要的仍是提高实体经济效率。而要提高实体经济效率，就必须要提高资产回报率在上升的行业的比重，深入推进供给侧结构性改革，实施大规模产业调整势在必行。

互联网金融和金融科技发展对引导资金脱虚向实、提高金融效率、促进金融服务实体经济、增强金融普惠性都具有重要意义。金融科技和互联网金融的长尾效应可以扩大金融服务范围，促进普惠金融发展，提高金融服务的公平性。同时，金融科技和互联网金融发展也有助于降低融资成本，提高资金流动性，优化资源配置。金融服务范围的扩大和金融效率的提高，进一步促进小微企业发展和居民消费水平提升，有力地支持了供给侧结构性改革，从而提高了金融服务实体经济的力度。互联网金融自2013年迎来爆发性增长以来，监管态势也经历了由松到紧，由鼓励、促进到规范发展的转变。2017

年7月，中央金融工作会议再次提出“加强互联网金融监管”，充分显示中央引导和规范金融科技与互联网金融健康发展的意志和决心。当前，政府监管与自律规范有机结合的管理体制正在逐步构建，行业整体风险下降态势明显，风险案件高发频发势头得到遏制，机构优胜劣汰加速调整，发展环境逐步净化。可以预见，随着专项整治收官和长效机制建立，我国金融科技和互联网金融发展必将实现真正腾飞。

本书延续了《中国互联网金融行业分析与评估（2016～2017）》的研究框架和结构，从行业平台状况、运行态势和特征、风险管理和监管、国家监管发展与启示以及未来展望与趋势等方面对2017年以网络借贷为代表的中国金融科技和互联网金融行业总体概况进行了分析展望和总结。相信本书的出版能够为我国金融科技和互联网金融行业规范、健康发展做出积极贡献。

李 扬

中国社会科学院学部委员，经济学部主任

国家金融与发展实验室理事长

# 摘 要

互联网金融自2013年迎来爆发性增长以来，监管态势也经历了由松到紧，由鼓励、促进到规范、健康发展的转变。2017年7月，中央金融工作会议再次提出“加强互联网金融监管”，充分显示中央引导和规范金融科技与互联网金融健康发展的意志和决心。目前，我国互联网金融行业正式告别“野蛮生长”的初生期，进入理性规范发展的成长期。互联网金融专项整治工作在“时间服从质量”原则下，经过严格的整顿清理亦已进入尾声。随着政策法规陆续出台，政府监管与行业自律有机结合的管理体制逐步构建，行业整体风险下降态势明显，风险案件高发、频发势头得到遏制，机构优胜劣汰加速调整，发展环境逐步净化，行业总体趋于理性。

互联网金融作为普惠金融的有效实践，支持实体经济、促进普惠金融发展不仅是互联网金融稳健发展的重要目标，也是互联网金融回归理性发展的要义和主旨。在监管与行业两相努力下，互联网金融行业的发展已经表现出由追求数量增长向追求质量提升转变。摒弃野蛮生长的毒瘤，重拾业务本源与初心成为行业发展主题。服务实体践行普惠，科技金融加速融合。从互联网金融发展的实践来看，互联网金融企业有向综合化经营与专业化经营并存的局面转化的趋势。目前，互联网金融进入门槛已显著提高，行业内部已从先前“完全市场化”的野蛮、无序竞争逐渐走向“规模化”和“垄断化”竞争趋势，涌现若干实力强劲从业机构。行业竞争愈益激烈，马太效应日渐显现。

2017年，全国金融工作会议确立了金融监管全覆盖的原则和目标。互联网金融作为传统金融的有益补充，不论是从其金融本质属性还是与传统金融紧密关系来看，纳入金融监管势在必行。当前，互联网金融行业业务转型正伏栃推进，持照经营也势在必行。网络借贷行业已经实行了实质性类似于金融牌照监管的备案登记制度；互联网保险、互联网支付则已经执行金融特许经营监管，并发放了相当数量的金融牌照；互联网众筹尽管仍处于试点过程中，但持照经营必然是大势所趋。

我国互联网金融的发展已经居于世界首位，在模式创新、技术革新方面均引领全球，不仅诞生了大量新兴的互联网金融创业企业，也产生了估值高、规模大、业务广的“独角兽”企业。在科技融合深化、商业模式成熟、竞争日趋激烈、行业回归理性的大背景下，互联网金融行业正在通过广泛的合作或依托自身平台打造丰富的生态圈体系，同时积极探索与寻找潜在的增加价值。为此，我们在监管政策和理念上，需要以促进互联网金融行业健康发展为目标，从降低成本和提升效率等多方面促进金融科技和互联网金融更好服务实体经济。同时，在监管体系建设上，着实构建中央指导、地方执行、行业自律、社会监督的跨部门跨地域的全面监管模式，在监管技术和手段上，积极拥抱“监管科技”，注重通过技术手段和分析模型的应用。

**关键词：** 中国　互联网金融　专项整治　风险评级

# Abstract

Since the explosive growth of Internet Finance in 2013, the regulatory situation has undergone a change from loose to tight, from encouragement and promotion to standardized and healthy development. In July 2017, the Central Financial Work Conference once again put forward "strengthening internet financial supervision", fully showing the Central Committee's mind to guide and regulate the healthy development of Financial Technology and Internet Finance. Now, China's Internet Finance industry has formally bid farewell to the initial period of "barbaric growth" and entered into the rational and standardized development period. The special rectification work of Internet Finance has also come to an end after strict inspections. With the policies and regulations promulgated, the combined management system of government regulation and industry self-regulation has been gradually established. As it is seen, the overall risk of the industry declines significantly, the frequent occurrence of risk cases tends to be curbed, and the survival of the fittest accelerates the adjustment of markets. The Internet Finance industry develops more rationally while the overall environment being purified gradually.

From the perspective of Inclusive Finance practice, to support the real economy as well as promote the Inclusive Finance development is not only an important goal for the steady development of Internet Finance, but also a gist and theme for its rational growth. With the efforts of government supervision and industry self-regulation, the development of Internet Finance has shown a change from the pursuit of quantity growth to the pursuit of quality improvement. Abandoning the tumor of barbarous growth and returning to the source of loan business become the main theme of the industry. Its development not only serves the real economy but also practices the Inclusive Finance, thus accelerating the integration of technology and finance. From the perspective of the Internet Finance development, the enterprises have the tendency to transform into the situation of the coexistence of integrated and professional management. At present, the entry threshold of Internet Finance has been significantly improved. The industry has gradually moved from the barbarous and disordered competition in a "completely marketization" state to the "large-scale" and "monopolized" competition. The market competition becomes increasingly fierce while the Matthew effect being more obvious.

In 2017, the National Conference on financial work established the principles and objectives of the full coverage of financial supervision. As a useful supplement to traditional finance, Internet finance is necessarily included in the financial regulation whether from its financial essence or relationship to traditional finance. Currently, the business transformation of Internet Finance is being promoted and the licensed operation is on the way. The network lending industry has implemented a registration system which is substantially similar to the financial licenses supervision; the Internet Insurance and Internet Payment has also already implemented the financial franchise regulation and issued a considerable number of financial licenses; the Internet Crowdfunding is still in a pilot process, but its licensed operation would be the general trend.

The development of Internet Finance in China has ranked global first, leading the world in pattern innovation and technology improvement. There has been a large number of newly emerging start-ups of Internet Finance, as well as "unicorn" enterprises with high valuation, large scale and extensive business. Under the background of the deepening integration of science and technology, the maturation of business model, the increasingly fierce competition of markets and the returning to rational development of Internet Finance, enterprises are trying to build a rich eco-system through extensive cooperation or relying on their own platforms while exploring and seeking for potential value added. Therefore, we should make regulatory policies and rules to promote the healthy development of Internet Finance, and lead Financial Technology and Internet Finance to better serve the real economy from many aspects, such as reducing costs and improving efficiency. At the same time, in the construction of supervision system, we should construct an inter-departmental and cross-regional comprehensive supervision mode which includes the central government guidance, the really local government execution, the industry self-regulation and the social supervision. What's more, in terms of supervision means, we should actively embrace the "supervision technology" and pay attention to the application of technical tools and analysis model.

**Keywords**: China; Internet Finance; Special Regulation; Risk Rating

# 目　录

## Ⅰ　总报告



## Ⅱ　风险评级篇

## Ⅲ 行业发展篇



## Ⅳ 专项整治篇



## Ⅴ 专题篇



皮书数据库阅读**使用指南**

# CONTENTS

## I General Report



## Ⅱ Risk Rating Report

## Ⅲ Industry Development Reports



## Ⅳ Special Rectification Reports

# V Special Reports

# 总 报 告

General Report

# B.1 中国互联网金融行业专项整治和规范发展（2017）

黄国平　李　根　王　平　伍旭川　胡志浩　蔡　真　方　龙*

**摘　要：** 互联网金融自2013年迎来爆发性增长以来，连续四年被写入中央政府的政府工作报告中，监管态度也经历了由松到紧、由鼓励发展到促进健康发展的转变。2017年7月，中央金融工作会议再次提出“加强互联网金融监管”，充分显示中央引导和规范金融科技与互联网金融健康发展的意志和决心。得益于金融科技与互联网金融领域的监管政策、法规制度的渐次完善以及互联网金融专项治

* 黄国平，博士，中国社会科学院金融研究所研究员；李根，中国社会科学院投融资研究中心研究员，宜信研究院高级研究员；王平，中欧—世界银行中国普惠金融中心教授助理，宜信研究院研究员；伍旭川，博士，中国人民银行金融研究所研究员，互联网金融研究中心副主任；胡志浩，博士，中国社会科学院金融研究所研究员；蔡真，博士，中国社会科学院金融研究所副研究员；方龙，国家金融与发展实验室研究员，中国社会科学院投融资研究中心研究员。

理的全面展开，我国互联网金融行业正式告别“野蛮生长”的初生期，进入理性规范发展的成长期。互联网金融专项整治工作在“时间服从质量”原则下，经过严格的整顿清理亦已进入收官阶段，以期为形成促进我国金融科技与互联网金融健康发展的长效机制提供政策和实践依据。目前，行业整体生态环境明显改善，累积风险已得到了有效控制和治理。可以预见，随着专项整治收官和长效机制建立，我国金融科技与互联网金融发展必将实现真正腾飞。

**关键词：** 互联网金融　金融监管　专项整治　金融风险　规范发展

## 一　引言

2008 年金融危机之后，全球金融业依托新兴技术支撑出现了又一次创新浪潮，这波创新浪潮以互联网技术为开端，逐渐扩展到其他如移动互联网、大数据、云计算等新兴科技中，进入了金融业务融合数字信息技术的新发展阶段，金融科技开始走进社会和公众视野。① 国内，作为金融科技主要业态和表现形式的互联网金融②，也开始呈现蓬勃发展，并广为社会和公众

① 根据金融稳定理事会（FSB）对“金融科技”的定义，金融科技是指技术带来的金融创新，它能创造新的模式、业务、流程与产品，既包括前端产业也包含后台技术。实践中，金融科技（包括互联网金融）处于发展初期，涉及的业务模式尚不稳定，不同背景和情景下的业务形态也存在差异。例如，从金融监管角度，巴塞尔银行监管委员会将金融科技分为支付结算、存贷款与资本筹集、投资管理、市场设施四类；从行业发展的角度，波士顿咨询集团（BCG，Boston Consulting Group）把金融科技划分为支付、保险、规划、借贷/众筹、区块链、交易和投资、数据和分析、安全八个领域。

② 严格意义上，“互联网金融”是中国本土概念。根据 2015 年 7 月中国人民银行等十部门发布的《关于促进互联网金融健康发展的指导意见》定义，“互联网金融”是传统金融机构与互联网企业利用互联网技术和信息通信技术实现资金融通、支付、投资和信息中介服务的新型金融业务模式。“互联网金融”与“金融科技”既有相似性也有区别。从内涵上看，两者都体现了运用新技术、手段和理念创新和优化金融服务，强调金融与科技有机融合；从外延上看，“金融科技”在更大程度上包含了“互联网金融”，“互联网金融”可能会最终融入“金融科技”概念，从而在理念、学术层面上形成通用、一致的概念体系。

熟知。我国金融科技与互联网金融的发展可以追溯到20世纪90年代。当时，以银行、证券、保险为代表的金融机构为提升效率，初步使用计算机进行数据存储和计算，将部分业务从线下转移到线上。2005年，随着互联网的广泛应用与网民数量的迅速上升，以互联网为依托的第三方支付业务与网上银行业务逐步发展起来，2007年，P2P网络借贷等新型金融业务模式在国内落地，开始萌芽。2013年，中国金融科技与互联网金融呈现多元化发展态势，网络借贷、互联网众筹、互联网理财、互联网保险等业态开始出现“爆发甚至野蛮式”的扩张之路。

作为金融与科技有机融合的金融科技与互联网金融不仅是对传统金融的有益补充，更有可能是代表着金融业未来的发展方向。金融科技与互联网金融发展不仅提高了金融的效率和创新能力，同时也为普惠金融、民主金融以及金融扶贫提供了强有力的技术支撑。金融科技与互联网金融平台以更低的成本和更便捷的模式让社会不同群体受益于金融服务，尤其是为个人和中小微企业的融资难问题提供了有效的解决途径。由于历史、体制以及征信体系不完备等原因，加之我国普通居民和中小微企业本身所具有的风险特征，他们在传统金融体系下的融资困境始终难以缓解，成为制约经济发展和社会稳定的难题。以“去中心化，分享与普惠”为特征的互联网金融的出现，为国家寻求有效解决普惠金融和中小微企业融资困境提供了一个可尝试的选择路径。鉴于此，国家在战略层面上一直积极推动和支持金融科技与互联网金融健康发展。也正因如此，我国金融科技与互联网金融行业发展极为迅速，在与美国、英国、新加坡等金融科技发展较为迅猛的国家角逐过程中，无论是市场规模还是技术能力或者业务形式都处于较为领先的地位。

在我国金融科技与互联网金融快速发展的同时，相应的监管体系和政策没有及时跟上，致使行业发展风险累积，呈现一定的乱象。2015年之前，我国对于金融科技与互联网金融的定义、准入、信息披露等都处于立法空白境地，监管主体也没有明确规定。随着互联网金融业务增长和平台数量剧增，金融风险也在不断积聚，互联网金融生态环境不断恶化。2015年新年伊始，银监会机构调整中将网贷监管正式纳入新创设的普惠金融工作部。

2015年7月18日，中国人民银行等十部门联合印发《关于促进互联网金融健康发展的指导意见》，以“鼓励创新、防范风险、趋利避害、健康发展”为总要求，明确了包括股权众筹融资、网络借贷、互联网支付在内的多种互联网金融业态的职责边界。2016年3月，李克强总理在政府工作报告中指出，要加快改革完善现代金融监管体制，提高金融服务实体经济效率，实现金融风险监管的全覆盖，规范发展互联网金融。2016年10月13日，国务院办公厅正式印发《互联网金融风险专项整治工作实施方案的通知》，中国人民银行、中共中央宣传部、银监会等17个部门联合发出《通过互联网开展资产管理及跨界从事金融业务风险专项整治工作实施方案》，对应颁布了对互联网金融监管的配套文件。2017年7月，中央金融工作会议再次提出“加强互联网金融监管”，充分显示中央引导和规范金融科技与互联网金融健康发展的意志和决心。

随着金融科技与互联网金融领域的监管体系、政策法规的逐步完善以及互联网金融专项治理的全面展开，我国互联网金融行业正式告别“野蛮生长”的初生期，进入理性规范发展的成长期。互联网金融专项整治工作在“时间服从质量”原则下，经过严格的整顿清理亦已逐渐进入验收阶段，以期为形成促进我国金融科技与互联网金融健康发展的长效机制提供政策和实践依据。目前，行业整体生态环境明显改善，累积风险已得到了有效控制和治理，主流平台也正在积极应对银行资金存管、限额调整、ICP/EDI备案以及外部审计等基础合规性要求。可以预见，随着专项整治收官和长效机制建立，我国金融科技与互联网金融发展必将实现真正腾飞。

## 二　行业发展与特征

### （一）互联网金融总体趋于理性，现金业务发展失序

随着互联网金融风险专项整治深入开展，政策法规陆续出台，政府监管与行业自律有机结合的行业管理体制逐步构建，行业整体风险下降态势明

显，风险案件高发频发势头得到遏制，机构优胜劣汰加速调整，行业发展环境逐步净化。目前，专项整治工作取得显著成效，但是，实现建立互联网金融行业治理长效机制的目标依然任重道远。在互联网金融行业全面风险整治工作有序推进的过程中，一方面，金融主管部门在监管实践和风险排查中逐步加强对互联网金融风险的充分认识，通过行业对话、产研结合，初步形成了一套行之有效的监管思路，并积极颁布了以提升效率、防范风险、扶优去劣为目标的监管办法和监管细则；另一方面，互联网金融行业一改过去从业机构参差不齐的现象，在监管逐步趋严、市场回归理性的背景下行业机构去伪存真，已经涌现一批经营规模较大、商业模式有效、风险管理严格、业务操作合规的标杆企业。

具体从 P2P 网络借贷行业来看，行业回归理性的主要表现在于新增机构数量大幅减少、恶性问题平台生存空间受到挤压、撮合借贷平均期限增长、撮合投资回报利率下降、网贷机构积极拥抱监管规定。网贷之家统计数据显示，我国网络借贷运营平台在 2015 年 11 月最高达到 3473 家，此后，呈现逐月下降趋势，2017 年 12 月，全国网贷正常运营平台数量下降到 1931 家。2017 年以来，在每月新增平台数量呈现迅速下降的同时，问题平台亦呈现显著减少态势。不仅鲜见涉众面广、社会影响极恶劣的重大风险事件，还不乏网贷平台主动选择退出市场，有序开展资金清退和业务关停工作。在行业和市场从过热到正常的转变过程中，网贷机构主动调整业务规范，投资人用钱投票选择正常经营平台，两相作用极大压缩了偏离金融本质的异化业务生长空间，超短期、超高利的借贷项目不仅被正常合规守法经营的网贷平台所摒弃，网贷投资人面对高利诱惑也已经形成了理性的投资观念。截至 2017 年 12 月，网贷行业平均投资（借款）期限已经达到 10.02 个月，综合参考收益率降至 9.54%。网贷行业专项整治以来，行业态势变化情况见图 1 与图 2。

不可忽视的是，风险与非理性在一定程度上总是绝对存在的，相对的只是出现的领域和具体的表现形式，而这正是由金融创新与金融监管之间动态平衡的关系所致。在我国互联网金融行业总体呈现良性发展的同时，现金类

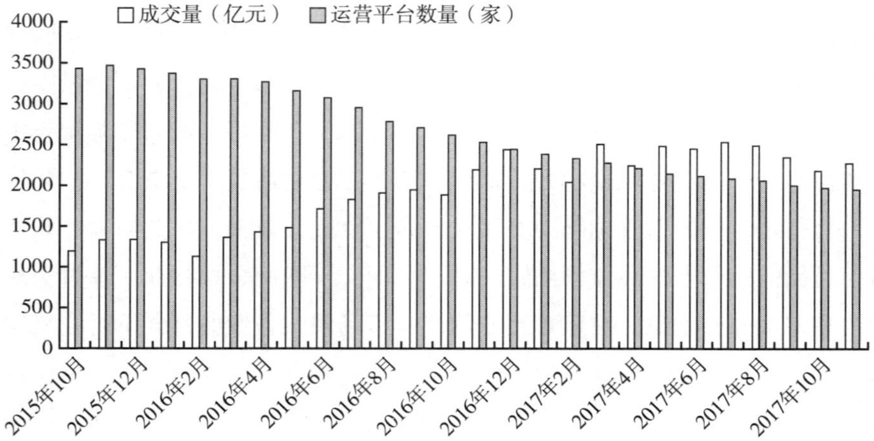


**图 1　网贷行业态势变化（成交量及运营平台）**

资料来源：网贷之家。

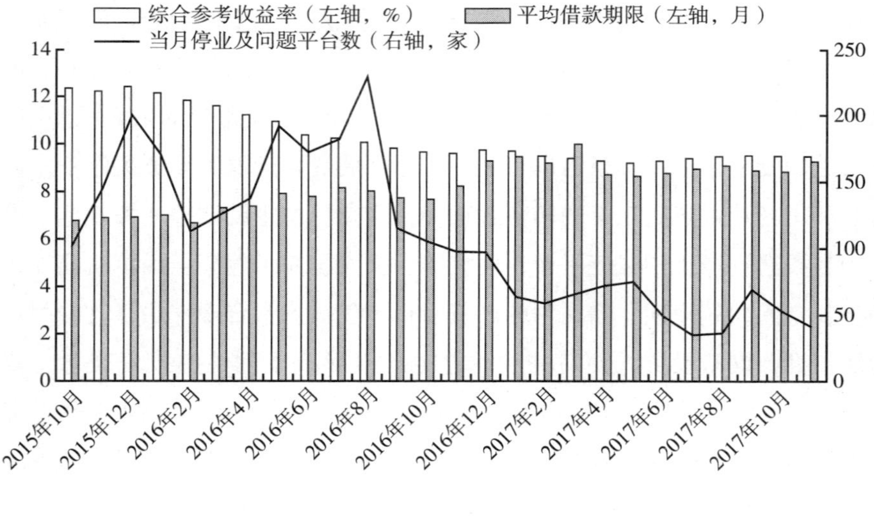


**图 2　网贷行业态势变化（收益率、借款期限和当月停业及问题平台数）**

资料来源：网贷之家。

业务（统称“现金贷”）则呈现发展失序态势。现金贷款业务通常为无抵押、无担保、借款用途不明确的信用贷款，具有方便灵活的借款与还款方式和实时审批、快速到账等特征。当前，我国互联网金融市场上，现金贷业务产品种类繁多，利率、期限和资金用途都各有差异（现金贷业务主要类型及代表性平台见表1）。诚然，现金贷业务在践行普惠、促进消费，从而在促进经济发展和结构调整方面都发挥了重要作用，然而我国现金贷市场上呈现的“高利贷”倾向、轻忽风险意识，以及“野蛮化”态势，导致行业风险累积，资金成本高企，暴力催收现象频发。当下，现金贷业务忽视金融工具使用者具体情况而粗暴采取高利率覆盖高风险的经营策略，造成借贷者出现多头负债、生活状况恶化、信用情况劣化等与普惠金融目标严重违背的结果，产生了极恶劣的社会影响。目前，市场上大量出现的现金贷机构出于逐利目的而进入行业，其借款综合年化利率水平普遍超过36%，甚至百分之几百。许多现金贷平台借贷管理忽视风险控制，在面临违约时鼓励借款者多头借贷或采取非法暴力催收。这在事实上造成了现金贷业务不仅无助于借贷者的生活改善，反而致其陷入债务旋涡。更为严重的是，大量现金贷业务形成的不良资产正在由资产证券化、助贷等模式流向正规金融体系中的金融机构，金融风险正在蔓延和生长。2017 年 12 月 1 日，《关于规范整顿“现金贷”业务的通知》正式下发，标志着现金贷行业的全面清理整治，现金贷业务的混乱发展局面势必将得到遏制。

**表1　现金贷业务主要类型及代表性平台（产品）**

| 产品类型 | 借款期限 | 资金用途 | 额度 | 代表性平台(产品) |
|---|---|---|---|---|
| 随借随还类 | 无固定期限 | 不定 | 人民币 30 万元以内 | 微粒贷,借呗,浦银点贷,建行快贷 |
| 超短期限类 | 低于 30 天 | 临时急用 | 人民币 500 ~ 5000 元为主 | 掌中科技—闪电借款,现金巴士 |
| 短期类 | 1 ~ 12 月 | 消费购物（不特定） | 人民币 5000 ~ 30000 元为主 | 小花钱包,Wecash 闪银奇异 |
| 中长期类 | 1 ~ 5 年 | 大件消费（不特定） | 人民币 1 万 ~ 20 万元为主 | 宜信惠民—精英贷,捷越联合—商悦贷,中银消费—信用贷 |

## （二）服务实体践行普惠，科技金融加速融合

互联网金融作为普惠金融的有效实践，支持实体经济、促进普惠金融发展不仅是互联网金融稳健发展的重要目标，也是互联网金融回归理性发展的要义和主要内涵。在监管与行业两相努力下，互联网金融行业的发展已经表现出由追求增长的数量向追求增长的质量转变，摒弃野蛮生长的毒瘤，重拾业务本源本质与初心成为行业发展主题，即行业发展的理性回归。综观互联网金融主要业态，回归理性的表现不仅是行业增长放缓甚至收缩，更为重要的在于行业明确自身定位、从业机构积极探索有价值的服务。同时，互联网金融从其诞生本源即与数字信息技术紧密结合，回归理性和本源促使机构在发展过程中重新审视技术的重要性，并将其置于发展的关键位置。

互联网众筹，尤其是互联网股权众筹，已经初步形成了聚集较高专业度参与者的生态环境，股权众筹平台通过与一系列专业投资机构的合作缓解早期投融资环节的信息不对称，并且不断发掘平台的多元附加价值，依托众筹平台提供产业链整合和创业企业全套服务，形成围绕创业企业的生态圈；互联网支付突破了简单支付中介的第三方支付业务带来的诸多增值潜力，已经逐渐由中介身份向多元金融服务入口转变，一些第三方支付机构依托其支付服务已经开展诸如生活缴费、虚拟信用卡、贷款、保险、征信等多种类的金融服务；互联网保险行业关注通过大数据、云计算、人工智能、区块链等技术的应用，加快推进保险行业的产品创新、服务提升、成本控制乃至风险管理，从而助推互联网保险更好地发挥保障功能进而更好地服务实体经济；P2P 网络借贷则积极探索三农和小微金融业务，以技术驱动业务创新，通过数据分析、智能设备、物联网等方式，拓展借贷业务的边界。金融服务实体经济发展的基本逻辑和原理：一是扩大金融服务范围——长尾效应，促进普惠金融发展；二是提高金融服务的公平性，提高金融服务效率——降低融资成本，提高资金流动性，优化资源配置。金融服务范围的扩大和金融效率的提高——促进居民消费水平提升和中、小、微企业发展，从而提高金融服务实体经济的力度。

随着我国经济发展、人民生活水平提高、消费者的消费理念转变，依托金融科技与互联网技术和手段，消费金融市场也正在悄然改变，从基本到升级消费、非理性到理性消费、被动到主动消费、标准化到定制化消费、个人到家庭服务消费、固定场景到移动场景消费。这些消费升级和消费理念转变，直接促进和推动传统消费金融向互联网消费金融转变。目前，我国消费金融经过7年多的发展，从试点，到扩大范围，再到全国推广，消费金融公司从4家、11家，发展到目前24家①，行业整体实现盈利，2016年累计实现净利润超过10亿元。目前，银监会将审批权下放到省级部门，以"成熟一家，审批一家"为主线，积极推动消费金融公司设立常态化，可以预见，未来将会继续有一批消费金融公司获批筹建。对于互联网金融平台而言，自2016年8月借款限额规定之后，平台资产项目已小额分散，这正是发展消费金融业务的良好契机。根据盈灿咨询的统计分析，截至2017年11月，主流互联网金融平台中，有77家平台涉足消费金融业务。从平台消费金融业务布局来看，超七成平台以个人小额信贷、个人消费贷款和综合消费分期切入，标的信息中多以日常消费、消费分期、个人消费贷款等描述借款用途。

金融与科技加速融合一方面从正面推动互联网金融行业发展创新，更好地服务实体经济，另一方面，从反面以竞合关系迫使传统金融机构积极探索和采纳新技术应用，从而提高传统金融体系科技融合与应用水平。在行业发展层面上，金融科技与互联网金融提升融资效率，扩大融资规模，为实体经济提供多样化的支付、清算和融资渠道。2013年非银支付机构处理业务总量仅为371亿笔，到2016年非银支付机构全年处理业务总量已经增长至

① 截至2017年5月，全国获批的消费金融公司总数为24家，包括试点期成立的北银消费金融有限公司、中银消费金融有限公司、四川锦程消费金融有限公司和捷信消费金融有限公司4家，修订期成立的招联消费金融有限公司、兴业消费金融有限公司、海尔消费金融有限公司、苏宁消费金融有限公司、湖北消费金融有限公司、马上消费金融有限公司、中邮消费金融有限公司7家，以及推广期成立的杭银消费金融有限公司、华融消费金融有限公司、盛银消费金融有限公司、晋商消费金融有限公司、长银消费金融有限公司、哈银消费金融有限公司、上海尚诚消费金融有限公司、中原消费金融有限公司、包银消费金融有限公司、长银五八消费金融有限公司、河北幸福消费金融有限公司、珠海易生华通消费金融有限公司、江苏苏银凯基消费金融有限公司13家。

1855亿笔，其间增长了4倍。2013年，我国非银支付行业处理业务总金额为18万亿元，至2016年处理业务总金额已经达到120万亿元，其间增长超过5倍。[①] 尽管互联网众筹行业新增平台数量和行业正常运营平台数量出现双下降，行业融资总金额仍然保持着增长趋势。2016年，我国互联网众筹平台众筹项目总金额达到68.2亿元，同比增长23.8%。[②] 截至2016年3月，中国互联网保险消费者已经超过3.3亿人，其中购买保险的主要领域包括电商保险、账户保险、旅行保险、车险、意外险、健康险领域。[③] 至于网络借贷，尽管平台数量有所减少，成交量、贷款余额、投资人数和借款人数仍然呈稳步上升态势。

从微观资金流向上看，金融科技与互联网金融有效支持了供给侧结构改革和融资结构改善，依托互联网、大数据、云计算等新兴技术有力践行了普惠金融和金融扶贫，支持和服务实体经济发展。宜人贷平台上借款资金用途，超过一半是用于创业投资和生意周转（见图3）。阿里巴巴、京东等行业巨头纷纷涉足“三农”，为金融科技与互联网金融的普惠性和金融扶贫的有效性提供了有力佐证。[④] 作为传统金融机构典型代表，中国银行也正式向社会推出“互联网+公益”扶贫工作新模式，利用公益理念、“互联网+”思维，借助市场力量、政府支持、金融技术，开发了“公益中行”精准扶贫平台，帮助更多的贫困户走上自力更生之路，实现脱贫致富。

目前，金融与科技融合也进一步促进了传统金融机构与新兴科技和互联网公司（平台）建立技术和业务上紧密合作关系，以更好地支持和服务实体经济。中国建设银行与阿里巴巴、蚂蚁金服签署了三方战略合作协议，在共同开展业务渠道合作、网络支付和信用数据共享的同时，蚂蚁金服将协助中国建设银行的线上信用卡业务；中国工商银行与京东集团签署了金融业务

① 数据引用自中国支付清算协会发布的《中国支付清算行业运行报告（2017）》。

② 数据来源：零壹财经。

③ 数据来源：零壹财经。

④ 阿里巴巴的农村淘宝战略卓有成效，已经在全国29个省份300余个县开业。同为电商巨头的京东提出了解决农业问题的“3F战略”，目前，京东乡村推广员人数已达到27万，覆盖27万个行政村，京东县级服务中心超过1500家，京东帮服务店布局超过1500家。

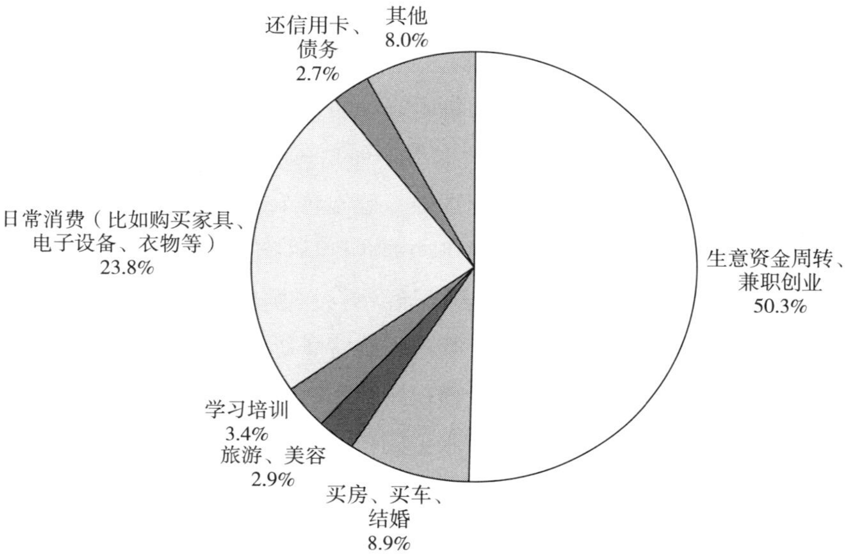


**图 3　宜人贷平台借款用途分布概况**

合作框架协议，全方位地加深技术、业务、渠道的双方合作，并已经推出“工银小白”数字银行服务；中国农业银行与百度达成战略合作，共建金融科技联合实验室，探索金融科技的具体应用与实践落地；中国银行与苏宁达成战略合作，推进普惠金融与金融科技发展合作。

## （三）行业竞争愈益激烈，马太效应日渐显现

在监管收紧、风险整顿的环境下，行业竞争愈益激烈，马太效应日渐显现。从当前互联网金融发展的实践来看，互联网金融企业有向综合化经营与专业化经营并存的局面转化趋势。目前，互联网金融进入门槛已显著提高，行业内部已从先前“完全市场化”的野蛮、无序竞争逐渐走向“规模化”和“垄断化”竞争，行业涌现出大量实力强劲的从业机构。这些有力的竞争者主要包括经过多轮融资甚至已经上市成功的创立较早的互联网金融机构（例如宜人贷）、由产业布局广泛的控股集团战略投资的互联网金融机构、由国有企业或大型金融机构发起设立的互联网金融机构（例如陆金服）以

及由互联网巨头出资参股设立的互联网金融机构（例如蚂蚁金服、京东金融等）。同时，互联网金融业务日趋表现出高度同质化，竞争逐步由横向转变为纵深。从业机构依托技术驱动创新，不断拓展场景化服务，以至在更多垂直服务场景中，出现大而全的机构与小而精的机构间的“肉搏式”纵深竞争。另外，随着市场参与者日趋理性，监管政策对于此前一些经营模式的限制等外在因素也要求互联网金融机构提升自身综合管理能力。当下的互联网金融市场，投资人在做投资决策时已经不仅只考虑收益率高低，而是综合平台背景、成立时长、经营状况、管理团队背景等多项因素来科学决策。监管提升对于此前的资产开发合作、债权转让和金交所合作模式的禁止也进一步抬高了行业风控管理要求与业务水平门槛。

这些客观情况演变出了当前行业集中度不断增加、行业头部企业优势愈加明显的现象。根据零壹财经监测统计，2017 年网络借贷行业成交规模前百家的平台已经占到由全部千余家平台组成的整个市场全年交易规模近八成；2016 年非银支付机构营收超过 10 亿元的达到 11 家，仅占非银支付机构总数的 5%，但其营收约占全部非银支付机构总营收的三成以上；2016 年互联网保险财险市场集中度虽然较之前略有下降，但平安产险、众安在线和人保财险三家互联网财险所实现的保费收入仍达到全部互联网财险保费收入的约半数。究其根本，在增长与发展由数量向质量的转变过程中，竞争方式已经从原始的价格竞争、营销竞争向综合能力竞争、技术实力竞争、产品创新竞争、服务水平竞争等方面转移，行业巨头企业凭借其积累的比较优势和建立的用户口碑，通过自主研发或并购更容易实现业务的场景拓展和深度创新，也更能够获得市场新入用户的信赖。

当前，我国互联网金融伴随着行业竞争和融合发展，某些专业化较强的网贷平台和众筹企业可能仍然坚持专业化经营策略，但规模庞大的互联网金融企业则开始进行综合化经营。例如，蚂蚁金服最初业务仅涉及第三方支付（支付宝），而当前主要业务范畴则涵盖了第三方支付、移动支付、O2O、小额贷款、网络银行、在线融资、在线理财、保险等互联网金融领域。尽管《关于促进互联网金融健康发展的指导意见》中提出了要加强“协同监管”

的要求，但在监管分工上仍然采用的是“分类监管”的模式，而这种模式显然难以适应互联网金融产业逐渐出现的综合化经营的情况。为此，在监管上要进一步落实穿透式监管和功能监管，按“实质重于形式”的原则甄别业务性质，明确监管责任，堵塞监管漏洞，消除监管空白。

### （四）业务转型伏枥推进，持照经营势在必行

互联网金融在发展过程中曾长期表现出较强的民间金融属性，游离于金融监管之外，并且产生了诸多金融风险事件。2015～2016 年，网络借贷行业爆发了严重的金融风险事件，不良机构借助互联网金融的外衣进行非法集资与诈骗，曾导致全国各地上百万金融消费者的权益受到侵害。此外，在网贷行业出现过的“校园贷”“裸贷”“房首付贷”“股票配资”“现金贷”等不仅严重与国家政策背道而驰，有悖于普惠金融的目标和原则，导致借款人的生活状况未能通过使用金融工具得到改善，反而置于更恶劣的境地，造成了极其恶劣的社会影响。众筹领域出现的房地产投机融资、非法集资和众筹融资欺诈，互联网保险行业出现的奇葩险，互联网支付中出现的客户备用金挪用等风险事件不一而足。

随着互联网金融专项风险整治的有序推进，互联网金融风险的认识和理解逐步深化，针对互联网金融的风险问题见招拆招，已经形成了一些行之有效的监管措施。如网络借贷的信息披露、资金存管、备案登记措施，小额分散等多项原则和十三项禁止红线等。业务透明化、资金安全化、经营合法化和重点风险点防范等多项措施已经有效控制和化解网络借贷的潜在风险。对于曾经从事违规业务的机构，监管提出了停止新增违规业务、逐步化解存量违规业务的要求，并据此作为备案登记的重要标准。与此同时，互联网金融机构也采取积极态度拥抱监管，例如，红岭创投等发行大额投资标的的机构已经逐步转型为小额分散业务。一些违规业务处理难度大、经营情况不佳的机构积极采取业务暂停，逐步清退投资人资金方式退出市场。目前，按照规定完成银行存管的网络借贷平台数量已经超过 500 家，达到正常运营平台数量的三成左右，此外，有超过 100 家网络借贷平台已经按照要求接入中国互

联网金融协会的信息披露系统。

2017年，全国金融工作会议确立了一个重要原则和目标，即是金融监管的全覆盖。互联网金融作为传统金融的有益补充，不论从其金融本质属性还是与传统金融紧密关系来看，纳入金融监管势在必行。就现实情况而言，网络借贷行业已经实行了实质性类似于金融牌照监管的备案登记制度，互联网保险、互联网支付则已经执行金融特许经营监管并发放了相当数量的金融牌照，互联网众筹尽管仍处于试点过程中，但可以预见同样也将会设立相应金融牌照。

在平衡监管与创新的互联网金融风险专项整治过程中，互联网金融各业态的监管框架已经初步建立。P2P网络借贷行业监管围绕“一个办法三个指引”（《网络借贷信息中介机构业务活动管理暂行办法》《网络借贷信息中介机构备案登记管理指引》《网络借贷资金存管业务指引》《网络借贷信息中介机构业务活动信息披露指引》）监管政策系列文件形成了基于备案登记、资金存管、信息披露三项重要监管工作和要求的制度框架。第三方支付已经建立起了以中国人民银行监管、商业银行协管、行业自律规范、社会舆论监督为架构的一整套监管体系。随着第三方支付机构备付金集中存管与支付业务由网联统一结算，我国第三方支付体系的全方位监管业已形成。2015年以来，我国关于互联网保险的监管规定不断完善，当前已经建立起一整套涉及互联网保险顶层设计、行业准入、公司管理、业务规范等体系化的监管体系。同时，即将修订的《证券法》也有望对互联网公开股权众筹做出相应的详细规定。

## 三　风险管理与监管

### （一）风险认识逐步深化，监管理念逐渐成熟

金融监管与金融发展、金融环境、金融创新所处的状态息息相关，当金融风险增大、金融环境恶化、金融创新异化时，金融监管势必需要增强

以避免风险的扩大和外溢造成金融系统性风险的爆发和对实体经济的冲击，以改善金融环境，引导金融创新去伪存真，实现金融优化资源配置支持实体经济的目标。互联网金融自2013年以来，连续四年被写入中央政府的政府工作报告中，每次都有不同的表述，并且不同表述方式的转变非常明显。

2014年是“互联网金融”首次被写入中央政府工作报告的一年，报告强调要“促进互联网金融健康发展，完善金融监管协调机制”，确立了对互联网金融的支持性态度，同时兼顾了健康发展与监管机制问题。2015年中央政府工作报告中将互联网金融划入新兴产业和新兴业态中，再次强调要“促进互联网金融健康发展”，并表示国家已经设立投资引导基金用于扶持新兴产业发展。2016年的中央政府工作报告在互联网金融方面的表述开始转变，表示要“规范发展互联网金融”，这一年被称为互联网金融规范元年。2017年的政府工作报告中，李克强总理第四次提及互联网金融，其观点是“对互联网金融等累积风险要高度警惕”，并强调要“稳妥推进金融监管体制改革，有序化解处置突出风险点，整顿规范金融秩序，筑牢金融风险‘防火墙’”。至此，中央政府对于互联网金融的态度已经非常明确，即警惕风险、强化监管，但这不是严监管态度的最高点，而是一个开始。2017年全国金融工作会议上，习近平总书记提出，“要坚决整治严重干扰金融市场秩序的行为，严格规范金融市场交易行为，规范金融综合经营和产融结合，加强互联网金融监管，强化金融机构防范风险主体责任”。这一讲话，敲定了互联网金融将持续受到严格监管的政策基调。

政府部门首先向互联网金融提出警示，让这个新兴行业在发展初期就有一定的规范化发展基因，并在之后的监管过程中强化这一思想，让合规发展深入行业的灵魂深处。

在行业发展初期，政府部门以促进行业发展为重点。2014年李克强总理认为，“对于新兴业态，该控的风险，我们能看到的尽可能把它控制住，但是你也得给它一个发展的空间”。在此时点上，中央政府对于互联网金融行业创新大于风险的态度，使互联网金融行业有机会迅速发展壮大，并站稳脚跟。中央及各地方在互联网金融行业发展初期都给予了强烈的支持，监管在这个时期仍处于酝酿和思考过程中。

然后在行业发展到一定程度的时候，政府部门以监管与支持并行的方式促进行业发展。此时政府监管部门对行业模式也有了一定的认识，酝酿中的监管框架也有了一定的思路，开始逐步提出监管理念，并给予行业一定的适应时间。

在行业发展壮大之后，政府部门以规范化发展为重点。此时互联网金融行业已经具备了一定的行业规模，影响力跟地位也都有大幅提升，但此时行业里鱼龙混杂，优秀企业和劣质企业共存，淘汰与肃清便成了行业进一步健康发展的重要需求。在监管政策出台之际，e 租宝这样的重大风险事件的爆发，预示着互联网金融行业隐藏的风险到了集中爆发的时刻。面对集中爆发的风险问题，政府监管部门不得不加速缩紧监管口径，强力推进行业整治与规范，因此就有了互联网金融专项整治与相应监管政策的出台。

最后是合规发展与风险防范。互联网金融行业发展到这一时刻，已经迈出了新兴行业的幼年阶段，进入了成熟的合规发展阶段。经历了一年多的专项整治，互联网金融行业中大多数不良机构已经被淘汰，剩下的优质机构也在渴求健康的发展环境，此时监管层需要继续收紧监管口径，强化风险防范也成了监管的必由之路。

### （二）互金监管体系成型，行业自律协助规范

为实现保证互联网金融行业规范化发展与严控行业风险的目的，近两年来我国金融监管部门相继出台了多项监管政策与行动文件。自 2015 年央行牵头发布了《关于促进互联网金融健康发展的指导意见》的文件之后，政府相关部门对于互联网金融行业的监管政策陆续出台，以一行三会为代表的监管部门相继下发了互联网金融的监管文件。

在各项监管政策文件的支撑下，目前我国金融监管部门已经形成了针对互联网金融从中央到地方较为完善的监管体系，并在此监管体系下又构建了

行业自律体系，实现了对互联网金融行业尤其是网贷行业的全面监管。

在充分理解互联网金融行业的基础上，我国监管部门在现有的分业金融监管模式下为互联网金融行业构建了完整的监管体系，并制定了相对完善的监管规章制度。不同于英美等国的互联网金融监管模式与体系，我国在互联网金融监管方面采取被动式监管的模式，创建了以央行为核心、各分业监管部门为主体的分类监管体系，针对网贷行业更是建立了以银监会为业务活动监管主体、其他各政府部门协同监管的网贷监管体系，并且成立了全国性与地方性的行业协会引导行业自律，形成从监管到自律的独特监管模式，促进互联网金融行业健康发展。

1. 互联网金融监管体系

2015 年央行牵头发布了《关于促进互联网金融健康发展的指导意见》（简称《互金指导意见》），为国内互联网金融的监管奠定了坚实的基础。《互金指导意见》首先明确了不同互联网金融业态的监管主体，确立了银监会为 P2P 网贷、互联网消费金融的主要监管机构，证监会为股权众筹、互联网基金的主要监管机构，保监会和央行分别为互联网保险和互联网支付的监管机构。《互金指导意见》还提出了 20 字的监管原则：依法监管，适度监管，分类监管，协同监管，创新监管。《互金指导意见》中对于互联网金融行业的监管也提出了基本的监管制度：互联网金融网站备案制度、信息披露与风险提示制度、第三方资金存管制度、合格投资者制度以及消费者保护制度。我国互联网金融监管体系见图 4。

2. 行业自律监管体系

在《互金指导意见》的引导下和国务院的支持下，中国互联网金融协会于 2015 年 12 月 31 日正式成立，是我国行业协会脱钩改革后第一个承担特殊职能的全国性行业协会。中国互联网金融协会对外代表国内互联网金融行业，对内负责统筹全国互联网金融行业机构的行业自律，吸纳合格的互联网金融机构注册协会会员，制定协会自律规章与行业业务规范、技术标准，为行业提供信息共享和咨询服务，开展从业人员培训工作，宣传推广并提示行业风险，引导行业健康发展。

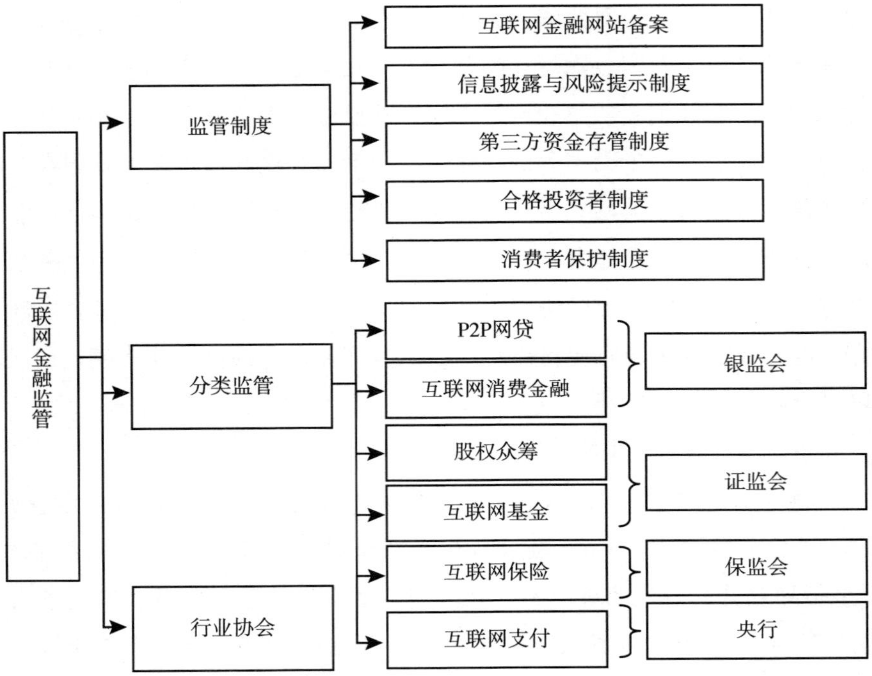


**图 4　我国互联网金融监管体系**

资料来源：整理自政策文件。

中国互联网金融协会成立的首批单位会员有 425 家，包括银行、证券、保险、基金、期货、信托、资产管理、消费金融、征信服务以及互联网支付、投资、理财、借贷等机构，还包括一些承担金融基础设施和金融研究教育职能的机构，基本覆盖了互联网金融的主流业态和新兴业态。

## 四　专项整治与生态重构

### （一）互金整治全面铺开，监管政策有序落实

面对互联网金融行业严峻的风险问题，2016 年国务院下发了《互联网金融风险专项整治工作实施方案》（以下简称《互金专项整治方案》），并牵

头开展了互联网金融风险专项整治（以下简称“互金专项整治”）工作。关于互金专项整治，中国互联网金融协会会长李东荣表示，“互联网金融风险专项整治目的不是否定互联网金融的作用，更不是要把互联网金融一棒子打死，而是要通过打击非法、保护合法、加快清理害群之马，还互联网金融一个健康有序的发展环境”。

互金专项整治通过穿透式监管方法，对互联网金融主要风险领域开展整治，力图规范各类互联网金融业态，优化市场竞争环境。互金专项整治工作主要分四步走：第一阶段开展摸底排查，为专项整治工作提供基础；第二阶段实施清理整顿，过程中监管部门对清理整顿中发现的问题，向违规从业机构出具整改意见，并监督从业机构落实整改要求；第三阶段进行督查和评估，领导小组组织开展对重点领域和重点地区的督查和中期评估，并建立问责机制；第四阶段开展验收和总结，领导小组组织对各领域、各地区清理整顿情况进行验收。互金专项整治工作原定于 2017 年 3 月底完成，在服从“时间服务质量”原则的基础上，鉴于实践过程中各地互联网金融平台发展程度存在差异，专项整治的收尾工作将根据各地整治工作进展情况，进行一定程度的延期，以 2018 年 6 月作为最后的期限。

由于互联网金融行业问题的复杂性较高，以及整改工作的任务较为艰巨，央行在 2017 年 6 月发布了《关于进一步做好互联网金融专项整治清理整顿工作的通知》，表示在 P2P 网络借贷、股权众筹、互联网保险、非银行支付等领域，全国范围内专项整治工作将持续到 2018 年 6 月底。除此之外，各行业主管部门也发布了一系列监管规定与政策，力图吸取整治工作经验，建立长效监管机制（见表 2）。

2017 年 12 月 8 日，网贷风险专项办公室向全国网贷整治联合工作办公室下发了《关于做好 P2P 网络借贷风险专项整治整改验收工作的通知》（网贷整治办函〔2017〕57 号）（见表 3 和表 4）。此次风险专项整治严卡死守网贷行业准入门槛，一方面起到衔接网贷机构备案登记流程的前序审查作用，“通知”要求机构备案的先决条件是整改验收合格，而备案登记是网贷机构开展业务的前提要求，整改验收工作有机结合网贷机构备案登记有效实

**表 2　互金行业风险专项整治期间发布的监管政策与规定**

| 发布部门 | 发布时间 | 监管法规 |
| --- | --- | --- |
| 银监会、工业和信息化部、公安部、国家互联网信息办公室 | 2016 年 8 月 24 日 | 《网络借贷信息中介机构业务活动管理暂行办法》 |
| 银监会 | 2016 年 8 月 24 日 | 《网络借贷信息中介机构业务活动信息披露指引》 |
| 国务院 | 2016 年 10 月 13 日 | 《互联网金融风险专项整治工作实施方案》 |
| 中国人民银行、中央宣传部、中央维稳办、国家发展改革委、工业和信息化部、公安部、财政部、住房和城乡建设部、国家工商总局、国务院法制办、银监会、证监会、保监会、国家网信办、国家信访局、最高人民法院、最高人民检察院 | 2016 年 10 月 13 日 | 《通过互联网开展资产管理及跨界从事金融业务风险专项整治工作实施方案》 |
| 中国人民银行、中央宣传部、中央维稳办、国家发展改革委、工业和信息化部、公安部、财政部、住房和城乡建设部、国家工商总局、国务院法制办、国家网信办、国家信访局、最高人民法院、最高人民检察院 | 2016 年 10 月 13 日 | 《非银行支付机构风险专项整治工作实施方案》 |
| 保监会、中央宣传部、中央维稳办、国家发展改革委、工业和信息化部、公安部、财政部、住房和城乡建设部、中国人民银行、国家工商总局、国务院法制办、国家网信办、国家信访局、最高人民法院、最高人民检察院 | 2016 年 10 月 13 日 | 《互联网保险风险专项整治工作实施方案》 |
| 证监会、保监会、中央宣传部、中央维稳办、国家发展改革委、工业和信息化部、公安部、财政部、住房和城乡建设部、中国人民银行、国家工商总局、国务院法制办、国家网信办、国家信访局、最高人民法院、最高人民检察院 | 2016 年 10 月 13 日 | 《股权众筹风险专项整治工作实施方案》 |
| 银监会、保监会、中央宣传部、中央维稳办、国家发展改革委、工业和信息化部、公安部、财政部、住房和城乡建设部、中国人民银行、国家工商总局、国务院法制办、国家网信办、国家信访局、最高人民法院、最高人民检察院 | 2016 年 10 月 13 日 | 《P2P 网络借贷风险专项整治工作实施方案》 |
| 国家工商总局、中央宣传部、中央维稳办、国家发展改革委、工业和信息化部、公安部、财政部、住房和城乡建设部、中国人民银行、国务院法制办、银监会、证监会、保监会、国家网信办、国家信访局、最高人民法院、最高人民检察院 | 2016 年 10 月 14 日 | 《开展互联网金融广告及以投资理财名义从事金融活动风险专项整治工作实施方案》 |

续表

| 发布部门 | 发布时间 | 监管法规 |
|---|---|---|
| 中国互金协会 | 2016年10月28日 | 《互联网金融信息披露个体网络借贷》（T/NIFA1 - 2016） |
| 中国互金协会 | 2016年10月28日 | 《中国互联网金融协会信息披露自律管理规范》 |
| 银监会办公厅、工业和信息化部办公厅、国家工商总局办公厅 | 2016年11月30日 | 《网络借贷信息中介机构备案登记管理指引》 |
| 银监会 | 2017年2月22日 | 《网络借贷资金存管业务指引》 |
| 保监会 | 2017年4月24日 | 《关于进一步加强保险业风险防控工作的通知》 |
| 银监会、教育部、人力资源和社会保障部 | 2017年6月28日 | 《关于进一步加强校园贷规范管理工作的通知》 |
| 中国人民银行、中央网信办、工业和信息化部、国家工商总局、银监会、证监会、保监会 | 2017年9月4日 | 《关于防范代币发行融资风险的公告》 |
| 中国人民银行、银监会、证监会、保监会、外汇局 | 2017年11月17日 | 《关于规范金融机构资产管理业务的指导意见（征求意见稿）》 |
| 互联网金融风险专项整治工作领导小组办公室 | 2017年11月21日 | 《关于立即暂停批设网络小额贷款公司的通知》 |
| 中国人民银行办公厅 | 2017年11月23日 | 《关于进一步加强无证经营支付业务整治工作的通知》 |
| 中国人民银行、银监会 | 2017年12月1日 | 《关于规范整顿“现金贷”业务的通知》 |

续表

| 发布部门 | 发布时间 | 监管法规 |
| --- | --- | --- |
| 中国互金协会 | 2017 年 12 月 7 日 | 《互联网金融个体网络借贷资金存管业务规范》 |
| P2P 网络借贷风险专项整治工作领导小组办公室 | 2017 年 12 月 8 日 | 《小额贷款公司网络小额贷款业务风险专项整治实施方案》 |
| 中国人民银行、银监会 | 2017 年 12 月 13 日 | 《关于做好 P2P 网络借贷风险专项整治整改验收工作的通知》 |

资料来源：整理自网络新闻。

现全国网贷机构的筛查清理，强力推行行业规范的全面实行，有序淘汰违规违法机构、改善行业参差不齐现象，留存一批合法守规经营的优质企业；另一方面在专项整治过程中不断总结监管经验，探索科学有效的长效常态监管机制，着重于政策引导行业回归信息中介本质，提升服务实体经济效率。

**表 3　网络借贷风险专项整治整改验收分类处置**

| 网贷机构分类类别 | 施策处置内容 |
| --- | --- |
| 验收合格的网贷机构 | 尽快予以备案登记，确保正常经营 |
| 积极配合整改验收工作，但最终没有通过的机构 | 可以根据具体情况，或引导逐步清退业务、退出市场，或整合相关部门及资源，采取市场化方式，进行并购重组 |
| 严重不配合整改验收工作，违法违规行为严重，甚至已经有经侦介入或已经失联的机构 | 由相关部门依据《非法金融机构和非法金融业务活动取缔办法》等相关法律法规予以取缔 |
| 为逃避整改验收，暂停自身业务或不处于正常经营状态的机构 | 各地整治办要予以高度重视，要求此类机构恢复正常经营后，酌情予以备案 |
| 行业中业务余额较大、影响较大、跨区域经营的机构 | 由机构注册地整治办建立联合核查机制，向机构业务发生地整治办征求相关意见 |
| 《网络借贷信息中介机构业务活动管理暂行办法》发布之日（2016 年 8 月 24 号）后新设立的网贷机构或新从事网络借贷业务的网贷机构 | 在本次网贷风险专项整治期间，原则上不予备案登记 |

续表

| 网贷机构分类类别 | 施策处置内容 |
|---|---|
| 自始至终未纳入本次网贷专项整治的各类机构 | 在整改验收期间提出备案登记申请的，各地整治办不得对此类机构进行整改验收及备案登记 |
| 根据《网络借贷信息中介机构业务活动管理暂行办法》规定的十三项禁止性行为及单一借款人借款上限规定，相应违规存量业务没有化解完成的网贷机构 | 不得进行备案登记 |
| 开展过涉及房地产首付贷、校园贷以及现金贷业务的网贷机构 | 应当按要求暂停新增业务，对存量业务逐步压缩，制定退出时间表，对于相关监管要求下发后继续违规发放以上三类业务的机构不予备案 |
| 规定时间内没有通过本次整改验收，无法完成备案登记但依然实质从事网贷业务的机构 | 各省（区、市、计划单列市）应当协调相应职能部门予以处置，包括注销其电信经营许可、封禁网站，要求金融机构不得向其提供各类金融服务等 |
| 整改验收公示期间，各地整治办如收到异地整治办、出借人或借款人以及其他网贷机构对公示机构的举报，经核查属实的 | 各地整治办应当撤销公示内容并对网贷机构重新进行整改验收 |

资料来源：《关于做好 P2P 网络借贷风险专项整治整改验收工作的通知》。

**表 4　网络借贷风险专项整治整改验收进程**

| 时间节点 | 工作进度 |
|---|---|
| 2018 年 4 月底之前 | 完成辖内主要网贷机构的备案登记工作 |
| 2018 年 5 月底之前 | 对于违规存量业务较多，难以及时完成处置的部分网贷机构，应完成相应业务的处置、剥离以及备案登记工作 |
| 2018 年 6 月末之前 | 对于难度极大、情况及其复杂的个别机构，应完成相关工作 |

资料来源：《关于做好 P2P 网络借贷风险专项整治整改验收工作的通知》。

## （二）专项整治成果显现，行业趋向健康规范

中国人民银行副行长潘功胜在 2016 年底表示，自从专项整治工作开展以来，互联网金融行业的风险已经有所降低，各类风险案件多发的趋势已经

得到控制。到 2017 年两会期间，潘功胜指出互金专项整治的摸底排查工作已经在 2016 年底完成，监管部门还在进行互联网金融不同业态的分类管理，其中第三方支付的整治规则已经基本明确，银监会已经针对 P2P 网贷发布了几个规则，其他业态的分类规则还在进行之中。

回顾互联网金融各个业态的监管与整治情况，自从 2016 年 4 月《互金专项整治方案》成型至今已经有一年多的时间，方案确定的收尾时间也从 2017 年 3 月延长到 2018 年 6 月，不合规企业的整改工作仍在进行。虽然有了一定的成果，但不同业态的合规整改进展不一，个别业态的整改任务依然艰巨。

第三方支付在 2011 年就已经开始进行牌照管理，截至 2015 年第三方支付牌照已经增加到了 270 家，到 2017 年 11 月底，持牌机构减少至 247 家。在经过行业整治之后，第三方支付市场的格局也开始分化，针对 C 端客户的第三方支付行业集中度明显上升，跨境支付成为新的增长空间，行业的“乱象”也基本被消除。

P2P 网贷行业是近年来的风险多发行业，各类风险事件频出，也是专项整治重点关注的领域。从数据统计可以看到，经过一年左右的互金专项整治，网贷行业中的问题机构数量有了大幅度的减少，不合规企业数据情况也有所改善，但整治清理任务仍然艰巨。截至 2017 年 12 月，我国累计问题平台数量达 4039 家。2016 年 4 月互金专项整治以来，新增问题平台 1812 家。2017 年以来，当月停业及问题平台数明显减少。专项整治以来网贷行业停业及问题平台变化情况见图 5。

当前，网贷行业的整治工作仍在进行，尽管运营平台数量明显减少，但是行业成交规模仍在迅速上升。尤其值得关注的是，各类令人眼花缭乱的“现金贷”业务在呈现高速增长的同时，高借款利率、非法催收等各类问题也不断涌现。为此，为有效管控“现金贷”各类风险，维持行业健康发展，互联网金融风险专项整治工作领导小组办公室在 2017 年 12 月初发布了《关于规范整顿“现金贷”业务的通知》，对开展现金贷业务的网络小贷机构展开全面的整治行动。

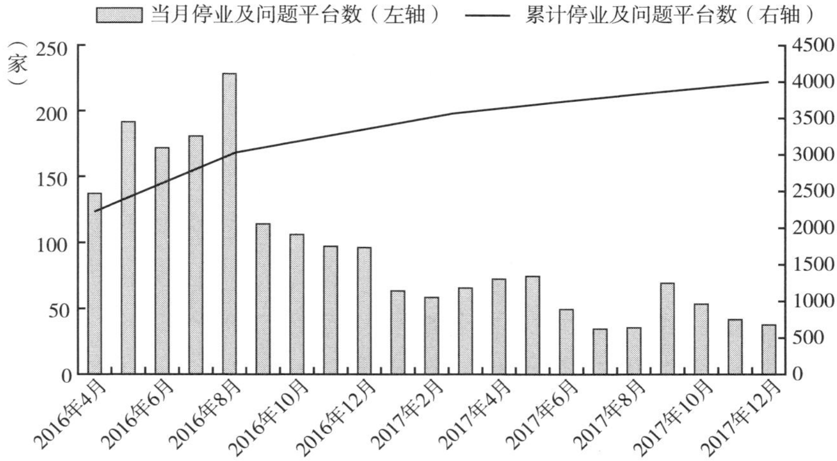


**图5　网贷行业停业及问题平台变化概况**

资料来源：网贷之家。

短期来看，网贷行业的专项整治任务仍然艰巨，控制增量、整治存量依然是目前整治工作中需要遵循的原则。长期来说，行业整体已经开始呈现合规健康发展状态，专项整治工作有条不紊地开展，为未来行业的健康成熟夯实基础。

相较于第三方支付和网贷业务，互联网金融几类业态的发展则相对较为缓慢，风险隐患也相对较轻，整改工作亦有待进一步细化与落实。众筹行业的模式缺少实质性创新，整体发展缓慢，但潜在风险仍不可忽视。互联网资管业务方面，《规范金融机构资产管理业务的指导意见（征求意见稿）》也于近期出台，在正式适用之前，仍有一定的讨论空间。鉴于从业机构多为大型金融控股集团，亦不易爆发较大风险。

总体而言，全国范围内的互金专项整治行动有所收获。前些年互联网金融行业积累的风险得到了一定程度的释放，潜在的风险也得到了一定程度的控制。各业态的头部机构也都积极拥抱监管，较早地落实了整改要求，虽然部分业态的整改工作仍在继续，但整体情况已经向好。

## 五　国际监管发展与启示

未来金融监管将倚重监管科技（RegTech），RegTech 技术属性使其相较于人工具备高效率、低成本优势，同时，RegTech 制度属性也为平衡金融创新与金融风险提供了很好的解决方案。RegTech 发展成果可以有效改善严格监管下金融机构的生存能力，增强内部风险管理能力，使监管目标和金融机构经营目标趋向一致，培育更好的金融科技创新生态。①

目前，全球部分国家监管当局已开始着手运用 RegTech 从事监管实践，且效果明显。奥地利央行（Oesterreichische Nationalbank）提出一种应用数据仓库理念建立的智能立方（Smart Cubes）系统②（见图 6）。通过统一规范的报送标准、数据组织和存储方式，简化了监管数据报送流程，同时，也为金融机构战略制定和金融监管政策制定与修订提供了重要数据和信息基础支撑。

英国是最早实践和积极推广 RegTech 技术的国家之一。英国金融行为监管局（FCA）设立的监管沙箱（Regulation Sandbox）制度是 RegTech 在英国应用实践的典型成果。英国的监管沙箱已初步实现了在促进创新和竞争的同时，确保合适消费者保护目标。③ 继英国之后，迪拜、新加坡、中国香港、澳大利亚等国家（地区）也纷纷仿效英国设立监管沙箱制度。

美国在 RegTech 技术应用和实践方面也处于前列。例如，美国证券交易委员会应用诸如 Latent Dilchlet Allocation（LDA）等机器学习算法进行数据和信息分析，提前识别各类风险，为政策制定提供具体指引和原则。④

---

① 廖岷：《全球金融科技监管的现状与未来走向》，《新金融》2016 年第 10 期。

② Maciej Piechocki, Tim Dabringhausen, "Reforming Regulatory Reporting: From Templates to Cubes", in *Combining micro and macro statistical data for financial stability analysis*, Irving Fisher Committee, May 2016.

③ 英国金融行为监管局：*Regulatory sandbox lessons learned report*，2017 年 10 月。

④ 美国证券交易委员会 DERA 部门代理局长和代理首席经济学家 Scott W. Bauguess 在 OpRisk North America 2017 会议的演讲，"The Role of Big Data, Machine Learning, and AI in Assessing Risks: a Regulatory Perspective"，2017 年 6 月 21 日，网址：https://www.sec.gov/news/speech/bauguess－big－data－ai，最后访问时间为 2017 年 5 月 15 日。

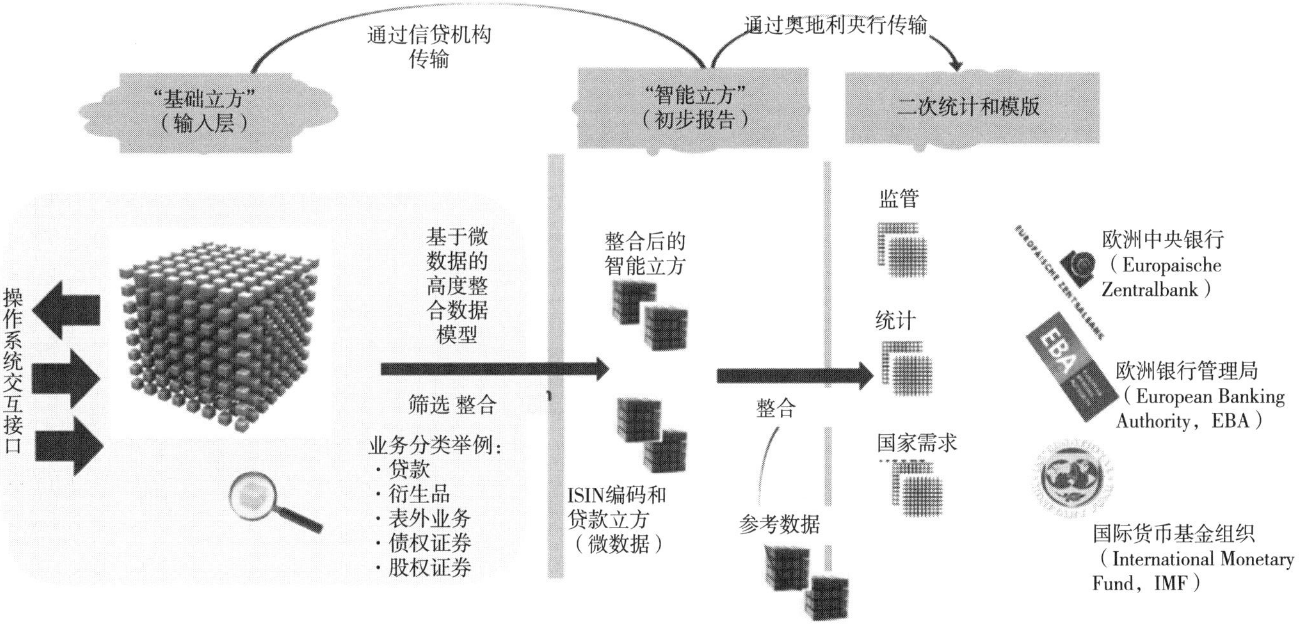


**图 6　奥地利智能立方框架**

资料来源：2015 年 7 月在由 ISI2015 组织的 60th World Statistics Congress 活动上，奥地利央行统计部门主管 Johannes Turner 的演讲 PPT，“European Reporting Framework（ERF） – a possible solution to reporting challenges for banks”。

墨西哥央行采用多重结构网络风险分析（Multiplex Structure of Network Exposure）的方法分析和展示金融体系中传染性风险（Contagion Risk），[①]从而对复杂金融风险传导机制和金融机构风险暴露有清晰认识和直观理解。墨西哥金融系统风险暴露网络见图7。

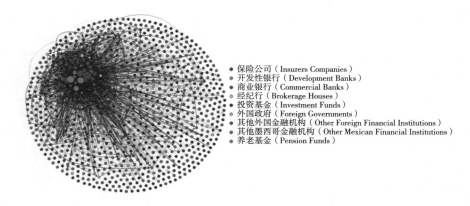

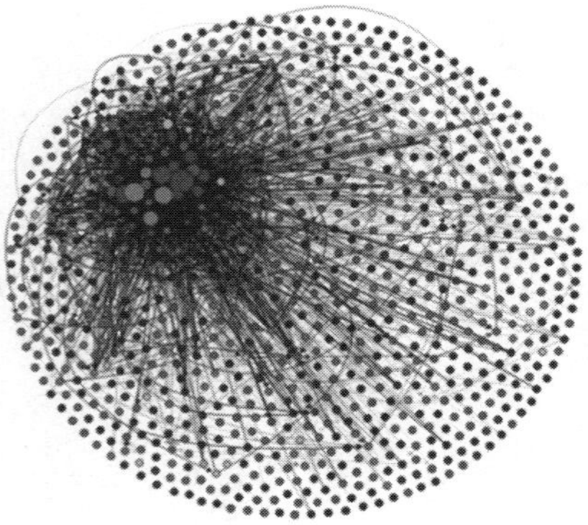


**图7　墨西哥金融系统风险暴露网络**
**（Mexican Financial System Exposure Network）**

注：其中节点的联结线代表机构间的相关关系，而联结线的宽度衡量风险暴露程度，各节点的大小则表示机构在网络中的比重。

资料来源：墨西哥央行，Banco de México，Financial System Report 2016。

以大数据技术为保障，以现代（如人工智能，云计算等）和传统（如统计和计量分析）分析技术为手段，通过分析、检验和监控（如虚拟测试、真实测试等）金融创新、监管和政策实施的效果和影响，不断试错和反馈修正，确保目标的达成，从而形成相对完整和科学的RegTech监管体系。正确运用RegTech理念、技术和手段防范系统风险，维护金融稳定，对我国的金融监管当局而言既是机遇也是挑战。我国金融监管当局应该以宽容、开放的心态拥抱科技，充分认识RegTech不仅仅是一种工具或手段，而是现代金

① 具体分析工具的阐述和结论的分析参见墨西哥央行的年度报告，可以从以下链接获取：http：//www.banxico.org.mx/publicaciones－y－discursos/publicaciones/informes－periodicos/reporte－sf/index－en.html。

融监管体系的有机组成部分。监管科技将不仅能用于协调统一不同监管者与被监管者的诉求，更能促进和实现监管目标和金融机构经营目标趋势一致，从而实现金融稳定健康发展的基础保障。

## 六　未来发展与趋势

我国互联网金融的发展已经居于世界首位，在模式创新、技术革新方面均引领全球，不仅诞生了大量新兴的互联网金融创业企业，也产生了估值高、规模大、业务广的“独角兽”企业。在互金行业竞争发展的同时，互联网金融企业以其颠覆的特性倒逼传统金融机构谋求自我革新，促使金融行业整体转入新的发展形势。在科技融合深化、商业模式成熟、竞争日趋激烈、行业回归理性的大背景下，互联网金融行业正在通过广泛的合作或依托自身平台打造丰富的生态圈体系，同时积极探索与寻找潜在的增加价值。

其一，互联网金融生态圈逐步形成并向多元化应用场景拓展。P2P 网络借贷行业依托平台借贷撮合业务，逐步向资产、资金两端延伸拓展，开展财富管理、信用评分评估等业务，并向传统金融机构积极输出金融科技能力。众筹行业依托平台开展生态圈整合，提供产业链整合和创业企业全套服务，形成围绕创业企业的生态圈。从而不仅为众筹模式提供更多增加价值，同时提高创业企业成功率也有益于投资回报的实现和众筹投资的风险管理。未来，这些将会涉及人才招聘与培养、业务合作、企业管理、办公场地、创业路演、创业辅导、创业孵化等一系列支持和服务。第三方支付业务已经突破了简单支付中介的定位，产生了诸多的增值潜力，已经逐渐由中介身份向多元金融服务入口转变。一些第三方支付机构依托其支付服务已经开展诸如生活缴费、虚拟信用卡、贷款、保险、征信等多种类的金融服务，而随着对支付生态和场景的探索，支付业务势必将会与更多金融服务紧密关联。

其二，技术手段不断创新，科技融合进一步加深。自最初的网关支付开始，随着技术的创新与融合变革，第三方支付的手段经历了互联网快捷支付、线下移动支付的阶段，诞生出了二维码支付、NFC 支付、智能手环支付等新的形式。当前客户身份认证领域不断出现新的技术，尤其是在生物识别技术方面，已经形成诸多完善成熟的技术方案。一系列采用声纹、指纹、面部等个人生物信息的支付方式在近年出现，不仅在支付的便捷性上，也在支付安全方面实现了重大突破。从全球金融科技的投融资情况来看，保险科技已经成为投资领域的热门，这一趋势也在中国有所显现，保险科技创业企业获得融资的数量和金额都在不断增长。另外，传统保险公司也在积极推动科技在保险全流程业务中的应用，并成立内部科技部门不断探索区块链、人工智能等技术的应用潜力。科技的全面应用，将会带来保险行业的产品创新、模式创新、服务创新等全方位的行业颠覆。

与此同时，必须意识到的是，互联网金融作为新兴业态还无法替代发展了数十年的传统金融模式在经济社会中所起到的重要作用，目前互联网金融行业定位于传统金融体系的补充，鉴于创新与变革是逐步建立并发挥作用的，这一补充作用的角色与定位将持续较长时间。但不可忽视的是，互联网金融的网络外部性效应具有扩大风险、加速风险传染的作用，正因如此，规范行业发展、消除行业风险积累就成为促进互金行业健康发展的关键一步。

互联网金融风险专项整治工作即是我国金融主管部门在充分认识到互联网金融行业风险特点与特性而适时开展的重大工作。在专项整治工作期间，各金融主管部门通过摸排调查对互联网金融行业的风险水平、风险积累与行业发展有了清晰明确的认识，并针对性地取缔了一批违法违规机构，对违法违规行为设立监管红线并从严从重处罚有恶劣影响的违法违规事件，初步遏制了行业风险的进一步累积与爆发。

以促进互联网金融行业健康发展为目标，以推动互联网金融更好服务实体经济为方向，我国应当平衡互联网金融创新与风险，在政策与监管上有如下体现。

其一，互联网金融的各项业态其初衷是改善传统金融服务实体经济的不足与缺陷，从降低成本和提升效率等多方面促进金融更好地服务实体经济。应当注意到互联网金融行业中出现的脱实向虚尽管表现为投机行为、监管套利甚至违法违规行为，但其本质是互联网金融行业发展的倒退。不仅与互联网金融本意不符，也不符合我国国民追求更美好生活的诉求。因此，在推进互联网金融行业发展时，必须是在实体经济发展中实现自身的发展，而非脱离经济形成体系内的自我循环。

其二，信息时代的金融业务已经不再局限于地理时空的限制，互联网金融的网络效应使风险自诞生至爆发的速度被极大地加快，风险由中心向四周、由顶部向底部的传播速度提升，传播路径也更加多样和隐蔽。千里之堤溃于蚁穴，对互联网金融风险的管控就意味着全方位全天候的监管，如若仅以金融主管部门之力势必导致金融监管资源的大量浪费。这一现实情况要求金融监管必须形成多层次的协同金融监管体系，形成中央指导、地方执行、行业自律、社会监督的跨部门跨地域的全面监管模式。尤其是对于互联网金融服务的终端金融消费者方面，应当加强个人金融知识掌握和金融违法维权意识，通过长时期、广范围地开展金融消费者教育，有效改善当前我国金融消费者金融素养不足的困境。

其三，互联网金融的监管意味着金融监管的理念、手段、制度的不断革新，这是互联网金融应用技术革新所造成的客观要求，也是金融监管在金融科技发展的背景下的自我诉求。监管科技（RegTech）正是应对互联网金融和金融科技监管难题的一个关键答案。监管科技的应用不仅需要金融主管部门在金融监管基础设施上进行革新以满足当前海量大数据的获取、存储和处理分析的要求，也需要金融主管部门从理念上向商业领域借鉴，在不断变化的金融世界中确立重要的基本原则，通过技术手段和分析模型的应用，实时监控金融体系整体风险和体系内风险传染的情况，并使用经济分析的思想和工具来制定具体金融活动的规范。同时，以沙盒监管的方式对创新的可能风险进行观测与度量，形成一整套创新与风险平衡机制，从而在全球金融世界中确立与保持我国金融创新发展的领先地位。

# 风险评级篇

**Risk Rating Report**

## B.2
# 中国网贷（互金）平台风险评级与分析*

黄国平　方　龙　潘瑾健**

**摘　要：** 随着金融科技与互联网金融领域的监管政策、法规制度的逐步完善以及互联网金融专项治理的全面展开，我国互联网金融行业正式告别“野蛮生长”的初生期进入理性规范发展的成长期。互联网金融专项整治工作在“时间服从质量”原则下，经过严格的整顿清理亦已逐渐进入验收阶段，以期为形成促进我国金融科技与互联网金融健康发展的长效机制提供政策和实践依据。当前，互金行业主流平台合规经营显著改

* 本报告分析与评估评是从微观层面上对网贷行业风险状况进行跟踪与调查分析，评估结果仅作为学术研究参考。本报告仅选用行业具有代表性平台作为评估样本，评估结果排序不代表全行业排名。鉴于金融科技与互联网金融行业正处于快速发展中，行业发展模式尚未成熟稳定，监管政策与法规也处于调整完善中，本报告评估结果慎用为投资参考，后果自负。

** 黄国平，博士，中国社会科学院金融研究所研究员；方龙，博士，国家金融与发展实验室研究员，中国社会科学院投融资研究中心研究员；潘瑾健，网贷天眼副总裁，国家金融与发展实验室高级研究员。

善，平台信息披露也明显提高，大部分中国互联网金融协会成员单位都已在中国互联网金融协会网站上披露从业机构信息和平台运营信息。《网络借贷信息中介机构业务活动管理暂行办法》明确界定网贷从业机构信息中介的法律地位，网贷平台以前涉及信用中介类业务被明令禁止。为此，我们在保持评价体系和评估内容基本不变的情况下，参照中国互联网金融协会“登记披露”信息和网贷之家、网贷天眼等第三方信息平台发布的指标信息对我们评价方法的原始指标的选取、分类和处理做了适当调整，力图使评价方法和结果客观反映互金行业最新发展和真实情况。

**关键词：** 风险评级　信用风险　法律合规风险　流动性风险　操作风险

## 一　中国主要网络借贷平台金融风险综合及分类评级结果

### （一）评级结果及排名

本次评级共选取国内100家具有代表性的互联网金融平台作为评级对象。数据长度从2016年1月至2017年9月。综合及分项评级结果见表1和表2。

**表1　2016～2017年度中国主要网络借贷平台综合评级及展望**

| 平台名称 | 序号 | 平台风险评分 | 平台风险评级 | 评级展望 | 所在地区 | 平台背景 |
|---|---|---|---|---|---|---|
| 宜人贷 | 1 | 84 | AA | 正面 | 北京 | 上市 |
| 陆金服 | 2 | 82 | AA－ | 正面 | 上海 | 上市 |
| 玖富 | 3 | 81 | AA－ | 不变 | 北京 | VC |
| 拍拍贷 | 4 | 78 | A＋ | 不变 | 上海 | 民营 |
| 网信普惠 | 5 | 75 | A | 不变 | 北京 | 上市 |

续表

| 平台名称 | 序号 | 平台风险评分 | 平台风险评级 | 评级展望 | 所在地区 | 平台背景 |
|---|---|---|---|---|---|---|
| 小牛在线 | 6 | 74 | A | 不变 | 深圳 | 民营 |
| 开鑫金服 | 7 | 74 | A | 不变 | 江苏 | 国资 |
| 点融网 | 8 | 73 | A - | 不变 | 上海 | VC |
| 团贷网 | 9 | 73 | A - | 不变 | 广东 | VC |
| 爱钱进 | 10 | 72 | A - | 不变 | 北京 | 民营 |
| 人人贷 | 11 | 70 | A - | 不变 | 北京 | VC |
| 你我贷 | 12 | 70 | A - | 不变 | 上海 | 民营 |
| 积木盒子 | 13 | 70 | A - | 不变 | 北京 | VC |
| 麻袋理财 | 14 | 70 | A - | 负面 | 上海 | 国资 |
| 宜贷网 | 15 | 70 | A - | 负面 | 四川 | VC |
| 有利网 | 16 | 70 | A - | 不变 | 北京 | VC |
| PPmoney | 17 | 70 | A - | 不变 | 广东 | 民营 |
| 翼龙贷 | 18 | 70 | A - | 不变 | 北京 | VC |
| 投哪网 | 19 | 70 | A - | 负面 | 深圳 | 上市 |
| 搜易贷 | 20 | 70 | A - | 不变 | 北京 | VC |
| 微贷网 | 21 | 68 | BBB | 不变 | 浙江 | VC |
| 瑞钱宝 | 22 | 67 | BBB | 不变 | 北京 | 民营 |
| 民贷天下 | 23 | 67 | BBB | 初评 | 广东 | 国资 |
| 凤凰金融 | 24 | 67 | BBB | 不变 | 北京 | 国资 |
| 人人聚财 | 25 | 67 | BBB | 不变 | 深圳 | 民营 |
| 东方汇 | 26 | 66 | BBB | 不变 | 上海 | 国资 |
| 诺诺镑客 | 27 | 66 | BBB | 不变 | 上海 | 民营 |
| 口袋理财 | 28 | 65 | BBB | 不变 | 上海 | 上市 |
| 联金所 | 29 | 65 | BBB | 正面 | 深圳 | 上市 |
| 合拍在线 | 30 | 65 | BBB | 不变 | 深圳 | 民营 |
| 广州 e 贷 | 31 | 65 | BBB | 不变 | 广东 | 上市 |
| 信融财富 | 32 | 64 | BB + | 不变 | 深圳 | 上市 |
| 友金所 | 33 | 64 | BB + | 不变 | 深圳 | 上市 |
| 珠宝贷 | 34 | 64 | BB + | 不变 | 深圳 | 上市 |
| 短融网 | 35 | 64 | BB + | 正面 | 北京 | VC |
| 鑫合汇 | 36 | 64 | BB + | 不变 | 浙江 | 上市 |
| 银豆网 | 37 | 64 | BB + | 不变 | 北京 | 国资 |
| 和信贷 | 38 | 63 | BB + | 不变 | 北京 | VC |
| 财富星球 | 39 | 63 | BB + | 不变 | 北京 | 上市 |
| 银湖网 | 40 | 63 | BB + | 正面 | 北京 | 上市 |

续表

| 平台名称 | 序号 | 平台风险评分 | 平台风险评级 | 评级展望 | 所在地区 | 平台背景 |
| --- | --- | --- | --- | --- | --- | --- |
| e 路同心 | 42 | 63 | BB + | 不变 | 深圳 | 国资 |
| 理财农场 | 43 | 63 | BB + | 不变 | 深圳 | VC |
| 永利宝 | 44 | 62 | BB + | 不变 | 上海 | VC |
| 金宝保 | 45 | 62 | BB + | 不变 | 重庆 | 国资 |
| 新联在线 | 46 | 62 | BB + | 不变 | 广东 | 国资 |
| 信用宝 | 47 | 62 | BB + | 不变 | 北京 | 民营 |
| 红岭创投 | 48 | 61 | BB | 不变 | 深圳 | 民营 |
| 鹏金所 | 49 | 61 | BB | 不变 | 深圳 | 上市 |
| 金开贷 | 50 | 61 | BB | 不变 | 陕西 | 国资 |
| 金联储 | 51 | 61 | BB | 不变 | 北京 | 民营 |
| 融贝网 | 52 | 61 | BB | 不变 | 北京 | 民营 |
| 抱财网 | 53 | 61 | BB | 不变 | 北京 | 上市 |
| 91 旺财 | 54 | 61 | BB | 不变 | 北京 | 民营 |
| 海融易 | 55 | 61 | BB | 不变 | 山东 | 民营 |
| 道口贷 | 56 | 61 | BB | 不变 | 北京 | 国资 |
| 德众金融 | 57 | 61 | BB | 不变 | 安徽 | 国资 |
| 今日捷财 | 58 | 61 | BB | 不变 | 上海 | 上市 |
| 温商贷 | 59 | 60 | BB | 不变 | 新疆 | 国资 |
| 久金所 | 60 | 60 | BB | 不变 | 北京 | 上市 |
| 拓道金服 | 61 | 60 | BB | 不变 | 浙江 | VC |
| 恒信易贷 | 62 | 60 | BB | 不变 | 广东 | VC |
| 首金网 | 63 | 60 | BB | 不变 | 北京 | 国资 |
| e 融所 | 64 | 60 | BB | 不变 | 广东 | 上市 |
| 付融宝 | 65 | 59 | BB | 不变 | 江苏 | 上市 |
| 生菜金融 | 66 | 59 | BB | 不变 | 上海 | 国资 |
| 小诺理财 | 67 | 59 | BB | 不变 | 北京 | 民营 |
| 理想宝 | 68 | 59 | BB | 不变 | 深圳 | 上市 |
| 金信网 | 69 | 58 | BB | 不变 | 北京 | 民营 |
| 万盈金融 | 70 | 58 | BB | 不变 | 广东 | 国资 |
| 礼德财富 | 71 | 58 | BB | 不变 | 广东 | 民营 |
| 口贷网 | 71 | 58 | BB | 不变 | 四川 | VC |
| 元宝 365 | 72 | 58 | BB | 不变 | 北京 | 民营 |
| 理财范 | 73 | 57 | BB | 不变 | 北京 | VC |
| 易港金融 | 74 | 57 | BB | 不变 | 浙江 | 上市 |

续表

| 平台名称 | 序号 | 平台风险评分 | 平台风险评级 | 评级展望 | 所在地区 | 平台背景 |
|---|---|---|---|---|---|---|
| 网利宝 | 75 | 57 | BB | 不变 | 北京 | VC |
| 民投金服 | 76 | 57 | BB | 初评 | 深圳 | 国资 |
| 后河财富 | 77 | 57 | BB | 不变 | 深圳 | 民营 |
| 广信贷 | 78 | 57 | BB | 不变 | 北京 | 民营 |
| 合时代 | 79 | 57 | BB | 不变 | 广东 | 民营 |
| 果树财富 | 80 | 57 | BB | 不变 | 广东 | 上市 |
| 沪商财富 | 81 | 56 | BB | 不变 | 上海 | VC |
| 立业贷 | 82 | 56 | BB | 不变 | 深圳 | VC |
| 可溯金融 | 83 | 56 | BB | 不变 | 浙江 | 国资 |
| 华人金融 | 84 | 55 | BB | 不变 | 深圳 | 民营 |
| 汇盈金服 | 85 | 55 | BB | 不变 | 上海 | 民营 |
| 融金所 | 86 | 55 | BB | 不变 | 深圳 | 民营 |
| 链家理财 | 87 | 55 | BB | 不变 | 北京 | 民营 |
| 中融宝 | 88 | 55 | BB | 不变 | 山东 | 民营 |
| 石投金融 | 89 | 55 | BB | 不变 | 上海 | 民营 |
| 米缸金融 | 90 | 55 | BB | 不变 | 上海 | VC |
| 十六铺金融 | 91 | 54 | BB | 不变 | 浙江 | 民营 |
| 宝象金融 | 92 | 54 | BB | 不变 | 上海 | 国资 |
| 众信金融(京) | 93 | 53 | BB | 不变 | 北京 | 国资 |
| 金银猫 | 94 | 53 | BB | 不变 | 上海 | 国资 |
| 爱钱帮 | 95 | 52 | B | 不变 | 北京 | VC |
| 爱投资 | 96 | 51 | B | 不变 | 北京 | 民营 |
| 金融工场 | 97 | 51 | B | 不变 | 北京 | 上市 |
| 黄河金融 | 98 | 51 | B | 不变 | 浙江 | 上市 |
| 铜掌柜 | 99 | 51 | B | 不变 | 浙江 | 上市 |
| 看看钱包 | 100 | 50 | B | 不变 | 深圳 | 民营 |

**表 2　2016 ~ 2017 年度中国主要网络借贷平台分项评级结果**

| 平台名称 | 信用评级 | 流动性评级 | 操作风险评级 | 法律合规评级 | 所在地区 | 平台背景 |
|---|---|---|---|---|---|---|
| 宜人贷 | A | A | AAA | AAA | 北京 | 上市 |
| 陆金服 | A - | AA - | AA + | AAA | 上海 | 上市 |
| 玖富 | A - | AA - | AA | AA | 北京 | VC |
| 拍拍贷 | BBB | AA | A + | AA | 上海 | 民营 |
| 网信普惠 | BB | AA - | A | AA | 北京 | 上市 |

续表

| 平台名称 | 信用评级 | 流动性评级 | 操作风险评级 | 法律合规评级 | 所在地区 | 平台背景 |
|---|---|---|---|---|---|---|
| 小牛在线 | BB+ | A | A- | AA+ | 深圳 | 民营 |
| 开鑫金服 | BB+ | A | BBB | AA+ | 江苏 | 国资 |
| 点融网 | BB | A | BBB | AA+ | 上海 | VC |
| 团贷网 | A- | BB | BBB | AA+ | 广东 | VC |
| 爱钱进 | BB | AA- | BB+ | AA- | 北京 | 民营 |
| 人人贷 | BB | A | BBB | AA- | 北京 | VC |
| 你我贷 | BB+ | A- | BBB | AA- | 上海 | 民营 |
| 积木盒子 | BBB | A- | BB | AA- | 北京 | VC |
| 麻袋理财 | BB | A+ | BBB | A | 上海 | 国资 |
| 宜贷网 | BB+ | A | BB | AA- | 四川 | VC |
| 有利网 | BBB | AA- | BB | A | 北京 | VC |
| PPmoney | BB | A | BB+ | AA- | 广东 | 民营 |
| 翼龙贷 | BB | A- | BBB | AA | 北京 | VC |
| 投哪网 | BB | AA- | BB | AA- | 深圳 | 上市 |
| 搜易贷 | BB | A | BBB | A+ | 北京 | VC |
| 微贷网 | BB | AA- | BB | A | 浙江 | VC |
| 瑞钱宝 | B | A+ | BB | AA- | 北京 | 民营 |
| 民贷天下 | BB | A- | BBB | A | 广东 | 国资 |
| 凤凰金融 | BB | A | BB+ | A | 北京 | 国资 |
| 人人聚财 | B | A+ | BB | AA- | 深圳 | 民营 |
| 东方汇 | BB | BB+ | BBB | A | 上海 | 国资 |
| 诺诺镑客 | BB+ | B- | AA- | A | 上海 | 民营 |
| 口袋理财 | B- | A | BB+ | AA- | 上海 | 上市 |
| 联金所 | B- | AA | B | AA- | 深圳 | 上市 |
| 合拍在线 | B- | AA | B- | AA- | 深圳 | 民营 |
| 广州e贷 | B- | A+ | BB | AA- | 广东 | 上市 |
| 信融财富 | BB | BBB | BB | A | 深圳 | 上市 |
| 友金所 | B | A- | BB | A | 深圳 | 上市 |
| 珠宝贷 | BB | BBB | BB | A | 深圳 | 上市 |
| 短融网 | B | A- | BB | A | 北京 | VC |
| 鑫合汇 | BB | BB+ | BB | A | 浙江 | 上市 |
| 银豆网 | B- | AA- | B | AA- | 北京 | 国资 |
| 和信贷 | BB | BB | BB | A | 北京 | VC |
| 财富星球 | BB | BB | BB | A | 北京 | 上市 |
| 银湖网 | B- | BBB | BB | AA- | 北京 | 上市 |
| e路同心 | BB+ | B | BB+ | A | 深圳 | 国资 |

续表

| 平台名称 | 信用评级 | 流动性评级 | 操作风险评级 | 法律合规评级 | 所在地区 | 平台背景 |
|---|---|---|---|---|---|---|
| 理财农场 | B | BBB | B | AA- | 深圳 | VC |
| 永利宝 | B- | A- | B- | AA- | 上海 | VC |
| 金宝保 | BB+ | B- | BBB | A | 重庆 | 国资 |
| 新联在线 | BB+ | BB+ | B- | AA- | 广东 | 国资 |
| 信用宝 | BB | B- | BBB | A | 北京 | 民营 |
| 红岭创投 | B | BB+ | BB | A | 深圳 | 民营 |
| 鹏金所 | B | BB | BB | A | 深圳 | 上市 |
| 金开贷 | BB | BB | BB | A | 陕西 | 国资 |
| 金联储 | B | A- | B- | A | 北京 | 民营 |
| 融贝网 | BB | BB | BB | A | 北京 | 民营 |
| 抱财网 | BB | BB | BB | A | 北京 | 上市 |
| 91 旺财 | B | BB+ | BB | A | 北京 | 民营 |
| 海融易 | B- | BBB | B | A | 山东 | 民营 |
| 道口贷 | B- | B | BBB | A | 北京 | 国资 |
| 德众金融 | B- | BB+ | B- | AA- | 安徽 | 国资 |
| 今日捷财 | B- | A | B- | A | 上海 | 上市 |
| 温商贷 | B- | BBB | BB | AA- | 新疆 | 国资 |
| 久金所 | B- | BB | BB | AA- | 北京 | 上市 |
| 拓道金服 | B- | BBB | BB | A | 浙江 | VC |
| 恒信易贷 | BB | B- | BB | A | 广东 | VC |
| 首金网 | B | BB+ | BB | A | 北京 | 国资 |
| e 融所 | B- | BB+ | B | A | 广东 | 上市 |
| 付融宝 | B | BB | BB | A | 江苏 | 上市 |
| 生菜金融 | B | BB | BB | A | 上海 | 国资 |
| 小诺理财 | C | BBB | B- | AA- | 北京 | 民营 |
| 理想宝 | BB | C | BB+ | A | 深圳 | 上市 |
| 金信网 | B- | BB+ | B | A | 北京 | 民营 |
| 万盈金融 | B- | BB | BB | A | 广东 | 国资 |
| 礼德财富 | BB | C | A- | A | 广东 | 民营 |
| 口贷网 | B- | BB | B | A | 四川 | VC |
| 元宝 365 | B- | BB | BB | AA- | 北京 | 民营 |
| 理财范 | B- | BB | B | A | 北京 | VC |
| 易港金融 | B | B- | BB | A | 浙江 | 上市 |
| 网利宝 | B- | BB | B | AA- | 北京 | VC |
| 民投金服 | B | C | BB | AA+ | 深圳 | 国资 |
| 后河财富 | BB | B- | B- | A | 深圳 | 民营 |

续表

| 平台名称 | 信用评级 | 流动性评级 | 操作风险评级 | 法律合规评级 | 所在地区 | 平台背景 |
|---|---|---|---|---|---|---|
| 广信贷 | BB | B - | BB | A | 北京 | 民营 |
| 合时代 | B - | B - | BB | AA - | 广东 | 民营 |
| 果树财富 | BB | C | BB | A | 广东 | 上市 |
| 沪商财富 | B - | BB | B | A | 上海 | VC |
| 立业贷 | BB | C | BB | AA - | 深圳 | VC |
| 可溯金融 | B - | BB | B - | A | 浙江 | 国资 |
| 华人金融 | B - | BB | B - | A | 深圳 | 民营 |
| 汇盈金服 | B - | B - | BB | A | 上海 | 民营 |
| 融金所 | B | C | BB | A | 深圳 | 民营 |
| 链家理财 | B | C | BB | A | 北京 | 民营 |
| 中融宝 | BB | C | BB | A | 山东 | 民营 |
| 石投金融 | BB | C | BB | A | 上海 | 民营 |
| 米缸金融 | BB | C | BB | A | 上海 | VC |
| 十六铺金融 | B - | BB | B - | A | 浙江 | 民营 |
| 宝象金融 | B - | C | B | AA + | 上海 | 国资 |
| 众信金融(京) | BB | C | BB | A | 北京 | 国资 |
| 金银猫 | B - | C | B | A | 上海 | 国资 |
| 爱钱帮 | B - | C | B - | A | 北京 | VC |
| 爱投资 | C | C | B | AA - | 北京 | 民营 |
| 金融工场 | B | C | B - | A | 北京 | 上市 |
| 黄河金融 | B - | B - | B - | A | 浙江 | 上市 |
| 铜掌柜 | B - | C | B - | AA - | 浙江 | 上市 |
| 看看钱包 | B - | C | B | A | 深圳 | 民营 |

## （二）评级结果的统计性说明

利用本研究的评级方法及指标体系对如上所选取的100家P2P网络借贷平台进行风险评级，可得其综合风险评级得分分布如图1所示。

可以看出，所有P2P平台综合风险评级得分基本处于区间［50，84］，分布呈一定右偏状态。其中，得分≥70的P2P平台有20家，我们定义为A级平台；50≤得分<70的P2P平台有80家，我们定义为B级平台（评级为B级P2P平台可认为是投资级平台）。30≤得分<50的C级平台和得分<30的D级平台没有（见图2）。

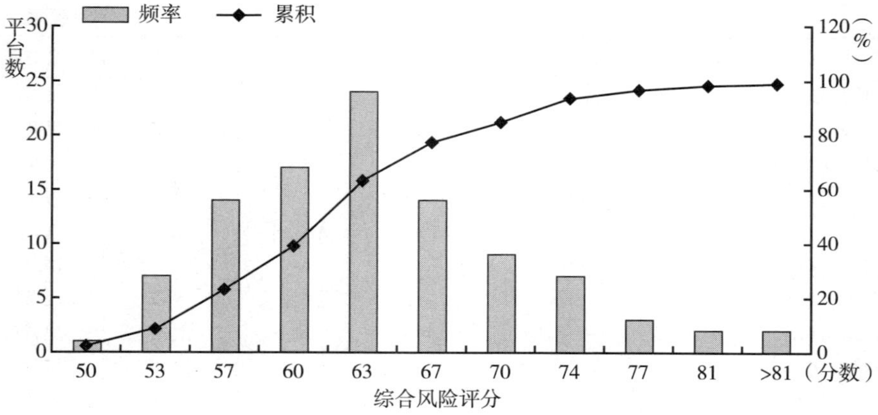


**图1　主要 P2P 平台综合风险得分分布**

## 二　评级方法和过程

### （一）数据来源和处理说明

本次评级分析所涉及的平台数据和信息，既包括网络借贷平台经营数据和信息，又包括需要反映企业竞争以及诚信文化等基础性数据和指标，既有定量的数据，也包括定性的指标。在数据采集方面，整个评价体系原始数据主要来自以下三个方面。

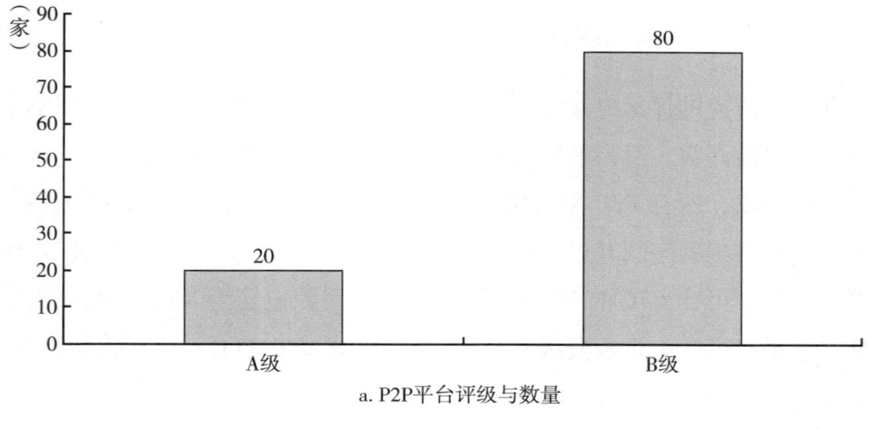


a. P2P平台评级与数量

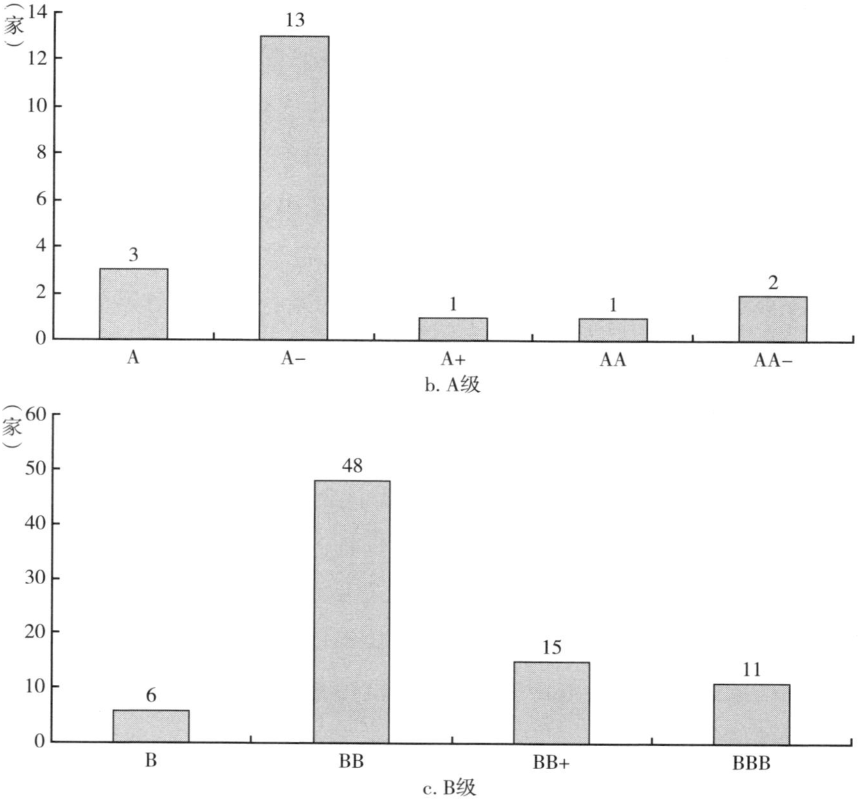


**图 2　P2P 综合风险评级与平台数量对应分布**

其一，主要平台客观指标数据由网贷天眼提供，部分数据由平台自身提供。同时，参考中国互联网金融协会和网贷之家发布的相关数据。如果网贷平台自身提供的数据与第三方机构数据不一致，以第三方机构数据为准。

其二，我们对北京、广东、山东等地的具有代表性平台进行了实地的考察和分析，获得了大量第一手资料和数据。调查问卷的设计、调查对象的选择、样本的选取、数据的收集和处理都力求客观真实，同时，我们援用了一切可以修正问卷结果的客观替代性指标、先前相关研究所获取的一些数据指标，对最终处理结果进行合理的修正和补充。

其三，本团队及国内一些信息咨询和研究单位先前所从事的相关研究的一些数据、信息和成果。如中国互联网金融协会发布的《中国互联网金融年报 2016》和《中国互联网金融年报 2017》，李东荣主编的《中国互联网金融发展报告（2016）》，李扬、孙国峰主编的《中国金融科技发展报告（2017）》，盈灿咨询、网贷之家发布的《2016 年度网贷平台发展指数评级报告》；网贷天眼 2016 年以来发布的月度、季度和年度研究报告；国家金融与发展实验室互联网金融评价与分析课题组发布和出版的《中国网络借贷平台风险评级与分析（2017）》《中国互联网金融行业分析与评估（2016～2017）》等。

数据长度为 2016 年 1 月至 2017 年 9 月。其中基本评级结果是基于 2016 年 1 月至 2016 年 12 月数据计算得出。最终评级结果和评级展望是根据 2017 年 1 月至 2017 年 9 月数据对基于 2016 年 1 月至 2017 年 6 月数据获得的结果进行修正，对其未来可能的变化做出预测估计。

在对原始数据和信息尽可能多地采集之后，对其进行整理和清洗，使之形成统一数据格式。由于数据来源不同、统计口径不一致以及记录上的失误等多方面的原因，对原始数据进行整理和清洗是保证数据真实、可靠和有效的核心和关键。

其一，我们在对原始数据质量进行初步分析的基础上，对原始数据进行了统一转换，以使同类数据在计量单位、记录形式和统计口径上一致，具有可比性。

其二，对诸如平台合规性、透明度等定性指标统一采用灰色白化权函数法进行量化，以减少和降低定性指标量化过程中的随意性。

其三，对于时间序列数据，其中的异常和缺漏，我们根据不同的数据性质采用等比或等差数列方法进行内插或外推，对于无序数据直接采用均值替代。

其四，指标数据标准化方法中，我们根据所采集指标的性质（正指标、逆指标或适度性指标）、分布特性（离散度）等差异，采用不同的处理方式，如取标准化、指数化、阈值法以及分段分布打分等，主要目的是尽可能减少原始数据在标准化过程中的信息损失。

本报告主要针对 P2P 平台风险进行评级，评级结果只反映平台的金融风险状况。本报告在选择评价对象的过程中遵循以下几个主要标准：

其一，注册资金在 5000 万元人民币以上；

其二，平台上线时间长度 1 年以上，且目前仍然在正常运营；

其三，平台具有典型代表性，满足普惠金融原则；

其四，中国互联网金融协会会员单位资格作为重要参考依据。

根据我们的遴选原则，我们在全国范围内选择了 100 家网络借贷平台进入我们的评级范围。

## （二）方法指标体系调整和说明

自 2016 年 4 月互联网金融专项整治工作开展以来，互金行业主流平台合规经营显著改善，平台信息披露也明显提高。目前，大部分中国互联网金融协会成员单位都已在中国互联网金融协会网站上披露从业机构信息（包括基本信息、治理信息、网站或平台信息、财务会计信息和重大事项信息）和平台运营信息（包括交易和逾期信息）。2016 年 8 月，《网络借贷信息中介机构业务活动管理暂行办法》明确界定网贷从业机构信息中介的法律地位，网贷平台以前涉及的信用中介类业务（例如，资金池、期限配置、资产证券化等）被明令禁止，因此，我们的评价体系中以前涉及信用类业务的原始指标也已不合时宜。基于以上原因，我们在保持评价体系和评估内容基本不变的情况下，参照中国互联网金融协会“登记披露”信息和网贷之家、网贷天眼等第三方信息平台发布的指标信息对我们评价方法的原始指标的选取、分类和处理做了适当调整，力图使评价方法和结果客观反映互金行业最新发展和真实情况。指标体系见表 3。

本次评级所采用的主要方法和过程与之前的评估保持一致，主要分析框架基于突变级数法和层次分析法构建。在方法体系的设计和选择中，遵循如下原则考虑。

其一，立足于现有条件，所采用的技术力求简单、实用而不失其灵活性。

其二，评价方法在技术上符合客户价值的结构和性质。

第三，所采用的评价方法力求保证其评价结果在经济和金融学意义上的可解释性。

评估内容与以前一样，包括四个方面：信用风险（包括偿还能力风险和偿还意愿风险）、流动性风险，操作风险和法律合规风险。

至此，我们的评价过程可概述如下。

第一，收集原始指标数据，并进行清洗，对于其中的定性指标，采用灰色白化权函数法进行量化。

第二，根据第一步收集和初步处理的数据，进行数据和指标遴选。针对遴选出的指标数据，根据各项指标所反映风险的内涵意义进行归并。其中反映信用风险的原始指标 18 项，反映操作风险的原始指标 16 项，反映法律合规风险原始指标 4 项，反映流动性风险的原始指标 5 项。具体情况见表 3。

第三，根据突变理论的技术要求，构建本评价的指标体系层次结构，以便于利用突变级数法对各层次指标进行综合测度评估。

第四，采用层次分析法，对各方案（上一级指标）下的各评价（子）指标相对重要性进行排序，以便对各指标进行归一化处理时，与相应控制变量对应。

第五，对原始指标进行标准化处理。处理形式包括两种：一是直接标准化处理［见公式（1）］，一般用于相对排名之用；二是在规定上下限基础上的标准化处理，本研究采用第二种原始指标标准化处理方式，以保证评级结果的客观稳定［见公式（2）］。

$$y_{ij} = \frac{x_{ij} - \min\limits_{1 \leq j \leq N} x_{ij}}{\max\limits_{1 \leq j \leq N} x_{ij} - \min\limits_{1 \leq j \leq N} x_{ij}} (i = 1, 2, \cdots; M, j = 1, 2, \cdots, N) \tag{1}$$

其中：$x_{ij}$表示 $i$ 指标第 $j$ 个评价对象的原始数值，$y_{ij}$位相应标准化值，$M$ 表示原始指标个数，$N$ 为评价对象个数。

$$y_{ij} = \frac{x_{ij} - \inf(x_i)}{\sup(x_i) - \inf(x_i)} (i = 1, 2, \cdots; M, j = 1, 2, \cdots, N) \tag{2}$$

其中：sup（$x_i$）表示第 $i$ 指标上限值，inf（$x_i$）表示第 $i$ 指标下限值。

第六，计算各指标得分，然后根据得分转化为相应的风险评级等级。得分越高意味着风险越小，评级等级越高。得分与风险等级之间的对应关系与《中国互联网金融行业分析与评估（2016～2017）》中保持一致。具体情况见表 4。

**表 3　P2P 风险评级指标体系**

| 一级指标 | 二级指标 | 三级指标 | 四级指标 | 五级指标 |
| --- | --- | --- | --- | --- |
| 总风险指标 | 信用风险 | 偿还能力风险 | 运营能力 | 成交量 |
| | | | | 借款笔数 |
| | | | | 交易笔数 |
| | | | 资本和财务能力 | 注册资本 |
| | | | | 实收资本 |
| | | | | 净利润 |
| | | | | 资产负债比 |
| | | | 风控能力 | 项目逾期率(90 天) |
| | | | | 项目逾期率(91～180 天) |
| | | | | 项目逾期率(180 天以上) |
| | | | | 金额逾期率(90 天) |
| | | | | 金额逾期率(91～180 天) |
| | | | | 金额逾期率(180 天以上) |
| | | 偿还意愿风险 | 利率水平 | 平均参考收益率 |
| | | | 时间长度 | 公司成立时间 |
| | | | | 平台上线时间 |
| | | | 投标保障 | 累计逾期代偿金额 |
| | | | | 累计逾期代偿笔数 |
| | 操作风险 | 集中度 | 最大单户融资余额占比 | |
| | | | 最大 10 户融资余额占比 | |
| | | | 最大单户投资余额占比 | |
| | | | 最大 10 户投资资余额占比 | |
| | | | 人均累计投资金额 | |
| | | | 人均累计融资金额 | |
| | | | 累计融资人数/累计投资人数 | |
| | | 平台建设 | 固定资产 | |
| | | | 信息安全测评认证 | |

续表

| 一级指标 | 二级指标 | 三级指标 | 四级指标 | 五级指标 |
|---|---|---|---|---|
| 总风险指标 | 操作风险 | 业务风险 | 第三方合作 | |
| | | | 公司治理 | |
| | | 透明度 | 运营信息 | |
| | | | 治理信息 | |
| | | | 财务会计信息 | |
| | | | 重大事项信息 | |
| | | | 平台基本信息 | |
| | 法律合规风险 | 业务合法性 | 电信业务经营许可 | |
| | | | 监管部门备案登记 | |
| | | 交易合规性 | 资金存管 | |
| | | | 持照合规经营 | |
| | 流动性风险 | 资金流动性 | 现金流/交易额 | |
| | | | 流动资产/待还余额 | |
| | | 期限流动性 | 期限标准分 | |
| | | 人气流动性(平台人气) | 投资人数 | |
| | | | 借款人数 | |
| | | 转让流动性(可转让性) | 投资转让难易程度 | |

**表 4　P2P 风险评级指标分值与评级等级对照**

| 分值(以 S 表示) | 评级等级符号 | 分值(以 S 表示) | 评级等级符号 |
|---|---|---|---|
| 100≥S≥90 | AAA | 70 >S≥65 | BBB |
| 90 >S≥87 | AA + | 65 >S≥62 | BB + |
| 87 >S≥84 | AA | 62 >S≥53 | BB |
| 84 >S≥80 | AA – | 53 >S≥50 | B |
| 80 >S≥77 | A + | 50 >S≥40 | B – |
| 77 >S≥74 | A | 40 >S≥30 | C |
| 74 >S≥70 | A – | 30 >S | D |

# 三　网络借贷平台（100家）风险结构及其影响因素分析

## （一）综合风险结构分析

本报告对 P2P 网络借贷平台的综合风险评级重点纳入如下四类风险：①信用风险（信用风险的衡量包括债务人偿还能力风险与偿还意愿风险）；②操作风险；③法律合规风险；④流动性风险。

我们给出了所有 100 家 P2P 平台综合风险的各分项风险评级得分状况，如图 3 所示。

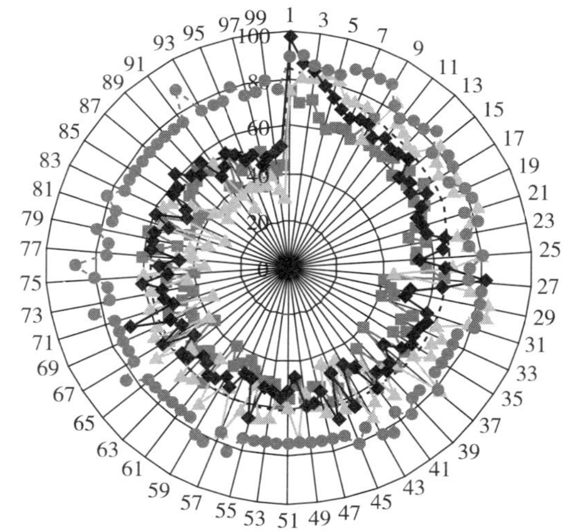


**图 3　P2P 平台分项风险评级得分（按综合风险得分高低顺时针排列）**

总体上来看，构成综合风险的各分项风险中，信用风险得分 < 操作风险得分 < 流动性风险得分 < 法律合规风险得分（多数情形下）。因此，P2P 平台风险控制重点应以信用风险为第一位，其次为操作风险，再次为流动性风

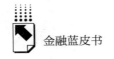

险，最后是法律合规风险。这里，我们进一步从偿还能力、偿还意愿角度对信用风险进行分解得到二者分项风险评级得分（见图4）。

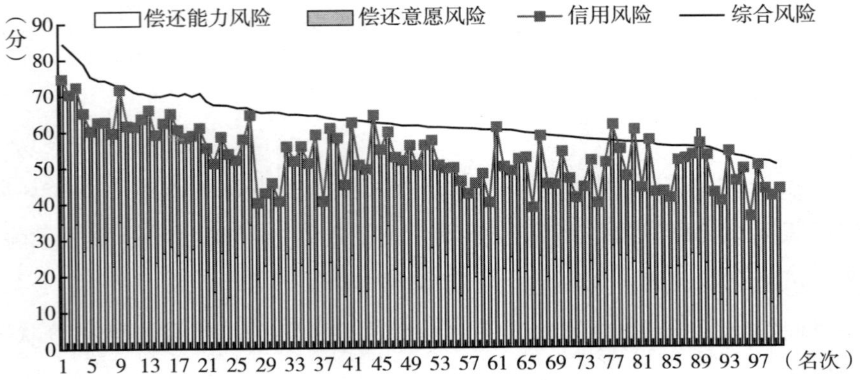


**图4　信用风险分项评级得分**

可以看出，信用风险相对水平主要取决于偿还能力，偿还能力较高的P2P平台通常信用风险得分较高，即信用风险较小，反之亦然。各P2P平台偿还意愿风险之间的差异相对较小，不是决定P2P平台信用风险相对大小的主要因素（除个别外）。

## （二）信用风险及其影响因素分析

1. 偿还能力与四级指标关系

我们对P2P平台偿还能力风险的衡量主要包括运营能力、资本和财务能力、风控能力三个方面。从图5A～5C可以看出，偿还能力相对水平主要取决于P2P平台的资本和财务能力、运营能力大小，当资本和财务能力或运营能力越强时，偿还能力得分也较高，即风险也越小。而各P2P平台的风控能力之间差异相对较小，并非决定偿还能力的主要因素。

2. 偿还意愿与四级指标关系

我们对P2P平台偿还意愿风险的衡量主要包括利率水平、时间长度、投标保障三个指标。从图6A～6C可以看出，偿还意愿影响主要取决于P2P平台的时间长度，其次是利率水平，而投标保障不是决定偿还意愿风险的主要因素。

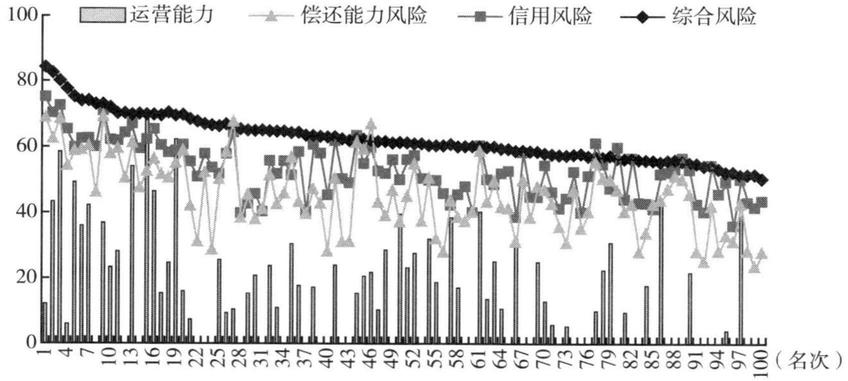


图 5A　偿还能力风险与四级指标关系

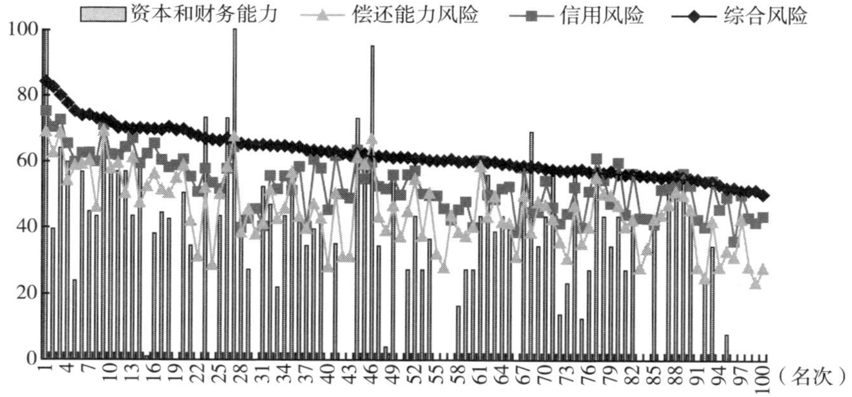


图 5B　偿还能力风险与四级指标关系

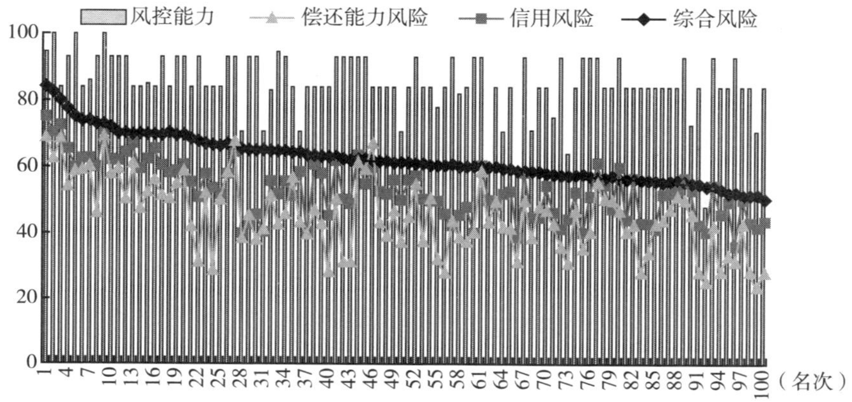


图 5C　偿还能力风险与四级指标关系

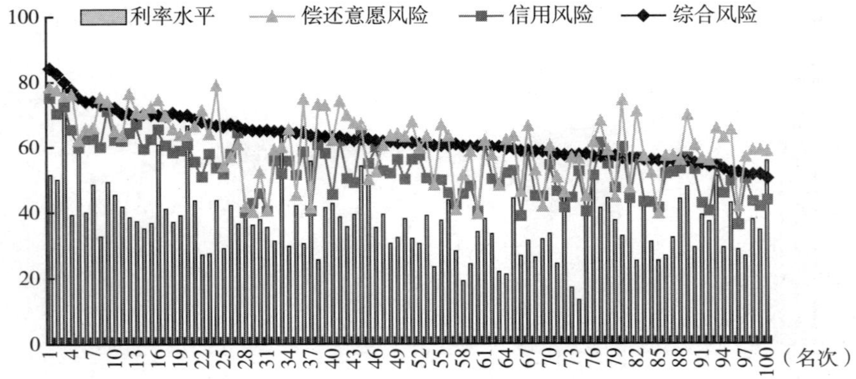


图 6A　偿还意愿风险与四级指标关系

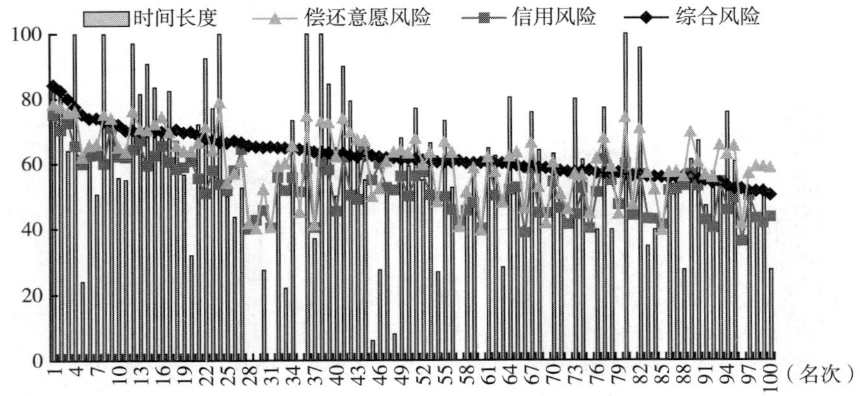


图 6B　偿还意愿风险与四级指标关系

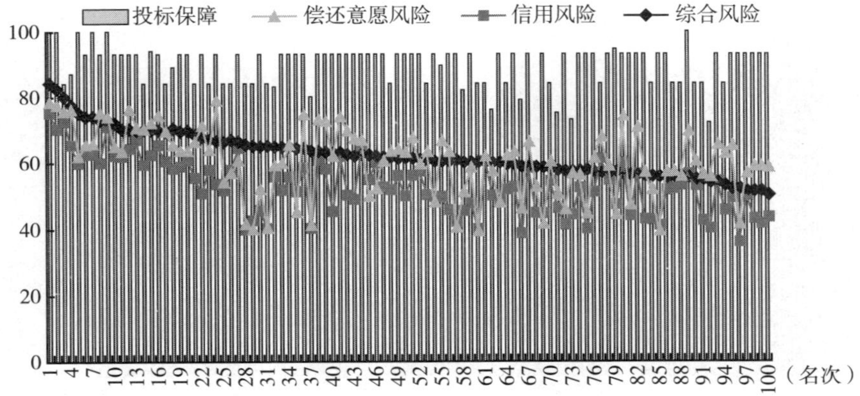


图 6C　偿还意愿风险与四级指标关系

## （三）操作风险及其影响因素分析

我们对 P2P 平台操作风险的衡量主要包括集中度、平台建设、业务风险及透明度四个指标。从图 7A ~7D 可以看出，操作风险影响主要取决于 P2P 的平台建设，其次是集中度，而业务风险、透明度不是决定操作风险的主要因素。

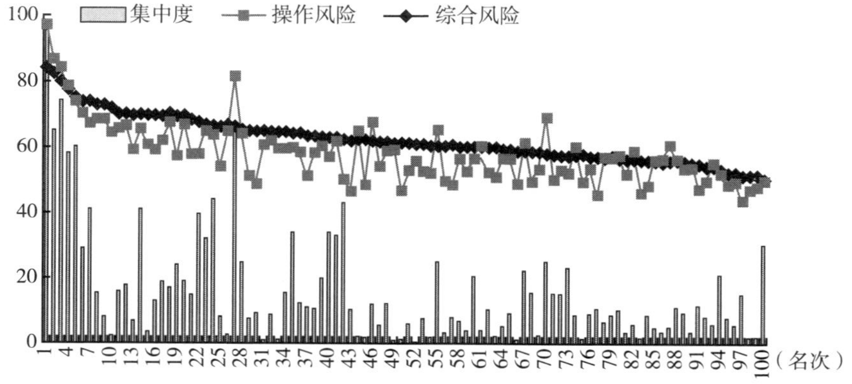


图 7A　操作风险与三级指标关系

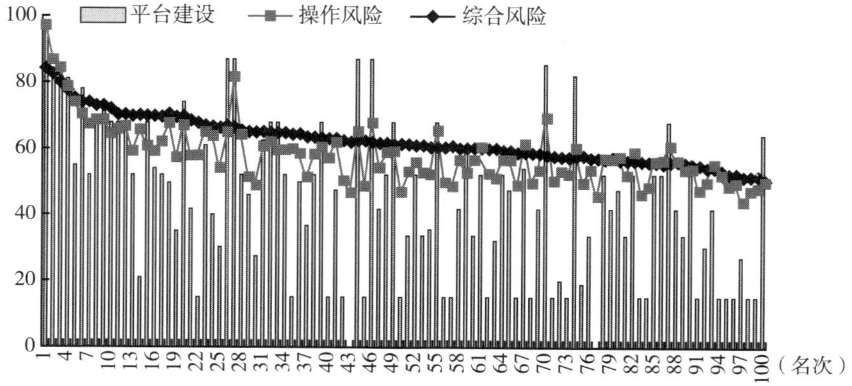


图 7B　操作风险与三级指标关系

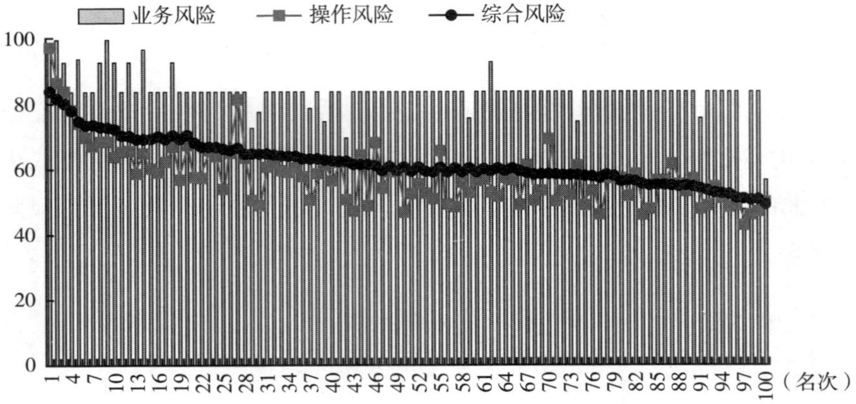


**图 7C　操作风险与三级指标关系**

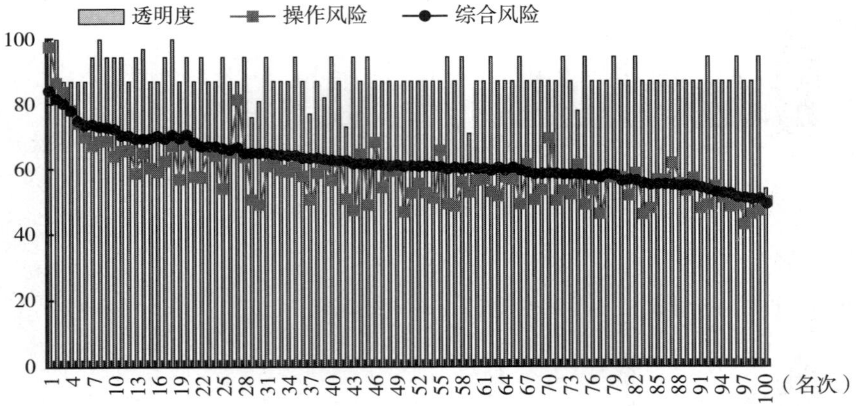


**图 7D　操作风险与三级指标关系**

## （四）法律合规风险及其影响因素分析

我们对 P2P 平台法律合规风险的衡量主要包括业务合法性、交易合规性两个指标。从图 8A ~8B 可以看出，大部分 P2P 平台的业务合法性、交易合规性之间没有太大差异，且两者对平台法律合规风险的影响也基本相当。

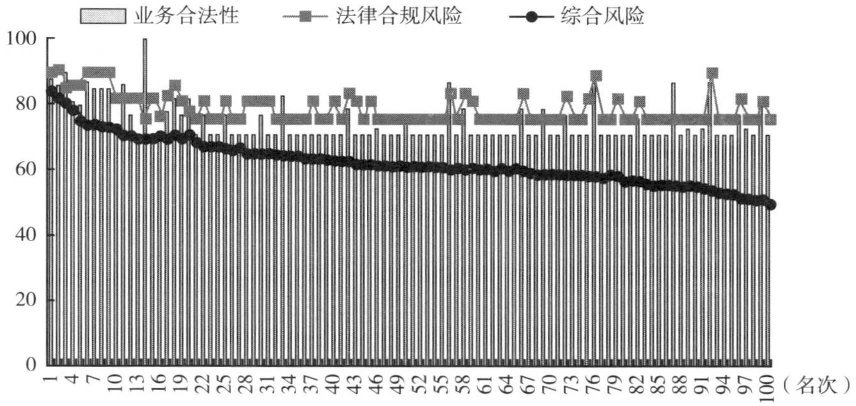


**图 8A　法律合规风险与三级指标关系**

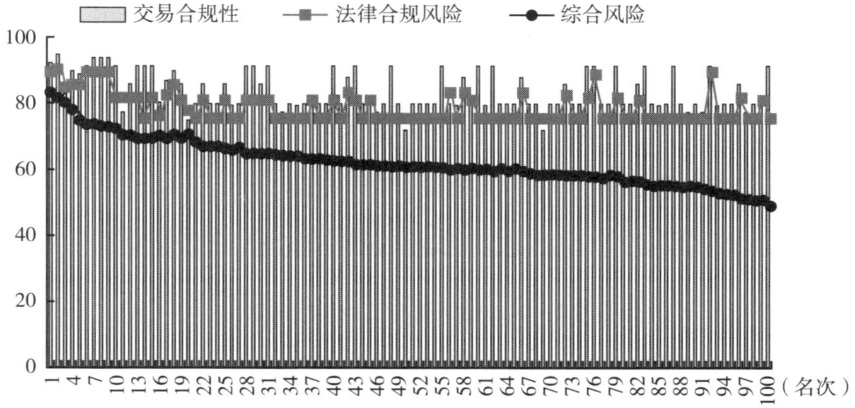


**图 8B　法律合规风险与三级指标关系**

## （五）流动性风险及其影响因素分析

我们对 P2P 平台流动性风险的衡量主要包括资金流动性、期限流动性、人气流动性、转让流动性四个指标。从图 9A～9D 可以看出，P2P 平台流动性风险影响最主要取决于人气流动性，其次是资金流动性，而期限流动性、转让流动性对平台流动性风险影响则相对较小。

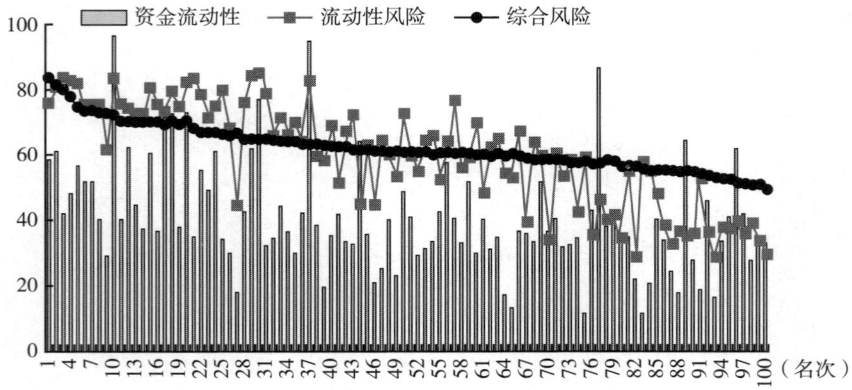

**图 9A　流动性风险与三级指标关系**

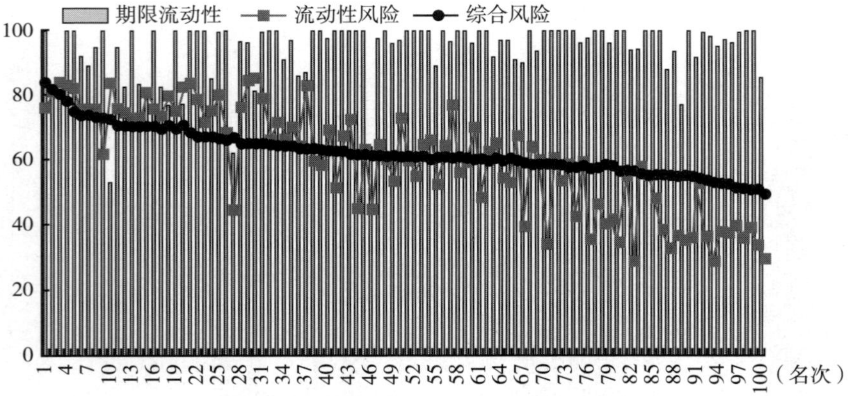


**图 9B　流动性风险与三级指标关系**

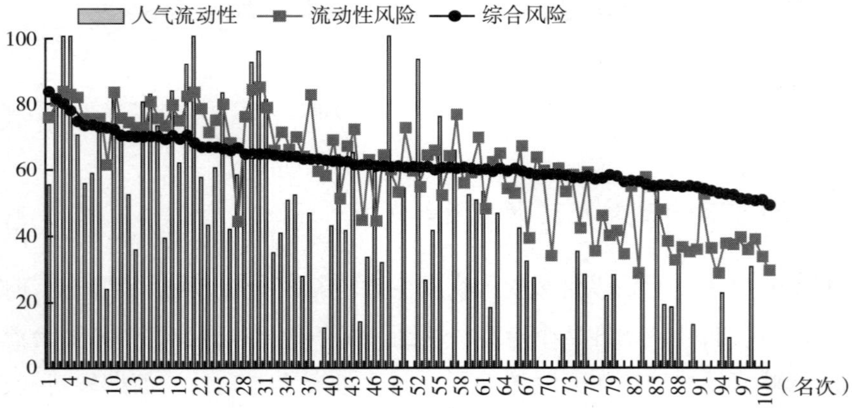


**图 9C　流动性风险与三级指标关系**

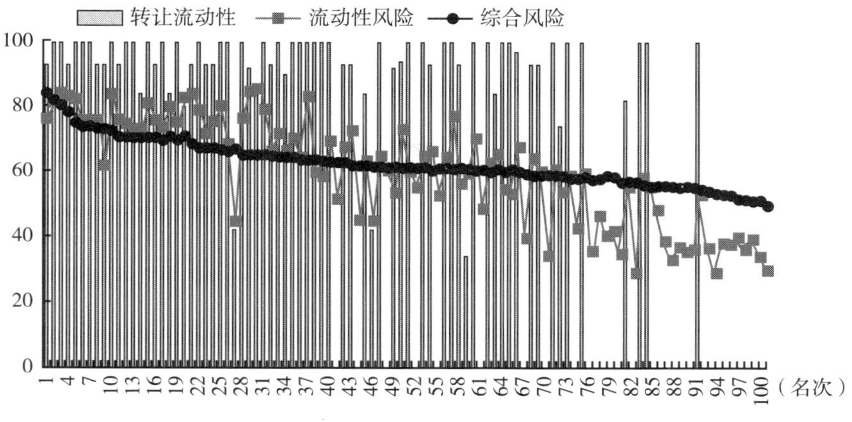


图 9D　流动性风险与三级指标关系

# 四　A 级 P2P 平台（20家）风险结构及其影响因素分析

## （一）综合风险结构分析

我们将以综合风险评级得分≥70 的 20 家 P2P 平台作为代表，重点讨论其综合风险及分项风险评级结果，并对决定各分项风险的不同风险因素指标进行统计性描述分析，以期对我国 P2P 平台风险成分及构成达到更深入认识（见图 10）。

我们以综合风险评级得分≥70 的前 20 家 A 级 P2P 平台作样本，给出了构成综合风险的各分项风险评级得分状况（见图 11）。

总体上来看，构成综合风险的各分项风险中，信用风险为第一位，其次是操作风险，再次是流动性风险，最后是法律合规风险。其中，信用风险相对较小的平台包括宜人贷、陆金服、玖富及团贷网等；操作风险控制较好的包括宜人贷、陆金服、玖富及拍拍贷等；流动性风险方面较好的平台包括拍拍贷、网信普惠、爱钱进及有利网等；法律合规风险表现较好的包括陆金

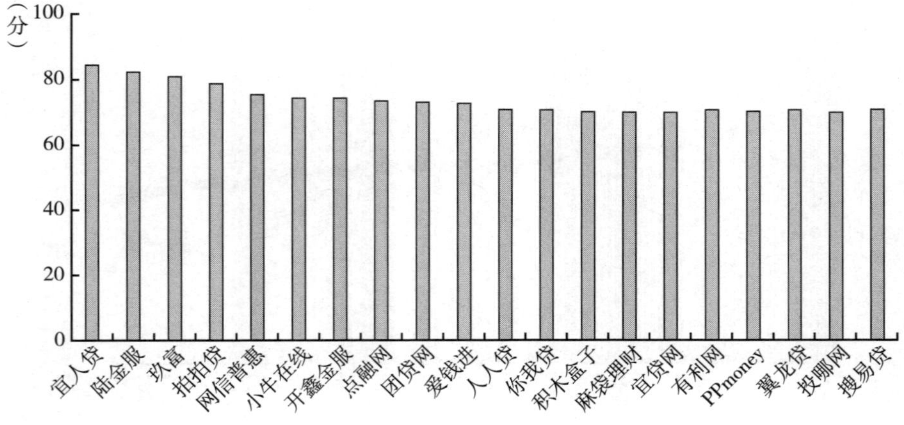


**图 10　A 级 P2P 平台综合风险评级得分**

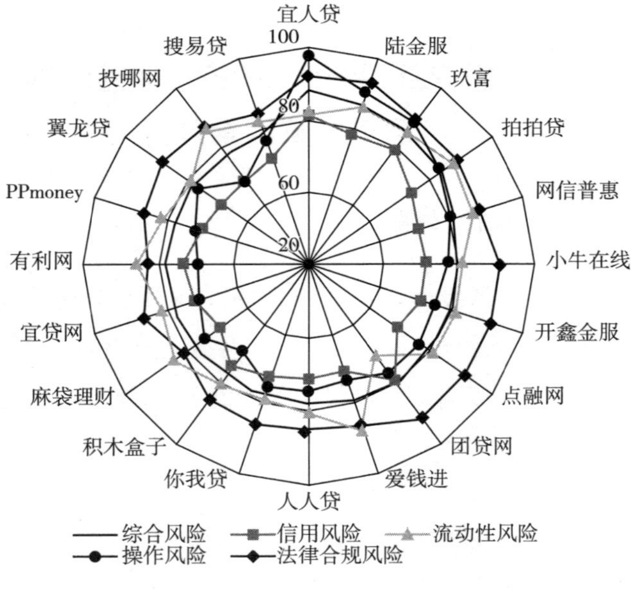


**图 11　P2P 平台分项风险评级得分**

服、团贷网、点融网、开鑫金服、小牛在线等。这里，我们进一步对信用风险分解得到偿还能力、偿还意愿两类分项风险评级得分（见图 12）。

可以看出，信用风险大小主要取决于偿还能力，偿还能力较高的 P2P

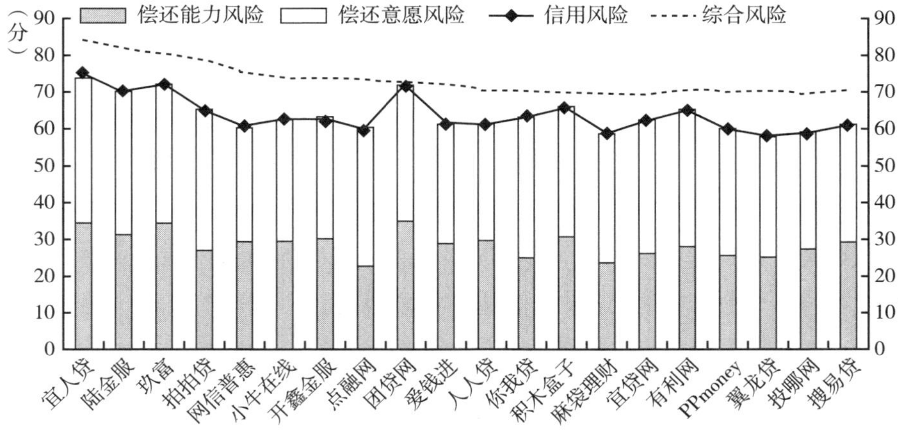


**图 12　信用风险分项风险评级得分**

平台如宜人贷、玖富、团贷网等，其信用风险得分也较高，即信用风险较小，反之亦然。各 P2P 平台偿还意愿风险之间的差异则比较小，不是决定 P2P 平台信用风险相对大小的主要因素。

## （二）信用风险及其影响因素分析

### 1. 偿还能力与四级指标关系

我们对 P2P 平台偿还能力风险的衡量主要包括平台运营能力、资本和财务能力、风控能力三个方面。从图 13 可以看出，偿还能力相对水平主要取决于 P2P 平台的资本和财务能力、运营能力大小，如宜人贷、玖富、团贷网等平台的资本和财务能力或运营能力较强，其偿还能力得分较高，即风险就较小。而各 P2P 平台的风控能力之间差异相对较小，并非决定偿还能力的主要因素。

### 2. 偿还意愿与四级指标关系

我们对 P2P 平台偿还意愿风险的衡量主要包括时间长度、利率水平、投标保障三个指标。从图 14 可以看出，偿还意愿影响主要取决于 P2P 平台的时间长度、利率水平，如宜人贷、陆金服、拍拍贷、点融网、你我贷等在时间长度与利率水平方面表现较好，故偿还意愿风险得分更高，即风险较小；而投标保障不是决定偿还意愿风险的主要因素。

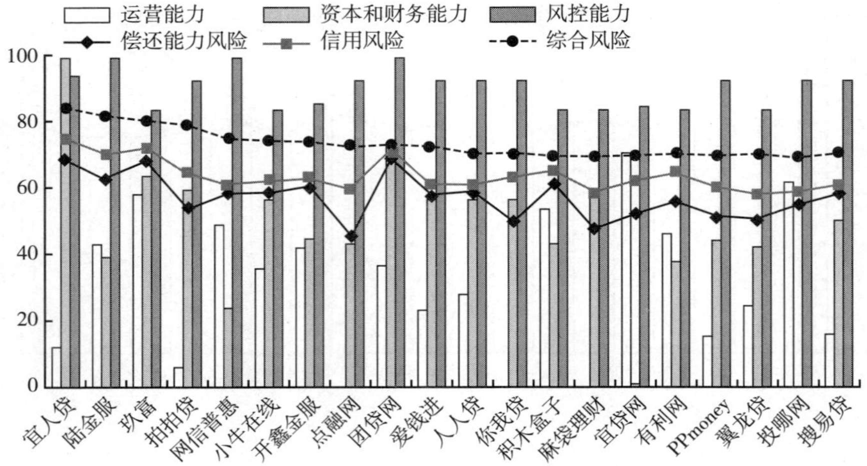


**图 13　偿还能力风险与四级指标关系**

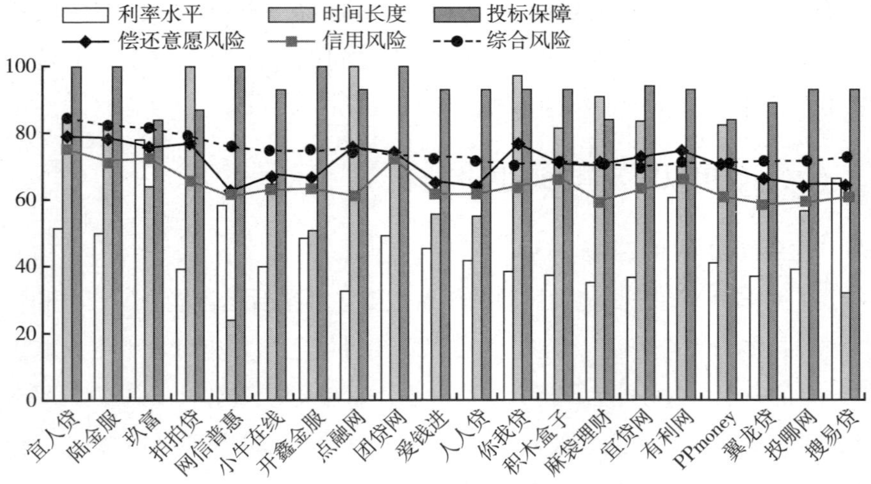


**图 14　偿还意愿风险与四级指标关系**

## （三）操作风险及其影响因素分析

我们对 P2P 平台操作风险的衡量主要包括集中度、平台建设、业务风险及透明度四个指标。从图 15 可以看出，操作风险影响主要取决于 P2P 的平台建设、集中度，如宜人贷、陆金服及玖富等平台建设较好、集中度较高的 P2P 操作风险得分更高，即操作风险更小；而业务风险、透明度不是决定操作风险的主要因素。

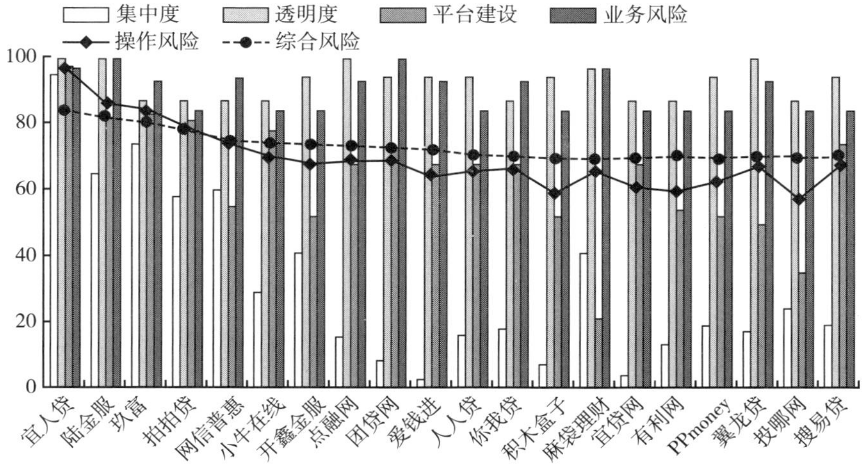


**图 15　操作风险与三级指标关系**

## （四）法律合规风险及其影响因素分析

我们对 P2P 平台法律合规风险的衡量主要包括交易合规性、业务合法性两个指标。从图 16 可以看出，大部分 P2P 平台在交易合规性、业务合法

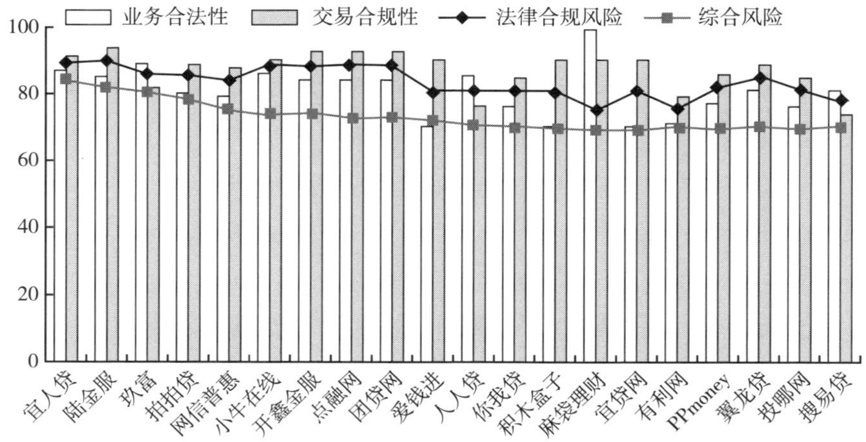


**图 16　法律合规风险与三级指标关系**

性方面表现较好，而那些在交易合规或业务合法方面尚有欠缺的平台，其法律合规风险得分则比较低。总体来说，交易合规性、业务合法性对平台法律合规风险的影响程度基本相当。

### （五）流动性风险及其影响因素分析

我们对 P2P 平台流动性风险的衡量主要包括资金流动性、期限流动性、人气流动性、转让流动性四个指标。从图 17 可以看出，P2P 平台流动性风险影响最主要取决于人气流动性、资金流动性，如玖富、拍拍贷、爱钱进及投哪网等平台在人气流动性与资金流动性方面表现较好，故平台流动性风险得分相对较高，即流动性风险较小；而期限流动性、转让流动性对平台流动性风险影响则相对较小。

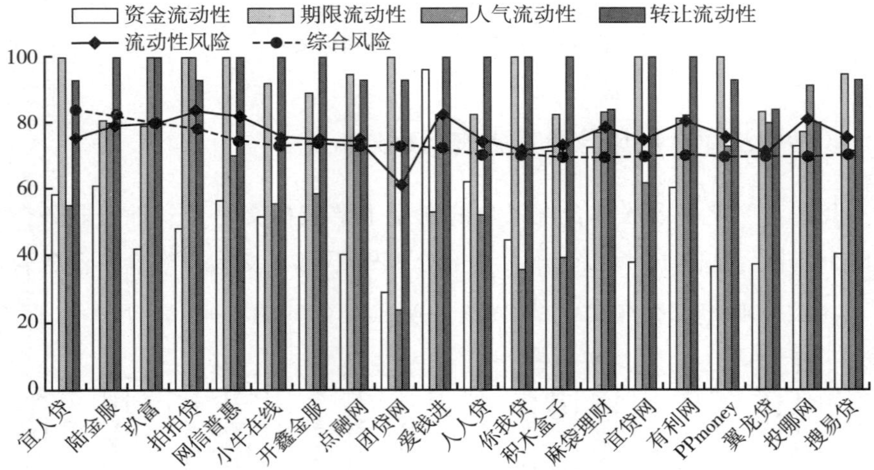


**图 17　流动性风险与三级指标关系**

## 五　B 级 P2P 平台（80家）风险结构及其影响因素分析

### （一）综合风险结构分析

为了对比，以综合风险评级得分 <70 的 80 家 B 级 P2P 平台作为样本，

重点讨论其综合风险及分项风险评级结果，并对决定各分项风险的不同风险因素指标进行统计性描述分析。图 18 给出了后 80 家 P2P 平台综合风险评级得分状况。

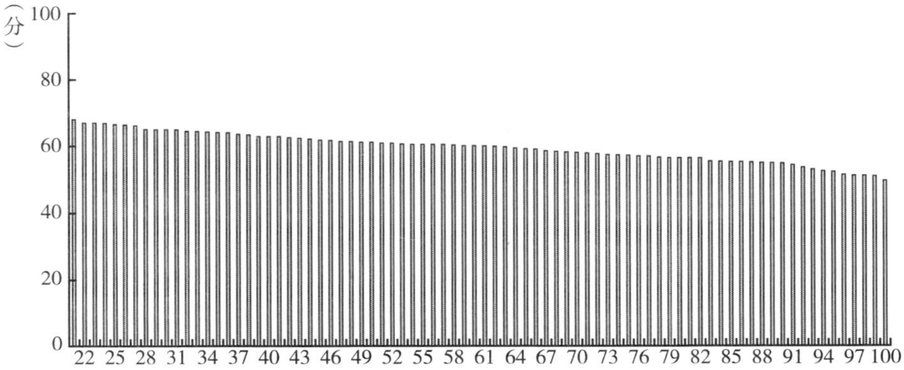


**图 18　B 级 P2P 平台综合评级得分**

为了对比，以综合风险评级得分 <70 的 80 家 P2P 平台作为代表，我们给出了构成综合风险的各分项风险评级得分状况（见图 19 和图 20）。

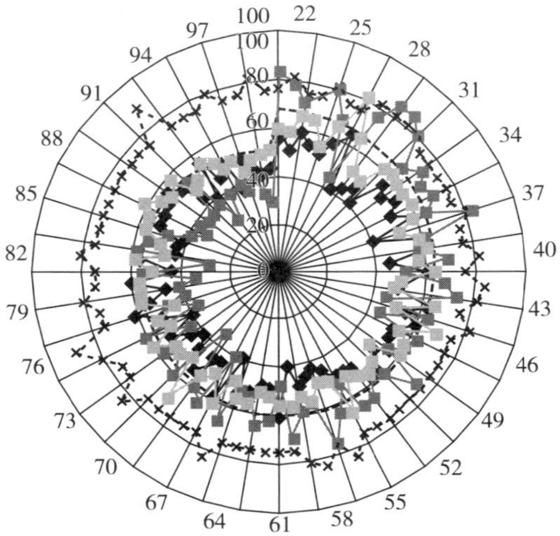


**图 19　P2P 平台分项风险评级得分（按综合风险得分高低顺时针排列）**

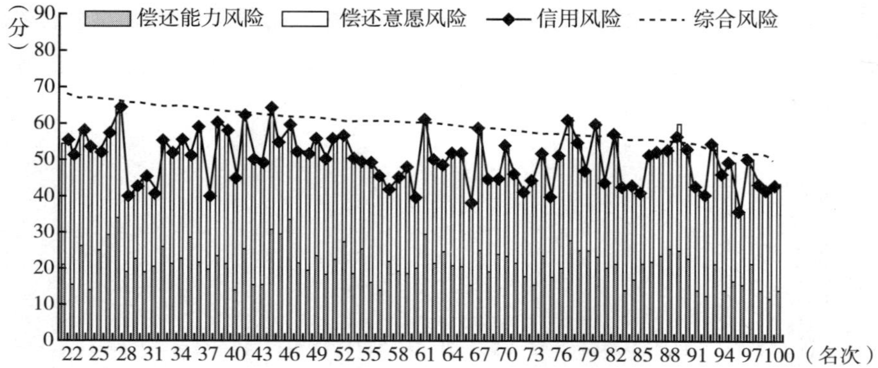


**图 20　P2P 平台信用风险分项评级得分**

可以看出，信用风险大小主要取决于偿还能力，偿还能力较高的 P2P 平台通常信用风险得分较高，即信用风险较小，反之亦然。各 P2P 平台偿还意愿风险之间的差异相对较小，不是决定 P2P 平台信用风险相对大小的主要因素。

## （二）信用风险及其影响因素分析

### 1. 偿还能力与四级指标关系

我们对 P2P 平台偿还能力风险的衡量主要包括平台运营能力、资本和财务能力、风控能力三个方面。从图 21A～21C 可以看出，偿还能力相对水平主要取决于 P2P 平台的资本和财务能力、运营能力大小，当资本和财务能力或运营能力越强时，偿还能力得分也较高，即风险也越小。而各 P2P 平台的风控能力之间差异相对较小，并非决定偿还能力的主要因素。

### 2. 偿还意愿与四级指标关系

我们对 P2P 平台偿还意愿风险的衡量主要包括利率水平、时间长度、投标保障三个指标。从图 22A～22C 可以看出，偿还意愿影响主要取决于 P2P 平台的时间长度，其次是利率水平，而投标保障不是决定偿还意愿风险的主要因素。

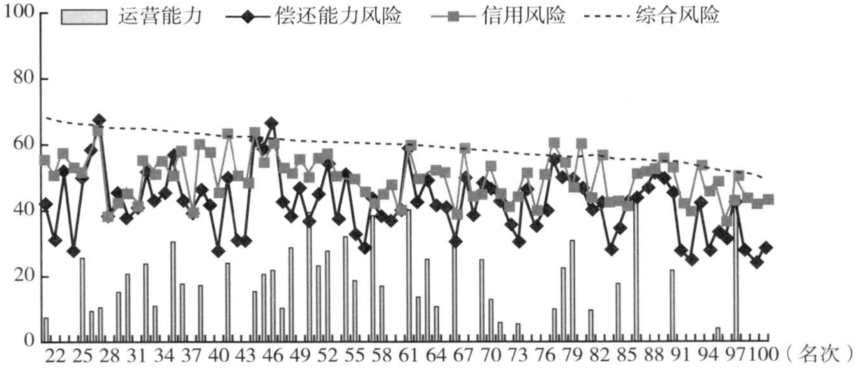


**图 21A　偿还能力风险与四级指标关系**

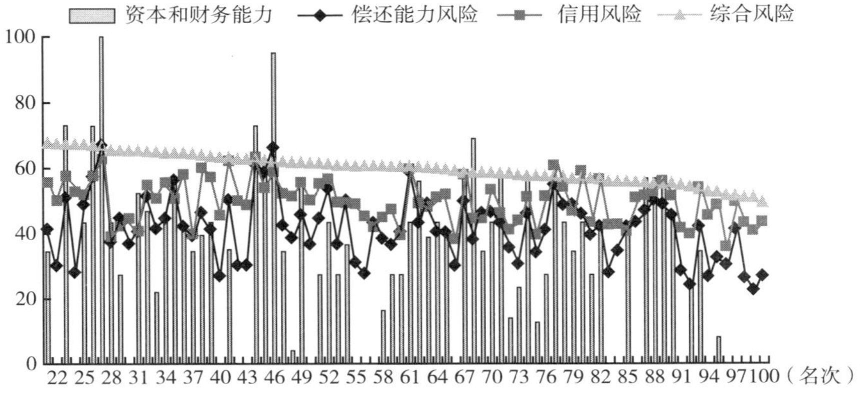


**图 21B　偿还能力风险与四级指标关系**

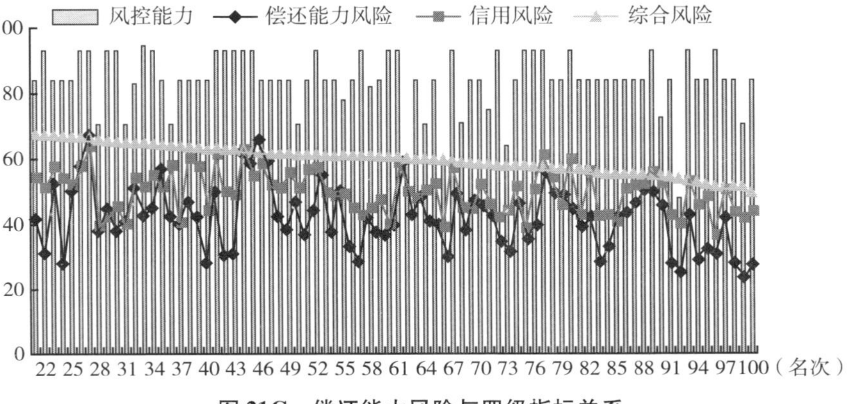


**图 21C　偿还能力风险与四级指标关系**

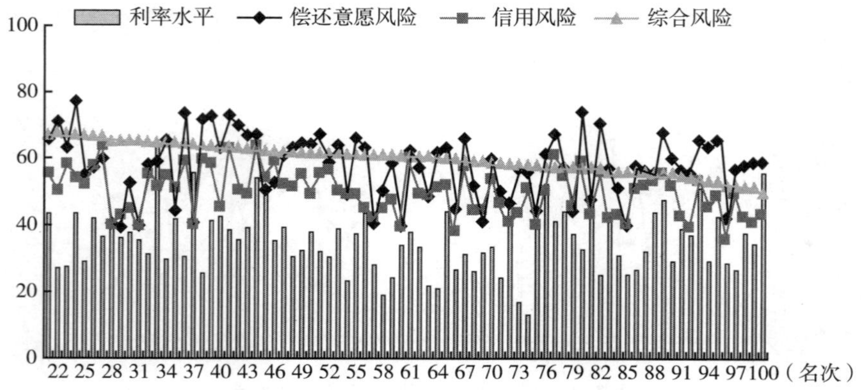

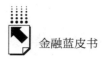

**图 22A　偿还意愿风险与四级指标关系**

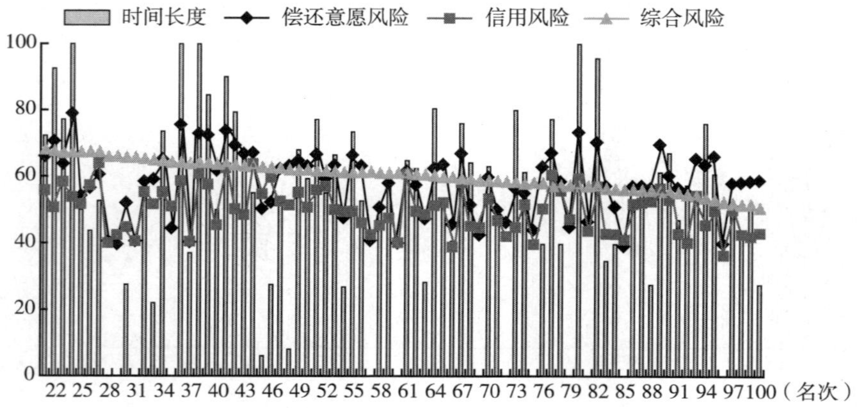


**图 22B　偿还意愿风险与四级指标关系**

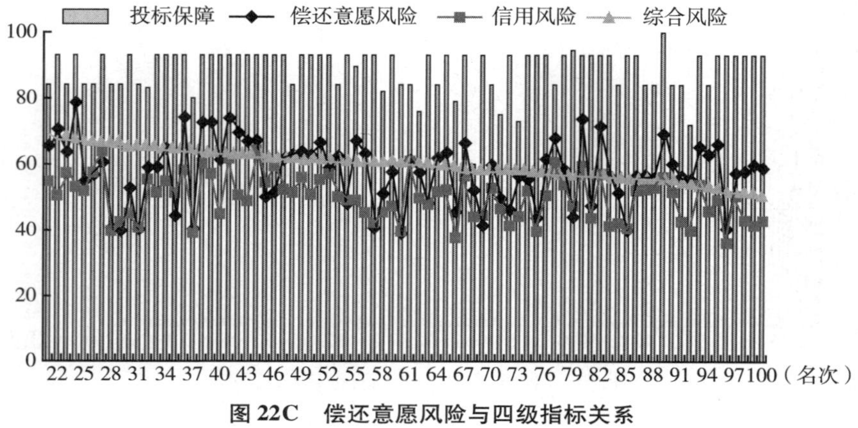


**图 22C　偿还意愿风险与四级指标关系**

## （三）操作风险及其影响因素分析

我们对 P2P 平台操作风险的衡量主要包括集中度、平台建设、业务风险及透明度四个指标。从图 23A ~23D 可以看出，操作风险影响主要取决于 P2P 的平台建设，其次是集中度，而业务风险、透明度不是决定操作风险的主要因素。

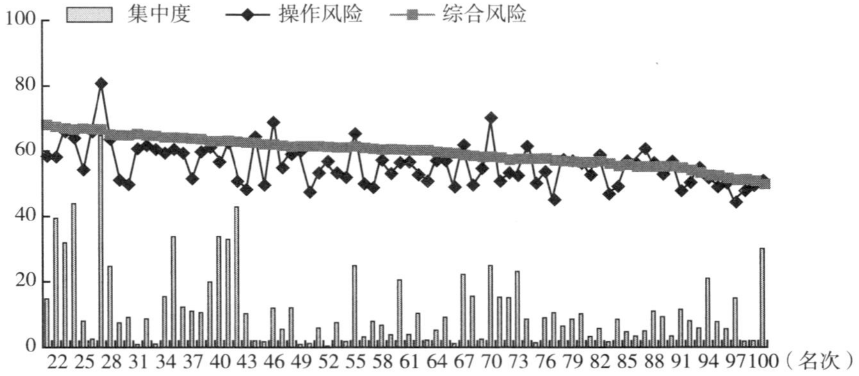


图 23A　操作风险与三级指标关系

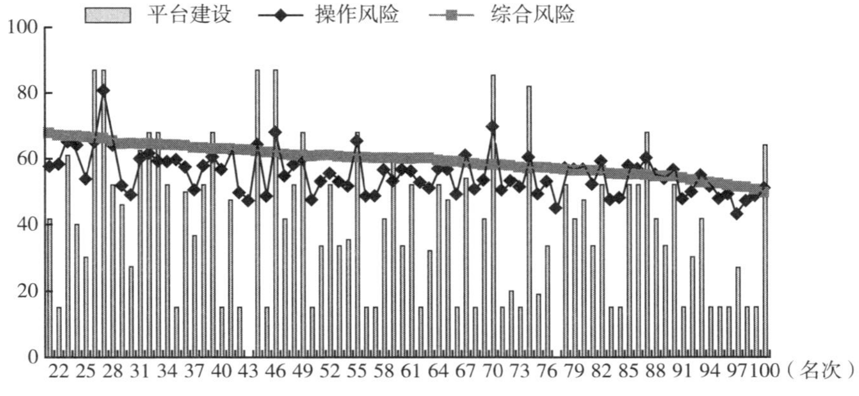


图 23B　操作风险与三级指标关系

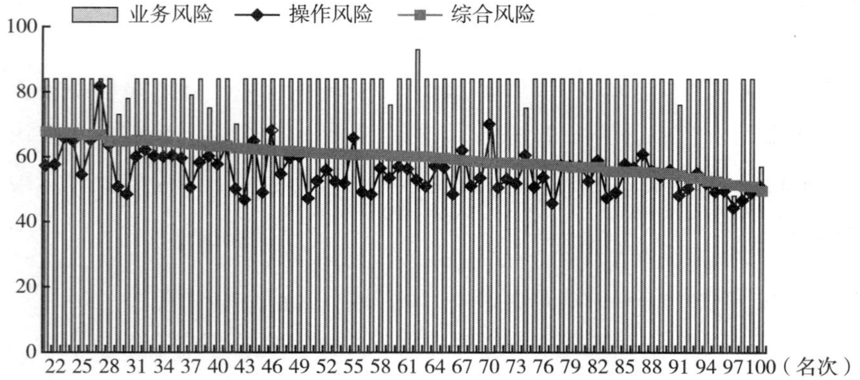


**图 23C　操作风险与三级指标关系**

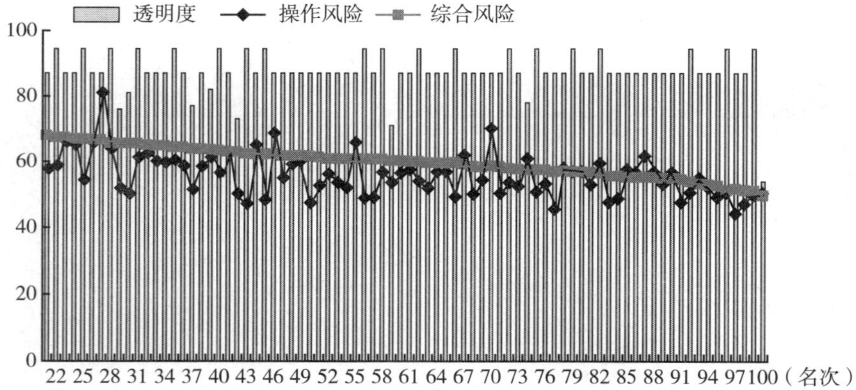


**图 23D　操作风险与三级指标关系**

## （四）法律合规风险及其影响因素分析

我们对 P2P 平台法律合规风险的衡量主要包括业务合法性、交易合规性两个指标。从图 24A ~24B 可以看出，大部分 P2P 平台的业务合法性、交易合规性之间没有太大差异，且两者对平台法律合规风险的影响也基本相当。

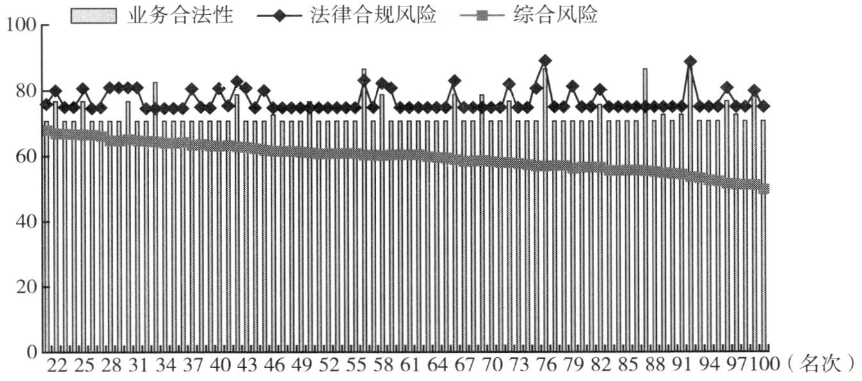


**图 24A　法律合规风险与三级指标关系**

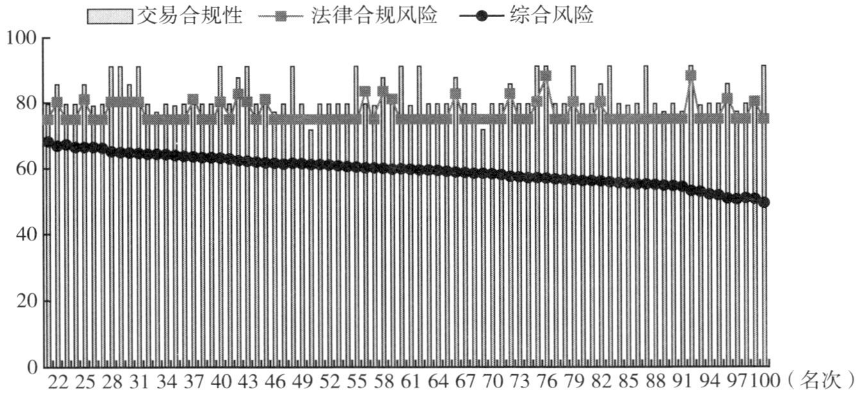


**图 24B　法律合规风险与三级指标关系**

## （五）流动性风险及其影响因素分析

我们对 P2P 平台流动性风险的衡量主要包括资金流动性、期限流动性、人气流动性、转让流动性四个指标。从图 25A～25D 可以看出，P2P 平台流动性风险影响最主要取决于人气流动性，其次是资金流动性，而期限流动性、转让流动性对平台流动性风险影响则相对较小。

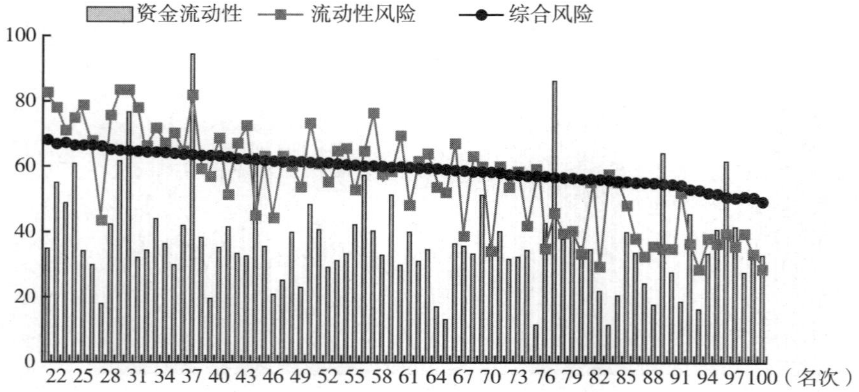


**图 25A　流动性风险与三级指标关系**

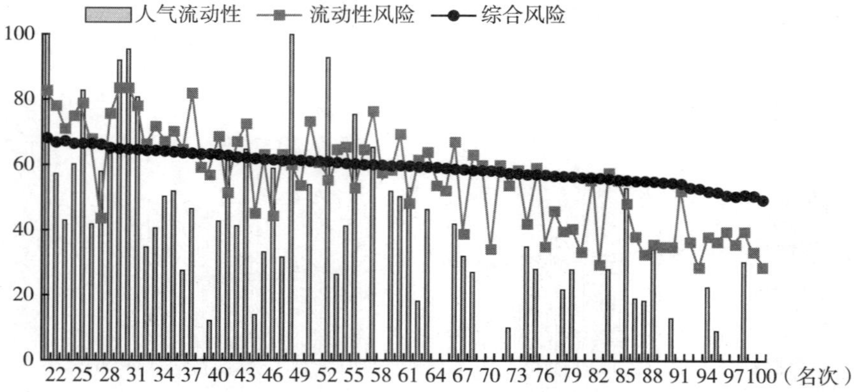


**图 25B　流动性风险与三级指标关系**

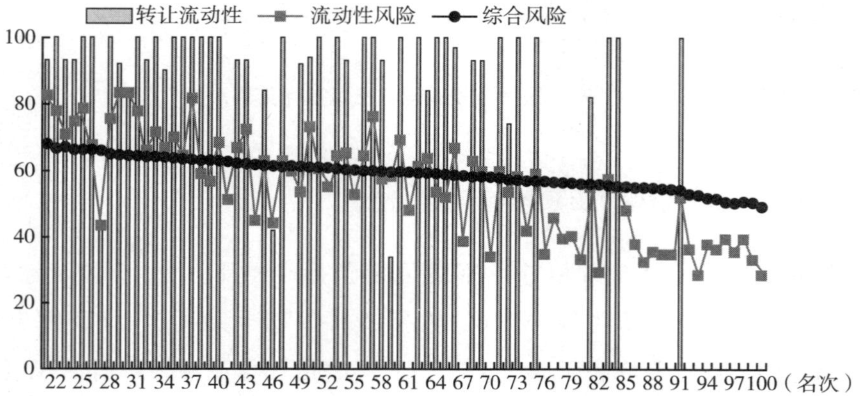


**图 25C　流动性风险与三级指标关系**

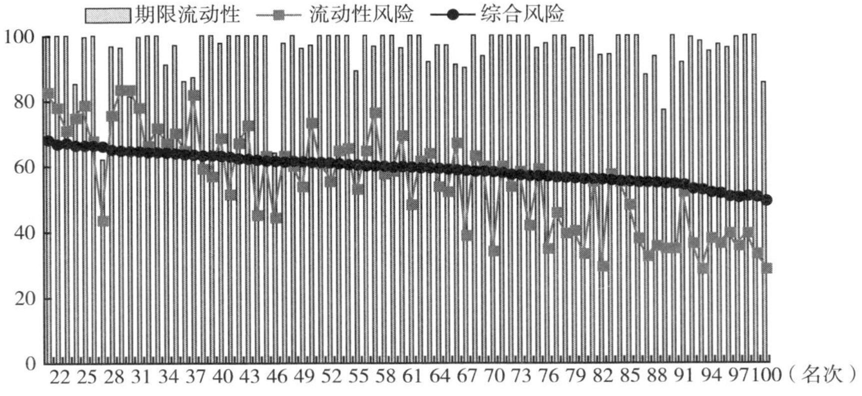


**图 25D　流动性风险与三级指标关系**

# 六　P2P 平台风险评级区域特征分析

## （一）评级对象平台的区域分布

本次评级对象，按平台所处地域不同划分，北京 35 家，深圳 19 家，上海 17 家，广东（除深圳外）11 家，浙江 8 家，四川、山东、江苏各 2 家，安徽、陕西、新疆、重庆各 1 家（见图 26）。

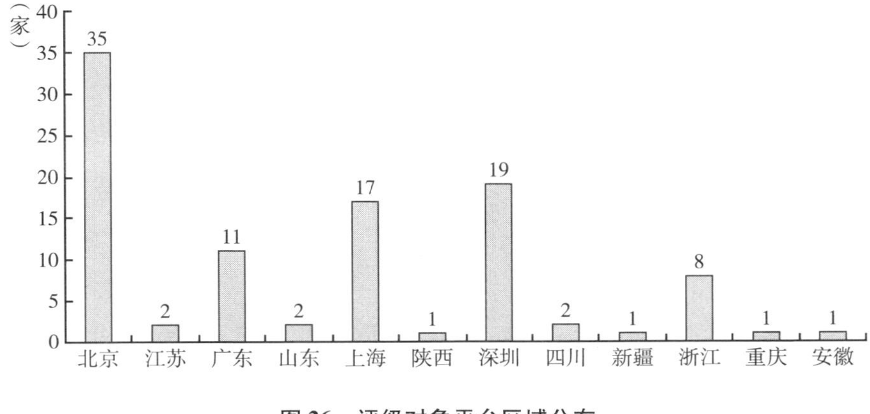


**图 26　评级对象平台区域分布**

从不同区域平台综合风险评级来看，A 级平台主要集中于互联网金融发展较快的北上广深一线城市地区；而 B 级平台除了一线城市地区外，江浙地区评级相对靠前的 BBB ~ BB 级 P2P 平台也具有一定规模（见图 27）。

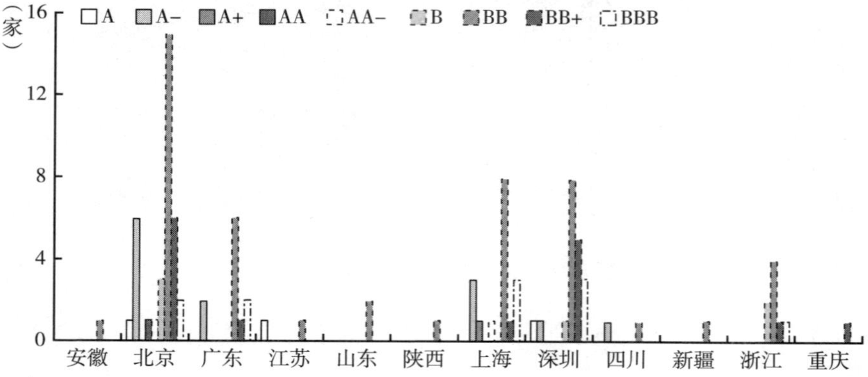


**图 27　不同区域平台评级分布**

## （二）北京地区评级结果分析

在进入这次评级范围的 P2P 平台中，北京有 35 家，其中进入前 10 名的有 4 家，而 A 级平台数量几乎占据一半（9 家）。近年来，科技与信息的迅速发展为中国互联网与大数据金融的崛起提供了较为有利的条件，而北京地区由于中介服务发展充分、社会保障健全以及优秀的人文环境，构成了良好的社会诚信文化，更为当地互联网金融发展提供了制度、环境、技术和人才支持。北京地区 P2P 平台评级结果及其与指标关系见图 28 至图 35。

## （三）上海地区评级结果分析

在进入这次评级范围的 P2P 平台中，上海占有 17 家，其中进入前 10 名的有 3 家，A 级平台数量为 5 家。上海作为中国的经济、金融、贸易中心和国际化大都市，在法制健全、产权保护方面也是全国标杆和榜样。上海作为全国经济金融中心，互联网环境下的金融生态中的各要素形成良性互动。目

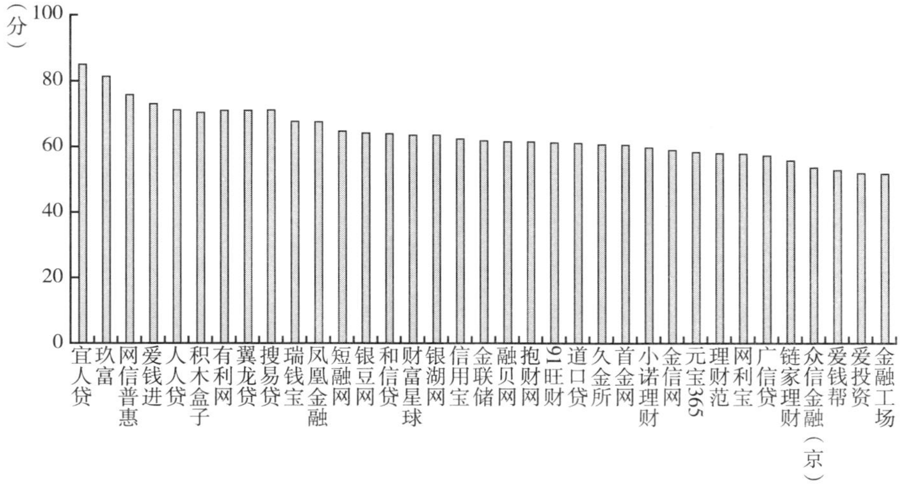


**图 28　北京地区 P2P 平台综合风险评分比较**

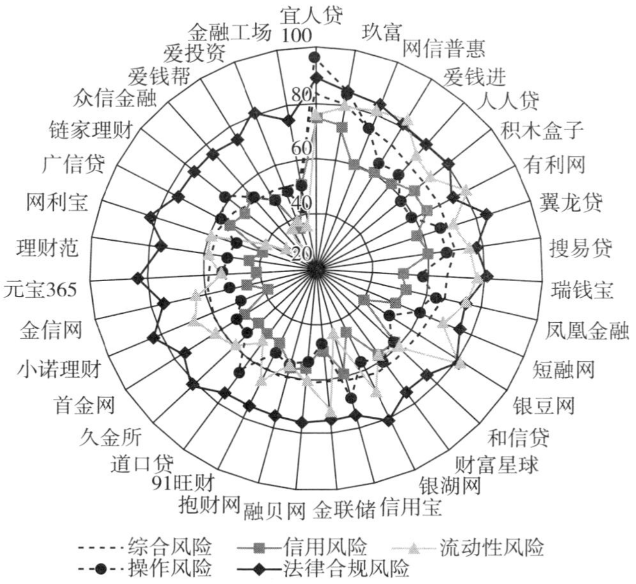


**图 29　北京地区 P2P 平台分项风险评分比较**

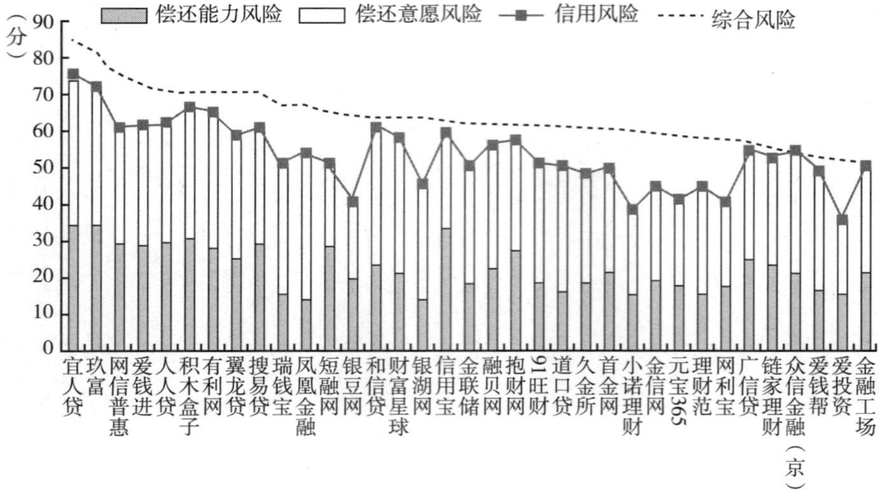


**图 30　北京地区 P2P 平台信用风险分项评分比较**

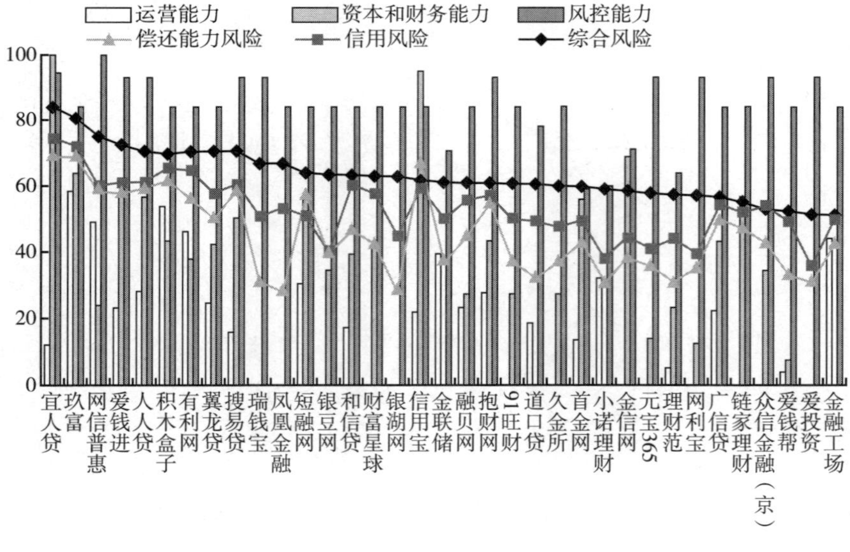


**图 31　北京地区偿还能力风险与四级指标关系**

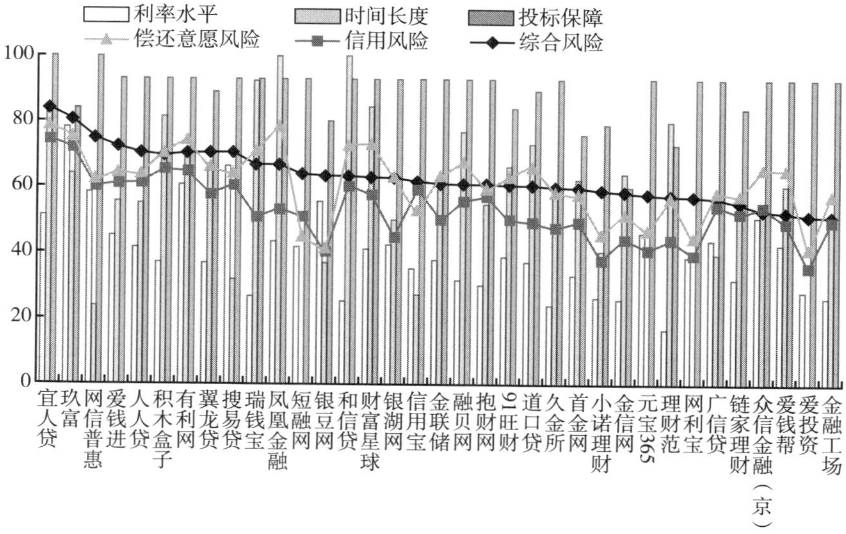


**图 32　北京地区偿还意愿风险与四级指标关系**

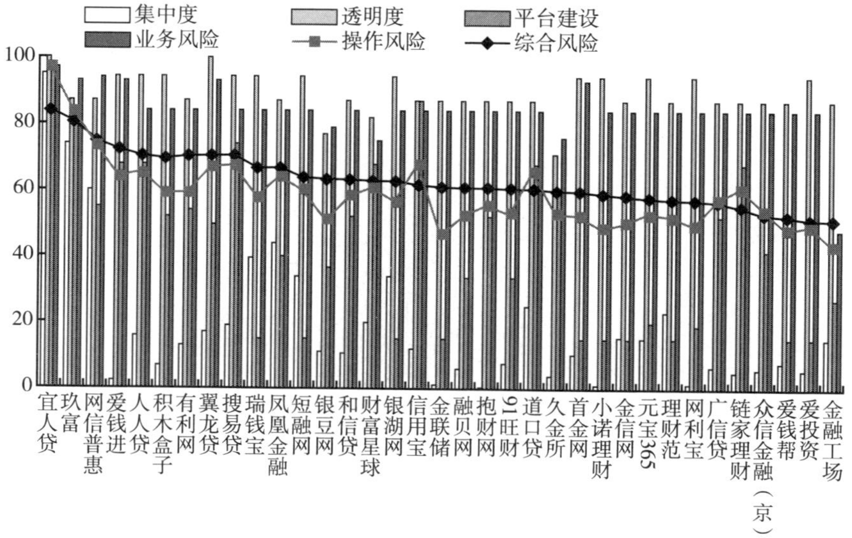


**图 33　北京地区操作风险与三级指标关系**

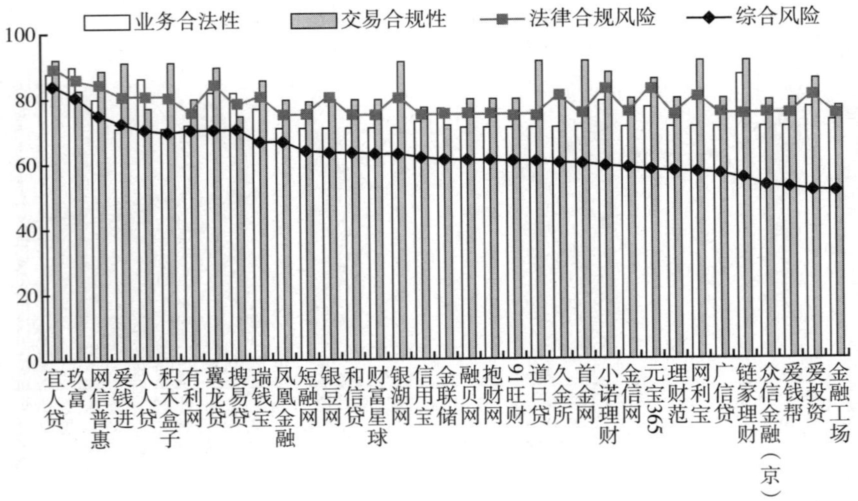


**图 34　北京地区法律合规风险与三级指标关系**

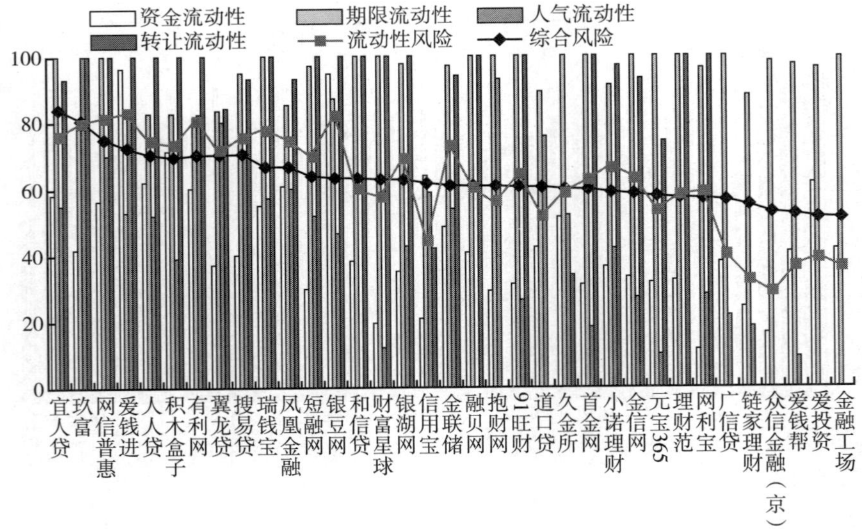


**图 35　北京地区流动性风险与三级指标关系**

前，上海互联网金融信息服务、互联网征信以及社会信用体系日趋完善，给中国互联网金融的发展提供了良好的外部环境。上海地区 P2P 平台评级结果及其与指标关系见图 36 至图 43。

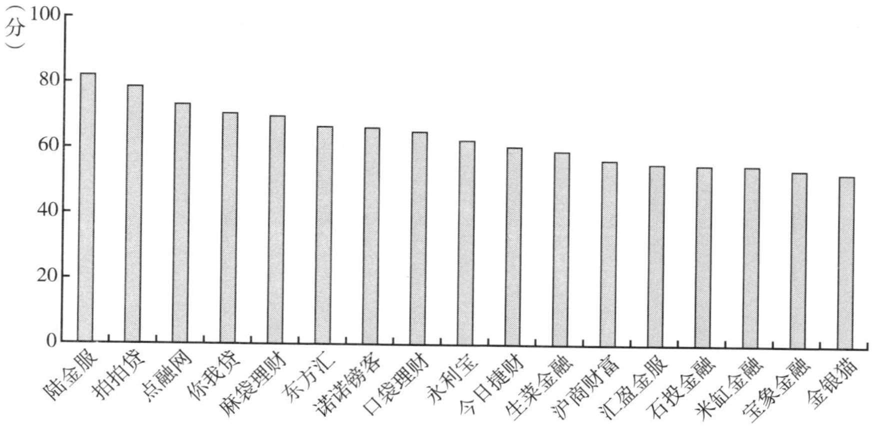


**图 36　上海地区 P2P 平台综合风险评分比较**

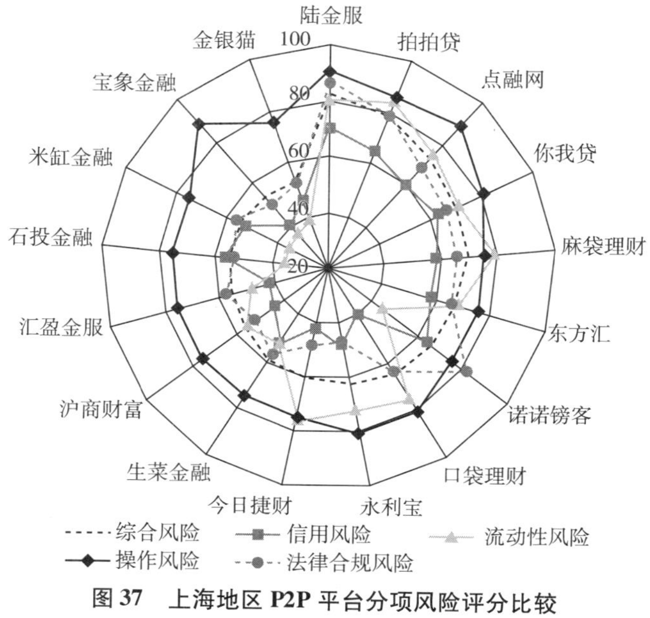


**图 37　上海地区 P2P 平台分项风险评分比较**

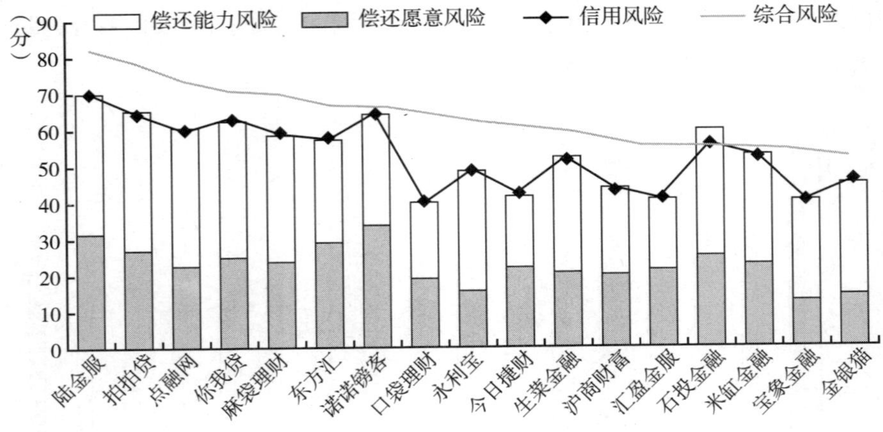


**图38　上海地区 P2P 平台信用风险分项风险评分比较**

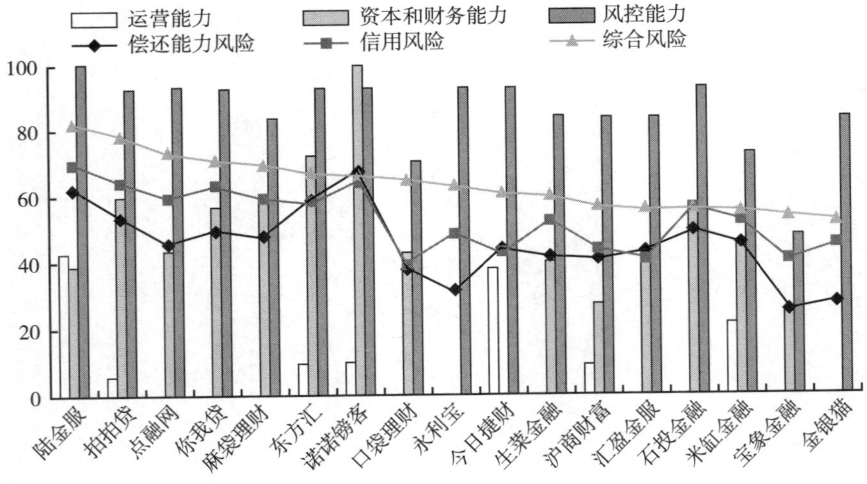


**图39　上海地区偿还能力风险与四级指标关系**

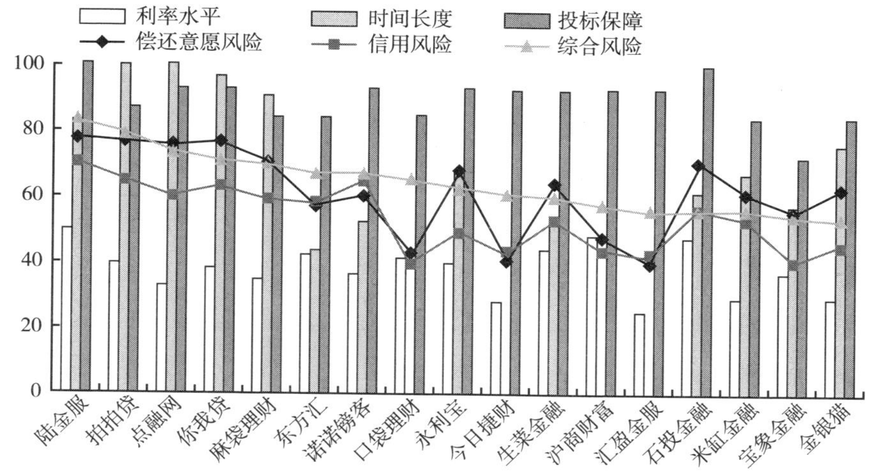


**图 40　上海地区偿还意愿风险与四级指标关系**

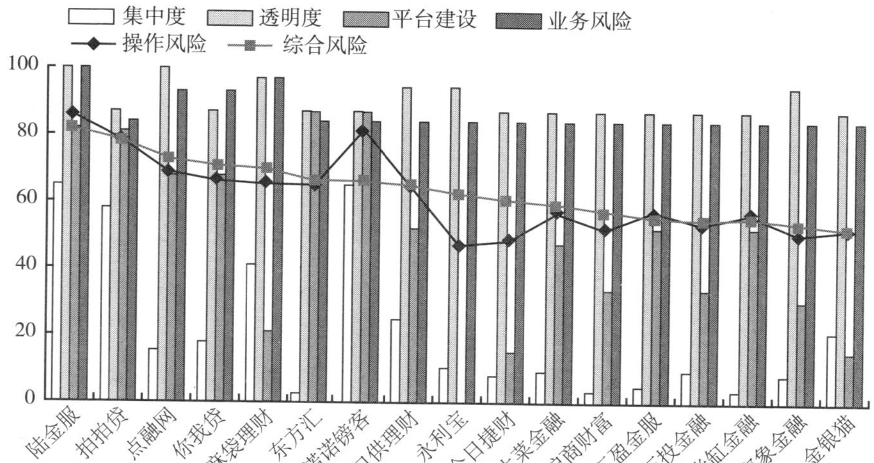


**图 41　上海地区操作风险与三级指标关系**

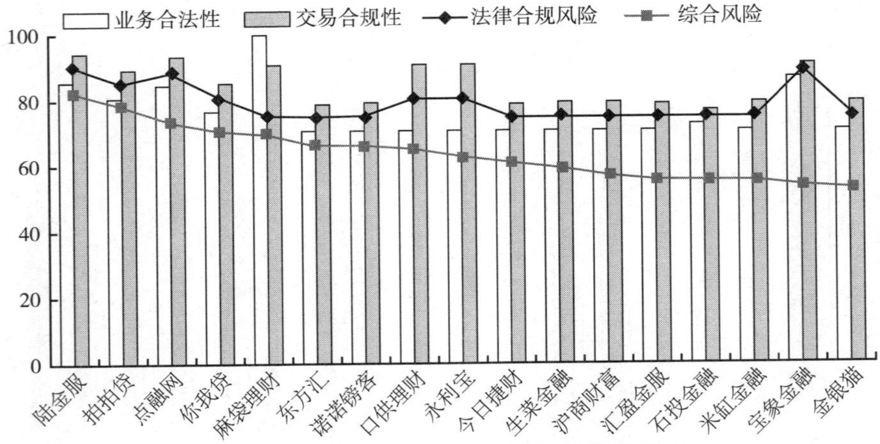


**图 42　上海地区法律合规风险与三级指标关系**

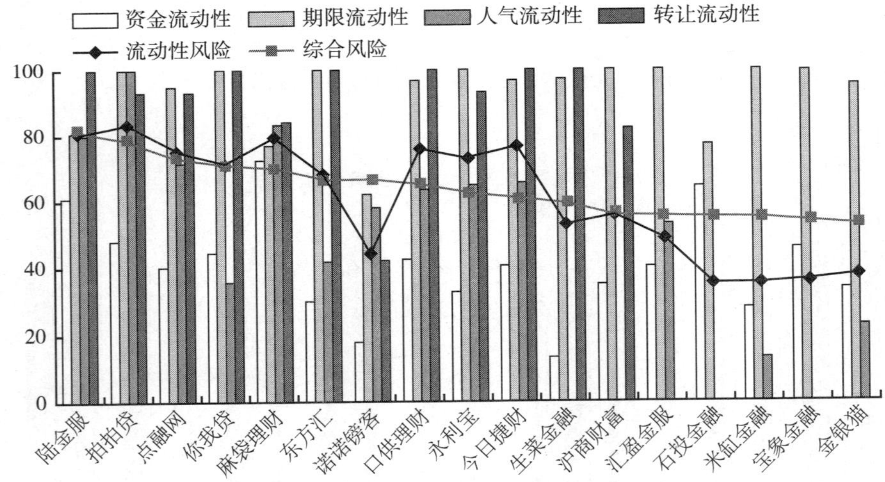


**图 43　上海地区流动性风险与三级指标关系**

## （四）华南地区评级结果分析

在进入这次评级范围 P2P 平台中，华南地区为 30 家，其中，深圳 19 家（1 家进入前 10 名、A 级平台 2 家），广东（除深圳外）11 家（1 家进入前 10 名、A 级平台 2 家）。尽管华南地区 P2P 平台众多，但“多”而不“强”特征也较为明显。目前，广东社会信用和征信体系还有待进一步完善，互联网金融发展环境还有待进一步提升，如区域法治环境有待完善，金融债权需要充分、有效的法律保护，否则金融资本就难以正常循环，也将阻碍互联网金融健康、有序发展。华南地区 P2P 平台评级结果及其与指标关系见图 44 至图 59。

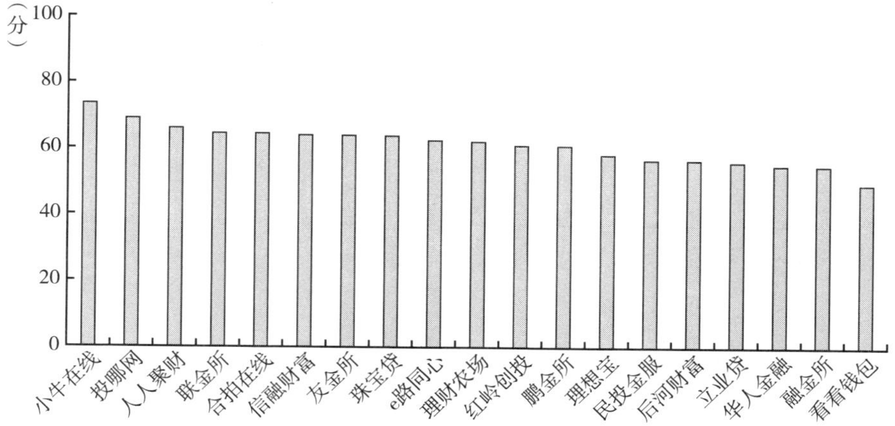


**图 44　深圳地区 P2P 平台综合风险评级比较**

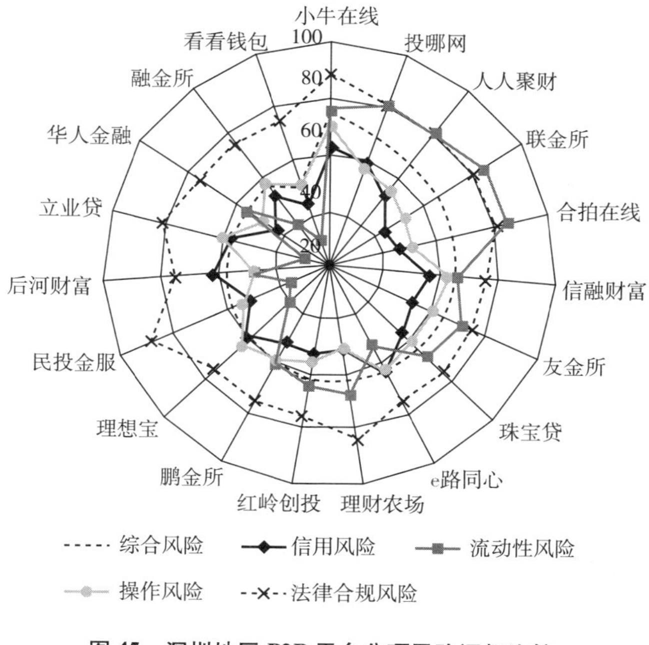


**图 45　深圳地区 P2P 平台分项风险评级比较**

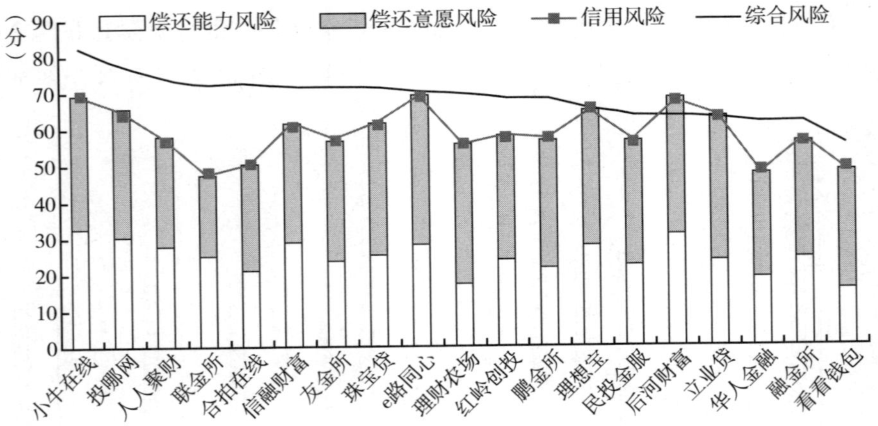


图 46　深圳地区 P2P 平台信用风险分项评级比较

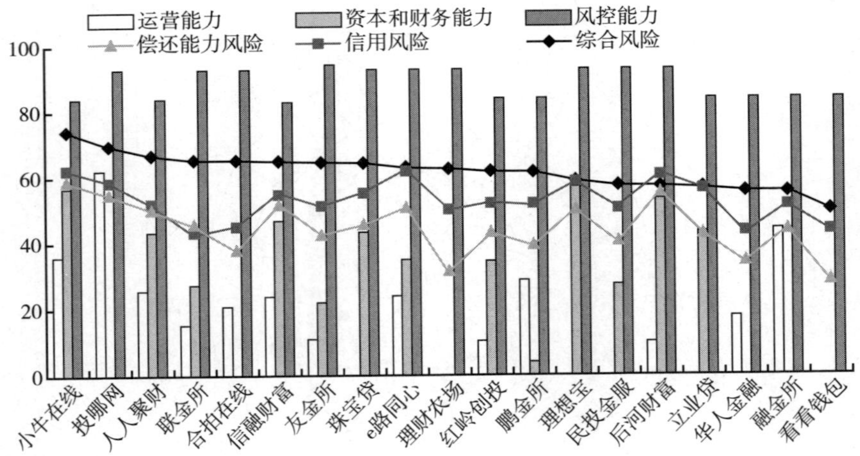


图 47　深圳地区偿还能力风险与四级指标关系

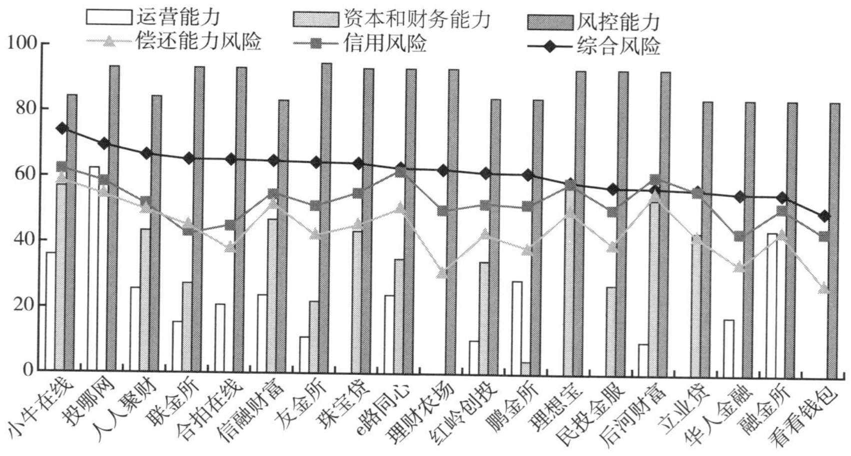


**图 48　深圳地区偿还意愿风险与四级指标关系**

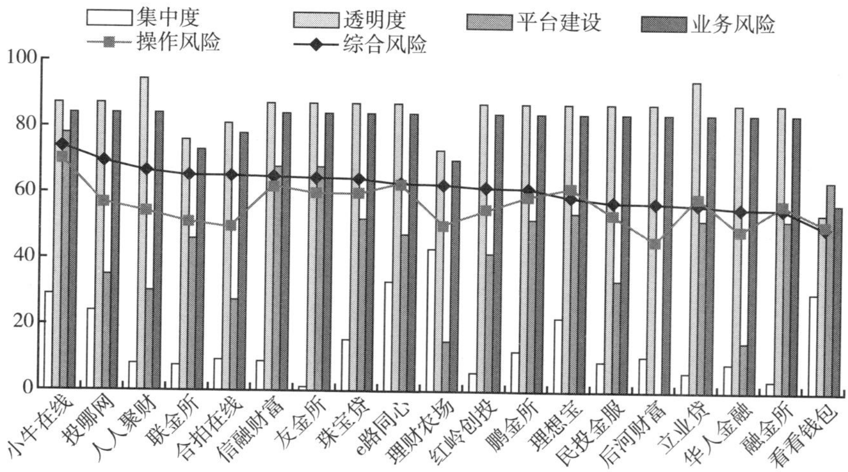


**图 49　深圳地区操作风险与三级指标关系**

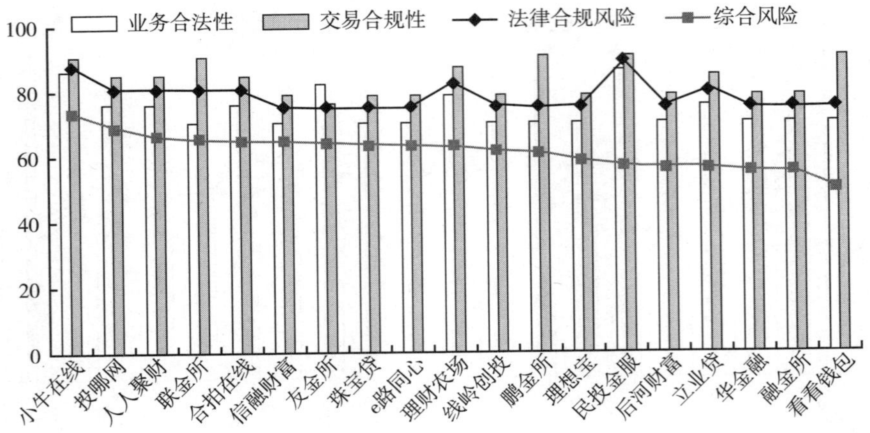


**图 50　深圳地区法律合规风险与三级指标关系**

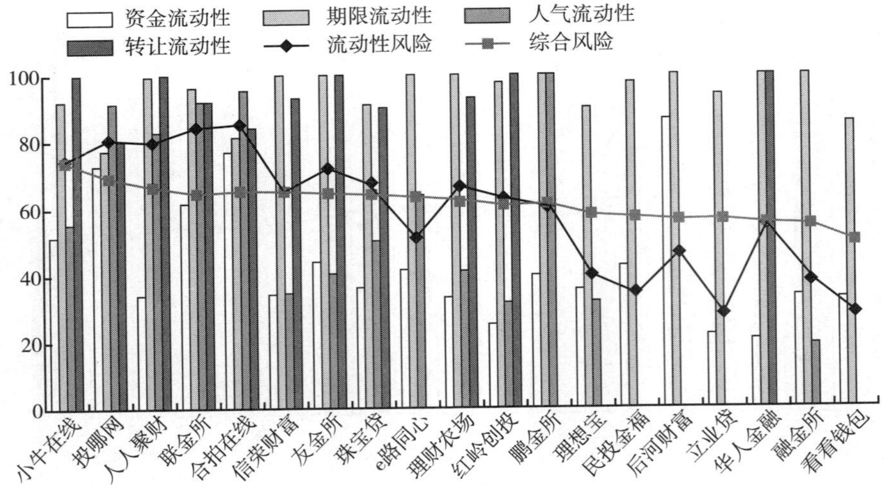


**图 51　深圳地区流动性风险与三级指标关系**

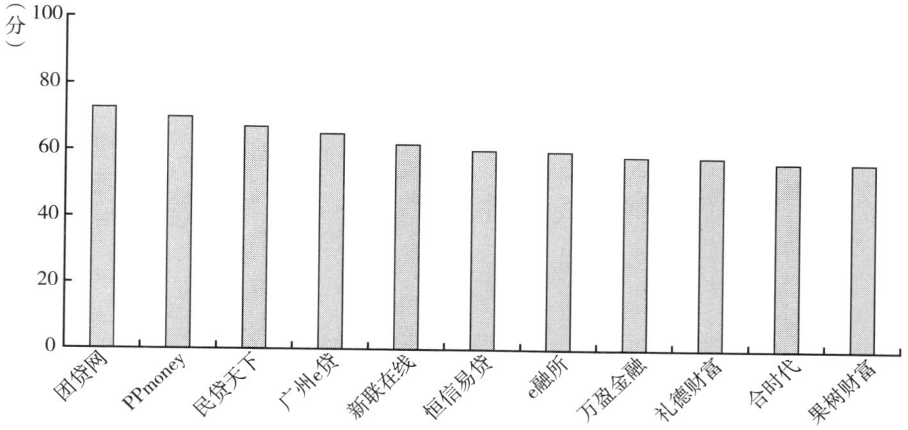


**图 52　广东地区（除深圳外）P2P 平台综合风险评级得分比较**

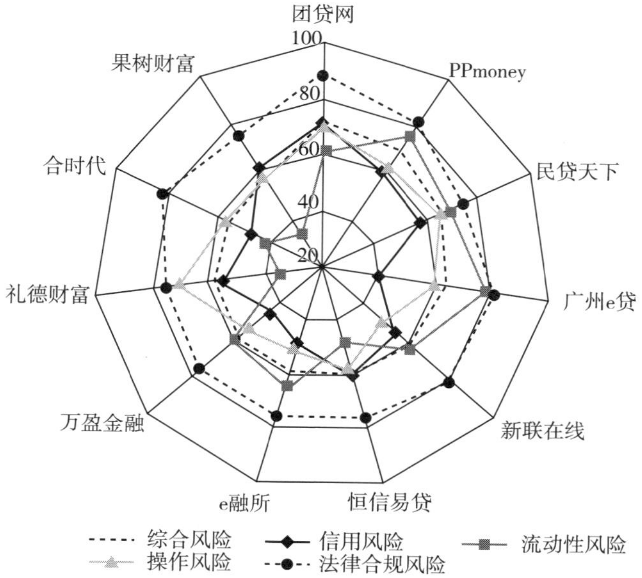


**图 53　广东地区（除深圳外）P2P 平台分项风险评级得分比较**

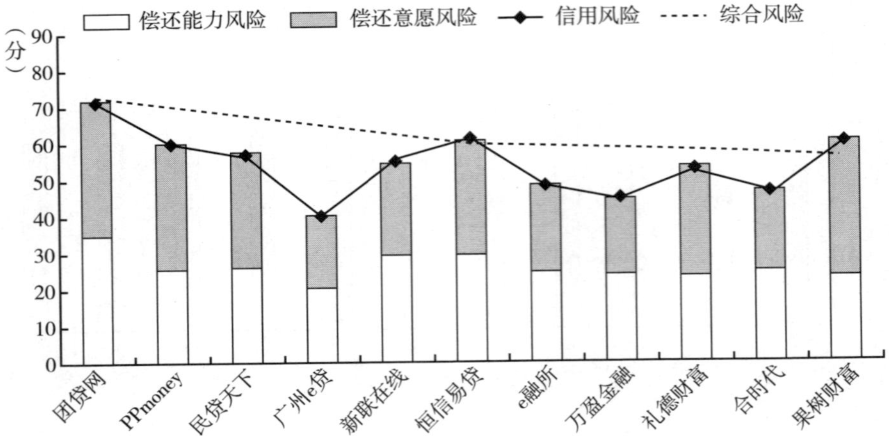

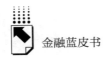

**图 54　广东地区（除深圳外）P2P 平台信用风险分项评级得分比较**

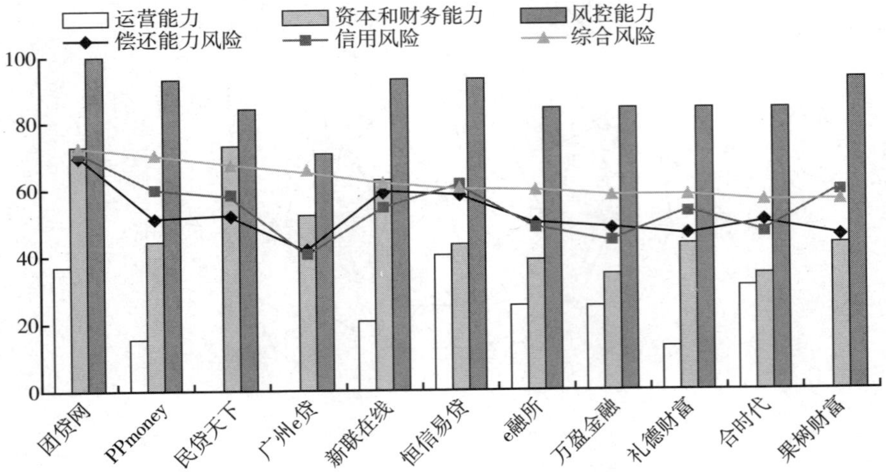


**图 55　广东地区（除深圳外）偿还能力风险与四级指标关系**

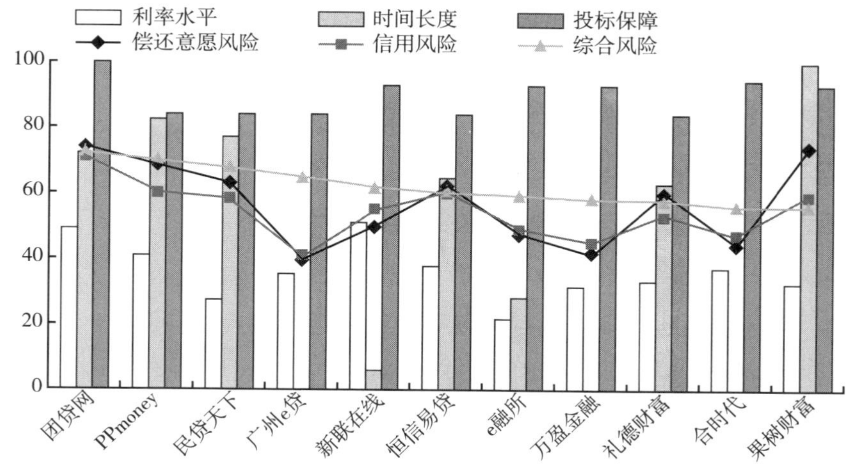


**图 56　广东地区（除深圳外）偿还意愿风险与四级指标关系**

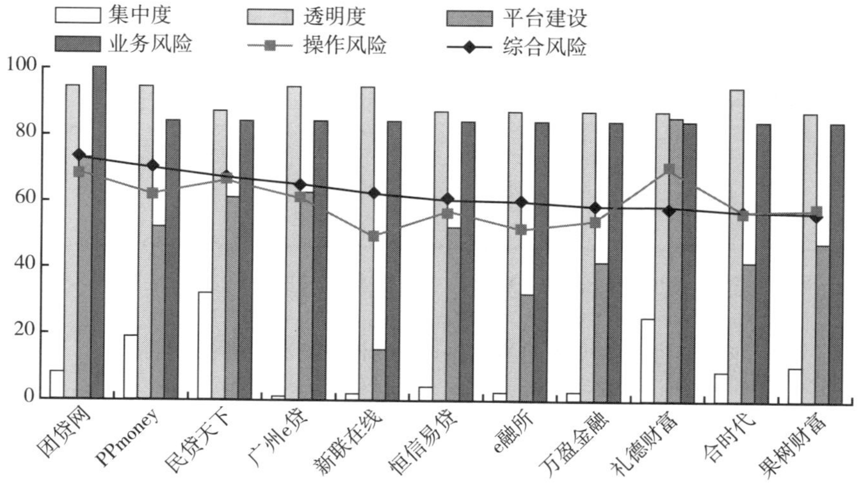


**图 57　广东地区（除深圳外）操作风险与三级指标关系**

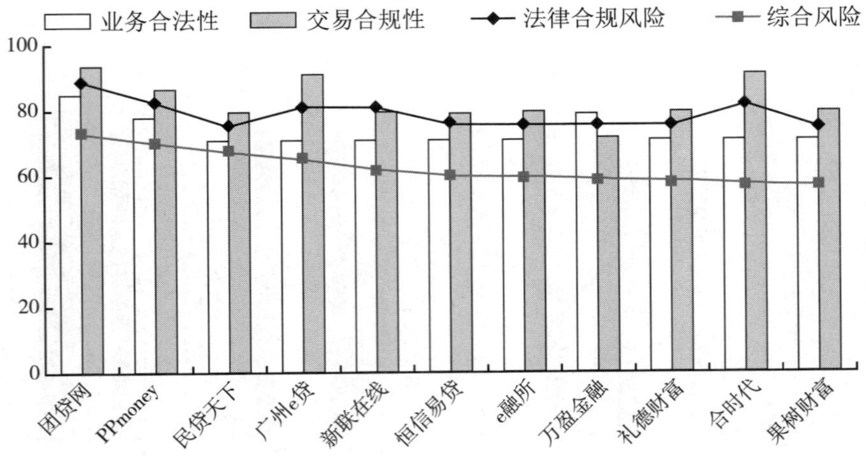


图 58　广东地区（除深圳外）法律合规风险与三级指标关系

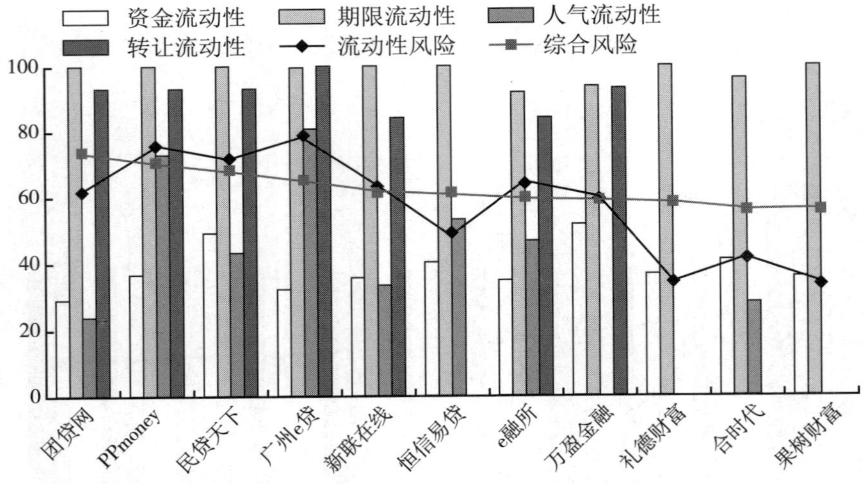


图 59　广东地区（除深圳外）流动性风险与三级指标关系

## （五）江浙地区评级结果分析

进入这次评级范围 P2P 平台中，江浙地区有 10 家，其中浙江 8 家，江苏 2 家（1 家进入前 10 名）。江浙地区无论是平台数量还是评级结果的质量，相较于上一年都基本相当。近年来，江浙经济区金融生态发展良好，经济增长快速，尤其是司法公正、重商主义的人文传统支撑起优良的社会诚信文化。以民营经济为主体的江浙地区，受中国经济转型影响冲击较大，但在经济发展、金融环境方面包括发展理念和政策制度等还须进一步改革和完善。江浙地区 P2P 平台评级结果及其与指标关系见图 60 至图 67。

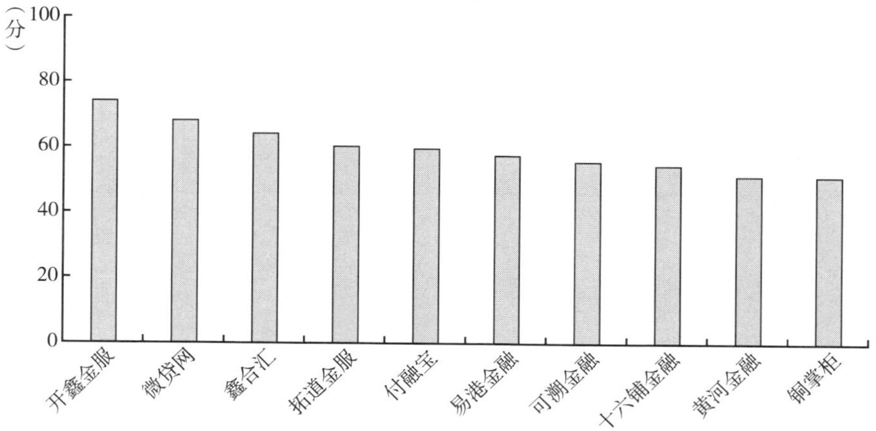


**图 60　江浙地区 P2P 平台综合风险评级比较**

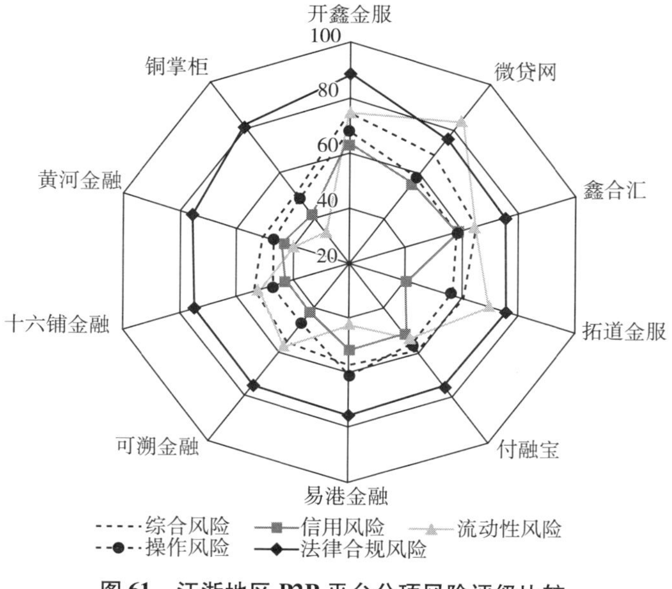


**图 61　江浙地区 P2P 平台分项风险评级比较**

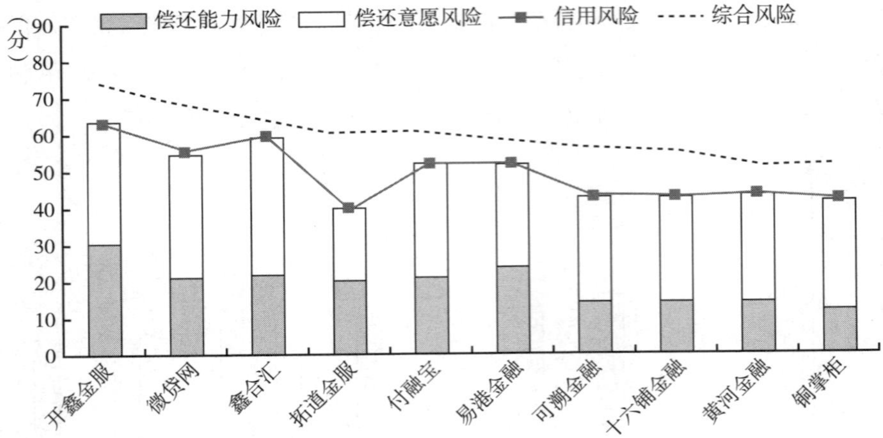


**图 62　江浙地区信用风险评级分项风险评分比较**

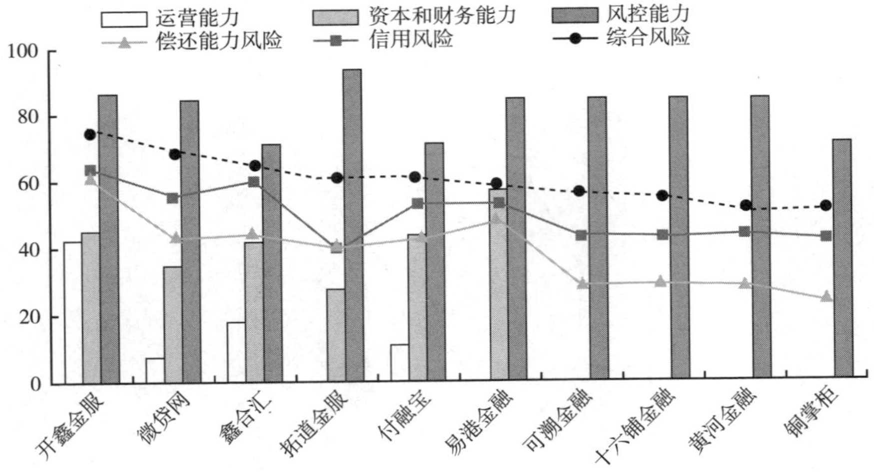


**图 63　江浙地区偿还能力风险与四级指标关系**

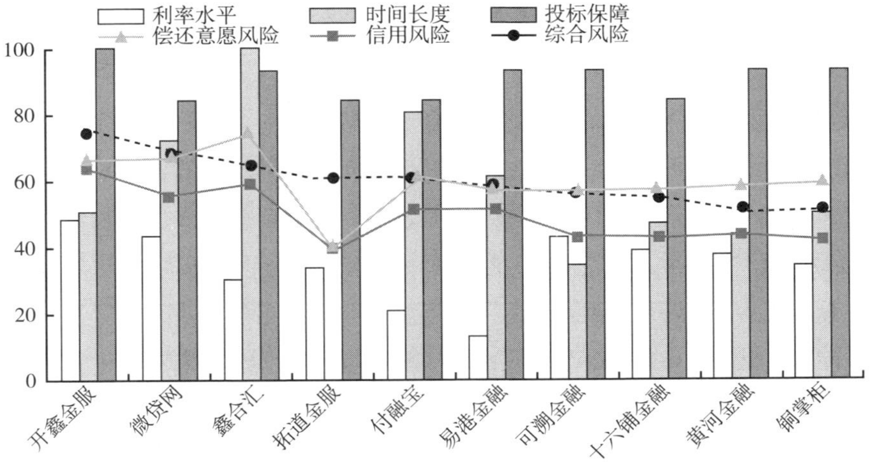


**图 64　江浙地区偿还意愿风险与四级指标关系**

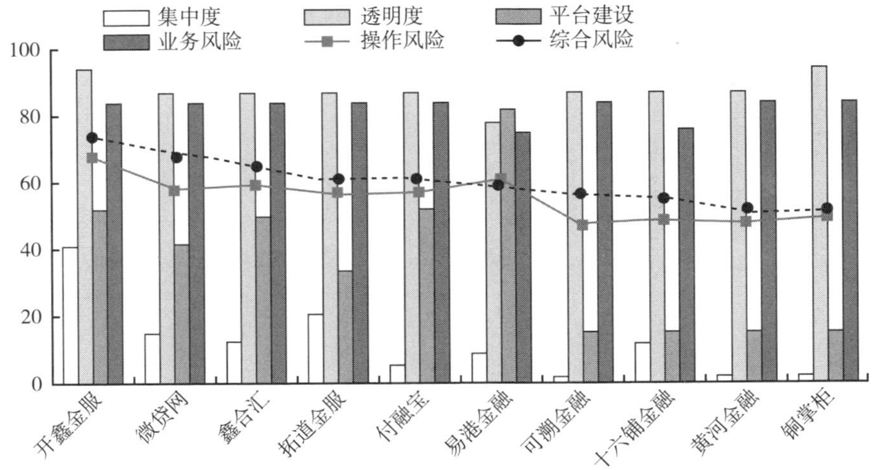


**图 65　江浙地区操作风险与三级指标关系**

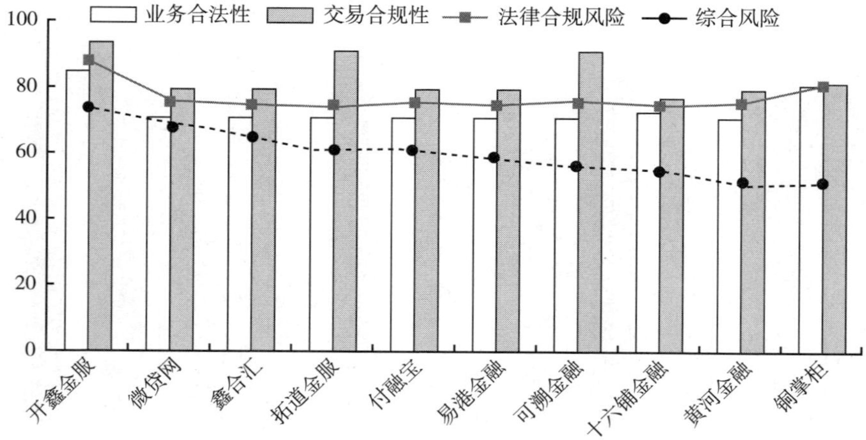

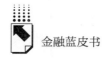

**图66　江浙地区法律合规风险与三级指标关系**

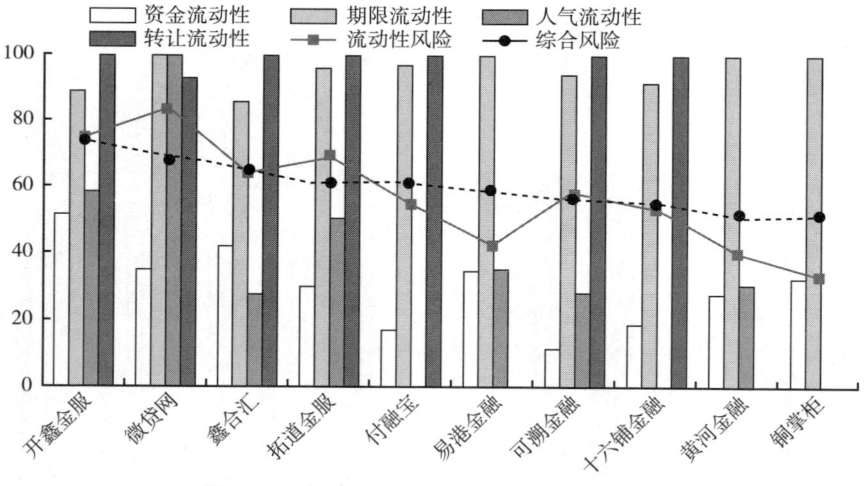


**图67　江浙地区流动性风险与三级指标关系**

## （六）中部地区评级结果分析

进入这次评级范围P2P平台中，中部地区有3家，其中山东2家，安徽1家。总体而言，中部地区平台排名仍然相对靠后，究其原因仍然是经济市场化程度不高、司法建设相对滞后和社会诚信文化较薄弱等。中部地区P2P平台评级结果及其与指标关系见图68至图75。

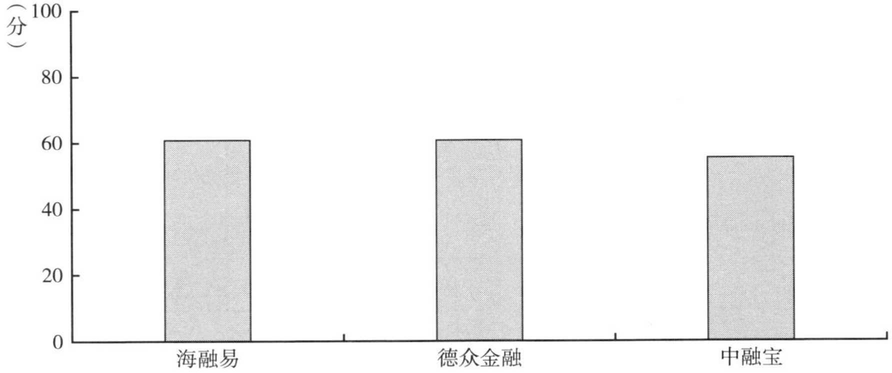


**图 68　中部地区 P2P 平台综合风险评级比较**

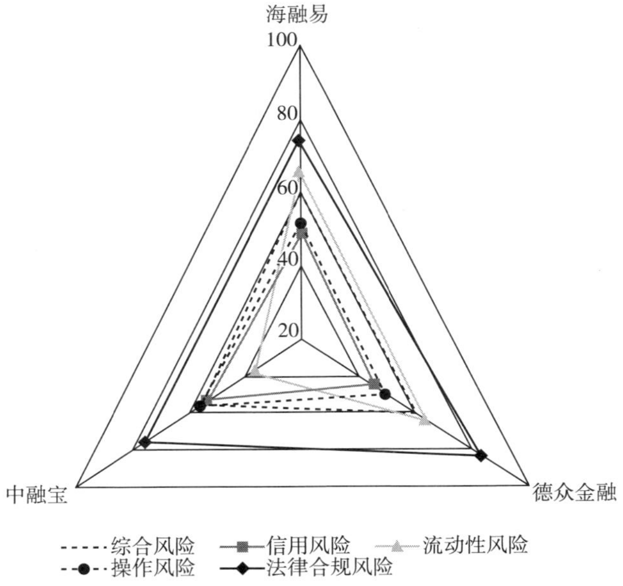


**图 69　中部地区 P2P 平台分项风险评级比较**

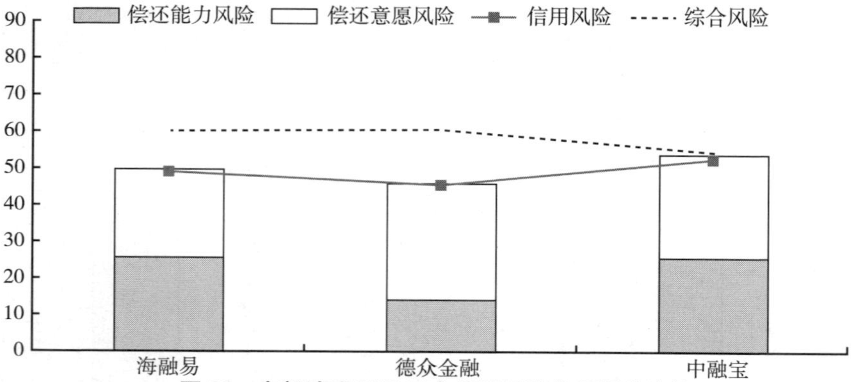


**图 70　中部地区 P2P 平台信用风险分项评分比较**

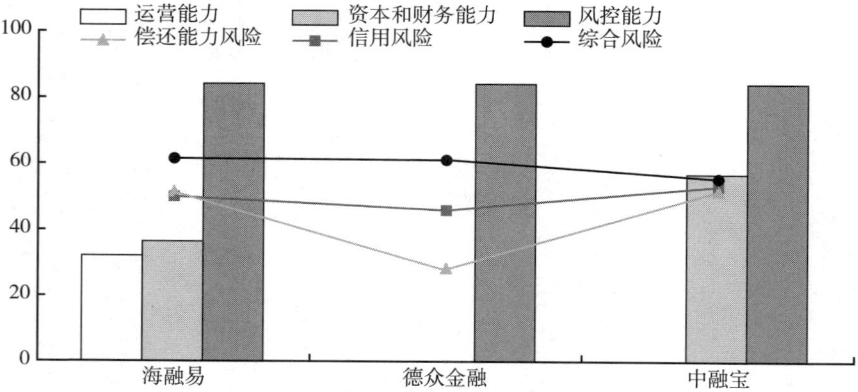


**图 71　中部地区偿还能力风险与四级指标关系**

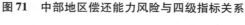

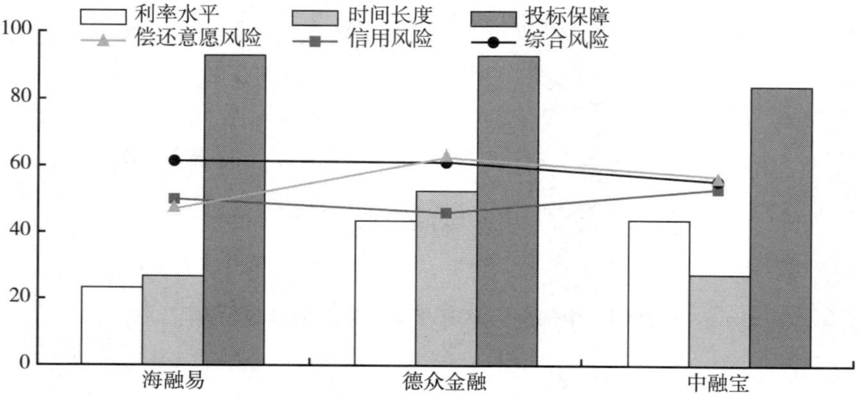


**图 72　中部地区偿还意愿风险与四级指标关系**

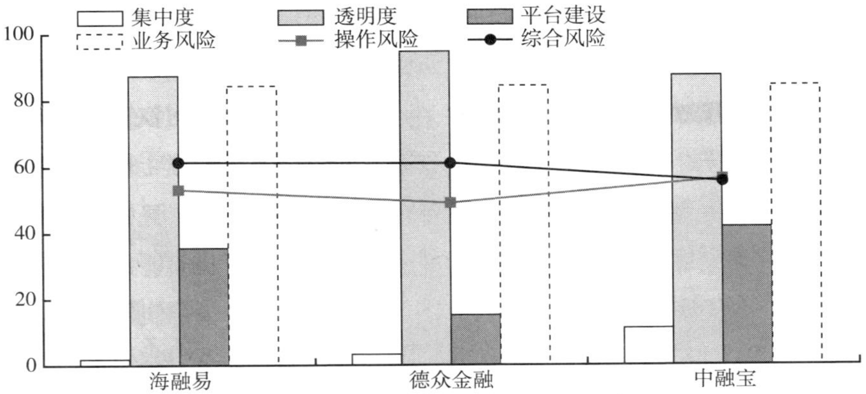


图 73　中部地区操作风险与三级指标关系

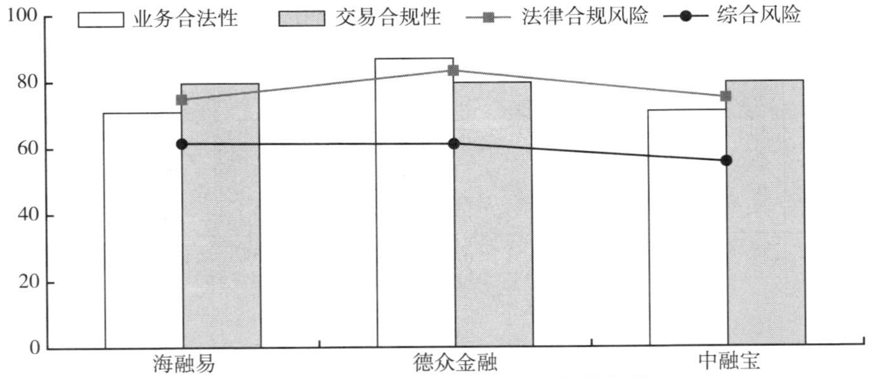


图 74　中部地区法律合规风险与三级指标关系

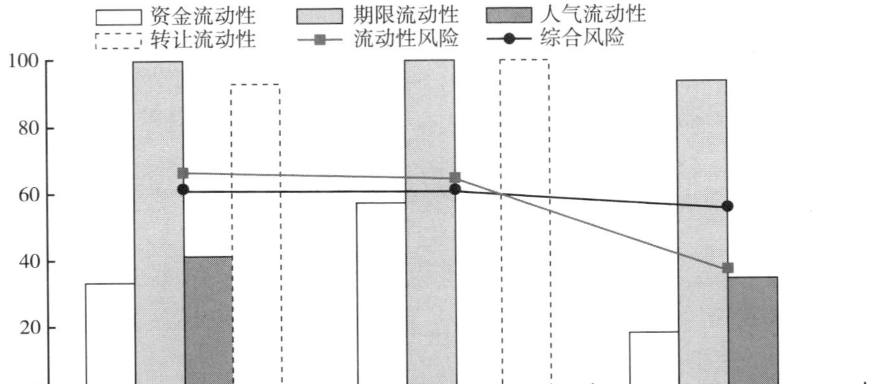


图 75　中部地区流动性风险与三级指标关系

## （七）西部地区评级结果分析

进入这次评级范围P2P平台中，西部地区有5家，其中四川2家，重庆、陕西、新疆各1家。总体而言，西部地区同中部地区一样，平台排名相对靠后，原因也与中部地区相似，即地区市场化程度不高、司法建设相对滞后，且社会诚信体制建设有待进一步加强。西部地区P2P平台评级结果及其与指标关系见图76至图83。

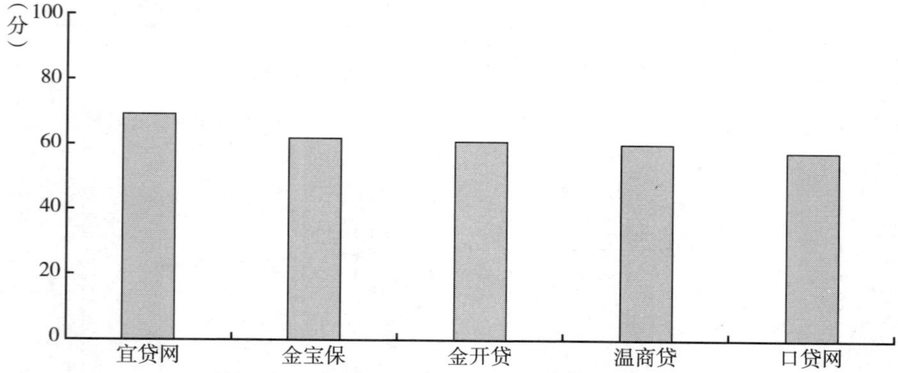


**图76　西部地区P2P平台综合风险评级比较**

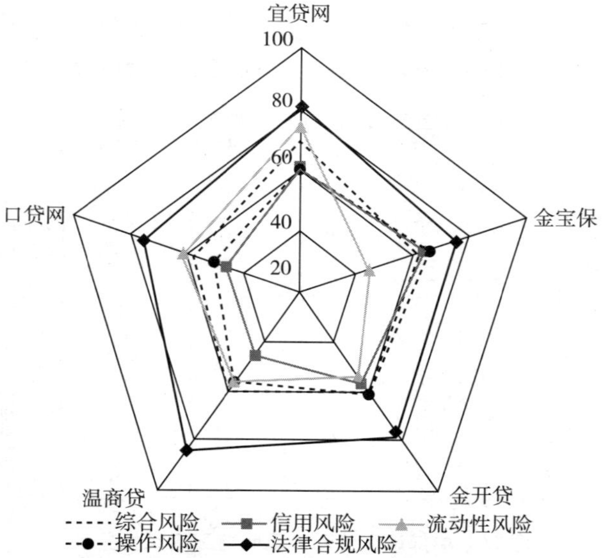


**图77　西部地区P2P平台分项风险评级比较**

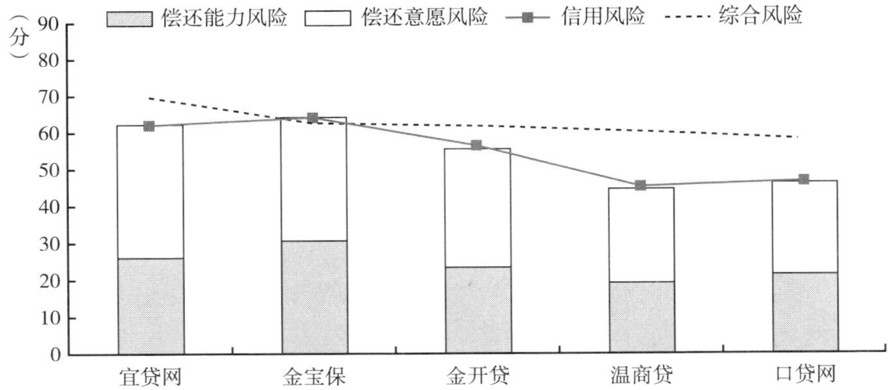


**图 78　西部地区 P2P 平台信用风险分项评分比较**

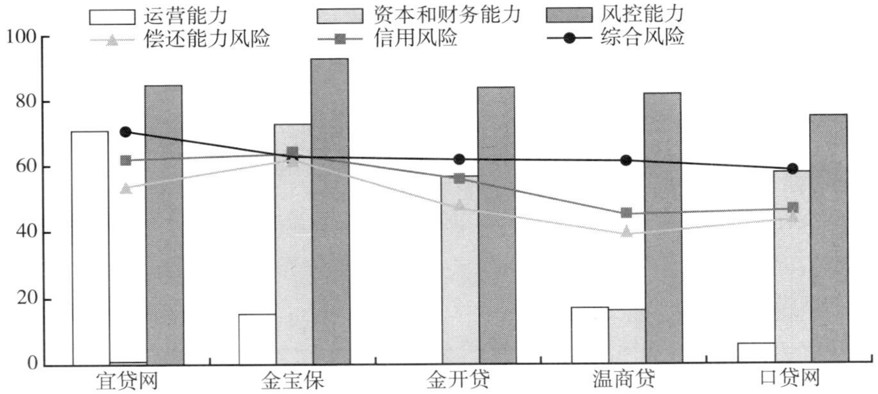


**图 79　西部地区偿还能力风险与四级指标关系**

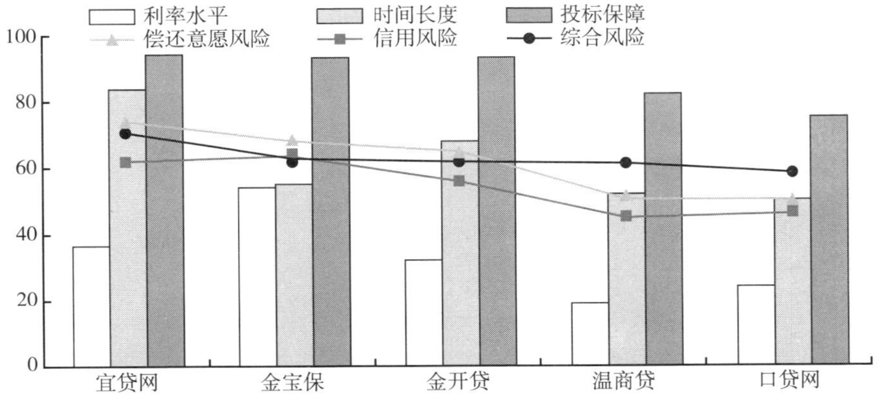


**图 80　西部地区偿还意愿风险与四级指标关系**

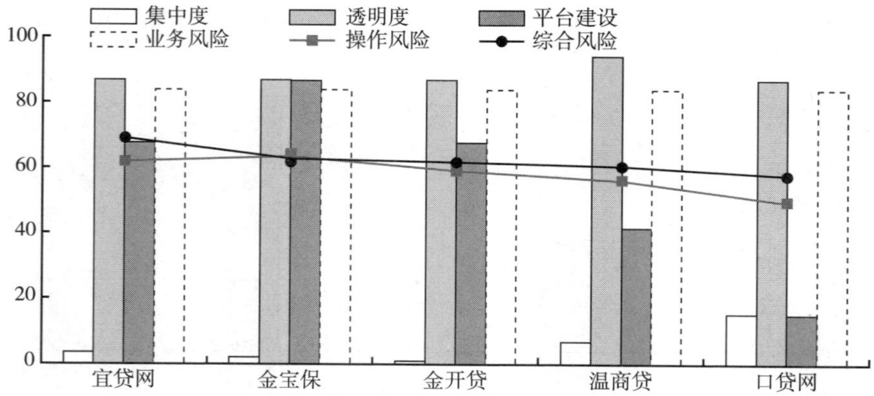

**图 81　西部地区操作风险与三级指标关系**

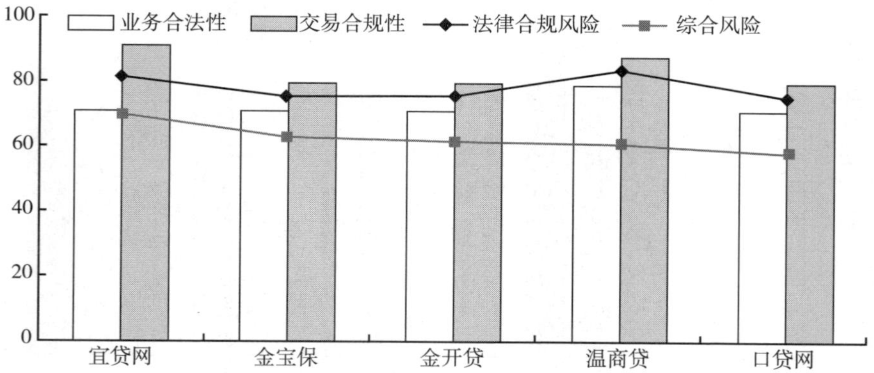


**图 82　西部地区法律合规风险与三级指标关系**

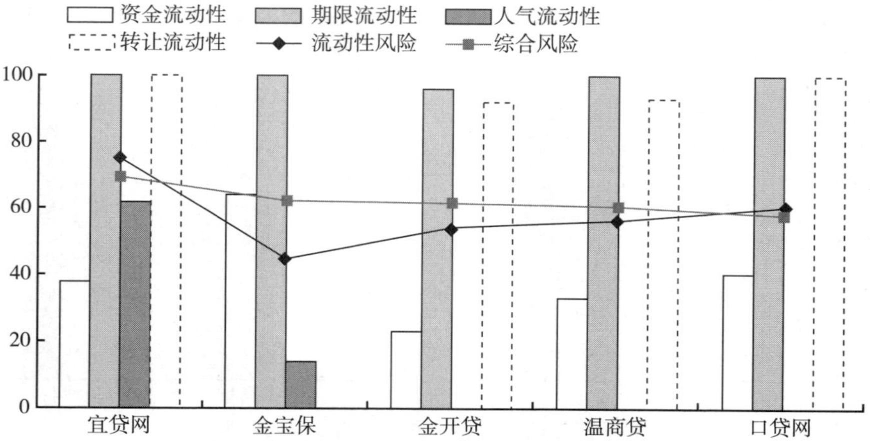


**图 83　西部地区流动性风险与三级指标关系**

# 七　P2P 平台风险评级背景特征分析

## （一）评级对象平台的背景划分

本次评级对象，按平台背景不同划分，首先是民营系 31 家，占比最大；其次是上市公司系 25 家；再次是风投系 23 家；最后是国资系 21 家（见图 84）。

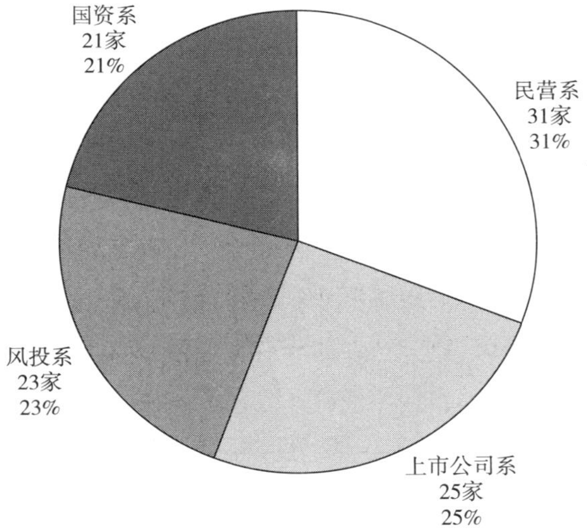


**图 84　评级对象平台背景分布**

从不同背景平台的区域分布来看，除国资系平台分布相对分散外，风投系、民营系、上市公司系平台主要集中于互联网金融发展较快的北上广深一线城市地区，其次为经济发展较快、金融环境较好的江浙地区，而其他地区相对较少（见图 85）。

从不同背景平台综合风险评级来看，A 级平台主要集中于风投系、民营系；而 B 级平台中，民营系、上市公司系 BBB ~ BB 级平台数量相对靠前，其次为国资系，最后为风投系（见图 86）。

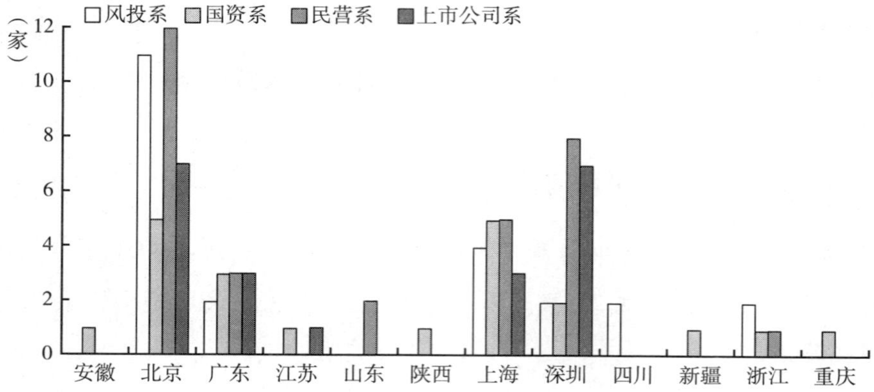


**图 85　不同背景 P2P 平台的区域分布**

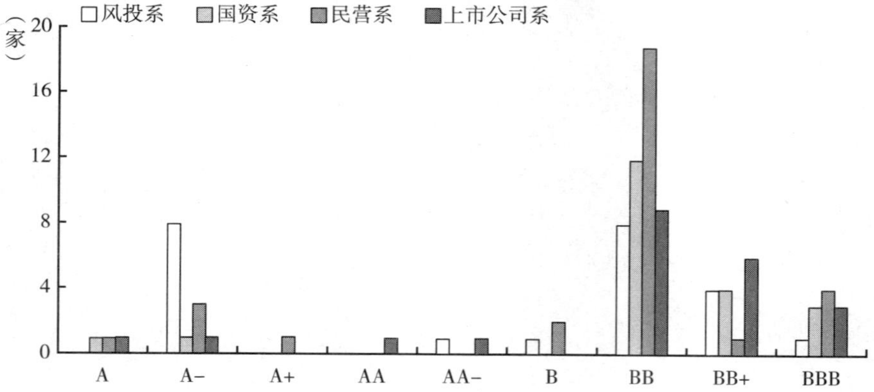


**图 86　不同背景 P2P 平台评级分布**

## （二）风投系评级结果分析

在进入这次评级范围 P2P 平台中，风投系有 23 家，其中进入前 10 名的有 3 家，A 级平台数量则几乎占据一半。风投系 P2P 平台大部分经历了较长时间的发展阶段，因而拥有较高的风险控制水平及较强的业务创新能力，代表了整个 P2P 网贷行业的精英。总体来看，风投系 P2P 平台风险评级得分较高，反映其综合风险水平较低，而未来风投系 P2P 平台也将向成熟平稳的规范化发展阶段进一步迈进。风投系 P2P 平台评级结果及其与指标关系见图 87 至图 94。

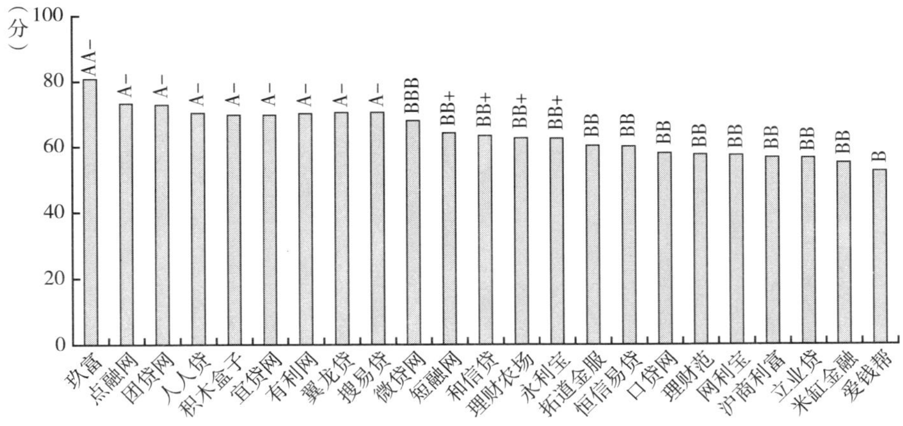


**图 87 风投系 P2P 平台综合风险评分比较**

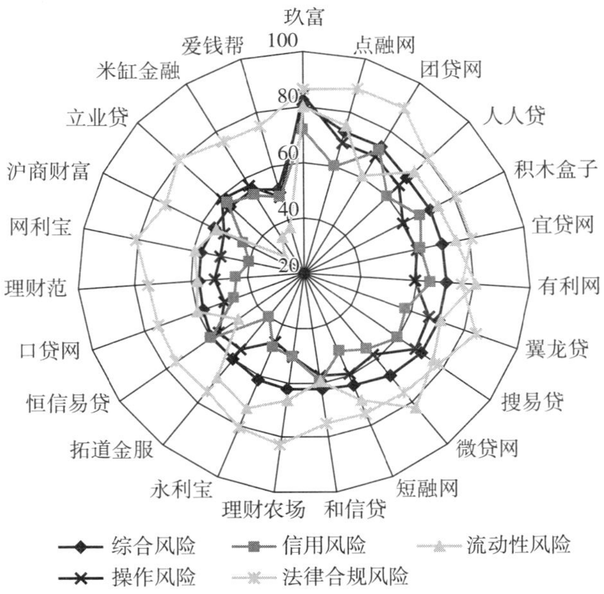


**图 88 风投系 P2P 平台分项风险评分比较**
**（按序号顺时针排序）**

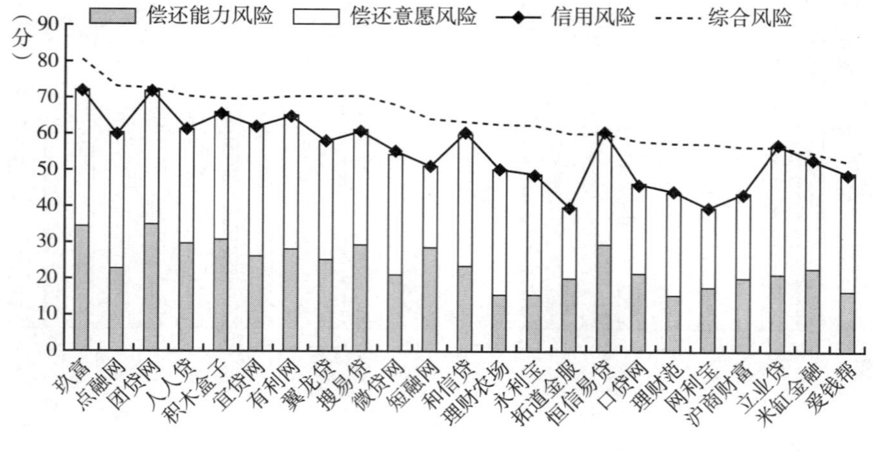


图 89　风投系 P2P 平台信用风险分项评分比较

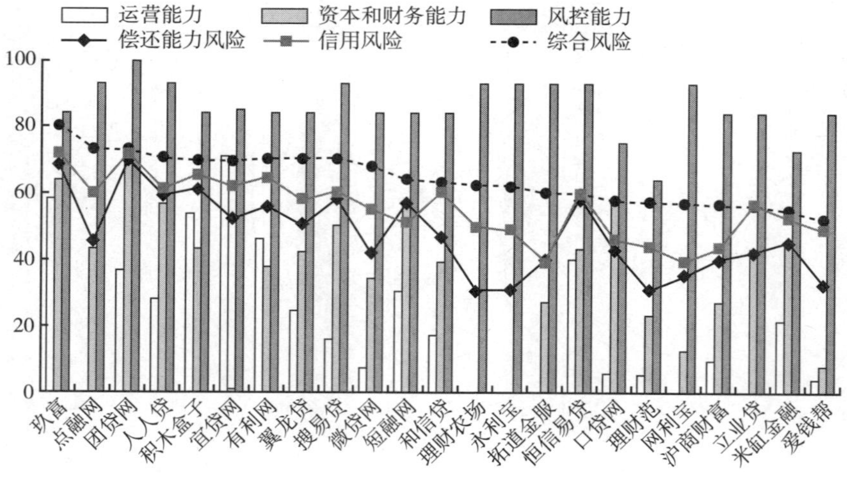


图 90　风投系偿还能力风险与四级指标关系

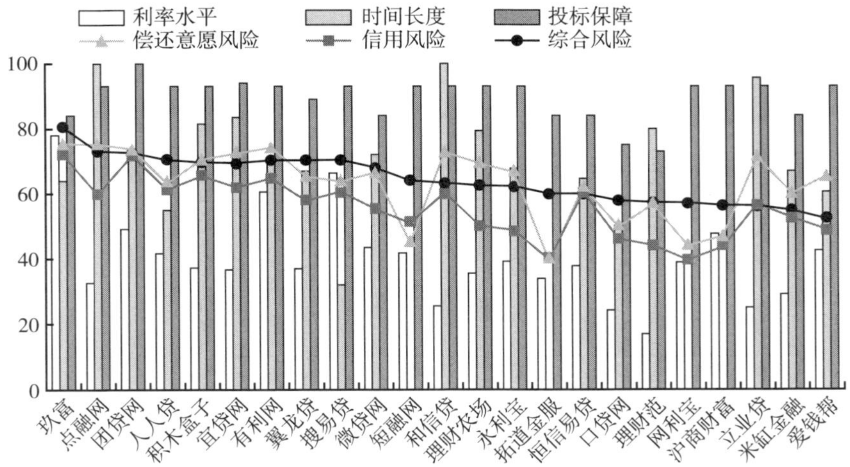


图 91　风投系偿还意愿风险与四级指标关系

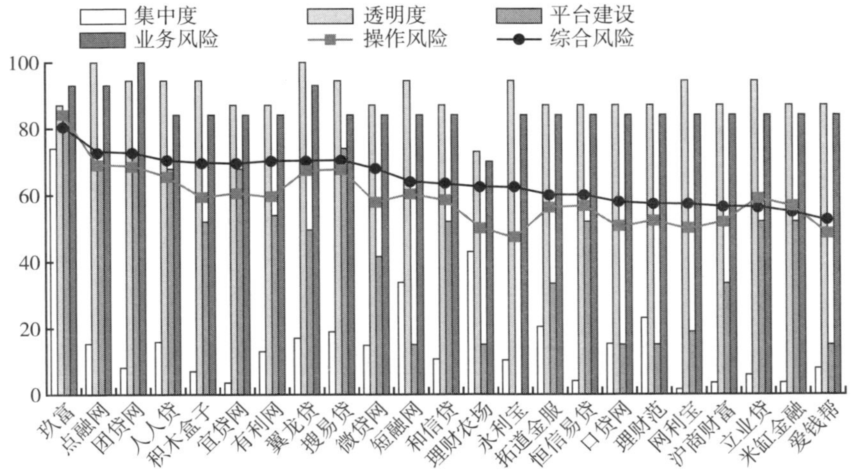


图 92　风投系操作风险与三级指标关系

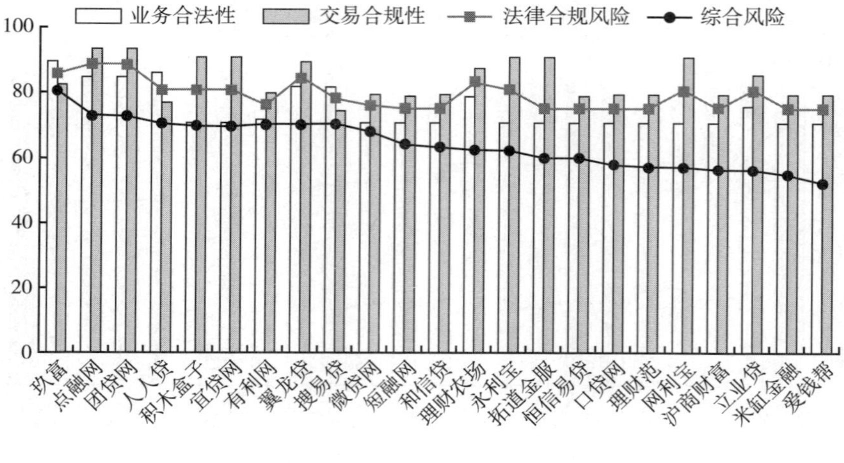


**图 93　风投系法律合规风险与三级指标关系**

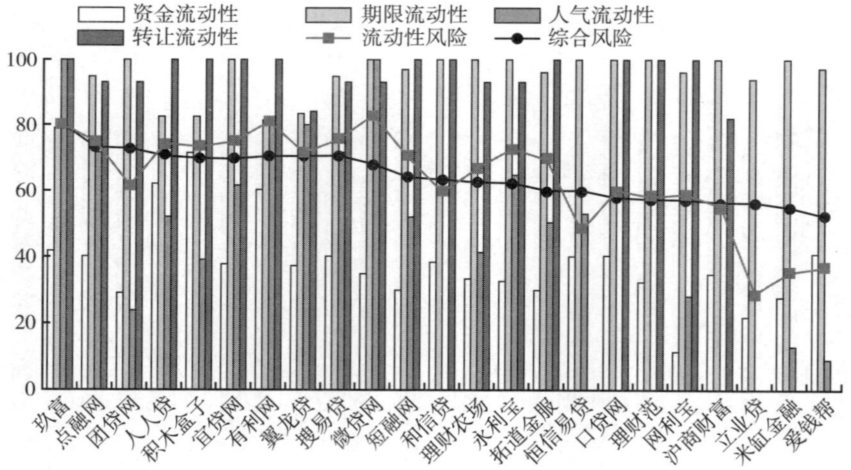


**图 94　风投系流动性风险与三级指标关系**

## （三）民营系评级结果分析①

在进入这次评级范围的100家P2P平台中，民营系占有31家，其中进入前10名的有3家，A级平台数量为5家。从整体来看，民营系P2P平台大部分风险评级得分较低，反映其综合风险水平偏高。一直以来，由于P2P网络借贷行业准入门槛低、政府部门缺少监管及法律法规不完善，民营系P2P平台不仅经历了爆发式蔓延发展阶段，而且已经占据整个网络借贷行业的主导地位。但是，民营系P2P平台规模扩张与火热发展的态势难以掩盖民营系P2P平台运营背后的高风险。最近几年来，一批资质不健全、违规建立资金池、使用虚假债务欺骗投资人、风险管理水平低下的民营系P2P平台的倒闭"跑路"事件时有发生。随着政府监管力度的加强，民营系P2P平台将逐渐走向规范化发展，这也将加剧整个网络借贷行业的竞争力度，使其中运营不合规、风险控制水平低下的平台逐步被淘汰或兼并。民营系P2P平台评级结果及其与指标关系见图95至图102。

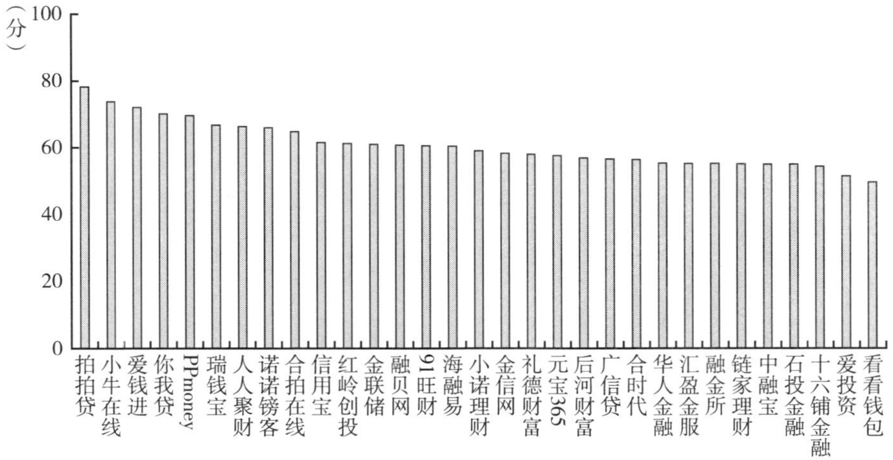


**图95　民营系P2P平台综合风险评分比较**

---

① 拍拍贷2017年11月10在纽交所成功上市。由于本报告考察的内容主要是拍拍贷上市之前的业务，因此，报告中仍然将其划为民营系平台。

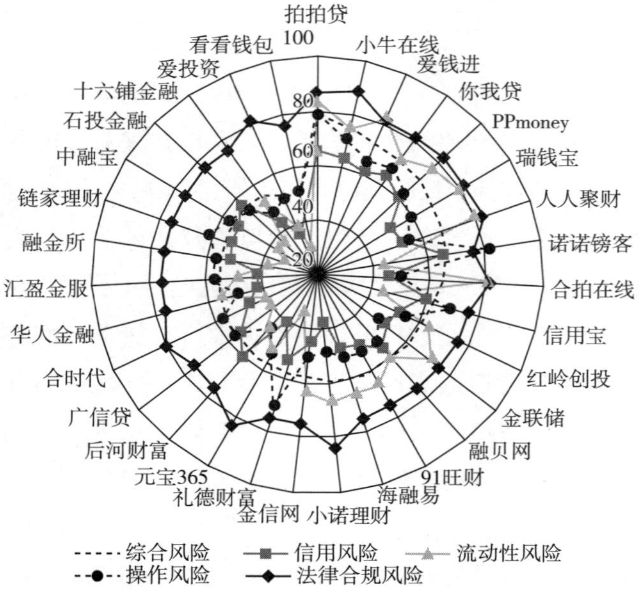


**图 96　民营系 P2P 平台分项风险评分比较**

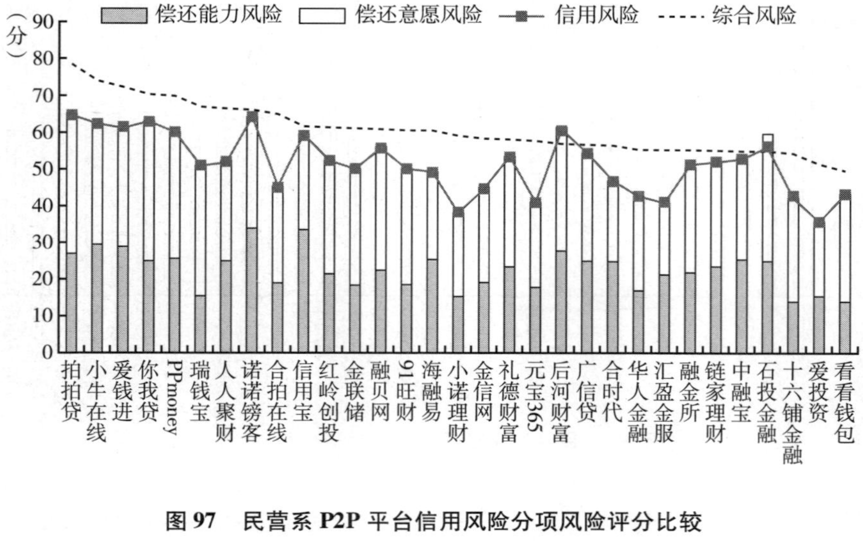


**图 97　民营系 P2P 平台信用风险分项风险评分比较**

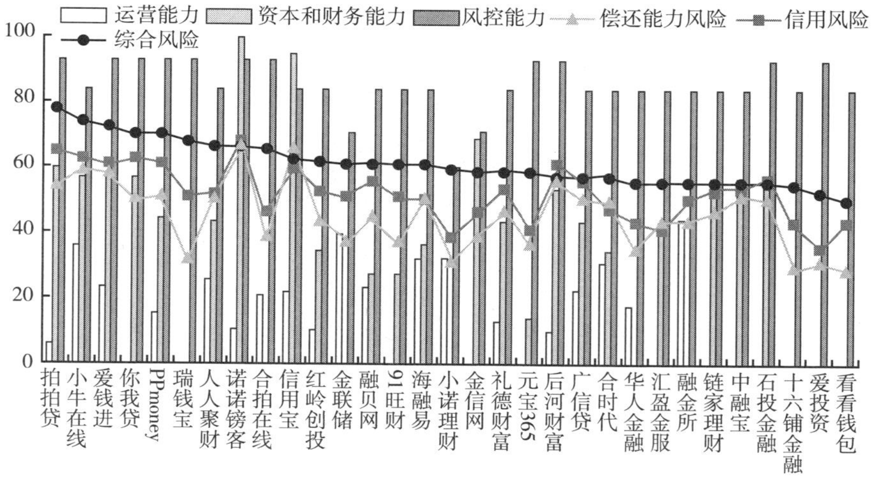


图 98　民营系偿还能力风险与四级指标关系

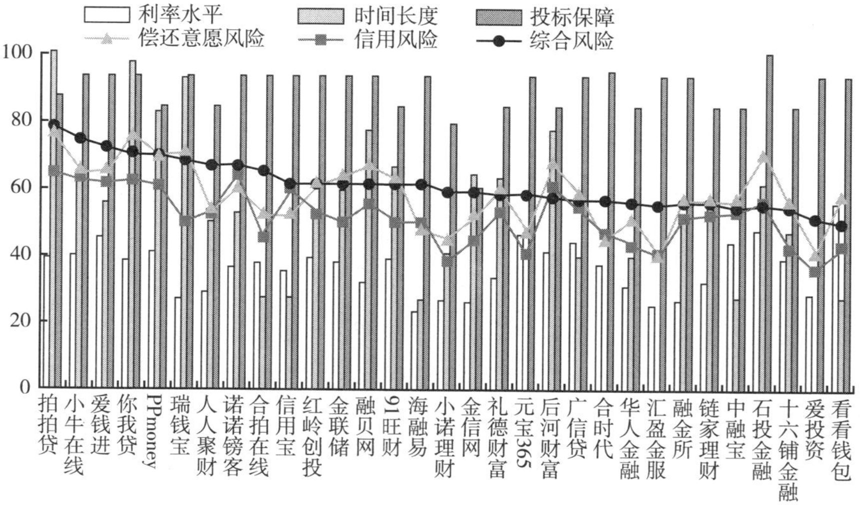


图 99　民营系偿还意愿风险与四级指标关系

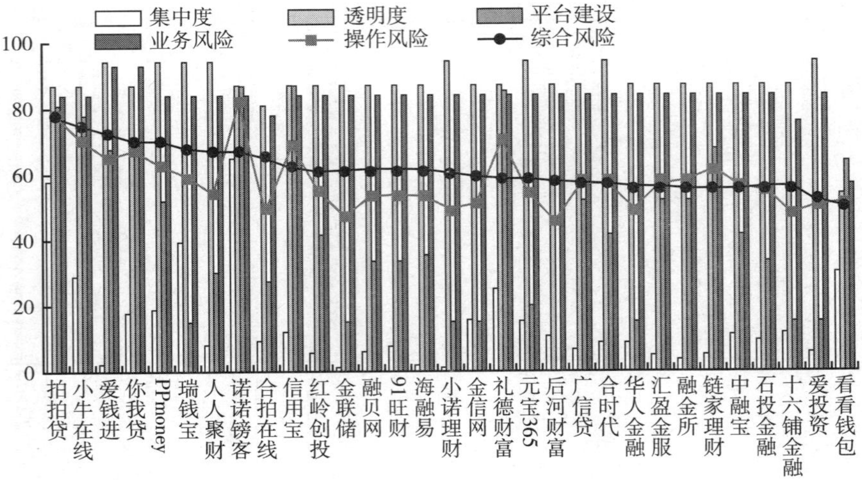


图 100　民营系操作风险与三级指标关系

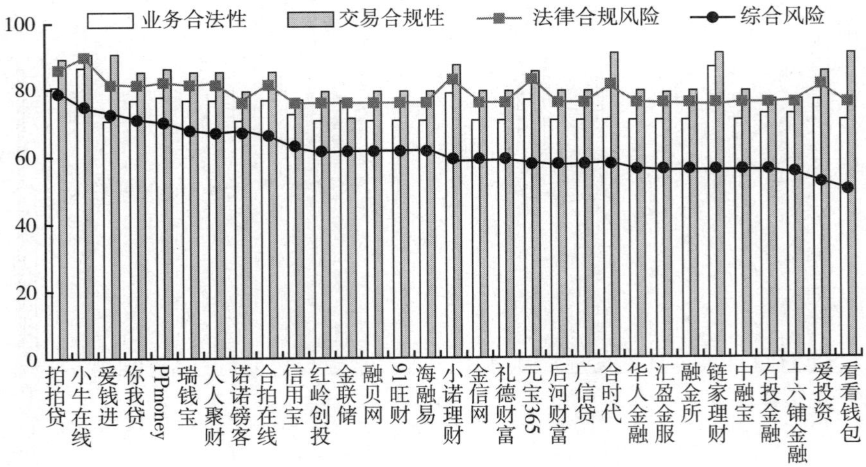


图 101　民营系法律合规风险与三级指标关系

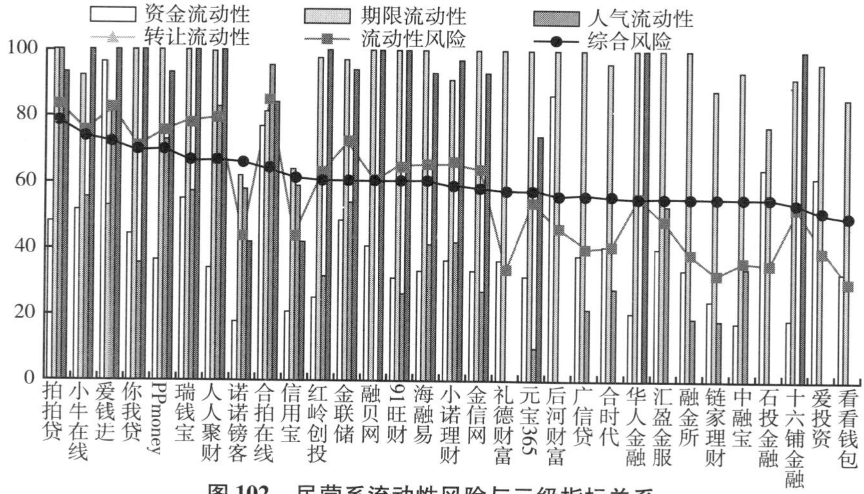


**图 102　民营系流动性风险与三级指标关系**

## （四）国资系评级结果分析

在进入这次评级范围 P2P 平台中，国资系为 21 家，其中，1 家进入前 10 名，A 级平台数量为 1 家。国资系 P2P 平台中有一部分拥有实力雄厚的股东，业务运营规范且风险控制水平较高，所以其综合风险相对较低，如开鑫金服、麻袋理财、民贷天下、凤凰金融及东方汇等。总体来看，国资系 P2P 平台的风险评级得分相对较低，其综合风险应值得关注。国资系 P2P 平台评级结果及其与指标关系见图 103 至图 110。

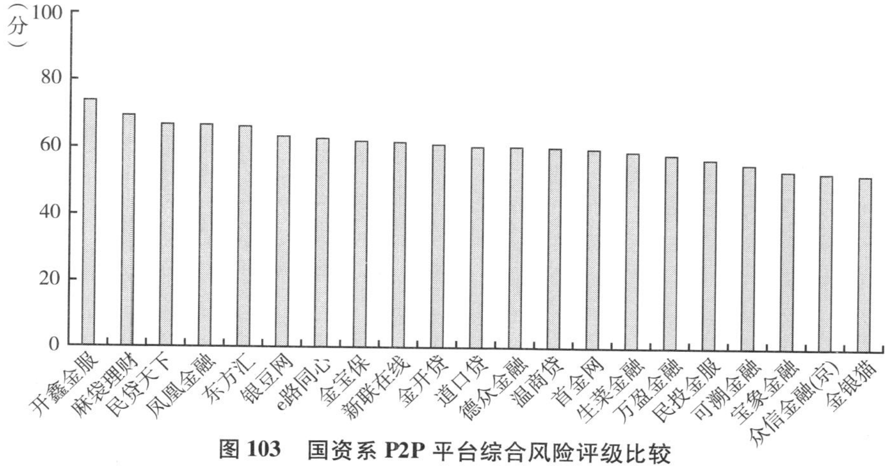


**图 103　国资系 P2P 平台综合风险评级比较**

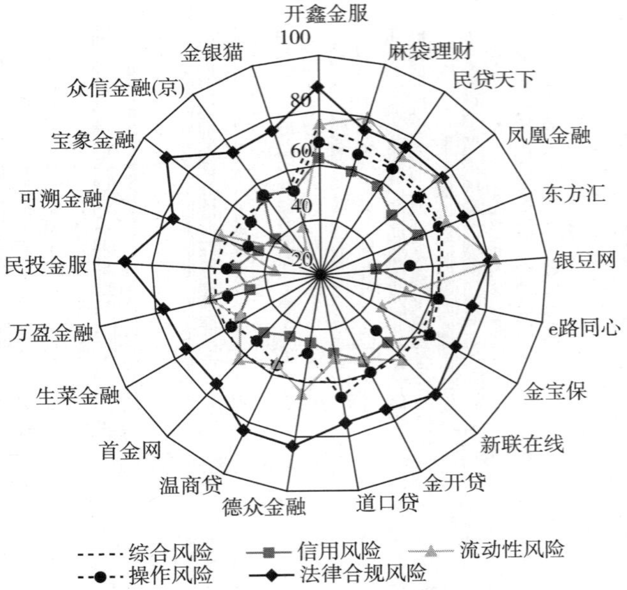


**图 104　国资系 P2P 平台分项风险评级比较**

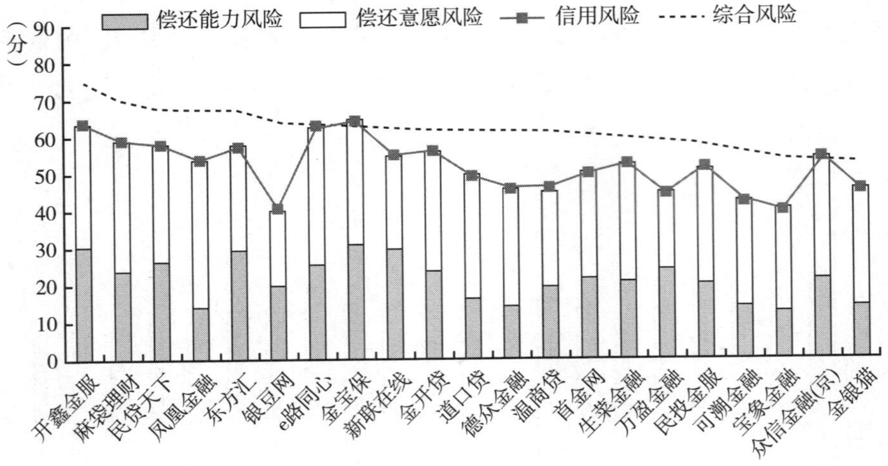


**图 105　国资系 P2P 平台信用风险分项评级比较**

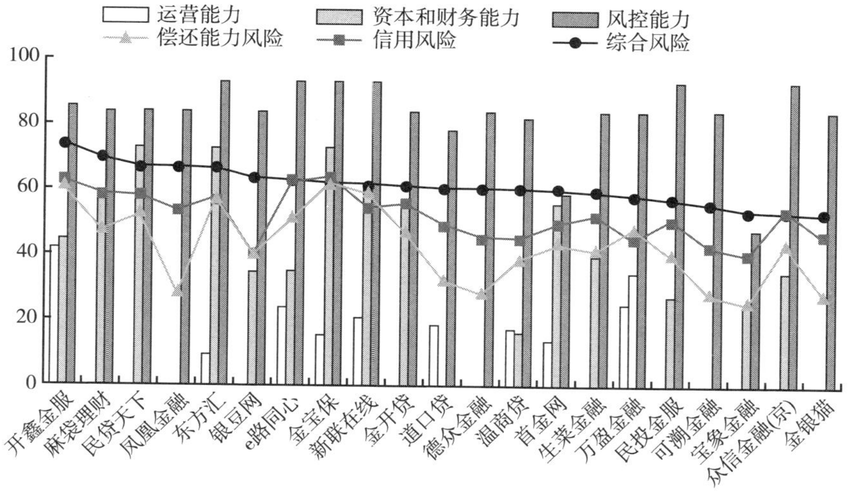


**图 106　国资系偿还能力风险与四级指标关系**

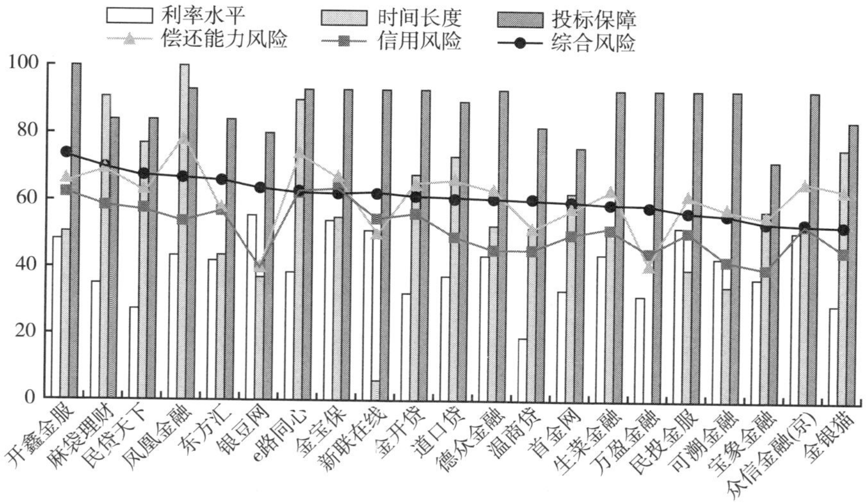


**图 107　国资系偿还意愿风险与四级指标关系**

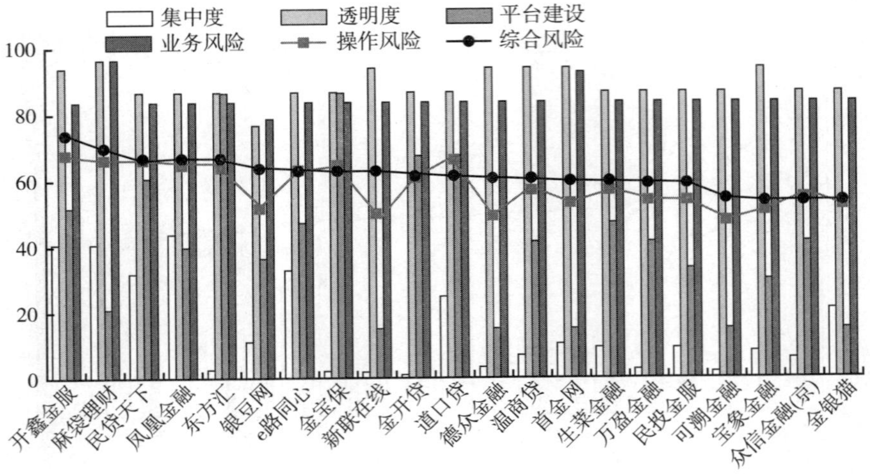


**图 108　国资系操作风险与三级指标关系**

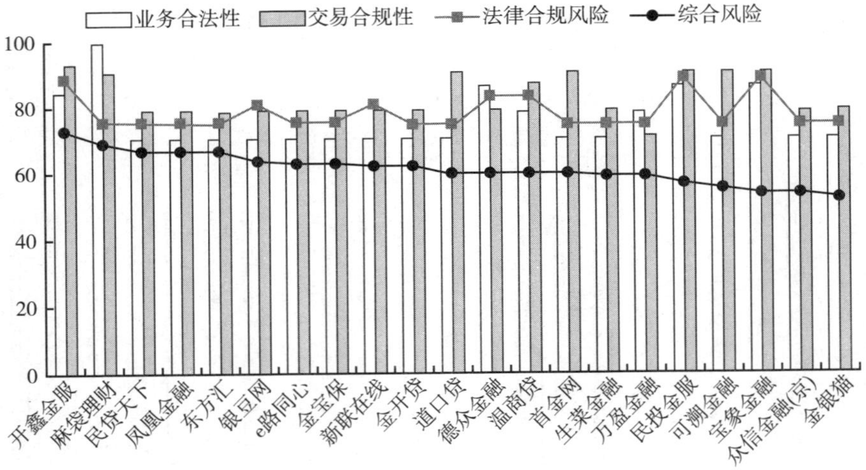


**图 109　国资系法律合规风险与三级指标关系**

## （五）上市公司系评级结果分析

进入这次评级范围 P2P 平台中，上市公司系有 25 家，其中 3 家进入前 10 名，A 级平台数量为 4 家。近年来，上市公司系 P2P 平台数量、规模发

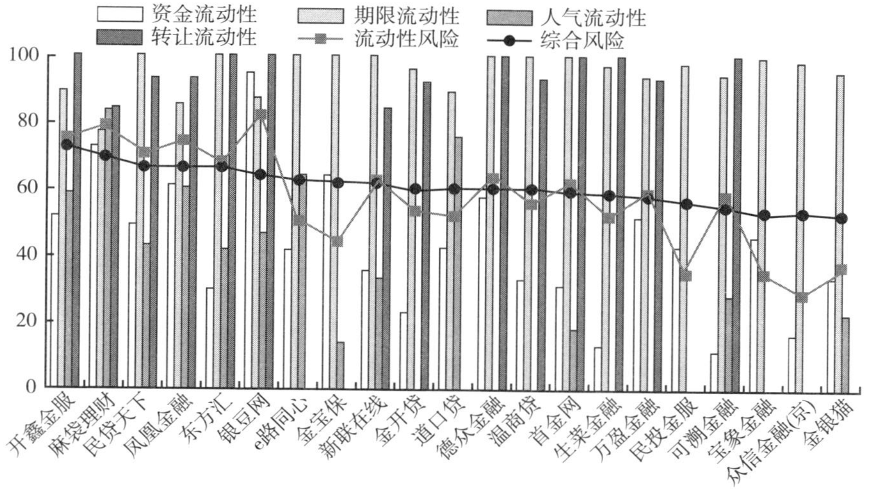


**图 110　国资系流动性风险与三级指标关系**

展迅速，具有代表性的包括宜人贷、陆金服、网信普惠、投哪网、口袋理财及联金所。总体来看，上市公司系平台综合风险评级得分较低，反映其风险相对较高。上市公司系 P2P 平台的设立与发展符合其股东企业的利益，相信未来将会有更多的上市公司企业参股设立 P2P 网贷平台。上市公司系 P2P 平台评级结果及其与指标关系见图 111 至图 118。

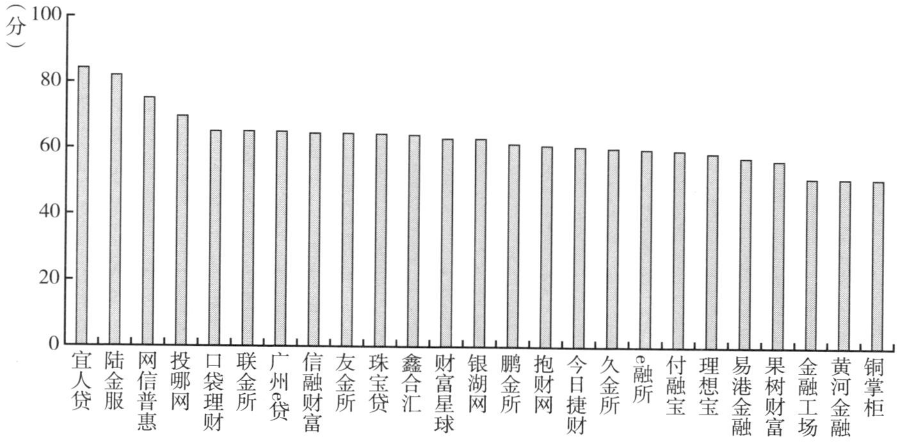


**图 111　上市公司系 P2P 平台综合风险评级比较**

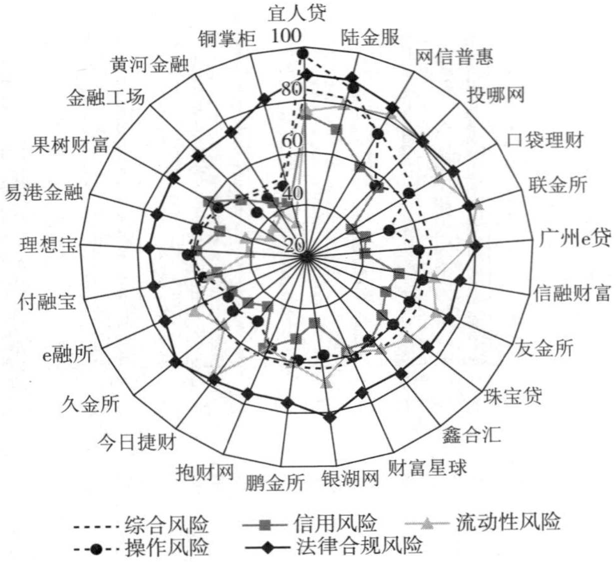

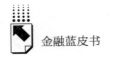

**图 112 上市公司系 P2P 平台分项风险评级比较**

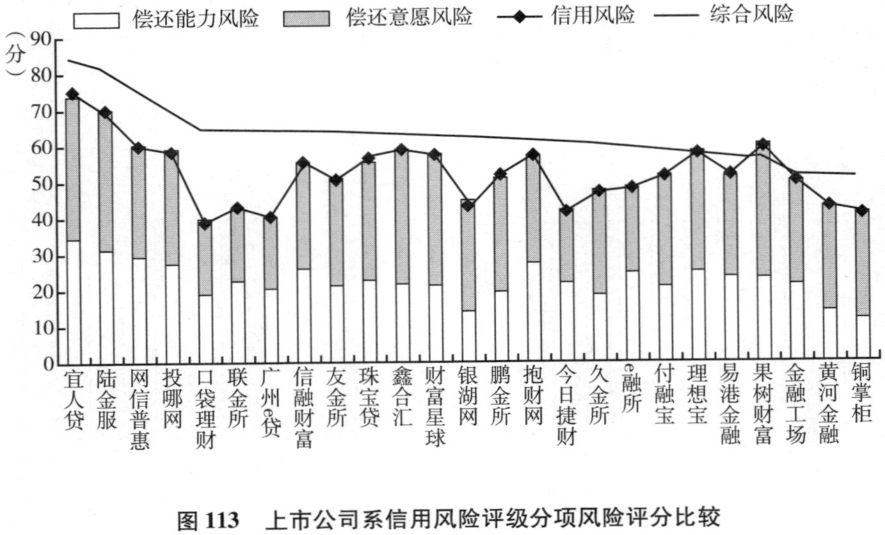


**图 113 上市公司系信用风险评级分项风险评分比较**

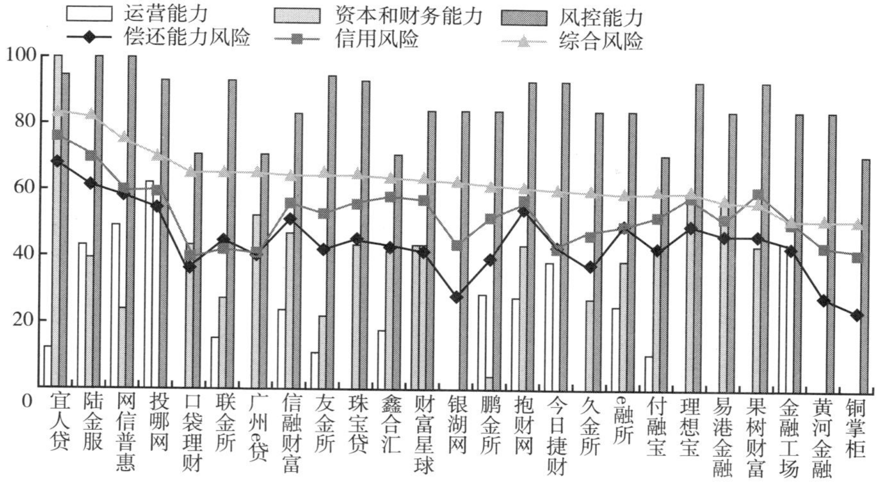


**图 114　上市公司系偿还能力风险与四级指标关系**

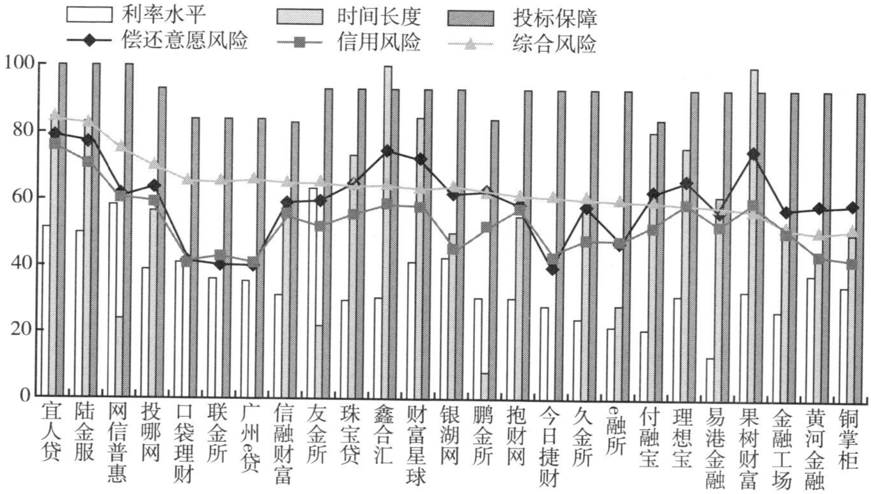


**图 115　上市公司系偿还意愿风险与四级指标关系**

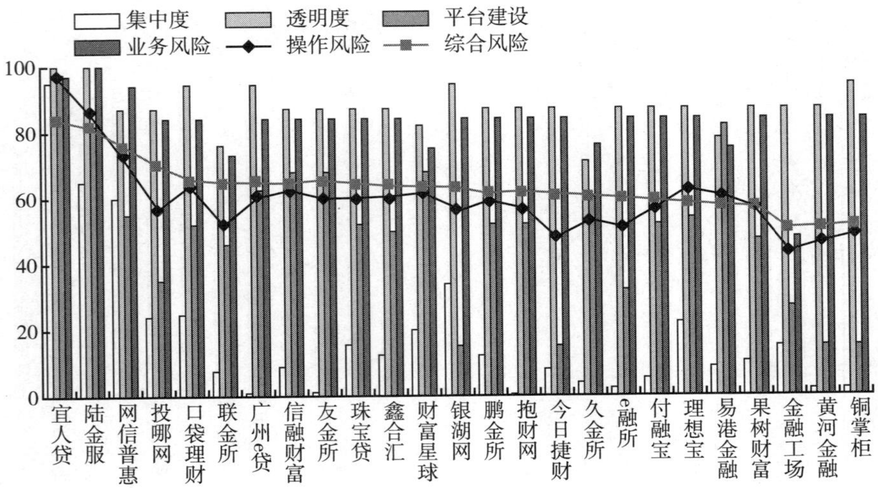


**图 116　上市公司系操作风险与三级指标关系**

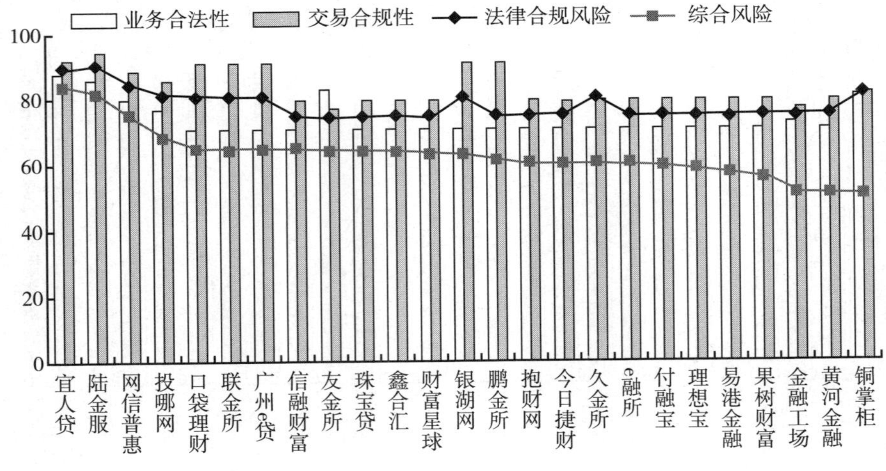


**图 117　上市公司系法律合规风险与三级指标关系**

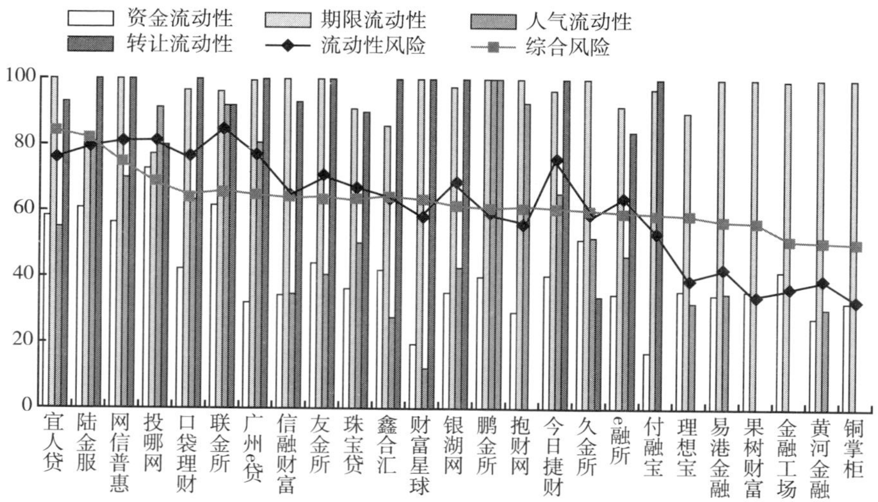


**图 118　上市公司系流动性风险与三级指标关系**

# 行业发展篇

**Industry Development Reports**

# B.3
# 我国网贷行业现状及发展态势

方　龙*

**摘　要：** 2017年，随着我国网贷监管"1+3"制度体系建设逐步落实完善，互联网金融领域专项整治及合规管理工作亦有力展开，而网贷行业在经历近几年加速洗牌、分化之后，行业整体集中度明显加强，运营平台数量趋于下降，同时业务规模有序扩张，反映在政府合规监管力度不断强化背景下，投资者对网贷行业的认可度有所上升，网贷行业生态环境总体持续向好，"良币驱逐劣币"的效应正逐步显现。可以说，当前我国网贷行业已经彻底告别过去野蛮无序生长的"草莽"阶段，正式步入重质合规运营、放弃监管套利及比拼技术模式创新转型的深度洗牌与良性发展阶段。

**关键词：** 网络借贷　互金平台　金融监管　信息中介

---

* 方龙，经济学博士，国家金融与发展实验室研究员，中国社会科学院投融资研究中心研究员。

# 一　网贷平台运营现状①

## （一）运营平台数量及分布

截至 2017 年 12 月底，全国正常运营的 P2P 网贷平台为 1931 家，比 2016 年同期的 2448 家大幅减少 21.1%，且自年初以来基本上每个月平台数量均在依次递减（见图 1）。2016 年起，随着 P2P 网贷行业合规监管力度不断加码升级，全行业资源整合速度显著加快，平台数量日趋减少；与此同时，整个网贷行业竞争格局亦出现明显分化，处于一线城市（如北上广）、资金成交规模大、合规性安全性高的平台行业垄断集中度有所加强，而一些不符合监管要求的地方城市中小平台则开始加速主动退出或被动淘汰。数据统计显示，2017 年 12 月底，仅北京、上海、广东、浙江四个地区的网贷运营平台数量占全国比重就高达 66.3%，较上年同期上升 3.2 个百分点，且年初以来其占比基本保持逐月递增态势（见图 2）。

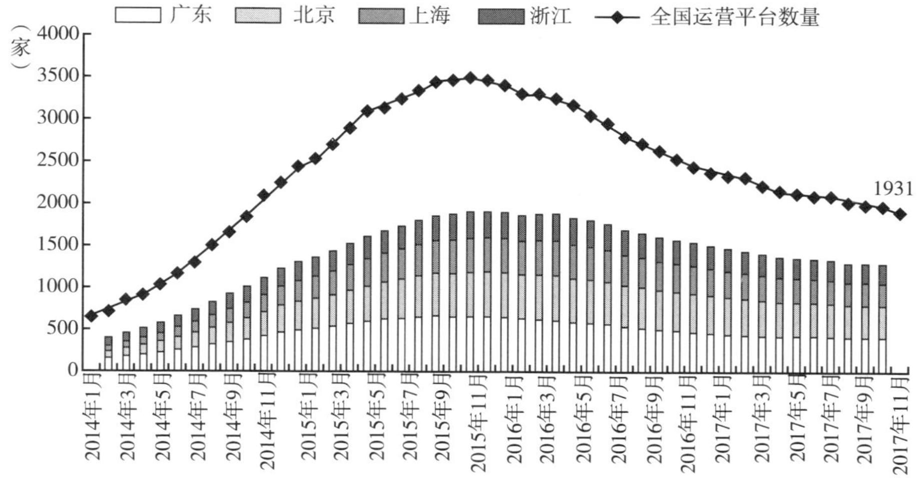


**图 1　2014 ~ 2017 年全国 P2P 网贷运营平台数量**

① 本报告所引用数据来源于网贷之家。

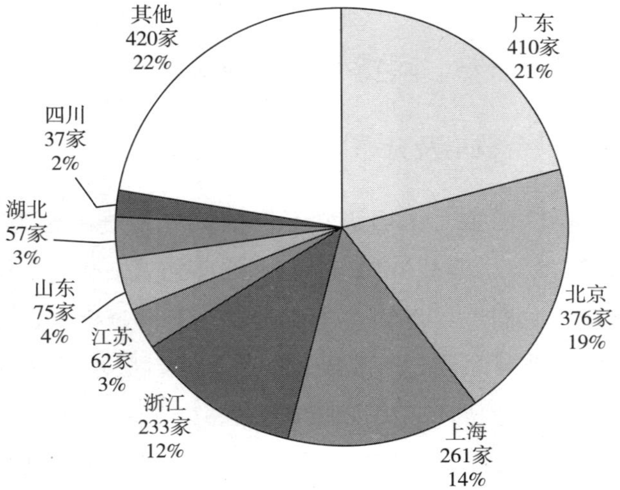


**图2　2017 年 12 月全国 P2P 网贷运营平台数量分布**

## （二）成交额及贷款余额

成交金额方面。2014 年以来，我国网贷行业总体成交额基本呈一路震荡上升态势，但增速受行业监管影响近两年明显放缓。截至 2017 年 12 月底，全国网贷行业当月成交额达 2248 亿元，较上年同期 2443 亿元下跌 8%。分月度统计来看，2017 年，随着行业“1 +3”监管制度体系全面落实完善，网贷行业整体成交额表现平稳，上半年呈震荡性上升态势，下半年由于针对校园贷、现金贷等行业乱象整治力度空前加强，行业成交额整体出现小幅下降。而分不同地域来看，北京、上海、广东、浙江地区月均成交额占比居前，分别为 25%、24%、24%、15%，四者合计高达 88%，反映网贷行业区域集中度非常高（见图 3、图 4）。其中，北京、浙江 12 月成交额较上年同期显著上升，同比增长率分别为 33.4%、35.8%，明显高于全国平均水平。而上海、广东月成交额较上年同期则出现不同程度下降，同比增长率分别为 -49.5%、-13.1%。

贷款余额方面。2014 年以来，我国网贷行业贷款余额总量基本呈一路走高态势，反映行业发展规模不断壮大同时资金呈持续流入状态。截至 2017 年 12 月底，全国网贷行业贷款余额为 12246 亿元，较上年同期 8162 亿

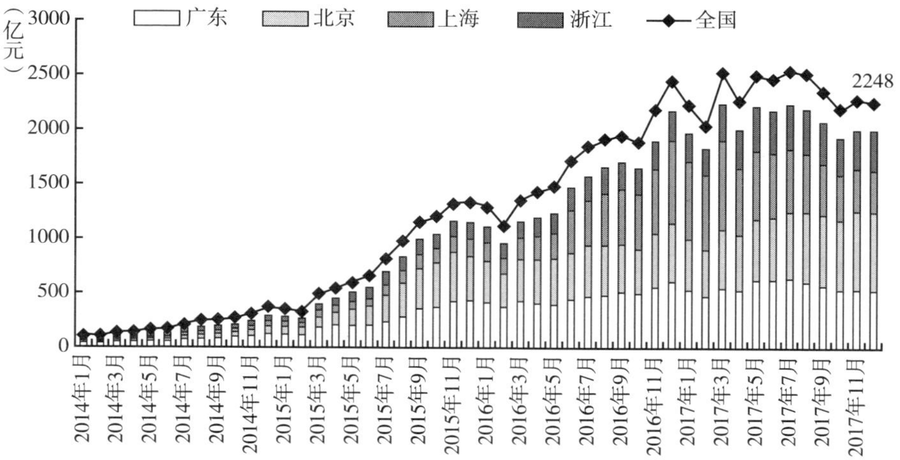


**图 3　2014～2017 年全国 P2P 网贷平台月度成交额**

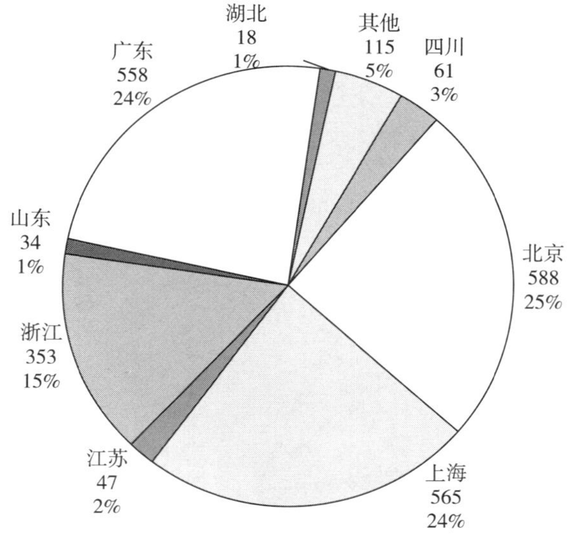


**图 4　2017 年全国 P2P 网贷平台月均成交额分布**

元大幅上升 50%，月均增长率高达 4.2%。这表明，随着网贷监管体系的不断完善，网贷平台合规化、规范化运营的加强使投资者对网贷行业的认可度持续上升，因此吸引社会资金不断流入。而分不同地域来看，北京、上海、广东、浙江地区贷款余额占全国比例居前，依次为 36%、26%、18%、

9%，四者合计高达89%，反映网贷行业区域资金融出较为集中（见图5、图6）。其中，上海、浙江12月贷款余额较上年同期显著上升，同比增长率分别为71.4%、65.4%，明显高于全国平均水平；而广东、北京当月贷款余额较上年同期分别增长47.5%、46.0%，略低于全国平均水平。

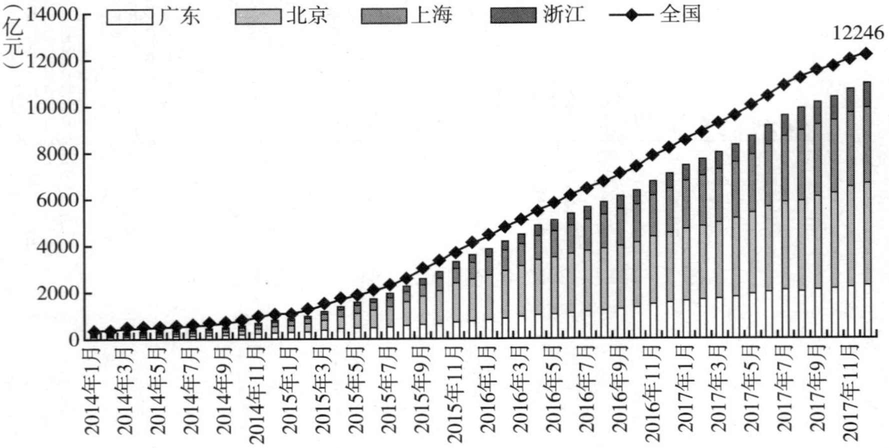


**图5　2014～2017年全国P2P网贷平台贷款余额**

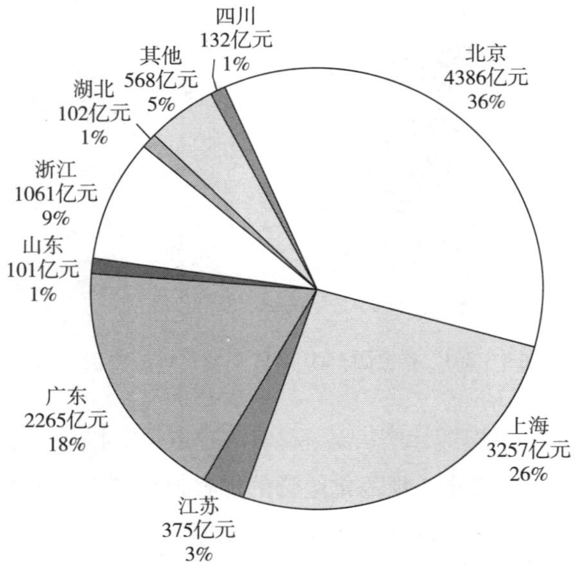


**图6　2017年12月全国P2P网贷平台贷款余额分布**

## （三）交易人数及活跃程度

P2P 网络借贷因为其与生俱来的“草根性”，从产生之日起就具有很高的人气。2016 年以来，我国网络借贷随着社会关注度的提高和参与人数的不断增加，行业发展平稳，平台活跃度趋升。截至 2017 年 12 月底，全国网贷行业当月借款人数达 476 万人，较上年同期大幅增长 133.5%。对比历史统计数据来看，2017 年前，全国网贷行业借款人数基本保持平稳增长态势；其后，受网贷行业监管限额管理等整改措施要求影响，借款人数出现爆发性增长，对象多以个体及小微企业为主。分不同地域来看，上海、北京网贷借款人数明显居多，分别占比 41%、32%，广东、浙江则居于其次，分别占比 16%、6%，而增速方面尤以广东、浙江为最，月均复合增长率分别高达 19.9%、19.0%，远高于全国平均水平（见图 7、图 8）。

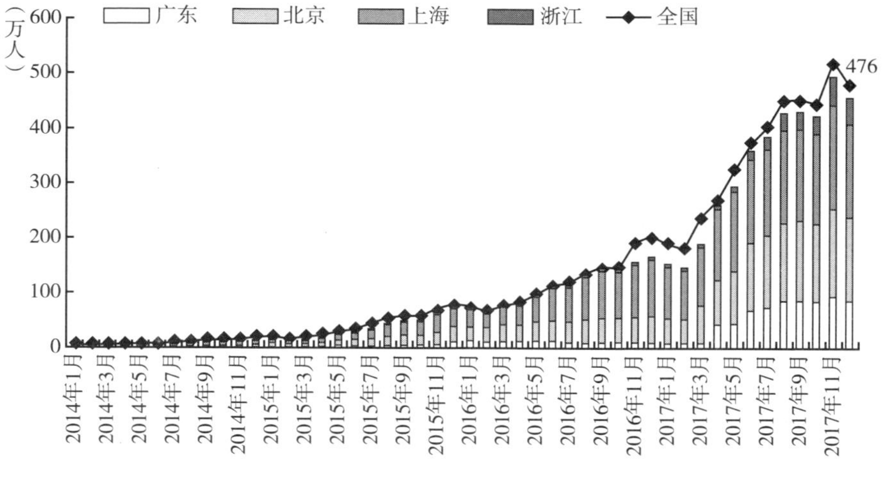


**图 7　2014～2017 年全国 P2P 网贷平台月度借款人数**

投资人数方面，2014 年以来，全国网贷行业投资人数在经历前期高增长态势之后总体增长有序平稳，尤其 2016 年后随着行业监管持续发力、投资者对网贷风险认知不断加深，收益率已不再是投资者决策的唯一目标，而合规性、安全性逐渐成为更重要的关注点；与此同时，网贷平台自身合规意

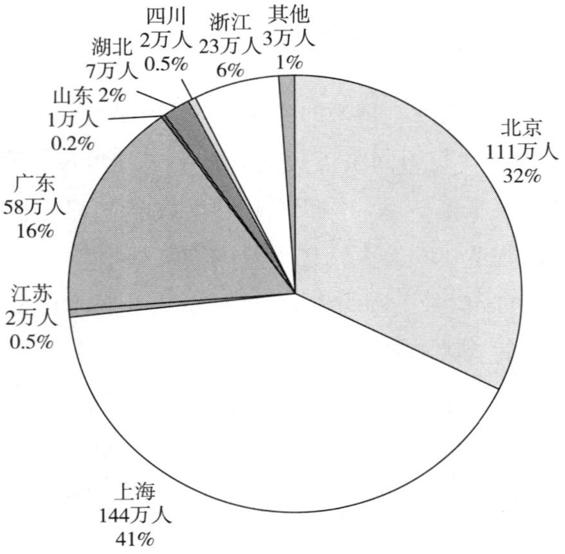


**图 8　2017 年全国 P2P 网贷平台月均借款人数分布**

识强化、风控能力提升及运营机制改善也吸引着越来越多的投资者加入。截至 2017 年 12 月底，全国网贷行业当月投资人数达 441 万人，较上年同期增长 7.1%。分不同地域来看，北京、广东网贷投资人数明显居多，分别占比 36%、25%，上海、浙江则居于其次，分别占比 16%、14%，四者合计高达 91%，区域集中度尤为显著；进一步，增速方面尤以浙江、北京、广东为最，较上年同期增长率分别为 36.8%、12%、9.1%，明显高于全国平均水平，而上海 12 月投资人数则较上年同期出现明显下降，同比下降 23.6%（见图 9、图 10）。

## （四）收益率水平及期限

自 2014 年起，全国网贷综合收益率水平呈现趋势性下降，从最高 21.6% 一路下跌至当前 9.5% 水平附近；而同期平均借款期限则呈现明显上升趋势，从最初平均 5.4 个月延长至 10 个月附近（见图 11）。这表明，随着行业监管方面的规范化指引，在降低社会融资成本成为行业政策主基调基

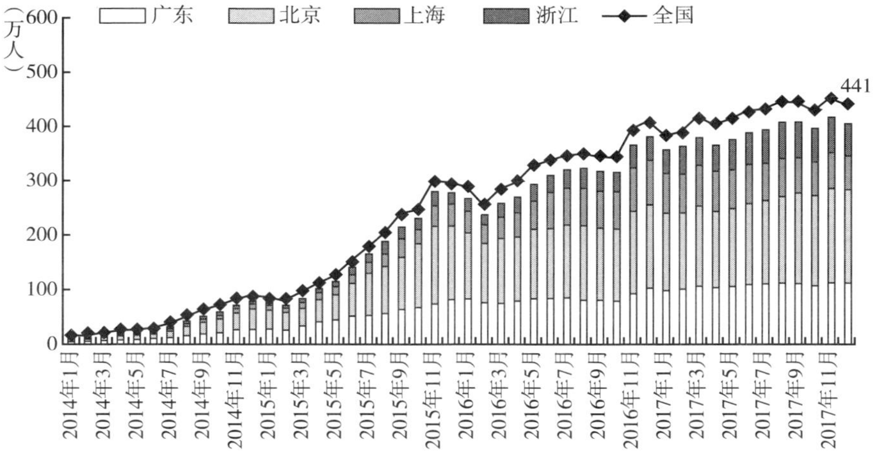


**图 9　2014～2017 年全国 P2P 网贷平台月度投资人数**

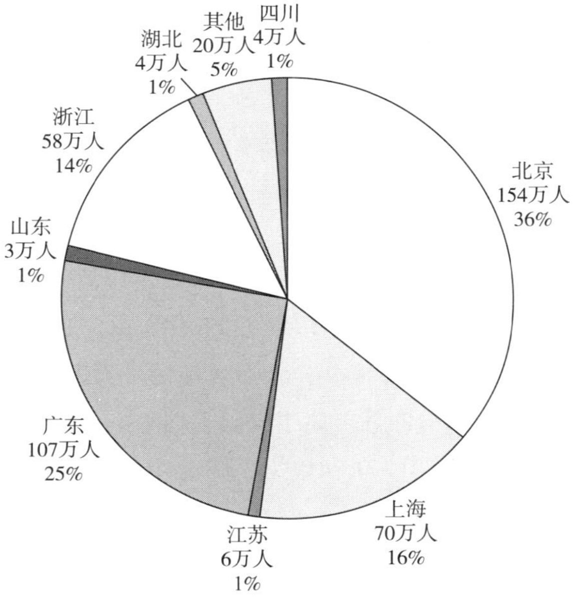


**图 10　2017 年全国 P2P 网贷平台月均投资人数分布**

础上，我国网络借贷行业正在逐步回归理性化常态化发展阶段。同时，随着问题平台的曝光增多，投资者在追求收益率的同时愈加倾向将资金投至安全性高但收益率相对较低的平台，这亦促使行业综合收益水平的下降。此外，从网贷平台自身发展来看，随着行业竞争加剧，降低运营成本、开发优质借款人、扩大业务量成为保证安全稳定经营的关键，而高息已不是吸引投资人的最佳策略，这也促使平台下调其综合收益率水平。

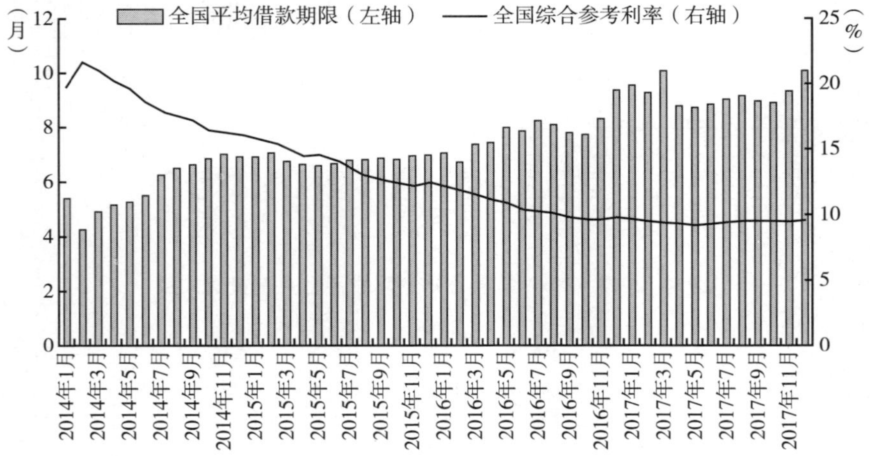


**图 11　2014～2017 年全国 P2P 网贷平均借款期限与综合利率比较**

分不同地域来看，北京、上海、广东及浙江等主要地区近几年来综合参考利率水平基本保持同步下降趋势，且前期各地区利率水平分化明显，尤以浙江为最高；后期随着行业发展逐步回归理性化阶段，各地区参考利率均向全国平均水平看齐且差距越来越小。分不同月份来看，2017 年，广东、北京网贷综合利率水平大部分时间要高于全国平均水平，而上海、浙江则基本处于全国平均水平之下。2017 年初以来，随着中国经济去杠杆、金融强监管以及全球货币政策回归紧缩正常化趋势，国内市场利率不断回升，而网贷行业综合利率水平下降态势亦明显趋缓。其中，上海地区网贷综合利率较上年同期显著上升 110 个基点，而广东、北京、浙江网贷综合利率仍处于底部震荡阶段。截至 2017 年 12 月底，仅广东、北京网贷综合利率（9.63%、9.59%）仍小幅高于全国平均水平；而上海、浙江均低于全国平均水平，分别为 9.4%、8.8%。平均借款期限方面，12 月上海、北京平均借款期限分别为 17.4 个、13.9 个月，均高于全国平均水平（10 个月），而民营系平台居多的广东、浙江网贷平均借款期限分别为 6.4 个、3.1 个月，远低于全国平均水平。对比来看，2017 年北京、广东网贷平均借款期限呈逐月拉长态势，而上海、浙江则表现较为平稳（见图 12、图 13）。

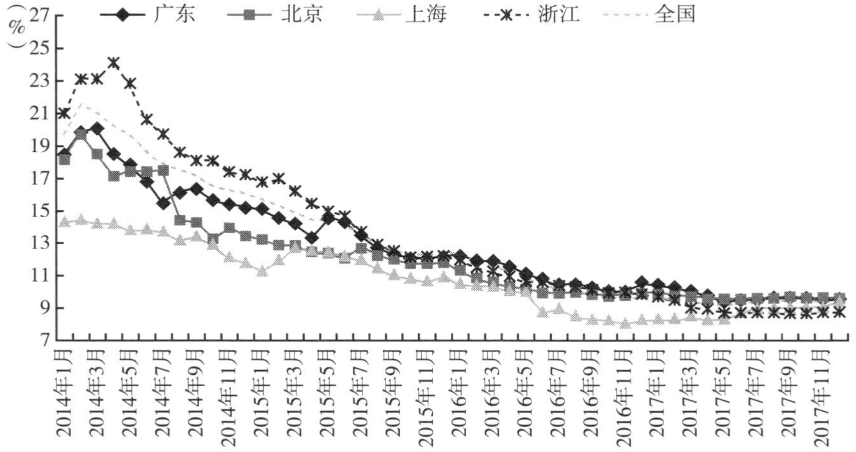


**图 12　2014～2017 年全国 P2P 网贷行业综合收益率月度统计**

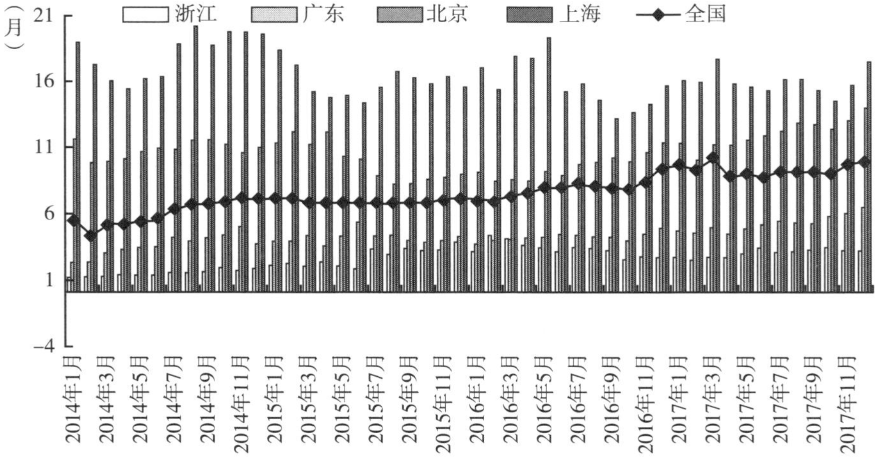


**图 13　2014～2017 年全国 P2P 网贷行业平均借款期限月度统计**

## （五）问题平台及风险

自2016以来，随着中国网贷行业监管不断趋严，行业规范化发展得到明显加强。与此同时，问题平台数量亦呈现增多之势，直接表现即平台失联、提现困难、终止运营、平台跑路等现象时有发生。截至2017年12月底，全国累计停业及问题平台数量高达4039家，较上年同期大幅上升17.8%。其中，尤以广东网贷问题平台居多，高达661家，占比16.4%，较上年同期上升13.6%，同比增速有所放缓；北京、上海、浙江累计问题平台数量分别占比为9.6%、10.3%、9.9%，且问题平台亦出现明显逐月上升态势，同比增长率分别为29.8%、25.7%、27.8%，均显著高于全国平均水平（见图14）。

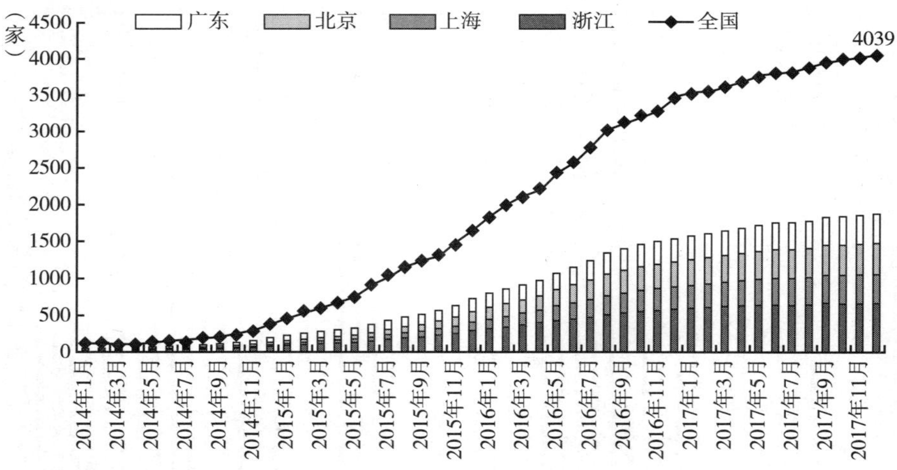


**图14 2014～2017年全国P2P网贷累计停业及问题平台数量统计**

从当月数据统计来看，2014年以来，全国当月停业及问题平台数量呈现明显的先震荡上升后加剧下降的态势，且2017年逐步开始企稳，全国网贷问题平台发生率由前期的集中普遍多发到后期逐步走向稳定低发，反映在政府监管体系制度不断完善背景下整个网贷行业经历前期“大浪淘沙”般优胜劣汰竞争之后，行业发展逐渐步入良性平稳的成熟发展阶段。特别地，一些不符合监管合规性要求及资质的地方中小平台主动选择性退出或进行整合并购，亦使近两年来停业及问题平台数量显著减少。分不同地域来看，2017 年 12 月除广东当月问题平台数量较上年同期明显减少外，而北京、上海、浙江的当月问题平台发生率均有所抬头，反映各地区网贷行业生态环境存在一定差异，行业竞争分化格局或仍将持续（见图 15）。

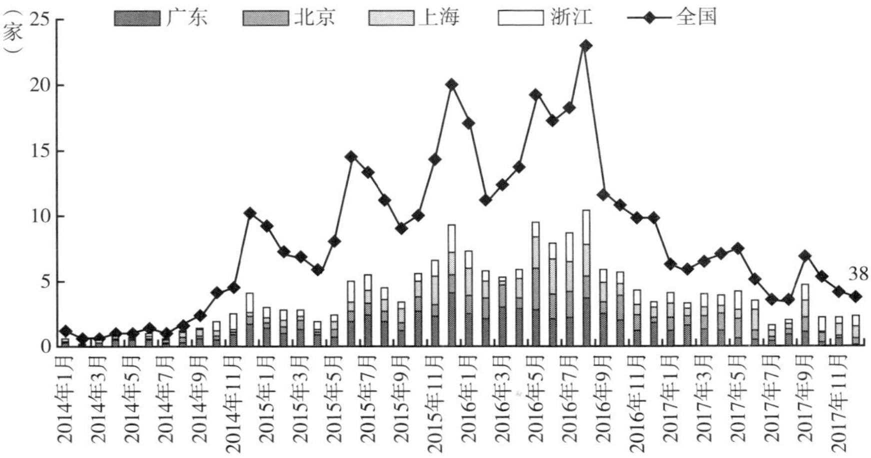


**图 15　2014～2017 年全国 P2P 网贷当月停业及问题平台数量统计**

## 二　不同背景网贷平台运营状况

平台资本背景方面，2017 年全国网贷行业中银行系、国资系、民营系、上市公司系、风投系资本加速布局网络借贷行业。截至 2017 年 12 月底，民营系网贷运营平台数量达 1475 家，占比最大，同时年度问题平台发生率亦最高；其次为国资系网贷平台数量为 212 家，仅 23 家问题平台；风投系、上市公司系背景平台分别为 153 家、126 家，风投系当年发生问题平台数量为 0，而上市公司系也仅有 3 家问题平台；银行系背景平台 15 家，当年亦无问题平台出现。具体情况见图 16。

从月度数据统计来看，2014 年以来，民营系网贷平台数量占比基本保

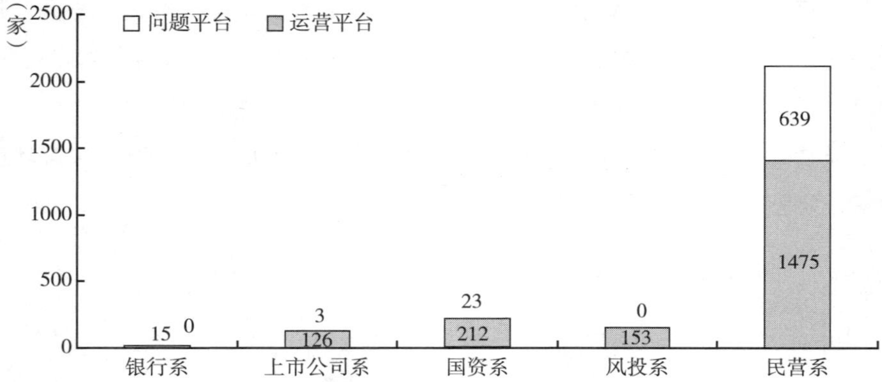


**图 16　2017 年全国不同背景 P2P 网贷运营平台与问题平台统计**

持一路下降态势，从最初 96% 跌至 74% 的水平。民营系背景平台占比的减少对应着国资系、风投系、上市公司系及银行系资本加速进入网贷行业，四者占比呈逐月递增态势，尤其国资系、风投系平台扩张最为迅速，12 月平台数量占比分别达 11%、8%，较上年同期 7%、5% 上升 3～4 个百分点；上市公司系占比较上年同期上升约 1 个百分点；而银行系平台由于总体数量较少占比变化不大（见图 17）。

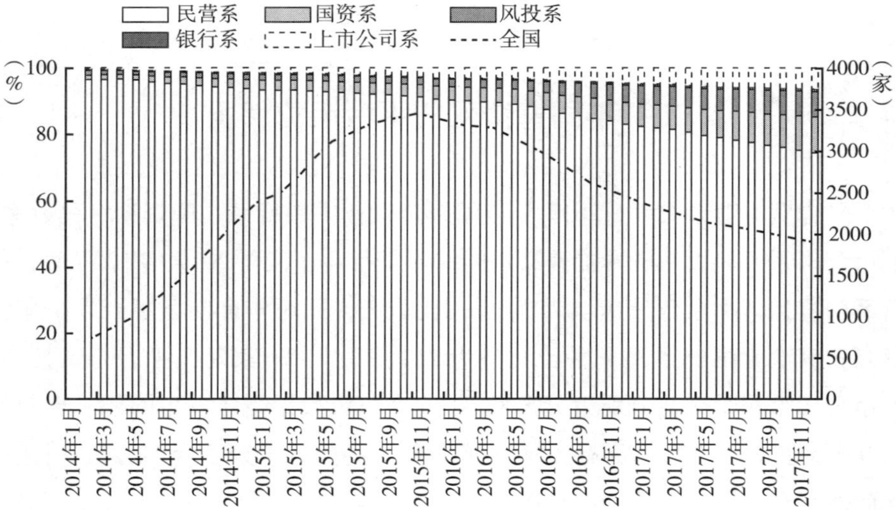


**图 17　2014～2017 年全国不同背景 P2P 网贷运营平台数量统计**

累计停业及问题平台数量占比方面，近两年来，国资系背景平台在不断扩张的同时，其问题平台累计发生率亦明显上升，2017 年 12 月其累计停业及问题平台占比约 1%；而对应的民营系则有小幅下降，其他如风投系、上市公司系及银行系则变化不大。进一步地，从当月停业及问题平台数量占比来看，2017 年以来国资系背景平台当月问题发生率显著上升，个别月份问题平台数量占比甚至达 10%；而民营系则多数月份呈明显下降趋势；上市公司系问题平台偶有少量发生；风投系、银行系背景平台运行趋于成熟，当年均无问题平台发生（见图 18、图 19）。

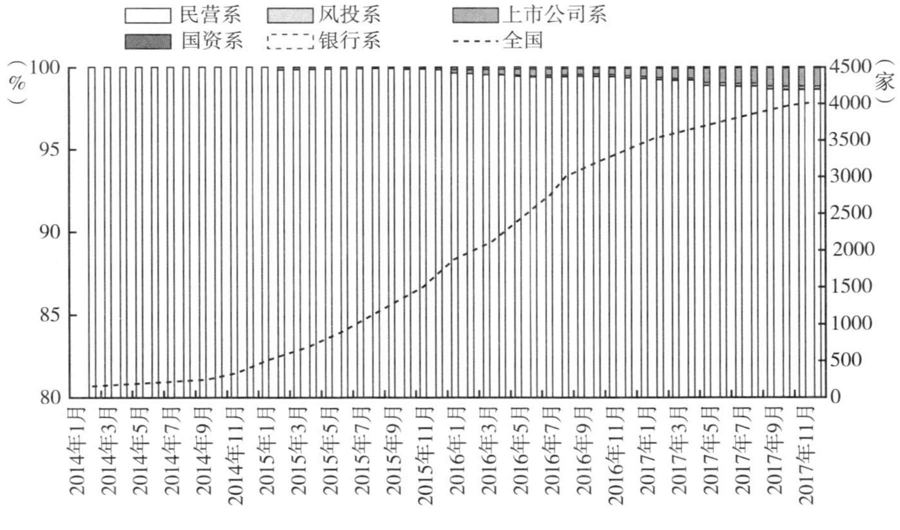


**图 18　2014 ~ 2017 年全国不同背景 P2P 网贷累计停业及问题平台统计**

成交金额及贷款余额方面，截至 2017 年 12 月底，全国网贷行业中风投系、民营系成交最为活跃，年累计成交额均已超过 1 万亿元，成交占比分别为 32.0%、30.1%；其次为上市公司系，年累计成交额 8332 亿元，成交占比为 22.2%；而银行系、国资系年累计成交额则相对较低，成交占比仅分别为 9.0%、6.7%。贷款余额方面，以风投系、民营系、上市公司系网贷平台居多，其贷款余额分别为 5024 亿元、4935 亿元、4124 亿元，占比 29.4%、28.9%、24.2%；而银行系、国资系网贷平台则相对较低，

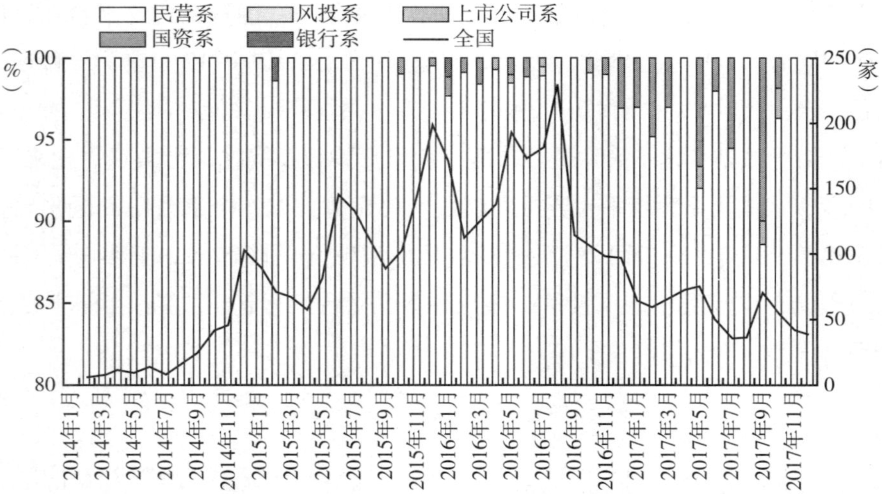


**图 19　2014～2017 年全国不同背景 P2P 网贷当月停业及问题平台统计**

其贷款余额分别为 1685 亿元、1307 亿元，占比仅 9.9%、7.7%。具体情况见图 20。

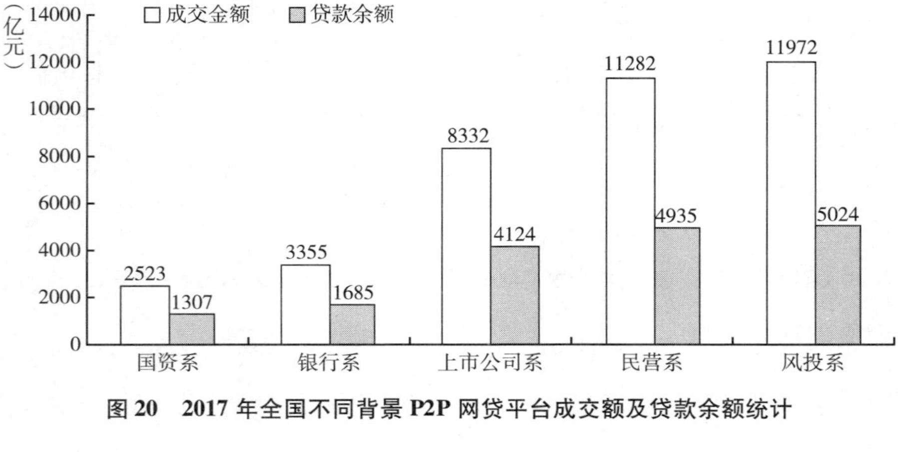


**图 20　2017 年全国不同背景 P2P 网贷平台成交额及贷款余额统计**

从月度数据统计来看，2014 年以来，民营系网贷平台月成交额占比整体呈现震荡下跌态势，从前期最高 89% 跌至 2017 年初仅 21% 的水平；而随着 2017 年网贷行业监管体系制度逐步落实完善，民营系网贷运营合规性与投资者认可度有所提升，其月成交额占比亦开始企稳回升至 30% 附近水平。

民营系平台成交占比的减少对应着风投系、上市公司系平台成交占比的大幅扩张，且当前风投系成交活跃度已基本与民营系平台持平，而上市公司系平台月成交额占比也维持在20%水平之上；国资系平台成交活跃度近两年来总体表现稳定，12月平台月成交额占比7%；银行系平台成交活跃度于2017年初之前基本保持一路扩张态势，最高时月成交额占比高达19%，但随后受行业合规监管影响，在全国网贷成交额高位震荡同时银行系平台月成交额占比大幅减缩至6%附近水平。而贷款余额方面，民营系网贷平台占比自2014年初即开始一路下降，当前仅接近30%的水平；而风投系、上市公司系平台借贷资金净流入保持一路上升态势，二者占比分别为29%、24%，已基本与民营系相当；银行系、国资系平台贷款余额占比近两年维持平稳，二者基本处于10%、7%附近水平（见图21、图22）。

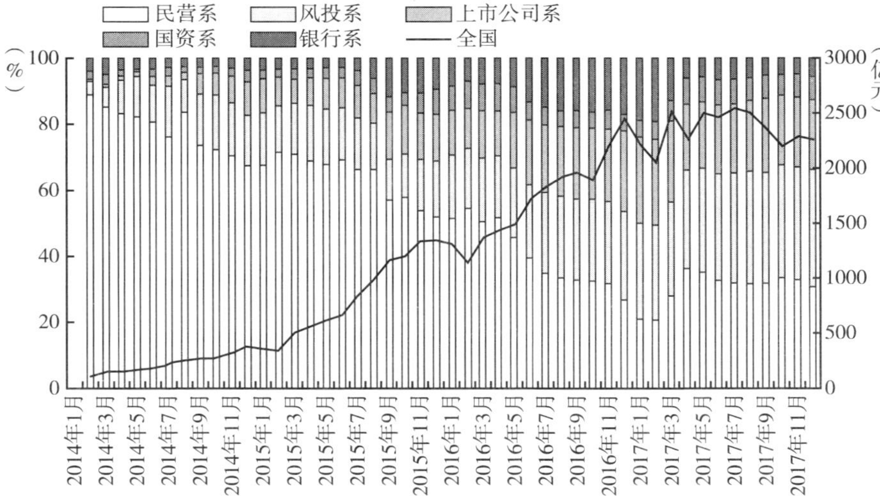


**图21　2014～2017年全国不同背景P2P网贷平台月度成交额占比统计**

收益率水平及期限方面，2017年，全国网贷行业中民营系平台综合利率水平最高为10.8%，而其平均借款期限则最短，为6.1个月，原因在于民营系网贷平台因行业竞争较为激烈普遍利用短期高息产品来吸引投资者；其次风投系网贷平台综合利率为9.2%，平均借款期限为12.8个月；国资系、上市公司系网贷平台综合利率水平较为接近，分别为8.7%、8.2%，但是对

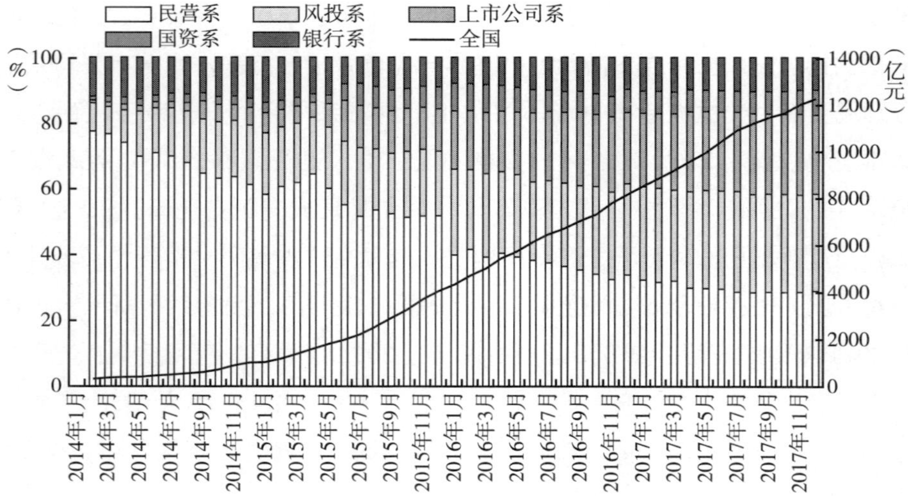


**图 22　2014～2017 年全国不同背景 P2P 网贷平台贷款余额占比月度统计**

应平均借款期限则差异较大，分别为 6.9 个月、12.8 个月；最后，银行系网贷平台综合利率最低仅为 6.7%，而其平均借款期限最长，为 19.9 个月，反映银行系网贷平台因其高安全性而有着较强的议价能力。具体情况见图 23。

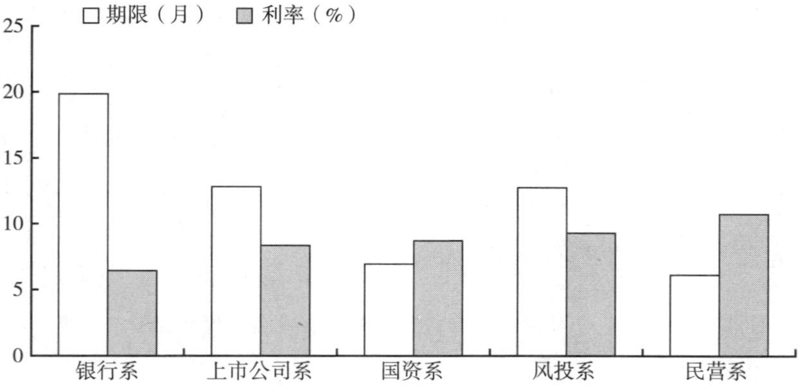


**图 23　2017 年全国不同背景 P2P 网贷平台综合参考利率与期限统计**

从月度数据统计来看，2014 年以来，民营系网贷平台综合参考利率明显高于全国平均水平，且基本呈一路震荡下跌态势，从前期最高 23% 跌至当前 10% 附近水平；但其对应的平均借款期限则不断延长，从前期最短约 2

个月拉长至当前近6个月；民营系网贷平台综合利率水平伴随借款期限延长而持续走低，反映行业规范化发展过程中民营系平台前期靠短期高息产品无序恶性竞争的态势不断改善，且受其带动网贷行业整体生态环境开始持续向好。对比来看，风投系、银行系平台发展则较为理性，其综合参考利率相对较低且总体呈震荡下跌走势，而对应的借款期限方面，2014年、2015年受宏观经济下行压力影响，大部分实体企业负债率高企利润率却不断下降，企业经营风险的上升使风投系、银行系平台借款期限开始明显缩短；其后，伴随中国经济结构性转型调整不断深入，企业盈利状况持续改善，与此同时风投系、银行系平台借贷期限亦开始逐步拉长，这也从侧面反映了实体企业未来对中国经济企稳复苏、企业经营状况改善的信心（见图24、图25）。

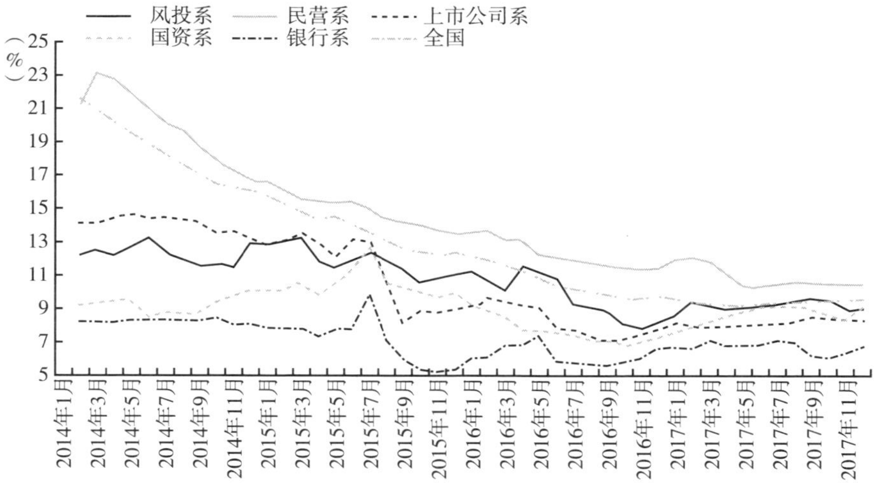


**图24　2014～2017年全国不同背景P2P网贷平台综合参考利率月度统计**

投资人数及借款人数方面，2017年，全国网贷行业中风投系、民营系网贷平台吸引投资者最多，年累计投资人数分别为2180万人、2049万人，占比均超过30%；其次上市公司系网贷平台年累计投资人数1513万人，占比22%；最后，银行系、国资系网贷平台年累计投资人数较少，分别为605万人、458万人，占比9%、7%。借款人数方面，仍以风投系、民营系网贷平台居多，分别为1836万人、1746万人，占比33%、31%；其次为上市公

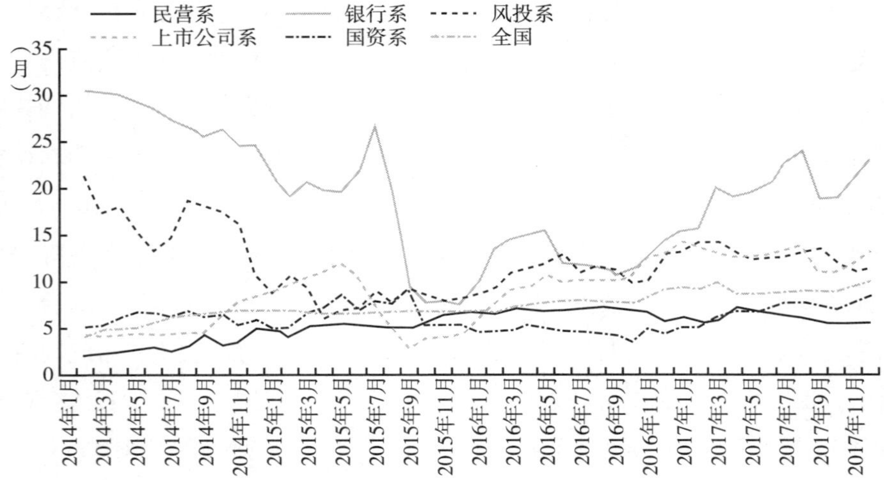


**图 25　2014 ~ 2017 年全国不同背景 P2P 网贷平台平均借款期限月度统计**

司系网贷平台，借款人数达 1224 万人，占比 22%；最后，银行系、国资系网贷平台借款人数较少，分别为 424 万人、385 万人，占比仅 8%、7%。具体情况见图 26。

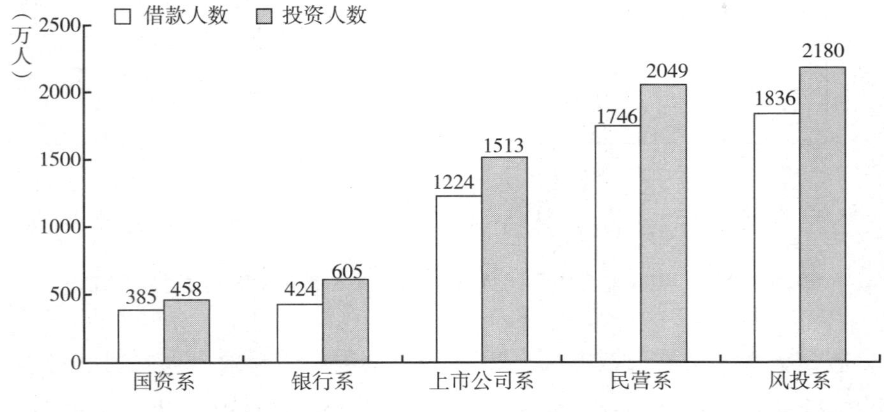


**图 26　2017 年全国不同背景 P2P 网贷平台投资人数及借款人数统计**

从月度数据统计来看，2014 年以来，民营系网贷平台月投资人数、借款人数占比整体均呈震荡下跌态势，而 2017 年随着网贷行业监管体系制度不断完善，民营系网贷运营合规性与投资者认可度的提升使月投资人数、借款人数占比出现企稳回升。民营系平台月投资人数、借款人数占比的减少对应着风投系、上市公司系平台占比的显著扩张，当前风投系投融资参与度基本已与民营系平台持平；国资系平台投融资参与度近两年来总体表现稳定；银行系平台投融资参与度于2017年初之前基本保持一路上升态势，但随后受行业合规监管影响，月投资人数、借款人数占比出现明显下降（见图27、图28）。

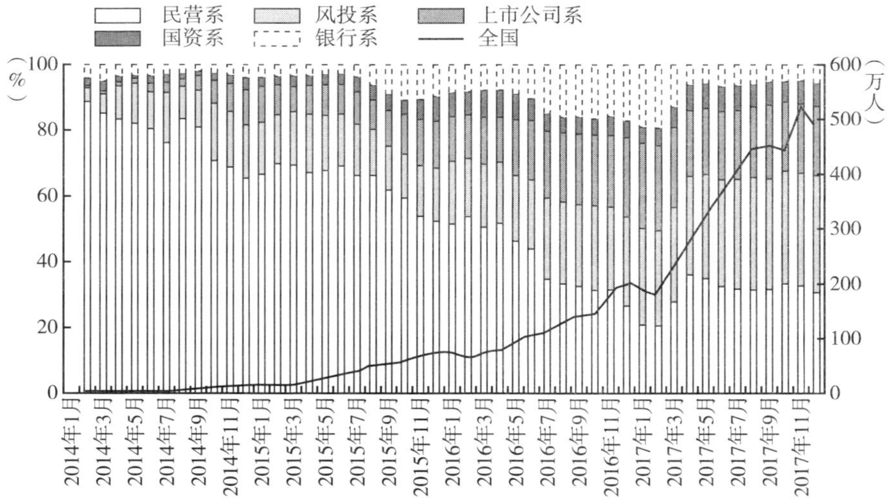


**图27　2014～2017年全国不同背景P2P网贷平台月借款人数统计**

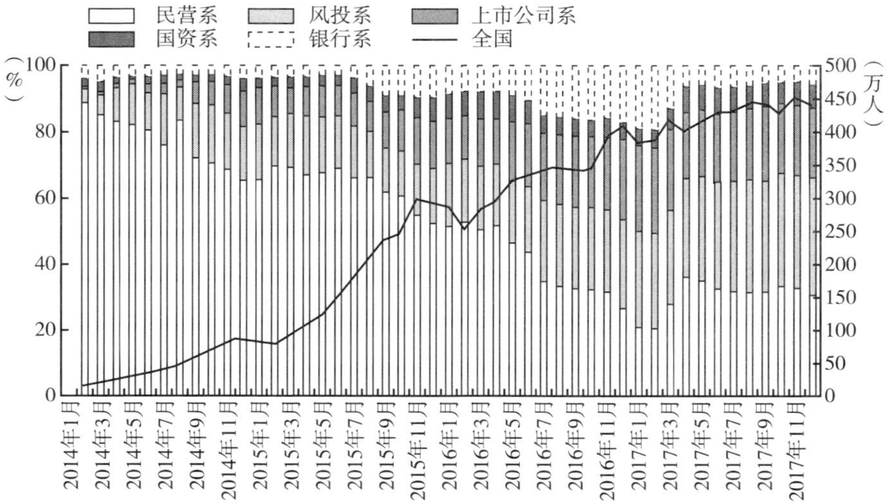


**图28　2014～2017年全国不同背景P2P网贷平台月投资人数统计**

## 三 未来发展与趋势

P2P 借贷以其便利性、普惠性和网络性优势，为未能享受传统金融服务的个人和企业提供合理可行的融资解决方案，同时，也为分散的个人投资者提供了一种高收益投资理财服务。我国 P2P 网络借贷行业从数年前星星之火，经过近十年的摸索，从无序发展的野蛮成长期逐步迈入有序发展的成熟期，行业加速洗牌并向良性方向发展。纵观 2017 年我国 P2P 网络借贷行业发展历程，伴随全国及地方网贷行业监管政策措施及制度体系的逐步完善与落地，日常式监管逐渐成为常态，而行业深度洗牌期或将持续。与此同时，网贷行业将彻底告别过去野蛮无序生长的“草莽”阶段，正式步入重质不重量、主动寻求合规运营、放弃监管制度套利及比拼技术模式创新转型的良性发展阶段，而整个行业在自身实力与合规合法性不断强化的同时则有望进一步获得社会更多的认可。

### （一）平台数量有序减少，行业步入深度洗牌期

2016 年以来，P2P 网贷行业监管力度不断趋严，全国及地方性监管政策措施陆续出台，网贷行业平台整合速度加快，平台数量持续减少；同时，整个网贷行业竞争分化格局加剧，一线城市（如北上广）、规模型、合规型平台在行业垄断集中度方面有所加强，而不符合监管要求的多数地方中小平台开始加速撤离。2017 年，北京、上海、广东、浙江四个地区的网贷平台数量占全国比重达 66.3%，较上年同期上升 3.2 个百分点，且基本呈逐月递增态势，反映行业资源逐渐向一线城市及金融发达、IT 产业先进的二线城市转移。随着全国及地方网贷行业监管持续加码及 2018 年网贷备案登记正式落地，行业资源整合速度或会加快，一些运营时间长、合规性高、规模较大的平台在市场准入门槛提高及行业竞争加剧情况下将占有一定比较优势。

从发生问题平台方面来看，2016 年以来中国网贷行业监管不断趋严，行业规范化发展得到加强，网贷问题平台数量呈稳步增多态势，平台失联、

提现困难、终止运营等现象时有发生。2017 年 12 月底，全国累计停业及问题平台数量达4039 家，大部分中小平台在前期“大浪淘沙”阶段被大量整合之后，后期大型问题平台数量或有所上升。从当月停业及发生问题平台数量来看，2017 年当月问题平台发生率较此前有明显下降且较为稳定，反映前期网贷行业无序经营、野蛮发展的局面得到改善，行业正朝着有序发展、良性退出的成熟阶段迈进。随着网贷行业监管力度持续加强，行业增长放缓态势或将延续，行业资源整合及分化过程将进一步加深，行业将逐渐步入有序退出、深度洗牌新阶段。

## （二）监管体制逐步完善，行业发展迎来新契机

2016 年 3 月，网贷行业监管正式拉开序幕；同年 8 月，银监会、工业和信息化部、公安部、国家互联网信息办公室联合制定发布了《网络借贷信息中介机构业务活动管理暂行办法》。2017 年，监管层在“一个办法”基础上，又先后于 2 月、8 月分别下发《网络借贷资金存管业务指引》《网络借贷信息中介机构业务活动信息披露指引》，这标志着网贷行业银行存管、备案（2016 年 11 月《网络借贷信息中介机构备案登记管理指引》）、信息披露三大主要合规政策悉数落地，至此网贷行业“1 + 3”监管制度体系正式完善，而网贷平台发展的合规性也有了权威性参考依据。随着网贷平台透明度、备案及资金存管等基础设施建设的不断完善，投资者对网贷行业的认可度与参与度有望在 2018 年进一步得到提升。与此同时，随着监管力度的持续加码及行业准入门槛不断提高，一些竞争力不足、合规性不强的平台将会加快退出网贷市场或进行整合并购，行业在规范化良性发展同时集中度将会进一步提高，一些大型网贷平台在合规性、安全性较高条件下将会有明显的先发优势，届时行业综合利率水平、成交量及参与度也将逐渐向这些大平台看齐。

## （三）平台小额分散定位愈加明晰，供应链消费金融或成热捧

2017 年，随着全国网贷行业监管及专项整治工作持续展开，日常式监

管或成常态，网贷行业从此告别野蛮无序生长时代，行业竞争格局日益强化背景下平台业务转型迫在眉睫。与此同时，随着各项监管细则措施的密集出台及落地，P2P 网贷平台资产端范围被迫进一步收窄，诸如校园贷、金交所业务相继被禁，现金贷业务面临严厉整顿，限额管理下大额超标业务将会被清理，这使众多网贷平台开始逐步回归小额分散的客户定位和市场定位，而一些互联网消费金融平台因天然的小额分散特点异军突起，受到金融机构及投资者青睐。

消费金融是向消费者提供消费贷款的金融服务方式，给借款客户实际提供的是“商品”而不是现金，借款客户的贷款目的更为明确和真实，从长远来看也更加符合消费升级的要求。与此同时，从消费金融发展空间来看，我国个人消费信贷在整体信贷中的占比尚不足 20%，而欧美发达国家则通常在 50% 以上。因此，未来我国消费金融还有很大的上升空间。另外，在传统热门消费金融（如车贷）不断发展的同时，供应链金融亦成为行业重点关注对象。据网贷之家不完全统计，当前 P2P 网贷行业涉及供应链金融业务正常运营的平台至少 118 家，占比 5.9%。2017 年 10 月，国务院办公厅印发的《关于积极推进供应链创新与应用的指导意见》中部署六项重点任务，包括推动供应链金融服务实体经济、有效防范供应链金融风险、积极稳妥发展供应链金融等。由于供应链金融兼具支持小微企业、为实体经济赋能的角色，未来随着供应链金融创新推动服务实体经济的政策逐步落地，预计 2018 年供应链金融将迎来新的发展契机。

# B.4

# 我国互联网众筹发展现状与态势

李根　王平*

**摘　要：** 互联网众筹是以取经学习的方式进入中国的，在中国快速发展的互联网环境与高速增长的电子商务助推下，一度呈现了爆发式的增长趋势。尤其是在双创背景下，互联网众筹具有很强的发展潜力和促进作用。在发展过程中，监管缺位、行业乱象等造成互联网众筹冷遇。随着法律法规的不断完善，我国互联网众筹将会出现新的发展机遇。

**关键词：** 互联网众筹　互联网金融　金融监管

## 一　我国互联网众筹发展历程

互联网众筹是一个典型的“Copy to China”商业模式，以取经学习的方式进入中国，在中国快速发展的互联网环境与高速增长的电子商务助推下，一度呈现爆发式的增长趋势。尤其是金融属性最强的股权众筹，自 2013 年起，便成为公认最具颠覆潜力的创新商业模式。然而，在高速发展的过程中，股权众筹领域出现了大量风险累积，频频发生违法违规案件。与此同时，明确细致的监管规定迟迟未能出台，与行业风险高发的现实，促使一些行业巨头纷纷关停股权众筹业务。此外，不仅是股权众筹，产品众筹中多发

* 李根，中国社会科学院投融资研究中心研究员，宜信研究院高级研究员；王平，中欧—世界银行普惠金融中心教授助理，宜信研究院研究员。

的质量问题、公益众筹频现的募捐欺诈犯罪，都直接造成了众筹行业的冷落。当前，我国互联网众筹行业的发展驱动主要是产品众筹和公益众筹，以及出现部分高增长的股权众筹垂直细分领域，如影视众筹、二手车众筹等。总体来看，我国互联网众筹的发展经历了三个时期。

1. 起步发展期（2010 ~2013年）

2009 年，在美国纽约出现了一个网站，拥有创意但缺乏资金的设计师、工程师甚至画家和作家等都可以在网站上发布自己天马行空的想法寻求来自其他网站注册用户的资金支持并以实物回馈投资人，这个网站正是现如今全球最为知名的产品众筹平台 KickStarter。一时间，大量充满设计感和丰富创意的电子产品、书画等产品通过 KickStarter 获得筹资并最终实现生产和销售。时值中国电子商务的快速发展和互联网创业爆发期，这样的创新模式很快为中国创业者所关注。2010 年，中国首家产品众筹平台“点名时间”旋即上线。很快，对于众筹模式的复制从产品众筹拓展到了其他商业模式。同时期，模仿美国的股权众筹平台 AngelList、中国最早的股权众筹平台“天使汇”也于 2011 年上线。嗅到新机遇的淘宝也在 2013 年成立了淘宝众筹平台。

这一时期中，我国互联网众筹行业通过模仿，迅速建立起了国内众筹商业模式和行业发展基础，一系列创业公司的成立将众筹创新模式带入社会大众和投资机构的视线中。此时，众筹参与者数量较少，并且主要以产品众筹为主，成功的众筹项目案例也不多。彼时，互联网众筹并未引起监管部门过多重视，一则由于行业规模较小且风险尚未显现，再者也是因为存在认识滞后的情况。

2. 高速发展期（2014 ~2015年）

2014 年开始，受到互联网金融整体关注度提升的积极影响，互联网众筹也出现较强的增长势头。在这一时期，不仅创业公司大量涌入众筹行业，诸多知名互联网公司也纷纷成立众筹平台，淘宝、京东、苏宁、360、小米、百度、网易等均设立了产品众筹和股权众筹业务线，并依托自身特点在文娱、电子等一系列垂直领域拓展业务。

一方面，众筹模式的发展潜力吸引众多机构纷纷涌入，另一方面，一些由大型互联网公司成立的或获得较多金额风险投资的众筹平台在发展中依托其禀赋优势或已经树立的品牌口碑，在行业激烈竞争中逐渐积累自身优势并稳居行业翘楚位置。诸如淘宝众筹、京东众筹、苏宁众筹、小米众筹和开始众筹等头部企业已经逐步占据市场主要份额，众筹行业出现较高集中度的巨头分割局面。

面对行业高增速的吸引和市场份额集中的局面，行业机构的发展逐渐从广度向深度转变。众筹模式此时出现分化，尤以细分行业的垂直化股权众筹平台开始出现并发力，一系列垂直领域的股权众筹平台相继走入公众视野。例如，投资连锁店铺的人人投，至 2017 年末，已经筹资成功 406 个项目，筹集资金总计 9.61 亿元。此外，随着众筹模式的深入发展，众筹平台开始发展自身的专业投资能力，寻找投资潜力较高领域，且演变出了以收益权作为投资回报的形式。例如，房产众筹、二手车众筹、新三板众筹、影视众筹纷纷出现，并展现了极强的活力。在中国文娱大发展的背景下，影视众筹成为其中备受关注的垂直模式。2014 年，阿里巴巴淘宝众筹发布“娱乐宝”项目，并在全年发起 12 部电影投资项目，其中包括较为知名的《小时代》电影。紧随其后，百度金融推出“百发有戏”进入影视众筹，次年上映的《大圣归来》更是凭借破纪录的票房成绩将影视众筹行业的热度提到了新的高度。

在此阶段，监管部门积极尝试将互联网众筹纳入监管范围，尤其是具有较强金融属性和较高潜在金融风险的互联网股权众筹。由于私募股权众筹被归属于私募范畴，已经存在较为完备的监管规范和法律规定，互联网股权众筹的监管尝试主要集中在公募股权众筹。2015 年，京东东家、平安前海众筹和蚂蚁达客率先获得了公募股权众筹试点资格。此外，各省、市、地区也积极开展互联网公募股权众筹试点工作。

3. 规范成长期（2016年至今）

2016 年对于互联网金融而言，可谓“监管元年”。互联网技术中性的特点导致其信息透明的优势发挥与否主要由使用者来决定。在众筹发展的过程中，监管缺位和行业机构参差不齐致使一系列问题和风险事件频发。一是产品众筹出现部分回馈产品的承诺兑现问题，存在延迟发货、产品质量与众筹描述不符、售后服务缺失等情况；二是股权众筹信息披露规范性差、透明度低，甚至出现股权众筹平台勾结筹资企业共同欺诈，骗取投资人资金的违法现象，融资企业未按约定资金用途使用资金更时有发生。这一系列现象反映出众筹模式中信任机制的漏洞，不仅在于筹资方、众筹平台、投资人三方信息严重不对称，众筹行业中参与各方的专业性严重不足也是重要原因。另外，一些新模式诞生于草莽，游离于金融监管之外，野蛮生长更是带来了频发的行业风险事件。房产众筹涉足房地产投机杠杆融资业务，被各地监管部门迅速叫停，二手车众筹出现诸多以众筹之名行非法集资之实，数十家平台出现欺诈、自融等违法事件对投资人造成了重大财产损失；苏宁众筹推出的《叶问3》投资项目演变成行业巨大风波，筹资项目方金鹿集团因为涉嫌票房造假和非法自融，最终由于资金链断裂，风险彻底爆发成为影视众筹行业的重大风险事件。

强化互联网众筹监管旨在使行业有规可依，假劣机构出局，从而保证互联网众筹行业持续、健康发展。事实上，在推动“创新、创业”的诸多战略规划中，众筹都被赋予了较为重要职能并被要求发挥积极作用。2016年初，国家普惠金融发展规划指出要发挥股权众筹对于“双创”的支持作用，并提出完善股权众筹法律基础的保障措施。目前，《证券法》修订工作正有序推进，股权众筹的法律权利和义务将有望得到清晰界定和规范，互联网公募股权众筹和互联网非公开股权众筹在资本市场中的身份有望明确。2017年10月，中国互联网金融协会互联网股权融资专委会成立，将重点研究互联网股权众筹的顶层设计、行业监管规范，并指导行业发展。

## 二　我国互联网众筹发展现状

众筹不论从理念还是形式上并不能算得上是十分新鲜的事物，“众人拾柴火焰高”这样一句中国谚语正是众筹的最朴素思想，而早在大航海时代以荷兰东印度公司为发端，集众人之力的事情在历史上也屡见不鲜。但是在金融与科技融合的背景下，以互联网等技术手段为凭依的众筹产生了新的特征和商业模式，不仅突破时空限制，实现范围的拓宽与边界的突破，更重要的在于技术所实现的效率提升。根据众筹回报类型，互联网众筹主要分为股权众筹、产品众筹、公益众筹和债权众筹四类（债权众筹实质就是 P2P 网络借贷）。

### （一）我国互联网众筹机构情况

我国互联网众筹出现，在互联网金融领域各业态中相对较晚，但发展很快。2014～2015 年是我国互联网众筹行业快速发展阶段。截至 2015 年年末，互联网众筹平台历史累计上线数量达到 387 家。截至 2017 年上半年，我国互联网众筹平台历史累计上线数量达到 427 家。

2016 年以来，我国互联网众筹发展相对趋缓。行业监管缺位导致高速增长的行业风险隐患不断积累，一些大机构出于品牌与风险意识相继选择退出众筹行业，而创业公司在遭遇资本寒流情况下也难以扩大发展。2016 年，我国众筹行业全年新增平台数仅 34 家。截至 2016 年末，我国互联网众筹平台历史累计上线数量为 421 家，一改此前行业热闹的景象（见图 1）。

与此同时，大量风险事件的爆发对行业声誉和投资人信心造成严重损害。2015 年末，我国正常运营中互联网众筹平台达 321 家。自 2016 年开始，我国正常运营的互联网众筹平台就呈现下降趋势。2015 年全年正常运营的平台新增 149 家，而 2016 年全年正常运营平台则减少了 115 家。2017 年上半年，我国互联网众筹平台正常运营数量仅余 187 家，仅占历史累计上线平台数量 427 家的四成的（见图 2），超过半数平台由于经营情况、政策环境、风险爆发或主动关停等原因退出了互联网众筹行业，行业热度消退，风险正在释放。

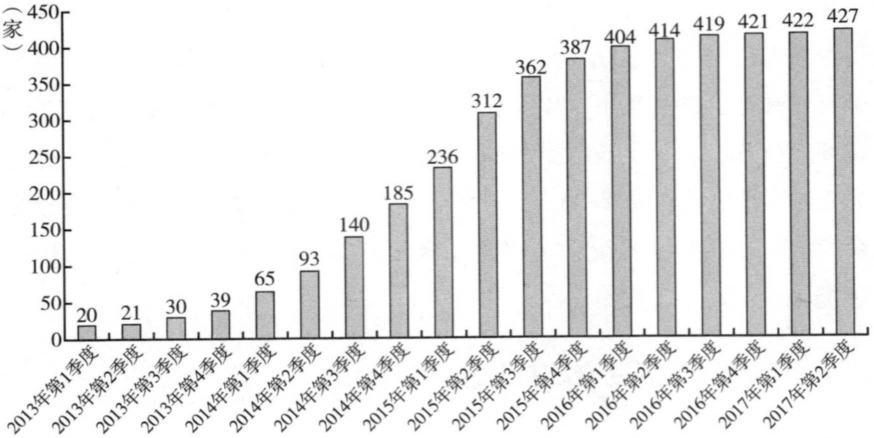


**图1　全国互联网众筹平台累计上线数量**

注：累计上线数量包含目前网站关闭、停业及转型等的互联网众筹平台；数据仅统计普遍意义上的众筹类型，包括互联网商品众筹、互联网股权众筹和互联网公益众筹，不包括新兴众筹类型，如汽车众筹、收益权众筹等。

资料来源：零壹数据。

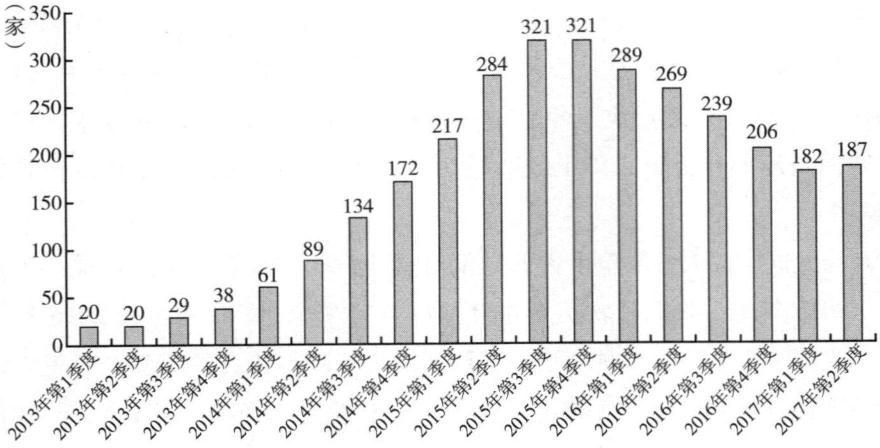


**图2　全国互联网众筹平台累计正常运营数量**

注：累计正常运营数量为截至各统计时点仍正常运营的互联网众筹平台总数；平台停止运营的原因包括网站关闭、停业及转型等；数据仅统计普遍意义上的众筹类型，包括互联网商品众筹、互联网股权众筹和互联网公益众筹，不包括新兴众筹类型，如汽车众筹、收益权众筹等。

资料来源：零壹数据。

具体分平台类型看，2015 年第二季度之前，我国历史累计上线的互联网商品众筹平台数量多于互联网股权众筹平台数量。2015 年第二季度，历史累计上线的互联网商品众筹平台数量已经少于互联网股权众筹平台数量，分别为 165 家和 174 家。我国互联网股权众筹虽然发展起步晚于互联网商品众筹，但是近几年行业热度较高，大量机构不断进入行业。截至 2017 年第二季度，我国历史累计上线的互联网股权众筹平台数量已经达到 266 家，比互联网商品众筹平台数量多出 65 家。相较于股权众筹和产品众筹，我国互联网公益众筹平台数量一直较少，目前，仍维持历史累计上线数量 7 家。我国互联网众筹平台累计上线数量类型分布见图 3。

受到政策环境变化、行业热度消退等因素的影响，我国互联网商品众筹平台和互联网股权众筹平台累计正常运营数量在 2016 年均不同程度出现了大幅下降，其中互联网股权众筹的下降趋势最为明显。2016 年全年互联网商品众筹平台和互联网股权众筹平台累计正常运营数量分别减少了 64 家和 65 家，较 2015 年末平台累计正常运营数量分别同比下降 47.4% 和 30.0%。截至 2017 年第二季度，我国互联网商品众筹平台和互联网股权众筹平台累计正常运营数量分别降至 62 家和 133 家，分别较 2015 年历史最高点的 147 家和 217 家下降了 57.8% 和 38.7%。我国互联网公益众筹平台在 2015 年有 2 家退出后，正常运营数量一直维持在 5 家（见图 4）。

## （二）我国互联网众筹业务及使用情况

2016 年，我国互联网商品众筹前 15 家平台项目成功融资总金额为 53.0 亿元，占行业整体的 94.6%。其中，全年众筹项目融资总金额超过 1 亿元的平台共有 5 家，依次为京东众筹、淘宝众筹、开始众筹、苏宁众筹和小米众筹。2016 年我国互联网股权众筹前 15 家平台项目成功融资总金额达到 32.0 亿元，约占行业整体的 48.9%。其中，全年众筹项目融资总金额超过 1 亿元的平台共有 6 家，依次为京东东家、36Kr、长众所、人人投、粤科创投界和蚂蚁达客。

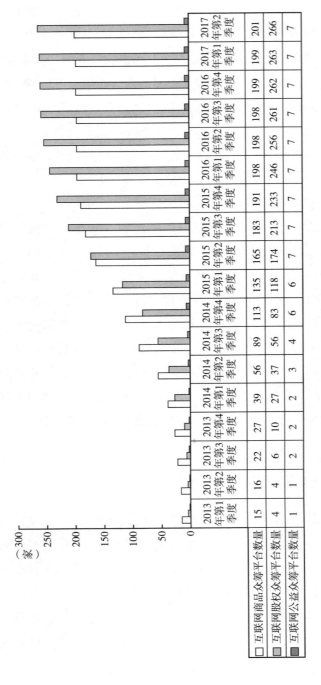

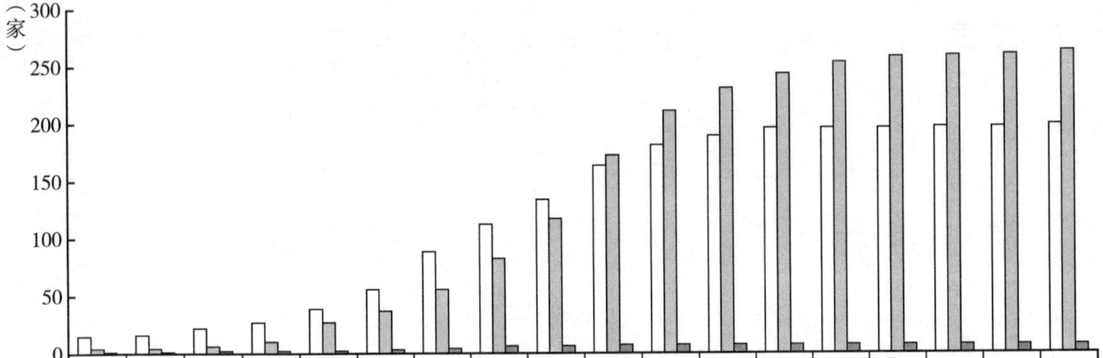

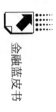

| | 2013年第1季度 | 2013年第2季度 | 2013年第3季度 | 2013年第4季度 | 2014年第1季度 | 2014年第2季度 | 2014年第3季度 | 2014年第4季度 | 2015年第1季度 |
|---|---|---|---|---|---|---|---|---|---|
| □互联网商品众筹平台数量 | 15 | 16 | 22 | 27 | 39 | 56 | 89 | 113 | 135 |
| ▨互联网股权众筹平台数量 | 4 | 4 | 6 | 10 | 27 | 37 | 56 | 83 | 118 |
| ■互联网公益众筹平台数量 | 1 | 1 | 2 | 2 | 2 | 3 | 4 | 6 | 6 |

| | 2015年第2季度 | 2015年第3季度 | 2015年第4季度 | 2016年第1季度 | 2016年第2季度 | 2016年第3季度 | 2016年第4季度 | 2017年第1季度 | 2017年第2季度 |
|---|---|---|---|---|---|---|---|---|---|
| □互联网商品众筹平台数量 | 165 | 183 | 191 | 198 | 198 | 198 | 199 | 199 | 201 |
| ▨互联网股权众筹平台数量 | 174 | 213 | 233 | 246 | 256 | 261 | 262 | 263 | 266 |
| ■互联网公益众筹平台数量 | 7 | 7 | 7 | 7 | 7 | 7 | 7 | 7 | 7 |

**图 3　全国互联网众筹平台累计上线数量类型分布**

注：累计上线数量包含目前网站关闭、停业及转型的互联网众筹平台。

资料来源：零壹数据。

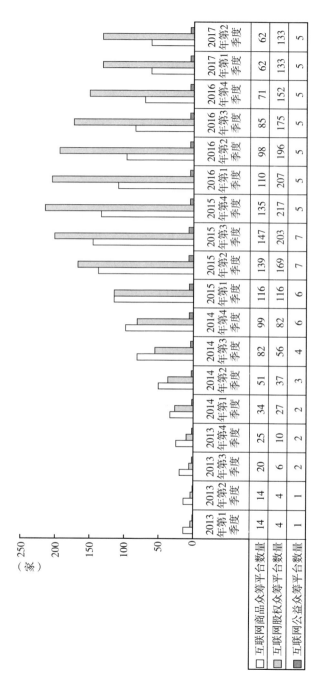

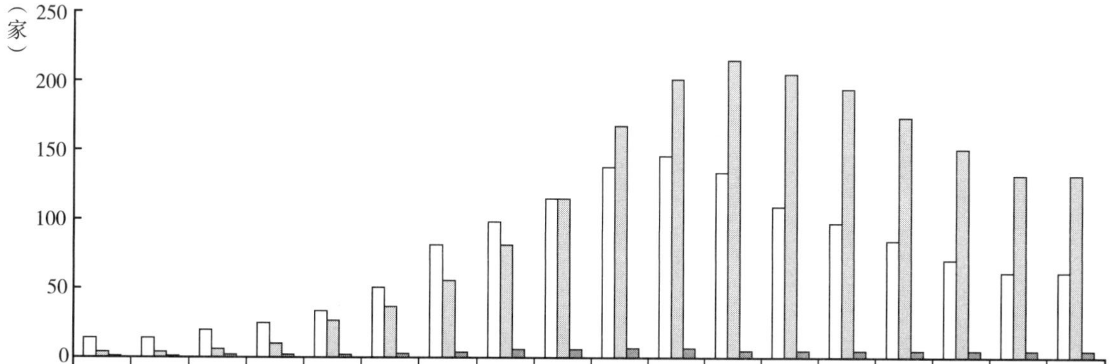


| | 2013年第1季度 | 2013年第2季度 | 2013年第3季度 | 2013年第4季度 | 2014年第1季度 | 2014年第2季度 | 2014年第3季度 | 2014年第4季度 | 2015年第1季度 | 2015年第2季度 | 2015年第3季度 | 2015年第4季度 | 2016年第1季度 | 2016年第2季度 | 2016年第3季度 | 2016年第4季度 | 2017年第1季度 | 2017年第2季度 |
|---|---|---|---|---|---|---|---|---|---|---|---|---|---|---|---|---|---|---|
| □互联网商品众筹平台数量 | 14 | 14 | 20 | 25 | 34 | 51 | 82 | 99 | 116 | 139 | 147 | 135 | 110 | 98 | 85 | 71 | 62 | 62 |
| ▨互联网股权众筹平台数量 | 4 | 4 | 6 | 10 | 27 | 37 | 56 | 82 | 116 | 169 | 203 | 217 | 207 | 196 | 175 | 152 | 133 | 133 |
| ■互联网公益众筹平台数量 | 1 | 1 | 2 | 2 | 2 | 3 | 4 | 6 | 6 | 7 | 7 | 5 | 5 | 5 | 5 | 5 | 5 | 5 |

**图4　全国互联网众筹平台累计正常运营数量类型分布**

注：累计正常运营数量为截至各统计时点仍正常运营的互联网众筹平台总数。

资料来源：零壹数据。

## 三　我国互联网众筹政策与监管

2015 年 7 月 18 日，央行等十部门联合印发了《关于促进互联网金融健康发展的指导意见》，确立了“依法监管、适度监管、分类监管、协同监管、创新监管”的互联网金融监管原则，明确了股权众筹的监管职责分工主要由证监会负责。次月，证监会为落实互联网股权众筹专项整治工作发布了《关于对通过互联网开展股权融资活动的机构进行专项检查的通知》，明晰了互联网股权众筹融资的定义是指通过互联网形式进行公开小额股权融资的活动。此外，对于互联网股权众筹的筹资方限定为创新创业者或小微企业，对于互联网股权众筹的业务开展范围规定为股权众筹融资中介机构互联网平台，同时确定了互联网股权众筹融资应当是公开募集股本。此外，证监会指出由于互联网股权众筹具有小额、公开、涉众的特点，与人民利益和金融体系安全相关，必须纳入依法监管的范畴。

对于互联网非公开股权众筹的规范制定，主要是中国证券业协会。2014 年 12 月 18 日，中国证券业协会出台了《私募股权众筹融资管理办法（试行）》征求意见稿。管理办法定义“私募股权众筹”是指“融资者通过股权众筹融资互联网平台（以下简称股权众筹平台）以非公开发行方式进行的股权融资活动”。管理办法采用与私募股权投资基金基本一致的原则，对私募股权众筹业务的平台准入资格做出明确限定，并圈定融资者应当是中小微企业或其发起人，同时，也规定了参与私募股权众筹的合格投资者标准。

目前我国对于互联网众筹行业的监管主要集中在互联网股权众筹方面，而互联网公益众筹和互联网商品众筹仍然属于空白，仅 2016 年颁布的《慈善法》对于慈善募捐和慈善捐赠提出了相应的监管，但仅停留在对慈善组织的规范，而互联网公益众筹作为信息提供和展示的平台，其募捐行为由自然人发起，不在监管范畴（见表 1）。

**表 1　互联网众筹相关政策法规**

| 发布部门 | 发布时间 | 监管法规 | 相关内容 |
|---|---|---|---|
| 国务院办公厅 | 2006 年 12 月 | 《国务院办公厅关于严厉打击非法发行股票和非法经营证券业务有关问题的通知》(国办发〔2006〕99 号) | 明确了向不特定对象发行股票或向特定对象发行股票后股东累计超过 200 人的,为公开发行,应依法报经证监会核准。未经核准擅自发行的,属于非法发行股票 |
| 中国证券监督管理委员会 | 2014 年 8 月 | 《私募投资基金监督管理暂行办法》(中国证券监督管理委员会令第 105 号) | 明确了合格投资人的标准,提出了严格的穿透核查要求 |
| 中国证券业协会 | 2014 年 12 月 | 《私募股权众筹融资管理办法(试行)(征求意见稿)》(中证协发〔2014〕236 号) | 明确了中国证券业协会对股权众筹融资行业进行自律管理。要求股权众筹平台应当在证券业协会备案登记,并申请成为证券业协会会员。同时对平台准入在公司形式、净资产、专业人员、技术设施、管理制度等方面制定了相应的条件标准 |
| 国务院办公厅 | 2015 年 3 月 | 《国务院办公厅关于发展众创空间推进大众创新创业的指导意见》(国办发〔2015〕9 号) | 完善创业投融资机制。发挥多层次资本市场作用,为创新型企业提供综合金融服务。开展互联网股权众筹融资试点,增强众筹对大众创新创业的服务能力 |
| 中国人民银行等十部门 | 2015 年 7 月 | 《关于促进互联网金融健康发展的指导意见》(银发〔2015〕221 号) | 确立了互联网支付由中国人民银行负责监管,落实了监管责任,明确了业务边界,支持互联网企业依法合规设立互联网支付机构,鼓励银行业金融机构开展业务创新,为第三方支付机构和网络贷款平台等提供资金存管、支付清算等配套服务 |
| 中国证券业协会 | 2015 年 7 月 | 《场外证券业务备案管理办法》(中证协发〔2015〕164 号) | 将互联网非公开股权融资纳入了场外证券业务的范畴,并制定了相应的备案条件、备案程序和自律管理规范 |
| 中国证监会办公厅 | 2015 年 8 月 | 《关于对通过互联网开展股权融资活动的机构进行专项检查的通知》(证监办发〔2015〕44 号) | 制定了对通过互联网开展股权融资中介活动的机构平台的专项检查计划。检查的重点内容包括平台上的融资者是否进行公开宣传,是否向不特定对象发行证券,股东人数是否累计超过 200 人,是否以股权众筹名义募集私募股权投资基金 |

续表

| 发布部门 | 发布时间 | 监管法规 | 相关内容 |
|---|---|---|---|
| 全国人民代表大会 | 2016 年 3 月 | 《中华人民共和国慈善法》(主席令第 43 号) | 要求慈善组织开展公开募捐,应当取得公开募捐资格。慈善组织通过互联网开展公开募捐的,应当在国务院民政部门统一或者指定的慈善信息平台发布募捐信息。不具有公开募捐资格的组织或者个人基于慈善目的,可以与具有公开募捐资格的慈善组织合作,由该慈善组织开展公开募捐并管理募得款物 |
| 国务院 | 2015 年 9 月 | 《国务院关于加快构建大众创业万众创新支撑平台的指导意见》(国发〔2015〕53 号) | 提出稳步推进股权众筹。充分发挥股权众筹作为传统股权融资方式有益补充的作用,增强金融服务小微企业和创业创新者的能力。稳步推进股权众筹融资试点,鼓励小微企业和创业者通过股权众筹融资方式募集早期股本。对投资者实行分类管理,切实保护投资者合法权益,防范金融风险 |
| 中国证监会等十五部门 | 2016 年 10 月 | 《股权众筹风险专项整治工作实施方案》(证监发〔2016〕29 号) | 制定了互联网股权众筹专项风险整治工作的原则、目标、内容和要求等,重点打击违法、违规和虚假宣传等行为 |
| 中国互联网金融协会 | 2016 年 10 月 | 《中国互联网金融协会信息披露自律管理规范》 | 协会会员实质性开展互联网非公开股权融资及类似业务的从业机构应依法开展信息披露。从业机构一方面承担提供并披露机构信息、平台运营信息的义务;另一方面作为居间人承担如实披露相关项目融资人、项目发起人等相关信息和项目信息的义务;相关项目融资人、项目发起人等承担提供并披露其自身信息和融资项目等信息的义务 |
| 国务院法制办公室 | 2017 年 8 月 | 《私募投资基金管理暂行条例(征求意见稿)》 | 互联网私募股权众筹仍处于禁入状态,中国基金业协会不予登记其私募基金管理人资格 |

资料来源：据公开资料整理。

## 四 我国互联网众筹发展趋势

其一，众筹模式突破资金渠道身份，依托平台开展生态圈整合。我国互联网众筹的发展过程中，长期停滞于单一、低价值的资金渠道身份，其平台作用集中在产品或项目的展示、投资者的预约和支付等较为简单功能。这一方面无法满足如路演这类高互动、深层次的沟通需求，另一方面也导致众筹平台参与产业链的程度浅、价值低。随着众筹模式进一步细分，垂直化程度加深，尤其是传统风险投资机构、众创空间和产业链核心企业的加入，不仅为创业企业提供资金，更重要的是，依托众筹平台提供产业链整合和创业企业全套服务，从而形成围绕创业企业的生态圈。这不仅为众筹模式提供更多增加价值，提高创业企业成功率，同时，也有益于投资回报的实现和众筹投资的风险管理。

其二，众筹参与者专业度不断提高。在众筹模式中，一般意义上的主要参与者包括筹资者、众筹平台、投资者。随着众筹业不断发展，行业参与者群体也在不断扩大，众筹生态圈中逐渐增加专业风险投资机构、专业天使投资人、互联网企业、电商平台等不同领域专业机构。对于互联网公开股权众筹而言，当前以专业投资机构领投的模式正在成为主流，众筹平台业已建立起对于创业企业和筹资项目遴选和管理的一系列涵盖投前尽职调查、投中监督管理和投后辅导跟踪的全面制度流程，这将极大地弥补一般个人众筹投资人对于创业投资专业技能与知识的不足，一定程度上消弭股权众筹中严重的信息不对称现象。至于互联网非公开股权众筹，鉴于监管规定对于众筹的非公开募资要求，众筹投资人由一般投资人向高净值投资人群体集中迁移。由于早期创业投资存在大量不确定性和投资风险，而一般投资人缺少足够资产进行分散投资以降低风险，也难以承担单个项目投资失败的巨大损失，众筹行业中高净值投资人的比重提升更有利于行业健康发展。

其三，众筹模式的参与深度不断加深，将出现更多垂直化众筹平台。如今，众筹行业正在探索一种收益之外多元回报和丰富参与感的形式，并从投资的视角检视各行业投资机会。例如一类“全民经纪人”模式正是结合网红经济效应而产生的一种新型影视众筹。有别于直接投资影视剧并获得票房净收益分成回报，筹资的主体变为网红或偶像，所筹得的投资资金用于培训、包装和推广等，而投资人一方面可以获得艺人经纪净收益分成回报，还可以深度参与到艺人的成长中长期互动。目前，此类业务模式存在较高的合规风险，与此前的众筹模式相比，艺人众筹的资金用途更难透明化和规范化，同时，经纪公司将艺人未来演艺收入分成作为投资回报，存在着更大的不确定性和投资风险。

其四，互联网众筹的监管不断完善，行业发展的法律基础逐步奠定。尽管证监会较早关注并出台相应监管意见，且在风险整治过程中持续完善监管要求与规范，纠正行业违法违规行为，为互联网众筹行业的健康发展打造和提供良好环境。当前，不论是互联网私募股权众筹还是互联网公募股权众筹，都缺乏明确和详细的法律基础和监管规范。互联网公募股权众筹的试点工作尽管取得了一定进展，全国和地方都提出一系列试点企业，公募股权众筹业务却并未真正广泛开展。在行业前景未明的情况下，出现了如苏宁、百度等大机构退出，京东东家和蚂蚁达客等暂停新项目的现象。随着我国《证券法》修订工作的有序推进，互联网股权众筹监管有望提出完善的顶层设计。可以预见，未来将会出台一系列更为具体详细的监管规范规定，从而为互联网股权众筹的发展提供稳定且良好的政策、法律和监管环境。

# B.5

# 我国互联网保险发展现状与态势

严寒　李根*

**摘　要：** 我国互联网保险的发展最早可以追溯到1997年，行业在创新与风险的交替螺旋中增长，如今已经有半数保险机构涉足互联网保险，大量第三方平台与保险中介参与其中。当前，互联网保险已经实现年保费收入超过2000亿元，其中人身险起步最早保费规模也最大，财产险则凭借小额碎片化的产品设计实现了庞大的保单件数总规模。随着互联网金融风险整治全面开展、互联网保险行业监管进入严紧的态势，互联网保险发展急速放缓甚至出现下滑，但行业整体正在加速回归保险保障的初心和本质。此外，在金融科技大背景下，保险科技成为推动互联网保险乃至整个保险行业升级转型的颠覆因素，受到保险公司和投资机构的密切关注。

**关键词：** 互联网保险　互联网金融　金融监管

## 一　我国互联网保险发展历程

纵观互联网保险的20年发展历程，互联网保险从无到有、从有到盛、

* 严寒，北京十一贝科技有限公司保险产品总监；李根，中国社会科学院投融资研究中心研究员，宜信研究院高级研究员。

从盛到优，总量上保费收入已经稳步增长至2016年的2347亿元，较2006年的接近9亿元规模实现了约260倍的增长。不过，高速发展中难免泥沙俱下，互联网保险发展的不同时期均产生了各类风险事件。例如，2008～2009年，携程网上销售的航空意外险保单作假事件和海南假保险公司网络销售虚假保单案件都曾经引起轰动。

随着保险与互联网、保险与科技的融合发展，互联网保险的运营和商业模式也在发生变化。从最初的保险公司自建网站直接销售，演变至专业保险中介网站和电商平台代理销售，再到以虚拟化专业互联网保险公司推动的场景化服务下兼业销售。与此同时，保险科技概念下产生了基于大数据分析的面向投保人的定制化产品和服务，保险业的理念也经历了从产品导向到客户导向、从销售驱动到科技驱动转变。

自1997年我国保险业第一次“触网”，我国互联网保险在发展中经历了保险网上营销、保险电子商务、第三方保险电子商务、专业互联网保险、保险科技等一系列的转变阶段。此间，伴随着互联网、电子商务、互联网金融以及金融科技的大发展，其在不同的阶段呈现相应的发展态势。总的来看，我国互联网保险在以下六个时期出现了具有鲜明特点的阶段性发展特征。

1. 萌芽孕育期（1997～1999年）

早在1997年，我国网上电子化保险的雏形已经出现。当年11月28日由中国保险学会和北京维信投资股份有限公司共同发起，由北京英泰奈特科技有限公司提供技术支持，全国首个信息化保险资讯与保险销售的线上网站“中国保险信息网”正式上线。上线当日，就有客户在新华人寿保险公司设立在中国保险信息网上的线上服务站点预约投保并签订了投保意向书，由此诞生了我国首张从互联网渠道产生的保险单。

当时，中国保险信息网通过专门设计的数据库向保险公司和社会大众提供保险新闻、险种信息、网上投保意向书、投诉信息、人才招聘信息等服务，并提供保险公司与访问用户间的相互沟通。此时，真正意义上的互联网保险模式尚未出现，投保人通过中国保险信息网仅能获取保险资讯和保险产品信息，以及操作简单的咨询或投诉等功能，投保过程仍然需要在线下完成。尽管当时互联网保险仅是保险营销线上化，但从此互联网保险的发展揭开序幕，截至2000年，全国25家保险公司几乎全部拥有了互联网主页。

2. 起步探索期（2000~2003年）

随着国内保险网络营销的普及，正经历蓬勃发展的电子商务行业在探索专业化和垂直化的发展方式时，注意到这一具有潜力的领域。此时，朗络电子商务有限公司适时推出了包括“网药”“网碟”“网妆”在内的一系列垂直电子商务网站。2000年3月，朗络的系列垂直电子商务网站涉足保险领域，我国首家保险类电子商务网站“网险”正式运营。网险网提供了在线投保、核保、认证和支付等一系列功能，并与首批进驻的中国太平洋保险公司北京分公司推出了30余种支持网上投保的保险产品。但在当时，一方面缺少法律对保险网络销售合法性与有效性的认可，保险公司仍需要签发纸质保单并邮寄发送至投保人。另一方面，保险公司自建网站所提供的网上投保服务往往仅限于保险产品和条款的发布，而不具备真正意义上的网上投保和网上服务功能。

变革最先出现在航空意外保险领域。2002年9月，中国人寿、太平洋保险、平安保险三家保险公司联合中国民航开发的“航意险计算机网络销售项目”签售出我国第一张航空意外险电子保单。2002年12月，中国保监会下发《关于加强管理航空意外险规范管理有关问题的通知》，要求在2003年3月1日之前，保险公司航空意外保险必须实现电脑联网出单和实时管理。在缺乏有效网络安全标准和电子凭证法律效力认可的情况下，航意险电子出单仅是出于资料电子化与联网便于核保的目的，而非简化投保和服务的全流程。

3. 扩大发展期（2004~2009年）

在互联网发展和市场需求的推动下，2004年8月，全国人大常委会正式通过了《中华人民共和国电子签名法》。随着2005年4月1日的正式实施，电子保单的法律效力真正得到了认可。该法实施当日就由中国人民财产保险股份有限公司签售了我国第一张线上全流程电子保单，中远集团公司厦门中远货运有限公司成为首个网上投保的企业客户。中国人保采用了电子签章技术以确保电子保单的不可篡改与不可否认性，投保人只需要登录中国人保财险电子商务平台“e－PICC”，即可全流程在线完成保险产品的投保、支付、出单、报案功能。此时，真正意义上的互联网保险才正式步入时代舞台。截至2005年底，我国共计有54家公司开通网站，占全部保险公司的七成以上。

随着2006年我国进入新的发展阶段，保险信息化成为我国保险行业发展的“十一五”规划重要任务和目标。此时，第三方保险电子商务开始迅速涌入。中国保险信息网推出了保险交易大厅功能，着力为保险电子商务提供网络保险支持服务。2006年7月20日，由北京佰盈通咨询公司和中体保险经纪公司联合13家保险公司成立上线了保险超市网站“买保险网”，其除了网上投保功能外，还提供了支持投保人快速查找保险产品及报价的比价搜索系统。截至2010年，“慧择网”“久久保险网”“优保网”等十余家保险电子商务平台纷纷成立。①

4. 爆发增长期（2010～2014年）

截至2010年6月，我国网民规模突破4亿人，互联网普及率增长至31.8%，其中月收入3000元以上的网民占比升至30.3%，网络购物用户规模达到1.42亿人，半年用户增幅达31.4%，网络支付使用率为30.5%，半年增长36.2%。互联网和电子商务发展的迅猛势头也带动了网络保险的发展，保险公司开始大举猛进发展保险电子商务，尝试通过网络、电话、第三方支付平台等多元化渠道实现保险销售。2010年中国人保财险推出手机WAP保险电子商务网站，开创手机保险销售模式。2011年安邦保险首次推出了网络视频保险销售模式，通过在线视频连线的方式提供保险产品咨询服务。2012年12月，泰康人寿在京东商城上推出了近10款保险产品；同月，

① 时任保监会副主席李克穆在当年提出，“大力发展电子商务是保险业转变发展方式的重要途径，也是保险业实现科学发展的客观要求”。

国华人寿在淘宝平台上推出了3款万能险产品。

在此期间，《互联网保险业务监管规定（征求意见稿）》和《保险代理、经纪公司互联网保险业务监管办法（试行）》于2011年发布，经营互联网保险的准入标准、经营规范、违规红线等都得以明确。2012年1月，保监会开始批复首批互联网保险销售备案资格。随着互联网保险发展的政策不确定性障碍消除，已经进入行业的机构积极申请备案资质，同时，更多机构抓紧机遇筹备和实施拓展互联网保险业务的战略与计划。2010年7月，泛华保险服务集团斥资4.74亿元收购深圳保网，并宣布成立泛华保网电子商务公司，拓展网络保险销售。截至2013年，太平保险、中国人寿、新华人寿等纷纷成立了独资或控股的保险电子商务平台。

与此同时，互联网公司的视线也关注到了互联网保险领域。2013年10月16日，保监会发布了《关于众安在线财产保险股份有限公司开业的批复》的公告，标志着中国首家专业互联网保险公司正式成立，意味着在探索互联网保险创新上我国迈出了历史性的一步。众安财险由阿里巴巴、平安集团、腾讯公司等共同发起和设立，齐聚互联网领域的业界巨头。2014年8月13日，国务院发布了《关于加快发展现代保险服务业的若干意见》，明确提出“支持保险公司积极运用网络、云计算、大数据、移动互联网等新技术促进保险业销售渠道和服务模式创新”。截至2014年，经营互联网保险业务的保险公司占保险系统机构总数的近半数，互联网保费规模也已经增长至全年超过800亿元，同比增长近3倍。

在发展过程中，互联网保险的一些潜在风险也逐渐引起监管部门与社会各界的注意。2014年1月6日，保监会印发了《加强网络保险监管工作方案》，部署调研网络保险与完善监管制度等相关工作。2014年中国保险行业协会牵头编写了首份《互联网保险行业发展报告》，其中指出互联网保险的八大风险，包括业务信息安全、营销模式风险、产品开发风险、资产负债匹配风险、操作风险、声誉风险、交易可回溯风险及互联网保险创新模式风险。

5. 规范成长期（2015 ~2016年）

为了贯彻落实保险业“新国十条”[①]，在保监会的推动下，专业互联网保险公司试点工作于 2015 年开始，在支持已批准设立的众安财险拓展业务领域的同时，保监会批准筹建了易安财产保险股份有限公司、安心财产保险有限责任公司、泰康在线财产保险股份有限公司共计三家互联网保险公司。

随着互联网金融的迅速增长，行业出现参差不齐的发展，与此同时风险也集中爆发。2016 年末的“侨兴私募债”事件，让互联网保险信用保证保险业务一度成为风口浪尖的风险话题。此外，互联网保险出现异化，打着创新名目博眼球赚噱头，行业推出了一系列诸如“赏月险”“恋爱险”等所谓奇葩险种。这些忽视保险原理的行为承载了过量的风险，也可能存在欺诈违法行为。

2015 年 7 月央行等十部门联合发布《关于促进互联网金融健康发展的指导意见》，其中，在关于保险业的发展意见中，确立了我国互联网保险发展依循的原则。2016 年 10 月 13 日，《互联网金融风险专项整治工作实施方案》发布，正式揭开了始于当年 4 月的互联网金融专项整治的大幕。同日，保监会发布了《互联网保险风险专项整治工作实施方案》，互联网保险的准入受到严格管理。同时，针对现有互联网保险的经营资质也需要重新排查，重点清理非法经营机构、查处纠正违规开展业务。

6. 创新转变期（2017年至今）

随着金融科技概念的深化，由国际开始兴起的保险科技（InsurTech）逐渐进入互联网保险行业的视线，科技应用于保险行业随之也被认为将带来保险行业的颠覆。大数据、云计算、人工智能、区块链等技术的应用，可以加快推进保险行业的产品创新、服务提升、成本控制乃至风险管理。如宜信博诚保险推出的智能保险服务，通过大数据精准刻画投保人画像，从而分析用户的保障需求，进而针对客户多重风险提供精准化的产品匹配和定制风险

① 2014 年 8 月 13 日，国务院正式发布《国务院关于加快发展现代保险服务业的若干意见》，简称“新国十条”。

保障方案。一方面，传统保险公司尝试通过技术应用进行自身转型，另一方面，互联网公司和专业互联网保险公司凭依自身数据积累和技术优势不断进行创新尝试；同时，一系列的创新保险科技公司陆续成立，截至2017年5月我国已经出现超过100家保险科技创业企业。

## 二　我国互联网保险发展现状

互联网保险发展的初期仅停留在通过互联网网站等网络渠道进行保险的销售。从2013年起互联网保险行业才出现较高增长趋势。互联网保险出现较高的增长，首先是由于互联网保险的另类创新险种突破传统的保障，为互联网保险带来了较高的社会关注度，这类保险包括诸如恋爱险、赏月险、雾霾险等；其次，一些保险险种具有较强互联网属性，互联网保险公司在此类领域较传统保险公司具有比较优势，包括诸如手机碎屏险、网购运费险等低价高频次的险种；再次，一部分具有高标准化程度的保险出现线上迁移的趋势，这为互联网保险公司进入传统保险领域提供了基础；最后，互联网保险公司在保障类保险之外，不断创新业务尝试进入理财市场，部分通过保险方式实现的理财因为具有高收益和高灵活性的特点，受到不少投资者的欢迎。

### （一）互联网保险机构数量

当前，我国保险公司已经有超过半数通过自建网站或与第三方平台合作等方式并采纳多种经营模式涉足互联网保险业务。2016年，我国互联网保险的机构参与热情仍然保持较高热度，年度同比新增经营的互联网保险业务机构9家，经营互联网保险的公司总数达到117家，占保险系统机构数超过50%。截至2015年末，我国就有半数以上保险公司涉足互联网保险业务，这个增长趋势从2013年开始就呈现较高水平。2013～2015年，我国每年新增经营互联网保险业务的保险公司数都不少于25家，互联网渗透率每年同比增长约10个百分点（见图1）。进入2016年，互联网渗透率的增长速度出现较大幅度下降，同比仅有不足 1 个百分点的增长。尽管存在新增设立的保险系统机构导致基数不断扩大方面的原因，但主要还是由于在规范成长阶段、监管趋严的态势下，机构对互联网保险的热度出现一定程度的消退。客观来看，这并不一定是坏事。毕竟，当行业出现一拥而上的现象时，往往造成追逐热点制造噱头而真正的创新被忽视，在行业去伪存真阶段，将会出现更多有效、有益的创新。

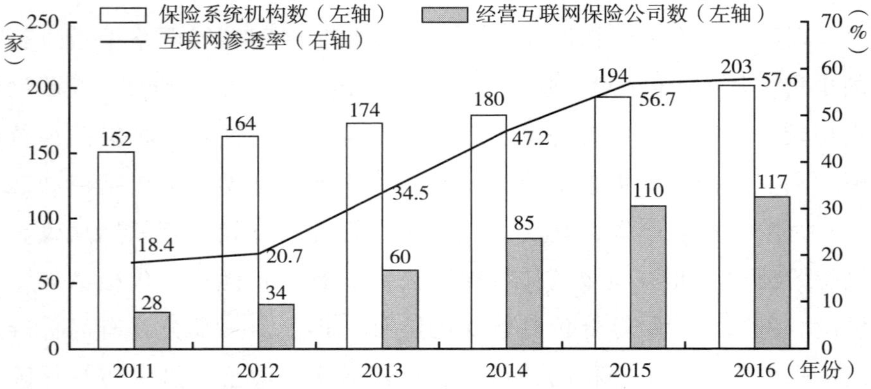


**图 1　经营互联网保险业务机构规模**

注：互联网渗透率 = 经营互联网保险公司数 ÷ 保险系统机构数 ×100%。

资料来源：中国保险行业协会、中国保险监督管理委员会。

从经营主体分类来看。2016 年，在经营互联网保险的 117 家机构中，经营财产险的保险机构数达到 56 家，经营人身险的保险机构数达到 61 家。反观 2014 年经营互联网保险的机构数仅为 85 家，其中经营财产险的保险机构数为 33 家，经营人身险的保险机构数为 52 家。总的来看，互联网保险在人身险范畴起步较早，而在财产险范畴发展更快。截至 2017 年上半年，61 家经营互联网人身保险业务的保险公司中，有 45 家采用自建网上商城的方式，有 53 家与第三方电子商务平台进行深度合作，其中，有 43 家公司采取自建网站结合第三方合作的方式。①

① 根据中国保险行业协会发布的《2017 年上半年互联网人身保险市场运行状况报告》。

此外，保险中介机构也积极涉足互联网保险业务。在《保险代理、经纪公司互联网保险业务监管办法（试行）》于2015年10月1日废止前，保监会的业务备案信息披露平台显示总计有105家保险代理、经纪公司进行了互联网保险业务备案。[①] 截至2017年7月，按照《互联网保险业务监管暂行办法》要求，在中国保险行业协会进行互联网保险业务信息披露的保险中介机构已经达到225家，[②] 尽管相较于全国保险专业中介机构超过2500家的总数量，[③] 涉足互联网保险的中介机构占比仅为约9%，但是其增长速度超过100%。

### （二）互联网保险业务规模及险种分布

随着2016年互联网保险专项整治工作的开展，互联网保险的业务始现下滑趋势，保费收入增长速度急剧放缓，甚至出现了一定程度的收缩。2016年，全国互联网保险保费总收入达到2347亿元，较上年保费收入2234亿元增加113亿元，同比增长约5.1%。2016年，保险业互联网渗透率较2015年出现下降，从9.2%下降至7.6%，同比下降近两个百分点。2017年上半年，互联网保险仅实现保费收入1346亿元，与2016年上半年互联网保险保费收入1431亿元相比，同比出现近6%的下滑。同时，2017年上半年互联网渗透率也出现较大幅度下滑，降至5.8%（见图2）[④]。

此外，2016年全国新签发的互联网保险保单共计增加了61.65亿件，占全部新增数量的64.59%。在各项保险险种中，退货运费险的新增保单数量达到44.89亿件，同比增长39.92%；实现保费收入共计22.36亿元，同比增长24.97%。

---

① http：//www. circ. gov. cn/web/site0/tab4491/.

② http：//icid. iachina. cn/ICID/.

③ 根据中国保险业监管管理委员会公布的数据，2014年保险专业中介机构总数为2546家。

④ 为统一表述，本报告内容中出现的“保费收入”均指原保费收入，如非特殊说明均不含再保险保费收入。

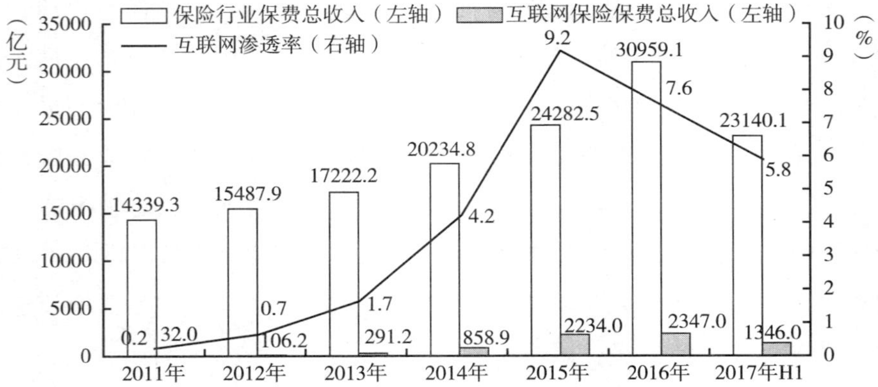


**图2　互联网保险经营规模**

注：互联网渗透率 = 互联网保险保费总收入 ÷ 保险行业保费总收入 × 100%；图中“2017 年 H1”表示 2017 年上半年，后同。

资料来源：中国保险行业协会、中国保险监督管理委员会。

分险种来看，2016 年互联网保险财产险保费总收入出现较大幅度的下降，较 2015 年同比下降约 47.6%。同时，互联网渗透率也出现较大幅度的下降，从 2015 年 9.6% 下降至 4.6%，下降 5 个百分点。2017 年上半年，互联网保险财产险的下滑趋势仍然明显，保费收入同比下降约 20%（见图 3）。总的来看，财产险的收缩成为互联网保险整体业务收缩的主要原因。

反观互联网保险人身险，2016 年保费总收入仍保持增长趋势，较 2015 年保费总收入同比增长约 32.6%。2016 年互联网保险人身险共计承保 2.67 亿件，其中，保险公司官网承保件数为 0.16 亿件，占总承保件数中的 5.9%，相比上年提高了 5 个百分点，第三方平台承保件数为 2.5 亿件，占比达 94.1%。2017 年上半年，互联网保险人身险保费收入和互联网渗透率都呈现下降态势。互联网保险人身险变化情况见图 4。

互联网保险消费者在大幅增长的同时，购买互联网保险的险种偏好也发生变化。2012 年是互联网保险人身险保费收入占比的最低点。从 2012 年开始互联网保险人身险的保费收入占互联网保险总保费收入的比重逐年攀升。截至 2016 年，互联网保险人身险保费总收入已经占互联网

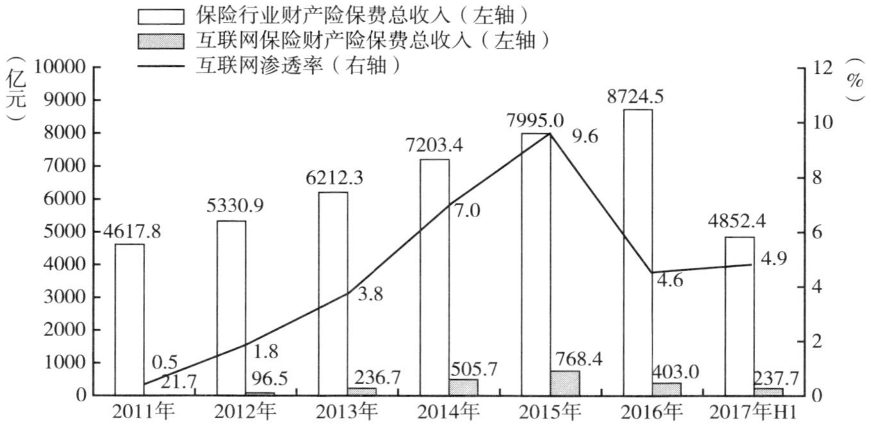


**图 3　互联网保险财产险经营规模**

注：互联网渗透率 = 互联网保险财产险保费总收入 ÷ 保险行业财产险保费总收入 × 100%。

资料来源：中国保险行业协会、中国保险监督管理委员会。

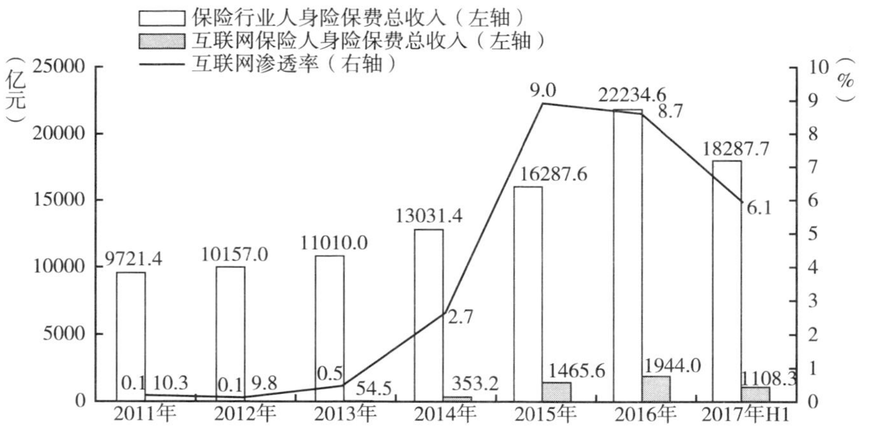


**图 4　互联网保险人身险经营规模**

注：互联网渗透率 = 互联网保险人身险保费总收入 ÷ 保险行业人身险保费总收入 × 100%。

资料来源：中国保险行业协会、中国保险监督管理委员会。

保险保费总收入的 80% 以上（见图 5），互联网人身险已经成为拉动互联网保险业务增长的核心。

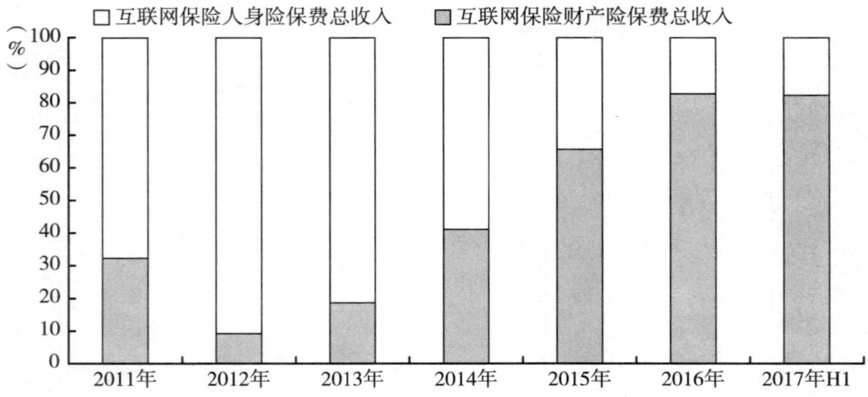


**图5　互联网保险险种分布**

资料来源：中国保险行业协会、中国保险监督管理委员会。

## （三）互联网保险用户规模

2013年是互联网保险快速发展的开端，当年互联网保险用户数达到0.5亿人，到2015年已经发展到3.3亿人，增长约560%。同时渗透率也出现大幅增长，2013年还处于8.8%的水平，至2015年已经增长至接近50%。[①] 根据第一财经CBNData发布的《2016互联网保险消费行为分析》[②] 报告估算，截至2016年3月，中国互联网保险消费者已经超过3.3亿人，其中购买保险的主要领域包括电商保险、账户保险、旅行保险、车险、意外险、健康险领域。电商保险和账户保险本身作为互联网保险的创新险种，与互联网行为密不可分，前者深度结合在居民网购行为中，后者则与居民的网络资产密不可分，强互联网属性有利于此类险种获得大众（尤其是网民群体）的认同并激发购买行为。意外险、健康险和车险等传统险种同样出现线上化的趋势，其中，车险作为居民常见的财产险的一种，具有标准化程度很高、用户认知和使用度较高的特点，既有利于互联网保险公司的保险设计，也方便保险客户。

① 众安保险和艾瑞咨询发布的《2016年中国创新保险行业白皮书》。

② http：//www.199it.com/archives/481132.html.

## （四）互联网保险投融资情况

受到“保险科技”（InsurTech）概念的推动，互联网保险行业的投资热度相较于其他互联网金融行业子类仍保持较高的程度。尽管较多创业公司仍然处于融资早期，但是其估值和融资金额都较大。同时，国内首家专业互联网保险公司众安保险于2016年6月30日向港交所递交了招股说明书，并于9月29日挂牌交易，成为首家上市的专业互联网保险公司，此利好也进一步刺激了行业热度。

据零壹智库统计，2017年上半年互联网保险领域共发生融资事件18起，已披露的融资总额超过5亿元，其中融资额最大的最惠保与小雨伞保险，各获1亿元融资。2016年以来主要互联网保险融资事件统计见表1。

**表1　2016年以来主要互联网保险融资事件统计**

| 公司 | 融资阶段 | 融资金额 | 融资时间 | 投资方 |
|---|---|---|---|---|
| 和金在线 | A+轮 | 数百万美元 | 2016年2月 | 晨兴资本，红点全球基金 |
| 大家保 | C轮 | 1亿元 | 2016年3月 | 承泰科技 |
| 悟空保 | Pre-A轮 | 1亿元 | 2016年5月 | 凤凰祥瑞，风云资本 |
| 大特e保 | B+轮 | 数千万美元 | 2016年7月 | 乐有投资，复星集团 |
| OK车险 | A轮 | 8000万元 | 2016年7月 | 京东，IDG资本等 |
| 保准牛 | A轮 | 3000万元 | 2016年8月 | 经纬中国，新毅资产 |
| 慧择网 | B+轮 | 1亿元 | 2016年8月 | 达晨创投 |
| 车车车险 | B轮 | 数千万美元 | 2016年11月 | 顺为基金，宽带资本 |
| 保险极客 | A+轮 | 5000万元 | 2016年12月 | 清控银杏创投，联想之星等 |
| 小保科技 | A轮 | 数千万元 | 2016年12月 | 九合创投 |
| 评驾科技 | A轮 | 1亿元 | 2016年12月 | 招商致远资本，昆仲资本 |
| 华谊保险网 | 新三板 | 1000万元 | 2017年1月 | 未披露 |
| 车险易 | A轮 | 1000万元 | 2017年1月 | 西码股份 |
| 最惠保 | B轮 | 亿元及以上 | 2017年2月 | 安徽广电，深创投 |
| 大象保险 | Pre-A轮 | 数千万美元 | 2017年2月 | 天士力创投 |
| 宜信博诚 | 新三板 | 8000万元 | 2017年2月 | 北京和谐超越投资中心等 |

续表

| 公司 | 融资阶段 | 融资金额 | 融资时间 | 投资方 |
|---|---|---|---|---|
| 豆包网 | A 轮 | 1000 万元 | 2017 年 4 月 | 本翼资本 |
| 鼎然科技 | A 轮 | 数千万美元 | 2017 年 3 月 | 新毅资本,紫荆创投等 |
| 小雨伞 | B 轮 | 1 亿元 | 2017 年 3 月 | 经纬中国,天士力资本 |
| 保险盒子 | Pre - A 轮 | 1200 万元 | 2017 年 5 月 | 科地资本,JadeValue |
| 熊猫车险 | 种子轮 | 5000 万元 | 2017 年 5 月 | 新浚资本,联想之星等 |

资料来源：据公开资料整理。

## 三　互联网保险政策与监管

2011 年 9 月 20 日，保监会发布《保险代理、经纪公司互联网保险业务监管办法（试行)》(保监发〔2011〕53 号)[①]，并于 2012 年 1 月 1 日施行。办法坚持透明化、信息化和保护投保人的原则，从提高行业透明度的角度减少网络保险欺诈、维护保险消费者利益，通过技术手段保障保险交易的安全与公平，进一步强化监管的有效性。基于一致性的原则，在与原先保险行业监管制度基础上发展互联网保险的监管规定，从而确保适度监管。此外，特别考虑到互联网保险的特殊性，针对互联网的特点制定了相应的规范增强监管的有效性。具体而言，监管办法主要约束从事互联网保险业务的保险代理公司和保险经纪公司，从公司经营能力、经营资质和业务系统等角度设立了准入门槛，要求从业机构在保监会进行备案，并且对保险代理公司、保险经纪公司通过互联网开展保险业务进行了基本经营规则的限制和要求，包括业务运营和管理、禁止事项和服务标准等要求，并着重对信息披露进行了强调。

2015 年 7 月 22 日，保监会发布《互联网保险业务监管暂行办法》（保

① http：//www. circ. gov. cn/web/site0/tab5225/info178475. htm.

监发〔2015〕69号）[①]，并于2015年10月1日起施行。该办法基于鼓励创新、防范风险和保护消费者权益的监管思路，对经营主体、经营原则、经营区域、互联网保险产品、信息披露、经营规则、监督管理等内容均提出明确的要求。

自2015年始，我国关于互联网保险的监管规定不断完善，当前已经建立起一整套涉及互联网保险顶层设计、行业准入、公司管理、业务规范等体系化的监管体系（见表2）。

**表2 互联网保险政策法规一览**

| 发布部门 | 发布时间 | 监管法规 | 相关内容 |
| --- | --- | --- | --- |
| 中国保险监督管理委员会 | 2011年4月 | 《互联网保险业务监管规定（征求意见稿）》 | 促进互联网保险业务规范、健康、有序发展，防范网络保险欺诈风险，切实保护投保人、被保险人和受益人的合法权益 |
| 中国保险监督管理委员会 | 2011年8月 | 《中国保险业发展"十二五"规划纲要》（保监发〔2011〕47号） | 大力发展保险电子商务、推动电子保单以及移动互联网、云计算等新技术的创新应用 |
| 中国保险监督管理委员会 | 2011年9月 | 《保险代理、经纪公司互联网保险业务监管办法（试行）》（保监发〔2011〕53号） | 促进保险代理、经纪公司互联网保险业务规范健康有序发展、切实保护投保人、被保险人和受益人的合法权益 |
| 中国保险监督管理委员会 | 2012年5月 | 《关于提示互联网保险业务风险的公告》（保监公告〔2012〕7号） | 除保险公司及代理公司和经纪公司以外，其他任何单位（个人）不得擅自开展互联网保险业务 |
| 中国保险监督管理委员会 | 2013年9月 | 《关于专业网络保险公司开业验收有关问题的通知》（保监发〔2013〕66号） | 针对专业网络保险公司开业验收，制定了有关补充条件 |
| 中国保险监督管理委员会 | 2014年4月 | 《关于规范人身保险公司经营互联网保险有关问题的通知（征求意见稿）》 | 正式就人身险公司经营互联网保险的条件、风险监管等问题征求意见 |
| 国务院 | 2014年8月 | 《关于加快发展现代保险服务业的若干意见》（国发〔2014〕29号） | 以顶层设计的形式明确保险行业在经济社会中的地位 |

① http://www.circ.gov.cn/web/site0/tab5176/info3968308.htm.

续表

| 发布部门 | 发布时间 | 监管法规 | 相关内容 |
| --- | --- | --- | --- |
| 中国保险监督管理委员会 | 2014 年 12 月 | 《互联网保险业务监管暂行办法(征求意见稿)》 | 从经营原则、经营规则、经营区域、经营规模、监督管理、信息披露等方面对互联网保险经营进行了规范 |
| 中国保险监督管理委员会 | 2015 年 7 月 | 《互联网保险监管暂行办法》(保监发〔2015〕69 号) | 对互联网保险发展的经营主体、范围准入门槛等给予明确规定 |
| 中国保险监督管理委员会 | 2015 年 9 月 | 《中国保监会关于深化保险中介市场改革的意见》(保监发〔2015〕91 号) | 鼓励保险公司有序发展交叉销售、电话销售、互联网销售等保险销售新渠道新模式。鼓励专业中介机构探索"互联网 + 保险中介"的有效形式 |
| 中国保险监督管理委员会 | 2015 年 11 月 | 《保险小额理赔服务指引(试行)》(保监消保〔2015〕201 号) | 推行单证电子化,要求保险公司加快推进理赔系统智能化建设,按理赔风险等级逐步提高小额理赔自动化处理比例,减少人工环节,提升理赔效率 |
| 中国保险监督管理委员会 | 2016 年 1 月 | 《关于加强互联网平台保证保险业务管理的通知》(保监产险〔2016〕6 号) | 重点对互联网平台选择、内控管理和信息披露等提出明确要求 |
| 中国保险监督管理委员会 | 2016 年 3 月 | 《关于开展财产保险公司备案产品自主注册改革的通知》(保监发〔2016〕18 号) | 进一步改革完善财产保险公司产品管理制度,推进产品市场化进程,增强产品创新能力,提高产品监管效率 |
| 中国保险监督管理委员会 | 2016 年 8 月 | 《中国保险业发展"十三五"规划纲要》(保监发〔2016〕74 号) | 扩大专业互联网保险公司试点,积极发展自保、相互保险等新型市场主体,丰富新业务形态和新商业模式。鼓励围绕互联网开展包括模式、渠道、产品和服务创新,促进互联网保险健康、有序发展 |
| 中国保险监督管理委员会等十四个部门 | 2016 年 10 月 | 《互联网保险风险专项整治工作实施方案》(保监发〔2016〕31 号) | 规范经营模式,优化市场环境,完善监管制度,实现金融创新与风险防范并重,促进互联网保险可持续发展,切实发挥互联网保险在促进普惠金融发展和服务经济社会方面的独特优势 |
| 最高人民法院、中国保险监督管理委员会 | 2016 年 11 月 | 《关于全面推进保险纠纷诉讼与调解对接机制建设的意见》(法〔2016〕374 号) | 地区法院和保险纠纷调解组织应积极发挥信息技术手段对诉调对接机制建设的支持作用,促进保险纠纷诉调对接机制的信息化发展 |

续表

| 发布部门 | 发布时间 | 监管法规 | 相关内容 |
| --- | --- | --- | --- |
| 中国保险监督管理委员会 | 2017 年 5 月 | 《中国保监会关于保险业支持实体经济发展的指导意见》(保监发〔2017〕42 号) | 落实"互联网 +"行动,鼓励保险机构围绕互联网开展商业模式、销售渠道、产品服务等领域的创新,更好满足不同层次实体经济的风险管理需求 |
| 中国保险监督管理委员会 | 2017 年 5 月 | 《关于弥补监管短板构建严密有效保险监管体系的通知》(保监发〔2017〕44 号) | 提出研究完善互联网保险监管和风险防范有关机制,在有效控制风险的前提下支持行业运用互联网技术创新产品、服务和模式 |
| 中国保险监督管理委员会 | 2017 年 6 月 | 《保险销售行为可回溯管理暂行办法》(保监发〔2017〕54 号) | 要求保险公司、保险中介机构开展互联网保险业务,依照中国保监会互联网保险业务监管的有关规定开展可回溯管理 |
| 中国人民银行等五部门 | 2017 年 11 月 | 《关于规范金融机构资产管理业务的指导意见(征求意见稿)》 | 规范包括银行、信托、证券、基金、期货、保险资产管理机构等金融机构资产管理业务,统一同类资产管理产品监管标准 |

资料来源：据公开资料整理。

## 四　我国互联网保险发展趋势

随着科技融合的加深、人工智能与大数据等技术的应用，保险企业运营效率将会继续大幅提升，运营成本也将继续下降。利用技术能够对风险准确评估和控制，从而提升保险公司风险管理的水平，降低信息不对称和道德风险，进一步降低保险产品的价格。此外，对于投保的金融消费者而言，保险产品也将更为透明，更契合投保人的保障需求。总的来看，互联网保险的发展空间与潜力还很大，未来市场将持续扩大。

其一，互联网保险加速回归保障功能。互联网保险发展初期的技术手段简单化，造成复杂产品的展示效果较差，从而逐渐形成了以更为简单形态的理财型保险占主流的态势。这一情况严重违背了保险保障的初衷，产品结构失衡也造成保险公司现金流管理的潜在风险。随着监管政策引导与保险公司对互联网保险的认识提升，结合多维化的技术手段应用，互联网保险借助物联网、大数据、云计算和人工智能在数据获取与分析、客户获取与服务、风险度量与管理方面有更大的提升，从而助推互联网保险更好地发挥保障功能，进而更好地服务实体经济。

其二，保险科技带来行业颠覆。从全球金融科技的投融资情况来看，保险科技已经成为投资领域的热门，这一趋势也在中国有所显现，保险科技创业企业获得融资的数量和金额都在不断增长。传统保险公司也在积极推动科技在保险全流程业务中的应用，并成立内部科技部门不断探索区块链、人工智能等技术的应用潜力。科技的全面应用，将会带来保险行业的产品创新、模式创新、服务创新等全方位的行业颠覆。

其三，互联网保险监管不断完善。2017 年 5 月，中国保监会发布《中国保监会关于弥补监管短板构建严密有效保险监管体系的通知》，要求各级保险监管部门要针对现状问题，补齐制度短板，提升新型业务监管水平。同时，在有效控制风险的前提下，支持行业运用互联网技术创新产品、服务和模式。迄今为止，中国保监会已先后出台了《互联网保险业务监管暂行办法》、《互联网保险风险专项整治工作实施方案》、《中国保监会关于进一步加强保险业风险防控工作的通知》和《关于保险业支持实体经济发展的指导意见》等一系列监管政策和制度。可以预见，未来将形成一套完整完善的监管与指引体系，从而规范和引导互联网保险行业健康、有序发展。

# B.6
# 我国互联网支付发展现状与态势

安冬风　李　根*

**摘　要：** 互联网支付的诞生与电子商务的发展有着紧密联系，第三方支付模式在便捷电子商务交易的过程中，逐渐发展出了新的业态和生态圈。自最初的网关模式以来，我国互联网支付业务历经一系列发展阶段，已经完成由价值链低价值环节向高价值环节的身份转变，这一过程中既出现高速的发展态势，也伴随着大量风险的累积。进入2016年，我国互联网支付业务步入规范化发展的时期，当前已经初步形成了完善的多层次监管监督体系。随着科技融合的加深，第三方支付不仅在支付便捷性和支付安全性上接连诞生创新，也带来了价值增值，催生了多元化金融服务的产生。

**关键词：** 互联网支付　互联网金融　第三方支付　金融监管　支付机构

## 一　我国互联网支付发展历程

第三方支付的诞生可以说是电子商务蓬勃发展的结果，同时也是电子商务面临发展瓶颈寻求突破的客观诉求。在电子商务产生伊始，网上支付就成

* 安冬风，西安财经学院副教授；李根，中国社会科学院投融资研究中心研究员，宜信研究院高级研究员。

为公认的发展障碍。最初的网上交易仅能支持订单信息传递，完成交易仍然需要线下汇款。随着国家大力推进电子商务，便捷电子商务就势必要求交易全流程线上开展，从而发展网上支付成为当务之急。尽管国内的第三方支付形态产生较早，受到交易模式、政策环境影响，第三方支付作为一个行业却长期处于价值链的低端环节。鉴于行业规模过小和定位争议，对第三方支付的全面监管直到2010年才正式出台。2011年，央行正式发放第一批支付牌照，共有27家支付公司获得资质。

随着技术创新与应用带来的业务模式变革，第三方支付在价值链条上逐渐进入价值高地，发挥了超过支付手段之外的信用中介与资金重要中间站作用。从2009年起，第三方支付交易额便以每年50%的速度增长。2015年第三方支付全年交易额已经接近50万亿元。截至2015年底，获得支付牌照的公司达到了268家。

与此同时，第三方支付行业风险也引起关注。尤其是在第三方支付账户出现大量资金存留情况下，客户备付金的资金规模庞大，而第三方支付机构开立众多银行账户用于存放客户备付金，从而存在诸如支付机构挪用客户备付金等风险。仅在2014年，第三方支付机构违法违规挪用客户备付金事件涉及资金就超过数十亿元人民币，损害了数十万金融消费者权益。2017年1月13日，中国人民银行发布《关于实施支付机构客户备付金集中存管有关事项的通知》，要求自4月17日起，实施支付机构客户备付金集中存管。

2017年第一季度，我国第三方支付市场份额前五家机构合计占有市场份额已经超九成。在行业集中度迅速增加且维持较高水平的情况下，提升行业竞争即成为驱动创新发展的重要手段。2017年11月，中国人民银行副行长范一飞在演讲中提出，监管部门正在推动《非金融机构支付服务管理办法》的修订，未来将明确外商投资非银支付机构的准入等事宜。随着第三方支付行业的扩大对外开放已经正式提上日程，新的行业发展态势已经逐渐显现。总的来看，我国第三方支付在以下三个时期表现出鲜明的阶段性发展特点。

1. 萌芽期（1999 ~2002年）

第三方支付最初正是依托于电子商务而出现的新商业模式。1998 年 11 月 12 日，由北京市与中国人民银行、信息产业部、国家内贸部等中央部门共同发起的首都电子商务工程是第三方支付的起步。随之成立的首都电子商城被认定为网上交易与支付中介的示范平台，在发展电子商务中，首都电子商城首度突破银行支付监管，尝试拓展支付业务，并于 1999 年 3 月成立了首信易支付。首信易支付随后成为我国最早支持跨银行、跨区域银行卡网上支付交易的第三方支付平台。

在这一时期，尽管存在电子货币、电子支票等多种形式，但网上银行卡支付仍然是当时网上支付的主流。鉴于银行间标准的差异，统一标准从而便捷网上支付成为国家重点推进的战略。1999 年，经中国人民银行批准，中国人民银行广州分行在广州进行电子商务试点，同时广东银联被授权负责建立统一的电子商务支付网关。2002 年 3 月，中国银联正式成立，并承担了全国范围银行支付接口任务。

当时大多数第三方支付公司仍然处于支付产业链的低价值环节，此一时期第三方支付主要通过网关模式提供支付服务。第三方支付机构仅作为资金搬运工，通过整合银行的网银接口承担了消费者与银行之间的联络通道作用。当时，鉴于行业规模过小，行业处于监管空白领域。也正是因为低门槛和无监管，催生了大量第三方支付公司出现，尤其是以电子商务公司为主，纷纷成立旗下的第三方支付公司。

2. 增长期（2003 ~2013年）

网上交易的信任问题长久以来一直困扰着电子商务公司，交易欺诈行为严重伤害了电子商务的发展。2003 年 10 月，一台在淘宝网上由日本卖到西安的数码相机成为支付宝担保交易模式的第一笔业务，也就此揭开了第三方支付的信用中介身份转变。与此前的网关模式不同，担保交易中买家所支付款项先进入第三方支付机构的个人账户中，待交易完成资金才被转入卖家的账户中。2005 年，大量支付机构完成了从支付网关模式到第三方支付账户模式转变，第三方支付账户成为前置于银行账户的主要电子商务交易账户。

此间，第三方支付真正深度参与到交易的资金流和信息流中，并成为重要的中间站。

此间，支付宝、安付通、买卖通、微信支付、e 拍通、网银在线等一系列的第三方支付公司纷纷成立，并以其服务的便捷性迅速受到消费者欢迎。此外，以拉卡拉为代表的线下便民金融服务的出现，以及由银联电子支付推出的银联商务衍生出的多项金融和支付服务，使这期间中国的第三方支付平台呈现迅猛的发展态势。

与此同时，监管缺位下的高速发展催生了诸多新生风险，风险积累没有得到及时控制，一些诸如挪用客户资金、洗钱、套现等非法活动频发。2005 年 6 月，中国人民银行发布了《支付清算组织管理办法（征求意见稿）》，并于 2005 年 10 月发布了针对电子支付的首个行政规定《电子支付指引（第一号）》，旨在对银行网上支付和非银网上支付分设规则，并把第三方支付纳入监管范畴。在争议中经历五年内三易其稿的《支付清算组织管理办法》最终以新的形式和内容呈现。2010 年 6 ~ 9 月，随着央行《非金融机构支付服务管理办法》与《非金融机构支付服务管理办法实施细则（征求意见稿）》发布，第三方支付行业监管空白得到填补，行业步入健康发展的方向。

在确定发放第三方支付牌照伊始，是否允许外资进入就成为备受关注的焦点。2011 年成为监管对外资投资第三方支付的分水岭，当年 1 月，央行发函要求申请第三方支付牌照的公司专程书面说明是否存在境外资本通过“持股、协议或其他安排”成为实际控制人。为了顺利获得牌照审批，支付宝在 2011 年彻底拆除原先外资控股的 VIE 结构，转而将所有权转移至国内。

2011 年 5 月，首批 27 家第三方支付公司正式申领到央行发放的牌照，在牌照发放后第三方支付真正进入爆发增长的时期。不仅保持着快速的增长趋势，并且诞生了多种类的创新。其间出现的二维码支付使第三方支付在线下支付场景的使用中更为便捷；支付宝推出的余额宝则将第三方支付账户的价值提升到了新的高度，尤其是提供了高于银行活期账户的收益使第三方支付个人账户的余额存留极大地增长，进一步增加了用户使用的黏性。

3. 规范期（2014年至今）

技术创新业务模式在便利使用的同时，也带来了监管规定之外未料的风险。2014 年，由于涉及违规发展商户、信用卡套现和 MCC 码套用等违规行为，包括汇付天下、易宝支付、随行付、富友、卡友、海科融通、盛付通、捷付睿通八家支付公司被央行处罚，勒令自当年 4 月 1 日起线下收单业务在全国范围内停止接入新商户，暂停期限为期 1 年。

2014 年 3 月，央行在《中国人民银行支付结算司关于暂停支付宝公司线下条码（二维码）支付等业务意见的函》中紧急叫停了二维码支付业务。2014 年 4 月 10 日，央行和银监会联合发布了《关于加强商业银行与第三方支付机构合作业务管理的通知》，尽管通知面向商业银行印发，但实际上许多内容着重于通过要求商业银行间接规范第三方支付业务。2015 年 12 月，中国人民银行出台了《非银行支付机构网络支付业务管理办法》，确立了第三方支付行业的准入、业务、管理和消费者保护准则，强化对第三方支付的监管。着重对第三方支付的个人支付账户进行了重点定义，延伸出三类个人支付账户，并分别对应不同的验证、交易限额和支出用途的细则要求。

2016 年，互联网金融风险专项整治工作揭开序幕。同年 10 月，中国人民银行等十三个部门联合发布《非银行支付机构风险专项整治工作实施方案》，重点对第三方支付客户备付金管理和跨机构清算业务进行整顿，确立了严格支付机构市场准入、监管和违规处罚原则。在这一原则下，一般不再受理新机构设立申请，已经获得牌照的机构也面临严格的风险审查和严厉的违规处罚。

在加大处罚力度方面，2016 年，中国人民银行对第三方支付做出多例行政处罚。其中，当年 7 月，通联商务和银联商务分别被处以 1110.1 万元和 2653.7 万元罚款。8 月，中国人民银行营业管理部对易宝支付开出罚单，罚没非法所得及处以罚款合计高达 5295 万元，这一罚单也成为第三方支付机构行政处罚中金额最高的罚单。

在完善监管规范方面，2016 年 8 月，支付清算协会发布了《条码支付业务规范（征求意见稿）》，对第三方支付机构的二维码支付业务提出了技术、安全和业务标准。2016 年 10 月央行批复网联平台筹建，在央行牵头下于 2017 年 8 月正式注册成立网联清算有限公司，包括央行清算中心、主要支付机构和其他组织共同出资。同时，中国人民银行支付结算司印发《中国人民银行支付结算司关于将非银行支付机构网络支付业务由直连模式迁移至网联平台处理的通知》，要求各银行和支付机构应于 2017 年 10 月 15 日前完成接入网联平台和业务迁移相关准备工作，自 2018 年 6 月 30 日起，支付机构凡是涉及银行账户的网络支付业务全部通过网联平台处理。截至 2017 年 10 月已经有 20 余家支付机构和银行完成了接入工作，包括财付通、网银在线、快钱、百付宝、支付宝、平安付、翼支付等。至此，第三方支付的统一清算、统一监管的基础工作已经完成。

## 二　我国互联网支付发展现状

互联网支付起步于支付中介，随着技术创新带来的业务模式变革，互联网支付的应用场景不断拓展，互联网支付的价值也逐渐显现。与市场参与热情相对的是行业准入的限制不断增加，2013 年开始央行批设新第三方支付牌照的数量明显下降，至 2015 年 3 月后暂停牌照批准。随着行业准入的收紧，支付牌照的价值凸显，行业出现多起并购收购案例。

与此同时，已经获取牌照的机构也面临更为严格的监管和更加严厉的违法处罚。截至 2017 年 6 月，已经有 3 家第三方支付机构因业务违规而被注销牌照。2017 年，央行上海总部公示显示仅 8 月就有 24 家第三方支付公司受到中国人民银行行政处罚，处罚原因主要是“违反支付业务规定”，罚没非法所得及处以罚款合计共超过 400 万元。

### （一）互联网支付机构情况

互联网支付是互联网金融领域发展最早、发展最快、发展最成熟的行业。随着监管规范的逐步完善，互联网支付的准入门槛不断提高。尽管当前出现了大量从事诸如聚合支付等带有“二清”性质的新机构[①]，但真正意义上持有第三方支付牌照的机构数量增长缓慢。当前，尽管行业的发展和创新如火如荼，新产生的第三方支付机构却远比不上互联网金融的其他业态，甚至出现机构数量下降的趋势。

2016 年由于注销、主动申请注销、不予续展和续展合并等因素，获许可的非银支付机构数量在调整完毕后缩减为 255 家，较 2015 年末依法获准在中国境内从事支付业务的 268 家支付机构减少了 13。在所有获许可经营的非银支付机构中，业务包含互联网支付的非银支付机构共 109 家，包含移动电话支付的非银支付机构共 47 家（见图 1）。

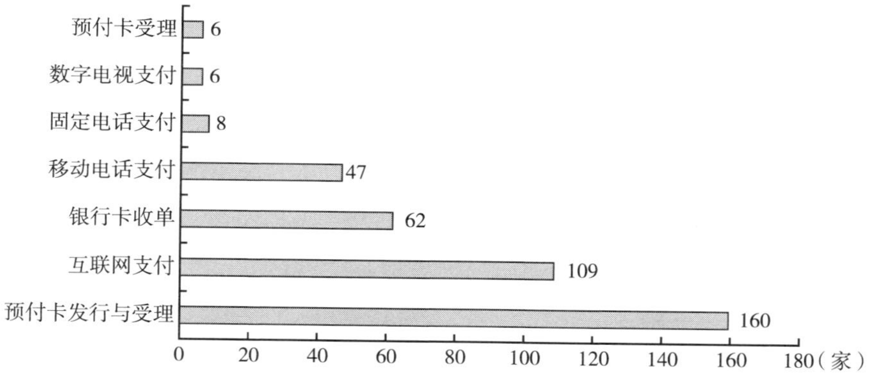


**图 1　非银支付机构获许可业务分布（2016 年）**

注：由于存在同一非银支付机构获许可经营多类业务的情况，故各分项总和大于非银支付机构总数。

资料来源：中国支付清算协会，《中国支付清算行业运行报告》。

2017 年 7 月，第四批支付机构业务续展中共有 197 家机构提交申请，其中 10 家机构因存在重大违法违规行为而不予续展，此外有 10 家机构实现合并。

① “二清机构”是支付行业内的一个专业术语，区别于作为一清机构的银行和拥有第三方支付牌照的机构，“二清机构”未获得央行支付业务许可，几无设立门槛。在持牌收单机构的支持下实际从事支付业务，因长期在法外之地游走，大量套现、套码、跳码、变造交易等行为与其直接挂钩。

截至2016年末，被统计的223家非银支付机构共在全国设立分支机构1469个，覆盖我国31个省（自治区、直辖市）。其中非银支付机构设立分支机构最多的前五个省分别为广东省、山东省、江苏省、浙江省和福建省，均为我国东部沿海省份（见图2）。直观地看，第三方支付分支机构的设立与地区经济贸易活跃程度有着极大的关联性，这也与支付的交易基础性质相关。

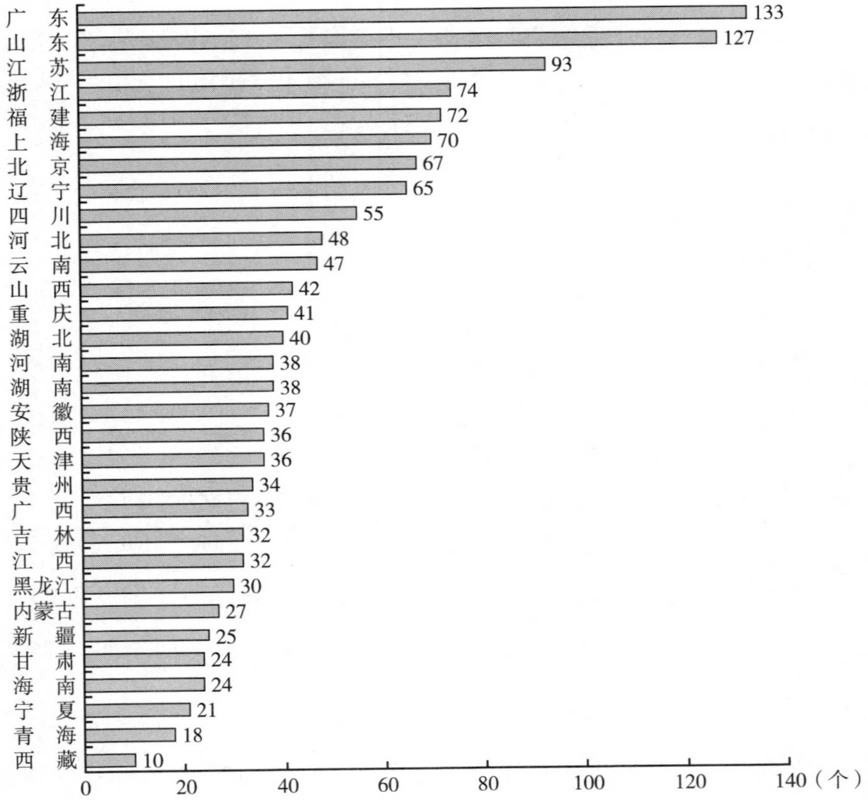


**图2 非银支付机构31省（自治区、直辖市）所设分支机构数量分布（2016年）**

注：数据共统计中国支付清算协会223家非银支付机构。

资料来源：中国支付清算协会，《中国支付清算行业运行报告》。

2016年，我国223家非银支付机构实现全年营收共783亿元，支付业务收入共685亿元（见图3）。其中，非银支付机构实现营收超过10亿元的共达到 11 家，占被统计非银支付机构总数的 5%。我国的第三方支付行业已经出现极其明显的行业分化格局，头部企业具有极强的盈利能力，而大量尾部小机构则面对严苛的竞争环境，盈利能力堪忧，甚至部分机构的全年营收还远不如其第三方支付牌照的价格高。在准入暂停的背景下，机构业务盈利差催生第三方支付牌照供给待价而沽。与此同时，大机构意欲进场产生了大量需求，第三方支付牌照交易市场也因此应运而生。

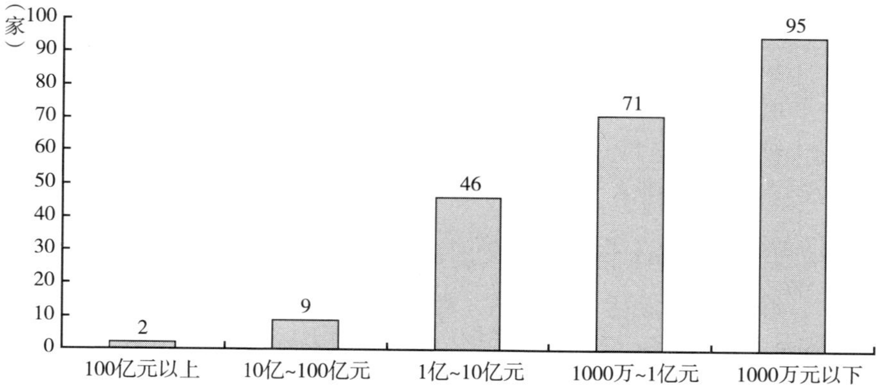


**图 3　非银支付机构营业收入区间分布（2016 年）**

注：数据共统计中国支付清算协会 223 家非银支付机构。
资料来源：中国支付清算协会，《中国支付清算行业运行报告》。

我国非银支付行业整体发展直接促进行业机构各项业务的发展。2016 年我国各非银支付机构互联网支付业务量均出现不同程度的提升。其中，全年互联网支付业务总金额超过 1 万亿元的非银支付机构数量较上年增加了 2 家，全年互联网支付业务总金额在 1000 亿至 1 万亿元的非银支付机构数量较上年增加了 9 家，全年互联网支付业务总金额在 100 亿～1000 亿元的非银支付机构数量较上年增加了 22 家。尽管行业内机构的业务量均不同程度有所提升，但可以看到仍有少数机构年业务量不足 1 亿元（见图 4）。

基于中国支付清算协会的 223 家非银支付机构数据①，2016 年我国非银

① 数据引用自《中国支付清算行业运行报告（2017）》，该报告由中国支付清算协会发布。

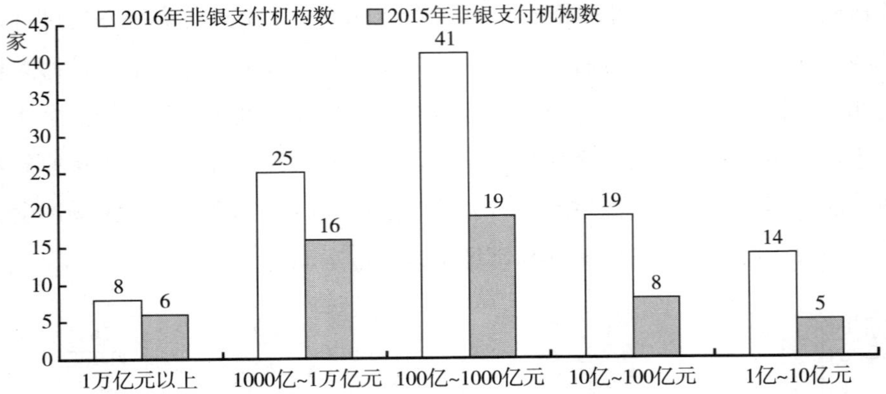


**图 4　非银支付机构互联网支付业务量区间分布（2015～2016 年）**

注：数据共统计中国支付清算协会 223 家非银支付机构。
资料来源：中国支付清算协会，《中国支付清算行业运行报告》。

支付机构共有支付业务相关从业人员 60547 名。其中，大学本科以上学历占 60.12%，硕士以上学历占 8.1%；在本单位工作年限在 1 年以下、1～3 年、3～5 年和 5 年以上员工比例分别为 29.94%、36.89%、15.59% 和 17.58%。

### （二）我国互联网支付业务情况

总体来看，我国非银支付行业的业务规模增长极其显著①，2013 年非银支付机构处理业务总量仅为 371 亿笔，而发展到 2016 年非银支付机构全年处理业务总量已经增长至 1855 亿笔，其间增长约 4 倍，年复合增长率达到约 71%。在业务总量增长的同时，我国非银支付机构处理的业务总金额也保持了较高速度的增长，甚至高出业务总量的增长速度。2013 年，我国非银支付行业处理业务总金额为 18 万亿元，至 2016 年处理业务总金额已经达到 120 万亿元，其间增长超过 5 倍，年复合增长率达到约 90%。伴随着业务总量和业务总金额的增长，我国非银支付处理笔均业务金额也同样出现较大提升，非银支付机构处理笔均业务金额从 2013 年的 485.2 元增长至 2016 年的 646.9 元，其间增长约 1/3。

① 数据引用自《中国支付清算行业运行报告（2017）》，该报告由中国支付清算协会发布。

在各项业务中，驱动我国非银支付行业较快增长的主要是网络支付业务，尤其是互联网支付业务和移动电话支付业务。2016 年，我国非银支付机构处理网络支付业务总量达到 1639 亿笔，较 2015 年业务总量 821. 5 亿笔同比增长近一倍。2016 年，我国非银支付机构处理网络支付业务总金额达到 99. 3 万亿元，较 2015 年业务总金额 49. 5 万亿元同比增长超过一倍。尽管 2013 ~2016 年非银支付行业的业务总量和业务总金额发生数倍增长，但是笔均业务金额仍保持较为平稳的趋势，维持在 600 元附近，仅 2014 年出现较大幅度的提升，达到 660. 6 元（见图 5）。

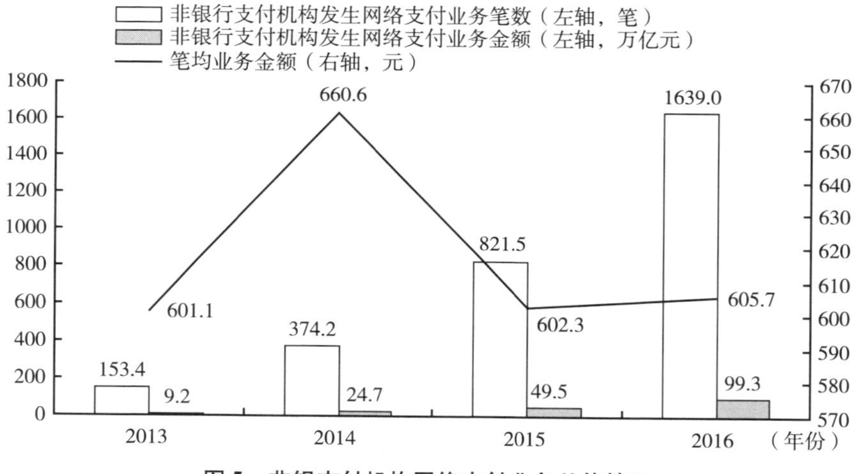


**图 5　非银支付机构网络支付业务总体情况**

注：网络支付业务包括互联网支付、移动电话支付、固定电话支付和数字电视支付业务，不含红包类等娱乐性产品的业务量。

资料来源：中国人民银行，《支付体系运行总体概况》《中国支付体系发展报告》。

具体而言，非银支付机构网络支付业务各分项业务中，互联网支付业务和移动支付业务占主要地位。2016 年，我国非银支付机构处理互联网支付业务总量达到 663. 3 亿笔，业务总金额达到 54. 3 万亿元，分别较 2015 年同比增长 98. 6% 和 124. 3% 。2016 年，我国非银支付机构处理互联网支付笔均业务金额增长至 817. 9 元，日均处理业务总量为 1. 8 万笔，日均处理业务总金额为 1482. 2 亿元（见图 6）。

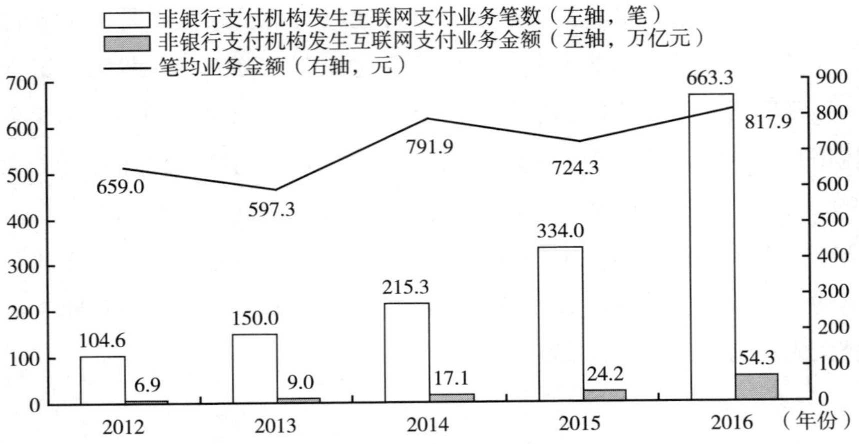


**图 6　非银支付机构互联网支付业务总体情况**

资料来源：中国支付清算协会，《中国支付清算行业运行报告》。

2016 年，我国非银支付机构处理移动支付业务总量达到 970.5 亿笔，业务总金额达到 51 万亿元，分别较 2015 年同比增长 143.5% 和 132.3%。2016 年，我国非银支付机构处理移动支付笔均业务金额增长至 525.6 元，日均处理业务总量为 2.7 万笔，日均处理业务总金额为 1393.7 亿元（见图 7）。

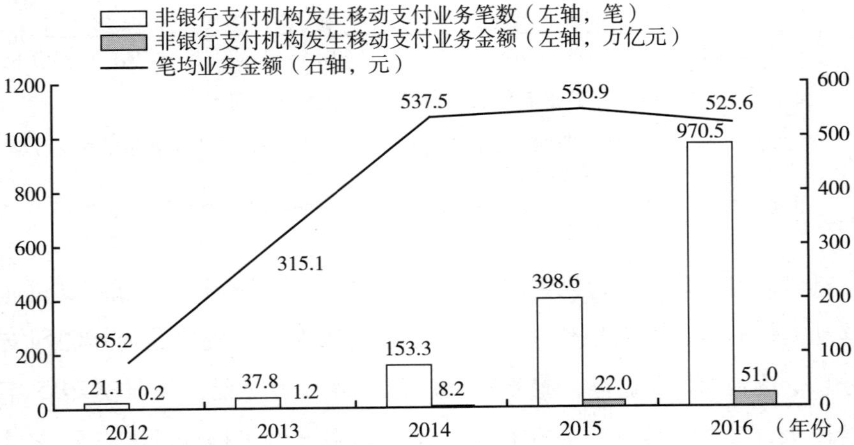


**图 7　非银支付机构移动支付业务总体情况**

资料来源：中国支付清算协会，《中国支付清算行业运行报告》。

## （三）我国互联网支付使用情况

2016年，我国非银支付机构为客户开立的互联网支付账户总量达到34.5亿个，较2015年26.4亿个账户增加8.1亿个，同比增长30.8%。其中，2016年我国非银支付机构为个人客户开立的互联网支付账户总量为34.4亿个，为单位客户开立的互联网支付账户总量为847.8万个（见图8）。

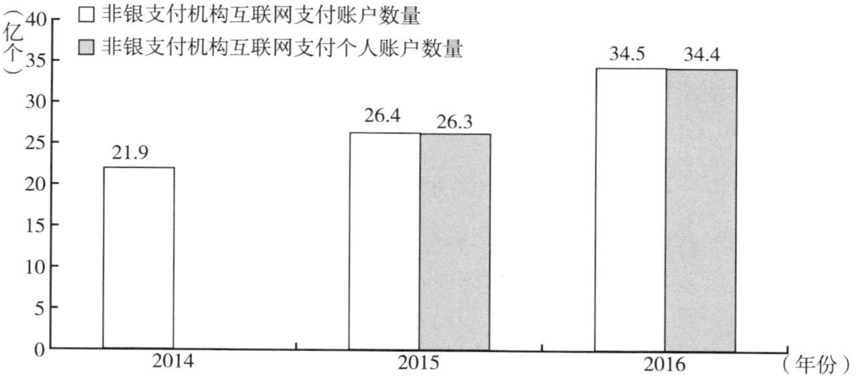


**图8　非银支付机构互联网支付账户开立情况（2014～2016年）**

资料来源：中国支付清算协会，《中国支付清算行业运行报告》。

截至2016年末，我国非银支付机构互联网特约商户①总量达到801.1万户，较2015年347.5万户同比增长130.5%，较2014年163.2万户增长390.9%。其中，实物商品类商户和虚拟商品类商户均占较高的比重（见图9）。互联网购物仍然是非银支付机构互联网支付业务主要的服务对象和发展的核心驱动力。

截至2016年12月，我国互联网支付使用人数规模接近4.7亿人，较上年增加了5832万人，同比增长14.0%。我国网民中使用互联网支付的比例从60.5%提升至64.9%。与此同时，手机支付的用户规模增长迅速，已经

① 互联网特约商户指基于互联网信息系统直接向消费者销售商品或提供服务，并接受非银支付机构互联网支付服务完成资金结算的法人、其他组织或自然人。

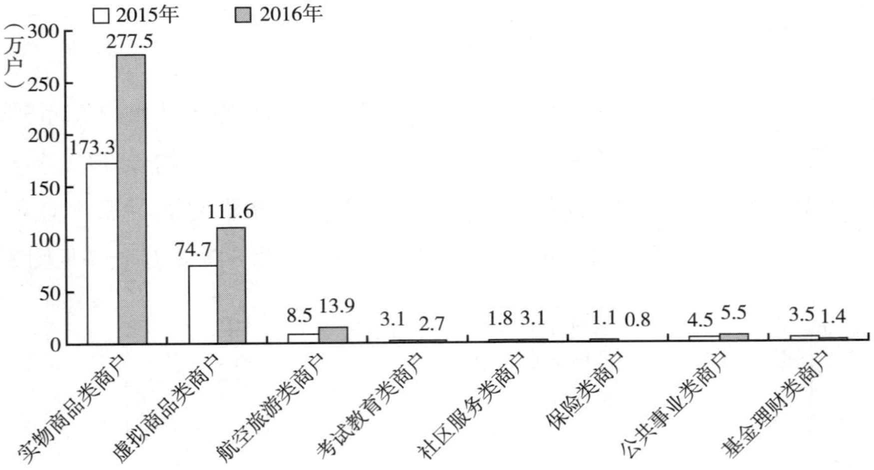


**图 9　非银支付机构互联网特约商户类别分布**

资料来源：中国支付清算协会，《中国支付清算行业运行报告》。

发展至与网上支付的用户规模相当，接近 4.7 亿人，同比增长 31.2%，网民手机支付的使用比例由 57.7% 提升至 67.5%（见图 10）。

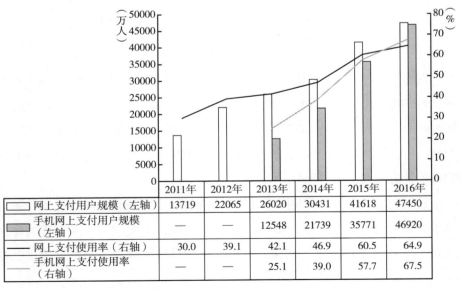

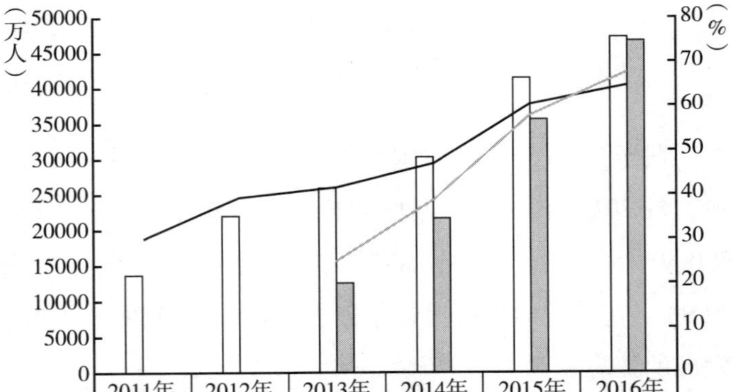


| | 2011年 | 2012年 | 2013年 | 2014年 | 2015年 | 2016年 |
|---|---|---|---|---|---|---|
| 网上支付用户规模（左轴） | 13719 | 22065 | 26020 | 30431 | 41618 | 47450 |
| 手机网上支付用户规模（左轴） | — | — | 12548 | 21739 | 35771 | 46920 |
| 网上支付使用率（右轴） | 30.0 | 39.1 | 42.1 | 46.9 | 60.5 | 64.9 |
| 手机网上支付使用率（右轴） | — | — | 25.1 | 39.0 | 57.7 | 67.5 |

**图 10　网上支付/手机网上支付用户规模和使用率（2011～2016 年）**

资料来源：中国互联网络信息中心，《中国互联网络发展状况统计报告》。

## 三　我国互联网支付政策与监管

第三方支付行业的监管体系中，行业主管部门从顶层设计上负责制定第三方支付行业的规定规范，并通过政策促进和行政处罚对第三方支付行业的发展方向予以指导和纠偏。中国人民银行是第三方支付行业的主要主管部门，对第三方支付行业的监管着重于行业准入审核、业务开展规范、违法违规处置等，并对社会广泛关注的客户备付金加强了规范，明确了第三方支付机构的客户备付金集中存管制度，规定了客户备付金的范围和性质，建立了备付金银行分类和账户分层管理、资金封闭运行和使用、备付金信息校对检验等规范和措施，严格禁止挪用客户备付金的违法行为。

在行业主管部门之外，第三方支付行业自律协会以中间桥梁的身份协助政府部门的工作开展，促进行业组织间、行业组织与主管部门间的交流，促进行业合作，推动行业自律的进展。目前，中国支付清算协会已经发展出一系列行业机构自律规章制度，并参与或主导制定了涉及支付领域的诸多技术、业务、产品和管理等重要标准。

自2010年中国人民银行正式将第三方支付纳入监管范畴，迄今连续发布多项监管政策和制度，已经建立起了以中国人民银行监管、商业银行协管、行业自律规范、社会舆论监督为架构的一整套监管体系（见表1）。随着第三方支付机构备付金集中存管与支付业务由网联统一结算，我国第三方支付体系的全方位监管业已形成。

**表1　第三方支付政策法规一览**

| 发布部门 | 发布时间 | 监管法规 | 相关内容 |
| --- | --- | --- | --- |
| 中国人民银行 | 2010年6月 | 《非金融机构支付服务管理办法》（人民银行令〔2010〕第2号） | 提出了针对非金融机构提供支付服务的准入批准、监督管理、处分处罚等管理措施，规范非金融机构支付服务行为，防范支付风险，保障消费者合法权益 |

续表

| 发布部门 | 发布时间 | 监管法规 | 相关内容 |
|---|---|---|---|
| 中国人民银行 | 2010 年 12 月 | 《非金融机构支付服务管理办法实施细则》(中国人民银行令〔2010〕第 2 号) | 配合《非金融机构支付服务管理办法》实施工作,明确客户合法权益的保障方案及支付业务的收费类目和收费标准 |
| 中国人民银行 | 2011 年 6 月 | 《非金融机构支付服务业务系统检测认证管理规定》(中国人民银行公告〔2011〕第 14 号) | 制定了针对非金融机构支付服务业务系统的检测认证管理规定 |
| 中国人民银行 | 2012 年 3 月 | 《支付机构反洗钱和反恐怖融资管理办法》(银发〔2012〕54 号) | 对第三方支付机构在从事支付业务中的反洗钱和反恐怖融资工作进行了规范,并从客户身份资料和交易记录保存、可疑交易报告等方面提出监管意见,细化相关监测指标 |
| 中国人民银行 | 2012 年 8 月 | 《中国人民银行关于建立支付机构监管报告制度的通知》(银发〔2012〕176 号) | 为完善支付机构监管体制,明确监管责任,维护支付体系安全,制定了支付机构年度监管报告制度。通过对支付机构的公司治理、业务运营、内部控制、系统运行、风险管理等事项进行定期披露,达到对支付机构进行综合评价和全面监管的效果 |
| 中国证券监督管理委员会 | 2013 年 3 月 | 《证券投资基金销售管理办法》(中国证券监督管理委员会令第 91 号) | 对支付机构从事基金销售支付结算业务进行了规范 |
| 中国人民银行 | 2013 年 6 月 | 《支付机构客户备付金存管办法》(中国人民银行公告〔2013〕第 6 号) | 规范客户备付金的存放、归集、使用、划转等存管活动要求;提出建立支付机构客户备付金信息核对校验机制的原则要求 |
| 中国人民银行 | 2013 年 11 月 | 《中国人民银行关于建立支付机构客户备付金信息核对校验机制的通知》(银发〔2013〕256 号) | 明确了支付机构客户备付金核对校验的内容、方法、主要过程和规则要求 |
| 中国银行业监督管理委员会 | 2014 年 4 月 | 《中国银监会　中国人民银行关于加强商业银行与第三方支付机构合作业务管理的通知》(银监发〔2014〕10 号) | 从保护客户资金安全和信息安全出发,对客户身份认证、信息安全、交易限额、交易通知、赔付责任、第三方支付机构资质和行为、银行的相关风险管控等针对性问题细化规范 |

**续表**

| 发布部门 | 发布时间 | 监管法规 | 相关内容 |
| --- | --- | --- | --- |
| 国家外汇管理局 | 2015 年 1 月 | 《支付机构跨境外汇支付业务试点指导意见》(汇发〔2015〕7 号) | 对支付机构从事跨境支付业务作出了规范,对开办跨境外汇支付业务试点的支付机构采用名单化管理,并将单笔交易限额由 1 万美元提高至 5 万美元 |
| 国务院 | 2015 年 7 月 | 《国务院关于积极推进"互联网 +"行动的指导意见)》(国发〔2015〕40 号) | 支持实体零售商综合利用网上商店、移动支付、智能试衣等新技术,创新跨境电子商务管理,促进支付及结汇无障碍 |
| 中国人民银行等十部门 | 2015 年 7 月 | 《关于促进互联网金融健康发展的指导意见》(银发〔2015〕221 号) | 确立了互联网支付由中国人民银行负责监管,落实了监管责任,明确了业务边界,支持互联网企业依法合规设立互联网支付机构,鼓励银行业金融机构开展业务创新,为第三方支付机构和网络贷款平台等提供资金存管、支付清算等配套服务 |
| 中国人民银行 | 2015 年 12 月 | 《非银行支付机构网络支付业务管理办法》(中国人民银行公告〔2015〕第 43 号) | 按照"鼓励创新、防范风险、趋利避害、健康发展"总体要求,对非银支付机构网络支付业务进行规范,促进其健康发展 |
| 中国人民银行等十三部门 | 2016 年 4 月 | 《非银行支付机构风险专项整治工作实施方案》(银发〔2016〕112 号) | 开展支付机构备付金风险和跨机构清算业务整治,开展无证经营支付业务整治 |
| 中国人民银行 | 2016 年 4 月 | 《非银行支付机构分类评级管理办法》 | 对支付机构进行评级,并进行差异化分类管理,制定了相关监管指标和自律管理指标 |
| 中国支付清算协会 | 2016 年 6 月 | 《非银行支付机构标准体系》(中支协技标发〔2016〕3 号) | 将相关标准划分为通用基础标准、产品服务标准、运营管理标准、信息技术标准四大类,同时,每一大类又细分为若干子类 |
| 中国人民银行办公厅 | 2017 年 1 月 | 《中国人民银行办公厅关于实施支付机构客户备付金集中存管有关事项的通知》(银办发〔2017〕10 号) | 支付机构应将客户备付金按照一定比例交存至指定机构专用存款账户,暂不计付利息;支付机构应交存客户备付金根据上季度客户备付金日均余额与支付机构适用交存比例计算,每季度动态调整 |

续表

| 发布部门 | 发布时间 | 监管法规 | 相关内容 |
|---|---|---|---|
| 中国人民银行 | 2017 年 2 月 | 《关于持续提升收单服务水平　规范和促进收单服务市场发展的指导意见》(银发〔2017〕45 号) | 鼓励收单机构服务创新,强化收单机构管理责任,共同维护收单服务市场秩序 |
| 中国人民银行支付结算司 | 2017 年 8 月 | 《关于将非银行支付机构网络支付业务由直连模式迁移至网联平台处理的通知》(银支付〔2017〕209 号) | 银行和支付机构于 2017 年 10 月 15 日前完成接入网联平台和业务迁移相关准备工作;2018 年 6 月 30 日起,支付机构凡是涉及银行账户的网络支付业务全部通过网联平台处理 |

资料来源：据公开资料整理。

## 四　我国互联网支付发展趋势

在科技创新的背景下，我国第三方支付业务从依托电子商务发展到如今已经自成一体，形成了丰富的生态圈和产业链，并且不断和各金融形式与业态加速合作。随着科技融合的加深，第三方支付不仅在支付便捷性和支付安全性上进行创新，其支付业务带来的增加价值也催生了多元化金融服务的产生。以生物识别技术为依托产生了指纹支付、声纹支付、刷脸支付等创新支付手段，凭依支付环节作为入口产生了理财、保险等销售的新渠道，而支付行为大数据则为精准营销和征信等提供了重要支撑。

其一，行业竞争不断加剧。第三方支付发展至今已经突破了最初的简单支付中介限制，完成价值链上低价值环节向高价值环节的身份转换。一方面，当前第三方支付的集中度不断提升，已经形成头部企业占据主要市场份额的格局，尾部的大量第三方支付机构只能分享剩余的小部分市场，而同质化的产品导致竞争转变为依靠价格争夺市场；另一方面，第三方支付业务的价值正在不断凸显，不仅是支付账户的资金存留带来的价值，在大数据背景下消费者的支付行为形成的大数据已经产生超过其支付业务本身的价值。为此，银行、电商等各行业巨头纷纷跻身第三方支付行业，这进一步加剧行业的竞争激烈程度。此外，随着我国第三方支付面向外资扩大开放，庞大的潜在市场势必引来更具实力的外资企业进入我国第三方支付市场，打破当前高集中度格局。

其二，拓展多维金融场景。支付不仅是金融交易的关键环节，更重要的是，支付几乎是所有金融交易所需要涉及的基础业务。当前支付账户实现的资金存留，催生账户资金的理财需求，跨期消费的支付催生了信用支付的需求，而支付活动产生的交易大数据可以用于精准营销甚至于信用评分。突破了简单支付中介的第三方支付业务带来了诸多的增值潜力，已经逐渐由中介身份向多元金融服务入口转变。一些第三方支付机构依托其支付服务已经开展诸如生活缴费、虚拟信用卡、贷款、保险、征信等多种类的金融服务，而随着对支付生态和场景的探索，支付业务势必将会与更多金融服务紧密关联。

其三，支付手段与支付技术的不断创新。自最初的网关支付开始，随着技术的创新与融合变革，第三方支付的手段经历了互联网快捷支付、线下移动支付阶段，已产生出二维码支付、NFC 支付、智能手环支付等新的形式。当前客户身份认证领域不断出现新的技术，尤其是在生物识别技术方面，已经形成诸多完善成熟的技术方案。一系列采用声纹、指纹、面部等个人生物信息的支付方式在近年出现，不仅在支付的便捷性上，也在支付安全方面实现了重大突破。

# 专项整治篇

**Special Rectification Reports**

# B.7
# 北京市互联网金融行业风险与监管分析

王平　杨泽宇*

**摘　要：** 在金融业发展与创新方面，北京市金融产业发展迅速，政府部门强力推进金融新业态发展，从基础设施建设、创新创业政策支持、互联网金融法制保障等方面为互联网金融发展营造良好生态环境。无论是从产业规模上来看，还是从行业代表性企业来看，北京都是国内领先的互联网金融中心之一。北京市在2016年4月开始出台《北京市互联网金融风险专项整治工作实施方案》，当前专项整治工作已有部分成果，部分头部机构已完成整改，行业风险高发频发的增长势头也得到

* 王平，中国社会科学院投融资研究中心研究员，宜信研究院研究员；杨泽宇，供职于香港中文大学（深圳）高等金融研究院。

了有效遏制，并且发布了一系列政策规定初步形成相对完整的互联网金融监管体系。

**关键词：** 北京　互联网金融　金融监管　互金专项整治

## 一　北京市互联网金融生态环境

北京作为中国首都和政治、科教、文化及国际交流中心，经济基础指标、信用环境、社会保障、法制环境在全国都是名列前茅，但是，毋庸讳言，北京市金融发展水平相对于上海和深圳仍有待提高。自互联网金融在中国快速发展以来，北京市紧紧抓住此次金融发展机遇，较早地出台了各项支持性政策，并建立起多个互联网金融产业园区，为互联网金融产业创造了较为良好的生态环境，全市互联网金融行业迅速发展，同时促进金融行业整体同步创新发展。

在金融业发展与创新方面，北京市金融产业发展迅速，市政府强力推进金融新业态发展，为互联网金融发展营造良好生态环境。经过“十二五”时期的发展，北京市金融产业的综合实力有了明显增强，在近年来保持了稳健运行和平稳发展的态势。在 2015 年末，北京市金融业资产规模就已经达到了全国第一的水平，2016 年全年实现了 4266.8 亿元的增加值，并在 2017 年上半年实现 2380 亿元的增加值，对全北京市经济增长的贡献率达到了 21.6%。根据第 21 期“全球金融中心指数”（GFCI）报告，北京市综合得分在全球排 16 名，入榜全球二十大金融中心之列。在金融产业迅速发展的背景下，北京市十分重视金融新业态的发展与突破，力图打造多业态金融组织新体系。北京市金融局在“‘十三五’金融发展规划”中强调，要规范发展互联网金融，发掘产业发展新业态，并力图通过先行先试的方式，打造互联网金融生态系统，为互联网金融企业提供金融业务创新环境。

在基础设施方面，北京市正在建设更完善的社会信用体系，建立行业信息共享机制，并通过发展各类产业园区为互联网金融创新企业提供各类基础保障。北京市的社会信用体系建设启动于2001年，是国内在该领域最早起步的省市之一，截至2016年底已经基本建成了公共信用信息服务平台，集合信用信息涵盖55个部门的企业信息7500余万条、19个部门的个人信息1.26亿条，以及9900余家社团组织和1.1万家事业单位信息。北京市在国家发改委最新通报的全国直辖市及省会城市信用状况监测中排名第一。为更好地完善社会信用体系，北京市政府连续出台了《加快社会信用体系建设的实施意见》和《社会信用体系建设三年重点工作任务》，市工商局等部门联合印发了《北京市失信企业协同监管和联合惩戒合作备忘录》，为北京市信用体系建设提供了政策制度保障。为了促进互联网金融行业的信息资源共享，北京市互联网金融协会在2017年初发布了“X－credit信息共享系统”，用于解决机构间信息孤岛，以及网贷行业的多头借贷和反欺诈问题。北京互联网金融协会信息共享系统上线将近一年，截至2017年11月底，已收录32家信息提供机构与超过1000万条信息索引，累计被查询超过320万次。为保障互联网金融创新机构能够更加健康、安全地发展，北京市已经建立了中关村和海淀区等“互联网金融产业园区”，并在房山区建立了世界级的互联网金融安全示范产业园。互联网金融产业园不仅为互联网金融创新机构提供了各项政策优惠的支持，还通过引入科研机构、高新科技企业、行业自律组织等为行业提供知识、技术与合规支持，加速互联网金融企业孵化与成长，助推金融业态创新。

在金融法制方面，北京市政府十分重视金融业纠纷问题的解决，强化金融执法与司法体系建设，并持续加大金融法制宣传教育力度。针对近年来高发的金融犯罪问题，北京市多个检察机构联合成立了专业化办案机构——金融（经济）犯罪检察部，以实现专案专办、术业专攻。北京市法学会在2017年成立了互联网金融法治研究会，通过举办“互联网金融创新与法治保障”研讨会等方式，推动互联网金融领域的法治研究及建设。北京市金融局在“‘十三五’金融发展规划”中也提出：要加强金融法治环境建设，拟在“十三五”期间积极完善地方金融法制建设，提升金融执法水平；健全金融司法和仲裁机制，加强对执法、司法人员金融知识和业务的培训，提升金融执法与司法水平；继续加大金融法制宣传教育力度，提高社会各界的金融法制意识。此外，北京市政府也非常重视非法集资的问题，在2015～2016年陆续发布了《关于北京市开展打击非法集资专项整治行动的通告》和《北京市进一步做好防范和处置非法集资工作的管理办法》等文件，并发布《北京市群众举报涉嫌非法集资线索奖励办法》，以健全完善防范与处置非法集资的制度体系和工作机制。

## 二 北京市互联网金融发展态势及行业风险

北京市是国内互联网金融产业起步较早的城市，也是互联网金融产业规模较大的城市，有着丰富的新兴业态和较多的龙头机构。2006年全国第一家P2P网贷平台宜信成立于北京，现在已经发展成行业的标杆型企业，并拥有第一家在美上市的P2P网贷平台。此后北京市又成立了诸多行业知名的互联网金融公司，这些企业多具有创新度高、合规性强且发展迅速的特点，并且多成长为行业内的模范或者龙头企业。

在2013年互联网金融全面增长时期，北京市为了促进金融业创新发展，就制定了各类支持性政策。北京市石景山区政府在2013年8月发布了《石景山区支持互联网金融产业发展办法（试行）》，通过补贴等各项优惠政策促进互联网金融创新企业的发展，计划每年拨款1亿元用于互联网金融专项资金，并对合格的互联网金融企业提供一次性100万元补贴。北京市海淀区在2013年10月发布了《海淀区关于促进互联网金融创新发展的意见》，表示要设立互联网金融产业投资引导基金，给予租房、税收、财政补贴等优惠，还对开展中小微企业融资的机构给予最多400万元的风险和业务增量补贴。中关村国家自主创新示范区领导小组在2013年12月发布了《关于支持中关村互联网金融产业发展的若干措施》，并积极设立中关村互联网金融中心，为互联网金融产业发展给予高度支持。从北京市各地区的政策可以看出，北京市在扶持互联网金融发展方面力度较大，均给予了一定的落户、财政贡献、办公用房等补贴，并为互联网金融企业融资与进入资本市场提供了多方位的支持，且大力发展互联网金融产业园、孵化器园、孵化器等产业载体。

经过3年左右的发展，北京市互联网金融产业飞速扩张。无论是从产业规模上来看，还是从行业代表性企业来看，北京都是国内领先的互联网金融中心之一。网贷行业，根据第一网贷的统计，2016年北京P2P网贷全年成交额达到8204.23亿元，在全国省市中排名第一，同比2015年增长136.63%；截至2017年9月底，北京市正常运营的P2P网贷平台达到392家，占全国15.52%，全国排名第二。第三方支付行业，据Choice数据库统计，截至2017年11月底，北京市第三方支付机构中，互联网支付机构有98家，其中成立于2003年的易宝支付也是行业内的领先企业，是2011年第一批获得第三方支付牌照的企业之一，目前已经服务超过100万家企业，是北京市第三方支付行业的代表性机构。众筹行业，根据零壹财经数据统计，截至2017年6月底，仍在正常运营的261家众筹平台中，北京有62家，占比达到23.75%。其中，作为行业标杆的京东众筹，在2017年上半年总计筹资9.1亿元，占全部众筹平台融资额的26.76%，位居行业第二。除了网贷、第三方支付以及众筹之外，北京市其他互联网金融业态发展也如火如荼，互联网基金销售、互联网保险以及互联网资产管理方面，北京市相对其他省市也有着一定的领先优势。

2013～2014年，互联网金融基本在无监管的环境中野蛮发展，并因此爆发了诸多风险事件。最初，互联网金融风险事件只是在二、三线城市出现。2014年，北京市网金宝跑路事件发生，互联网金融风险开始弥散到北京等一线城市，并呈现爆发势头。据北京市金融局党组书记霍学文介绍，2014～2015年，北京市非法集资案件高发、频发，通过互联网等技术手段，违法行为呈现更为隐蔽的特点。2014年，北京市新发生非法集资案89件，集资受害人数达到2.1万人，涉案金额172.6亿元，同比分别增长了2.56倍、5.65倍、56.9倍。在这些风险事件中，P2P网贷、投资理财、私募股权投资等业务类型的风险事件增长最为迅速，并且造成了非常恶劣的社会影响。

## 三　北京市互联网金融监管环境

### （一）北京市互联网金融监管政策及体系

北京市是国内最早出台各项互联网金融产业发展支持政策的地区之一，也是对互联网金融发展政策支持力度最大的地区之一。早在2013年互联网金融产业兴起之时，北京市部分区政府和政府组织就开始颁布并实施各项互联网金融支持政策，为区域内互联网金融机构提供资金支持、税收优惠等各项优惠政策。北京市金融局在北京金融业“十三五”规划中还提出了五项具体措施来推动互联网金融发展，措施包括打造互联网金融生态系统、加快金融与互联网融合发展、加强互联网金融基础设施建设、推动金融科技蓬勃发展、促进互联网金融健康发展五项内容。

随着互联网金融风险的逐步积累，北京市政府各部门也开始重点关注互联网金融的监管问题。为了促进互联网金融行业健康合规发展，北京市金融局和北京市银监局指导成立了全国首家网贷协会——北京市网贷行业协会（以下简称“北京网贷协会”），通过行业自律的方式促进互联网金融行业合规发展。

在国务院发布《互联网金融风险专项整治工作实施方案》之后，北京市政府办公厅随即出台了《北京市互联网金融风险专项整治工作实施方案》（以下简称《北京互金整治方案》）。从文件内容上来看，北京市文件比国务院文件要求更严也更加具体细致。国务院文件将整治对象按业务分为四大类——P2P网络借贷和股权众筹业务、通过互联网开展资产管理及跨界从事金融业务、第三方支付业务、互联网金融领域广告等行为。北京市文件将其进一步细化分为六大类，分别为P2P网络借贷业务、股权众筹业务、互联网保险业务、通过互联网开展资产管理及跨界从事金融业务、第三方支付业务以及互联网金融广告与信息业务，然后就每类业务提出了更加严谨细致的整治要求。

在经过数月的摸底排查后，北京市互联网金融风险专项整治工作领导小组对北京市需要整改的网贷平台陆续下发了《网络借贷信息中介机构事实认定及整改要求》（以下简称《北京网贷整改要求》），《北京网贷整改要求》全文共计8大项148条，每一大项下都对《网络借贷信息中介机构业务活动管理暂行办法》的重点条款细化分解。和广东、厦门等地公布的整改细则相比，《北京网贷整改要求》算得上是最具体、最严格的整改细则。在《北京网贷整改要求》下发之后，领导小组下发了《关于在京注册网络借贷信息中介机构申报事宜的通知》，并要求注册地在北京市但未收到整改要求的网贷平台于30日内向所在区金融办联系申报，同时强调逾期未申报的网贷平台将按新设机构的流程办理。

紧接着，为了在北京市落地银监会的《网络借贷信息中介机构业务活动管理暂行办法》和《网络借贷信息中介机构备案登记管理指引》，北京市金融局在2017年7月出台了《北京市网络借贷信息中介机构备案登记管理办法（试行）（征求意见稿）》（以下简称《征求意见稿》）文件，公开征求意见。相较于上海、深圳的征求意见稿，在资金存管的相关条款上，北京的条例规定最为宽松，并未严格规定资金存管银行属地。不过北京的《征求意见稿》强调了银行的责任，要求存管银行和北京市监管部门实现数据对接，并且要求各政府部门为网贷行业建立信用信息共享平台，支持行业良性发展。此后，北京市监管部门在处理部分违规企业后，也向公众和行业进行了警示和披露。2017年7月，北京市监管部门发布《关于网络借贷信息中介机构吸取教训合规经营的通告》，向行业披露了“北京华赢凯来资产管理有限公司”非法集资的案例，引起了行业的高度重视。

### （二）北京市互联网金融行业自律组织

早在2014年12月，北京市互联网金融行业就在北京市金融局的指导下成立了自律组织“北京网贷协会”，为北京市网贷行业与监管层的互动沟通搭建了桥梁。北京市网贷协会是国内首家由金融局进行业务指导和监督管理的网贷协会，这在2014年国内还无明确监管的背景下，对全国的网贷行业自律与拥抱监管都有着重要的指导意义。参与协会的网贷机构共同签署了《北京市网贷行业协会自律公约》等文件，尝试以产品登记、信息披露、资金托管等方式促进行业健康发展。

2017年9月，“北京网贷协会”正式更名为“北京市互联网金融行业协会”（以下简称“北京互金协会”），从党总支发展到党委，职能范围从网贷领域拓展到整个互联网金融领域。北京互金协会的发展也是北京整个互联网金融行业从自由发展，到规范发展，再到健康发展的历史。在这一历程中，协会创立了“1+3+N”的行业自律模式，“1”是协会以及协会建立的党组织，“3”是产品登记、信息披露、资金托管三大管理措施，“N”是代表各家网贷企业。此外，北京互金协会还协助北京市金融局研发沙盒监管模式，上线了网贷产品登记与信息披露系统，并陆续开展了二十多期互联网金融业务、法律、政策的培训会，以及多次对行业发布如ICO业务风险、短期流动性风险等风险提示。

## 四　北京互联网金融专项整治

为积极响应与落实国务院发布的《互联网金融风险专项整治工作实施方案》，北京市在2016年4月即开始落地《北京互金整治方案》，明确了专项整治重点关注P2P网贷借贷业务、股权众筹业务、互联网保险业务、通过互联网开展资产管理及跨界从事金融业务、第三方支付业务、互联网金融广告与信息业务等六大业务类型。另外，《北京互金整治方案》还提出要通过严格准入管理、强化资金监测、建立有奖举报制度、整治不正当竞争、加大技术支持、加强风险教育、充分发挥行业自律作用等七个措施开展整治工作。

北京市政府的专项整治计划分四步：第一步于2016年5月底前开始第一轮行业情况排查工作，并在6月底前通过全面梳理比对，将前述排查工作中未覆盖到的涉及互联网金融业务的企业，进行补充录入和外围排查；

第二步在2016年9月底前，对在全部排查工作中认定的高风险企业，联合律师事务所、会计师事务所等专业机构进行实地排查，并构建企业金融风险档案；第三步在2016年10月底前，对清理整治中存在问题的违规从业机构，及时提出整改意见，并加强督促整改；第四步在2017年3月底前，市领导小组各成员单位定期将相关工作资料报市领导小组办公室，由市领导小组办公室负责定期汇总形成本市互联网金融风险专项整治行动工作报告，同时强化互联网金融活动的常态化风险监测，建立健全集互联网金融监管、金融风险管控、社会综合治理于一体的互联网金融风险管理长效机制。

在实际整治工作中，北京市的专项整治工作进展较计划缓慢，并依照互金专项整治工作领导小组的“时间服从质量”原则开展整治工作，目前仍在第三步分类施策、督促整改阶段。2016年底，北京市金融局党组书记霍学文表示，北京市政府已经完成了大多数互联网金融从业机构的摸底排查工作，对于高风险企业，出具整改通知书，明确整改要求；对于风险较大、舆论普遍关注的企业，则采取联合约谈，根据沟通情况给予警示，并督促其依法合规经营。北京市金融局在2017年2月中下旬开始陆续给北京市辖区的网贷平台发出“事实认定整改通知书”，包含公司基本情况、应尽未尽义务、违反十三项禁令、违反风险管理要求、违反科技信息系统风险管理规范、出借人与借款人保护、信息披露与其他风险提示8方面内容，总计148条整改意见，被认为是全国范围内最严格的整改要求。

北京市的互金专项整治工作已有部分成果，部分头部机构已完成整改，行业风险高发频发的增长势头也得到了有效遏制，并且发布一系列政策规定，初步形成对互联网金融全业态的监管体系（见表1）。根据第一网贷的数据统计，截至2017年9月，北京市停业或“跑路”等情况的问题平台新增11家，占全国12.94%。2013年以来，北京市已经发生各种问题平台261家，占全国8.84%。问题平台数量较多，部分原因是北京市网贷平台基数本来就高。2017年以来，北京市停业和问题平台显著减少，预示着网贷行业风险水平下降。

**表1　北京市互联网金融行业风险专项整治期间发布的监管政策与规定**

| 发布部门 | 发布时间 | 监管法规 |
|---|---|---|
| 北京市互联网金融风险专项整治工作领导小组办公室 | 2016年6月18日 | 《关于加强北京市网贷行业自律管理的通知》 |
| 北京市政府 | 2016年10月18日 | 《北京市互联网金融风险专项整治工作实施方案》 |
| 北京市金融工作局、北京市发展和改革委员会 | 2017年1月4日 | 《北京市"十三五"时期金融业发展规划》 |
| 北京市金融局 | 2017年3月22日 | 《网络借贷信息中介机构事实认定及整改要求》 |
| 北京市互联网金融风险专项整治工作领导小组办公室 | 2017年3月31日 | 《关于在京注册网络借贷信息中介机构申报事宜的通告》 |
| 北京市金融局 | 2017年7月7日 | 《北京市网络借贷信息中介机构备案登记管理办法(试行)(征求意见稿)》 |
| 北京市互联网金融风险专项整治工作领导小组办公室 | 2017年9月15日 | 《北京地区虚拟货币交易场所清理整治工作要求》 |
| 北京市互联网金融行业协会 | 2017年9月30日 | 《关于坚决打击"羊毛党"模式的通知》 |
| 北京市互联网金融行业协会 | 2017年11月28日 | 《关于成员单位开展业务自查工作的通知》 |

资料来源：整理自网络新闻。

目前，北京市已经建立了跨行业、跨领域、穿透式的监管平台，并设立了互联网金融安全产业园，聚集了全世界最顶尖的反欺诈公司、金融风险监测预警公司，实现了互联网金融平台的全面监测。

## 五　结论与政策启示

互联网金融产业的出现，是北京市在国际上超越其他地区金融产业发展的重大机遇，也是北京市成为排名靠前的国际化金融中心的关键节点。北京市大力支持互联网金融发展，加快互联网与金融产业融合，不仅迎合了国家"互联网+"的行动战略，更有助于推进北京市供给侧改革，推动实体经济加速发展。

北京市互联网金融的迅速发展，不但得益于有效的市场需求，更加得益于北京市多方位政策支持，以及北京完善的基础设施和金融法制体系。互联网金融产业的发展离不开完善的社会信用体系和成熟的产业服务链条，北京市多部门协同创造了有利的发展环境，通过各项支持型政策将互联网金融产业迅速发展壮大。

其一，在产业发展的同时，不可忽视金融业本身所隐藏的风险问题，更需要防范互联网金融可能带来的系统性风险。在互联网金融产业发展前期，北京市着重于扶持与鼓励。到产业发展中期，各类风险问题不断涌现，北京市开展了各项风险防控工作，促使行业健康合规发展。到产业发展的成熟阶段，北京市更应该重视行业发展中的风险问题，鼓励行业中的合规典范企业为行业树立榜样，强化事前监管与事后治理，建立完善的金融风险监测与监管体系。

其二，互联网、新兴科技与金融产业融合发展是金融业未来发展的重要趋势，北京市需要在金融业态创新与监管合规之间寻找到平衡点，找准监管定位。在未来更多新兴科技与金融产业融合情况下，北京市监管部门也应该充分重视运用科技进行监管的重要性，以监管拥抱科技的态度，着力建设智能化的监管体系，实现低成本高效率的行业监管，与行业共同成长。

其三，互联网金融借助技术的力量实现了金融业务对时空限制的突破，这一现实造成金融主管部门难以仅凭一己之力实现互联网金融监管的全覆盖，借助科技的力量、囊括多方参与的多层次监管体系成为客观要求。一方面，多方参与需要囊括行业企业、社会大众、专业机构（如律师事务所和会计师事务所等）和立法执法司法部门，共策共建形成涵盖自律监管、社会监督、违法处罚上的监管范围广域覆盖、监管周期全流程监测、监管流程无缝衔接；另一方面，通过技术手段可以实现金融风险的事前识别与预警、事中关注与监控、事后追踪与处理，同时也可以改善金融监管资源不足的现状，为监管政策从制定、执行、修订多方面提供科学监管、适度监管的重要支持保障。

# B.8
# 上海市互联网金融行业风险与监管分析

王 平　杨泽宇*

**摘　要：** 上海市发展互联网金融，不仅有着得天独厚的地理优势，也有着独一无二的经济金融资源、文化政策体制等优势。在市、区政府及各相关部门政策的大力扶持下，上海市的互联网金融产业保持了高速增长，并在国内占据了较为核心的地位。上海市政府在2016年6月开始落实互金专项整治工作，虽然在开始时间上有所落后，但上海市监管部门较早地意识到互联网金融行业的风险问题，并建立了较为完善的协同监管体系。

**关键词：** 上海市　互联网金融　金融监管　互金专项整治

## 一　上海市互联网金融生态环境

上海市发展互联网金融，不仅有着得天独厚的地理优势，也有着独一无二的经济金融资源、文化政策体制等优势。上海市地处长三角地区，是我国改革开放的前沿阵地，也是世界知名的国际化都市，更是中国的经济、金融与贸易中心，有着浓厚的开放创新文化与历史底蕴，以及优异的经济基础、

---

* 王平，中国社会科学院投融资研究中心研究员，宜信研究院研究员；杨泽宇，供职于香港中文大学（深圳）高等金融研究院。

社会信用、法制环境。在金融业发展与创新方面，上海市正在建设国际化金融中心，十分重视科技与金融产业的结合，并着力建设互联网金融生态环境，支持互联网金融产业创新发展。“十三五”时期，上海市政府审议了《“十三五”时期上海国际金融中心建设》，强调新科技、新业态步入变革期，要将信息化和工业化深度融合，使互联网技术广泛渗透，为金融业带来新的挑战和机遇。根据第21期“全球金融中心指数”（GFCI）报告，上海市跻身全球第六大金融中心，是除香港外中国最大的国际金融中心。2016年上海金融市场交易总额达到1364.2万亿元，是2010年的3.5倍。[①] 2016年，上海市第三产业增加值同比增长9.5%，占全市生产总值比重达到70.5%。金融、信息等现代服务业保持较快增长，增加值分别增长12.8%和15.1%，金融机构实现净利润1506.2亿元。[②] 在金融业快速发展的基础上，为了推动科技与金融紧密结合，促进金融服务创新，上海市金融办早在2014年就出台了互联网金融支持政策，大力支持互联网金融产业健康发展，营造公平有序的竞争环境，让企业有更多的创新空间。

在基础设施方面，上海市主动积极引入金融人才、完善信用体系建设，为互联网金融的发展提供基础保障。上海市金融办在2017年印发了《上海金融领域“十三五”人才发展规划》，为上海市金融业的创新发展奠定更坚实的人才基础。同时在“十三五”规划时期，上海市政府还印发了《上海市社会信用体系建设“十三五”规划》，表示要进一步完善社会信用体系运行框架。当前上海市已经建成了市信用平台，基本实现本市法人和自然人主体全覆盖。“十二五”期间，该平台整合纳入的信息覆盖行政、司法、公用事业、群团组织等99家单位产生的共计相关信息3444项，并包括法人数据1043万条、自然人数据近3亿条。除了市政府提供的信用平台之外，上海市国有企业上海资信还在2013年上线了“网络金融征信系统（NFCS）”，并在2014年开始接入网贷平台。截至2017年10月31日，NFCS累计签约

① 源自国家开发银行研究院与上海社会科学院联合发布的《上海国际金融中心发展报告（2017）》

② 源自中国人民银行上海总部货币政策分析小组发布的《上海市金融运行报告（2017）》。

机构 1091 家，共归集录入信息涉及自然人 3731 万人，其中有借贷记录的 1576 万人，所有借贷记录信息涉及借贷账户总数 7078 万笔，累计借贷金额 5672 亿元，累计成功入库记录数 9.6 亿条。

在政策扶持与鼓励方面，市、区两级多部门协同打造互联网金融产业基地，为互联网金融产业发展提供了丰厚的政策优惠，共同打造各类形式的互联网金融产业园（产业基地）①。在产业园区（产业基地）落户的互联网金融企业可以享受到专项投资基金、办公住房补贴、财政贡献补贴、小微服务奖励等各项优惠政策，并享受到由产业园区内的企业孵化器、科技型企业、第三方服务企业提供的成长支持。

在金融法制方面，上海较早就规划了金融法制体系建设，并大力推进互联网金融法制研究，为互联网金融发展提供良好的金融法制环境。上海市政府早在 2010 年就出台了《完善上海金融法制环境的实施指导意见》，对完善上海金融法制环境、形成各方面合力做出了部署。上海市国际金融中心建设工作推进小组在 2012 年发布了国内首部金融法治白皮书——《上海国际金融中心法治环境建设》白皮书，并在全国率先建立了金融审判庭、金融检察科和金融仲裁院。上海市检察院与上海市金融办等各部门也自 2013 年开始每年发布《上海金融检察白皮书》，对上海市的金融法律事件进行盘点和反思，并提出完善上海市金融法制体系建设的建议。在打击非法集资等严重违法犯罪问题上，上海市在 2016 年出台了《本市进一步做好防范和处置非法集资工作的实施意见》，提出了 20 条严打非法集资的要求，被称为行业最严打非要求。从较早布局到具体部署，再到严格实施，上海市政府通过开展一系列的金融法制建设工作，为互联网金融创造了良好的金融法制环境。

① 2014 年底，上海市金融办、市经信委与浦东新区、黄浦区、长宁区、嘉定区政府共同签署《共建上海互联网金融产业基地务实合作备忘录》，内容涉及浦东新区新兴金融启航基地、黄浦“宏慧·盟智园”互联网金融产业园、长宁虹桥互联网金融财富天地、嘉定工业区互联网金融产业基地、张江互联网金融园等 5 家市级互联网金融产业基地。

## 二　上海市互联网金融发展态势及行业风险

上海市作为国内领先的互联网金融中心城市之一，虽然在互联网金融行业发展初期，部分业务领域相对较为薄弱，但在市、区政府及各相关部门政策的大力扶持下，上海市的互联网金融产业保持了高速增长，并在国内占据了较为核心的地位。国内最早的第三方支付起源于上海，银联、支付宝、汇付天下等企业率先开启了上海互联网金融产业发展的大门。尽管在互联网金融产业的发展早期，上海市在互联网众筹等部分细分业态上发展不足，并且存在缺乏互联网金融人才资源、提供基础业务服务的大型专业机构不足等劣势，但在上海市多项支持政策颁布后，上海市积极建立了多个互联网金融产业园区，促进企业孵化与成长，通过改善金融人才体系引入或培养了众多专业人才，使越来越多的互联网金融企业选择落户上海，大大提升了上海市互联网金融产业的发展水平。在之后的发展中，上海市汇聚了互联网金融的各个业态，从第三方支付、网络融资中介、网上金融产品销售、互联网保险、互联网众筹，到金融资讯服务、信用信息服务等各类业态在上海都得到了较为充分的发展。在互联网、移动互联网等技术的推动下，上海市众多传统金融机构，如银行、证券公司、保险公司、基金公司等也都开始涉足互联网金融业务，并收获了阶段性的发展成果。整体而言，上海市互联网金融产业的发展呈现了业态齐全、规模庞大、相对规范的特点，虽然随着产业规模的增长，局部风险有所爆发，但产业整体发展水平较高，且保持着稳定的速度持续健康发展。

在各项鼓励政策的支持下，上海市互联网金融从 2013 年起就保持着高速增长的态势，在部分细分业态上更是达到了国内最高的发展水平，且聚集了诸多知名大型互联网金融机构，成为国内互联网金融的产业重地。从第三方支付来看，截至 2017 年 11 月，上海市有 46 家开展互联网支付的第三方支付机构，位列全国第二。目前，上海市有银联、支付宝、快钱、汇付天下等第三方支付龙头企业，市场份额占据全国 50% 以上，是国内第三方支付发展水平最高的城市。从网络借贷来看，自2007年拍拍贷在上海成立以来，陆续成立了陆金所、你我贷、新新贷等行业内知名的大型网贷平台（企业）。从互联网众筹来看，国内首批成立的互联网众筹企业如追梦网等机构注册于上海。虽然发展初期上海市众筹平台数量较少，但上海市在后期发展中迎头赶上。据零壹财经数据统计，截至2017年6月，我国仍在正常运营的261家众筹平台中，有38家位于上海。此外，上海还引入了全球排名第三的互联网众筹平台Pozible，为上海打开了众筹平台国际化发展窗口。除了上述三类业态外，上海市在互联网基金销售、互联网保险等业态的发展上，也有着领先优势。上海市互联网基金销售起步较早，诺亚财富、东方财富与好买基金等机构都处于国内领先地位。上海市互联网保险的发展更是走在行业前列，拥有国内首家持牌互联网金融机构众安在线保险公司。2017年，众安保险在香港上市，成为我国互联网保险第一股，具有重要示范意义。

随着上海市互联网金融产业的快速发展，局部的风险问题也有所显现，尤其在互联网融资与支付领域，存在着较为严重的非法集资、恶意诈骗等违法犯罪问题，也不断出现侵犯消费者权益、用户信息泄露等各类问题。自2014年上海市发生首起P2P网贷平台非法集资案之后，2015年案件数量上升至11件，2016年更陡升至105件，同比增长超过8倍，占上海市全年受理非法集资案件总数的三成。① 可见，上海市互联网金融风险问题在2014～2016年呈爆发增长趋势。为此，要促进行业的健康合规发展，上海市相关监管部门仍需要强化当前互联网金融监管体系，维护行业发展秩序。

## 三　上海市互联网金融监管环境

### （一）上海市互联网金融监管政策及体系

北京、上海、广东（广州）、深圳四地中，上海市政府对于互联网金

① 数据来源于上海市检察院发布的《上海金融检察白皮书（2016）》。

融的支持政策是最后出台的，但扶持力度较大。上海市政府和各区政府、陆家嘴管委会等部门相继颁布了支持性政策，不但给予互联网金融机构财政补贴、专项投资基金、孵化基地，还为其提供了区域税收和租房等各项优惠。

2014 年 8 月，上海市在发布政策支持互联网金融产业发展的同时，也注意到互联网金融产业发展中可能隐藏的风险，并提出了相应的监管原则和态度。为此，上海市政府确立了五项引导互联网金融行业规范发展措施，包括：①严厉打击互联网金融领域各类违法犯罪行为；②引导互联网金融企业增强合规经营意识、提升风险防控能力；③支持开展行业自律与第三方监测评估；④健全互联网金融风险防控与安全保障机制；⑤加强投资者教育和金融消费者权益保护。这些措施为上海市政府部门后续的监管政策奠定了基础，并且贯穿了上海市监管部门对互联网金融行业的监管政策和整治行动。

相对于其他地区，上海市对于互联网金融的监管更具远见。在 2015 年 7 月中国人民银行等十部门发布《关于促进互联网金融健康发展的指导意见》的前一年，上海市就发布了《关于促进本市互联网金融产业健康发展若干意见的通知》，并以此为基础逐步建立了完善的互联网金融监管体系。在国务院发布《互联网金融风险专项整治工作实施方案》之后，上海市政府即刻印发了《上海市互联网金融风险专项整治工作实施方案》。

2016 年 12 月，上海市人民政府办公厅出台《上海市小额贷款公司监管办法》通知文件，明确支持网络小贷发展，从持股比例、企业名称等方面予以支持。同时，要求发起设立的主体需为大型互联网服务企业或境内外知名金融机构（或金融控股集团），并且相应提高对贷款“小额、分散”等方面监管要求。紧随其后，2016 年 12 月底，上海市金融办发布《上海市小额贷款公司互联网小额贷款业务专项监管指引（试行）》，明确和细化了前述“监管办法”内容，并且提出放贷资金的专户管理监管要求。

2017 年 6 月，上海市金融办发布关于公开征求对《上海市网络借贷信息中介机构业务管理实施办法（征求意见稿）》（以下简称《征求意见稿》）

意见的通知。上海市《征求意见稿》在银行存管方面做出了更为严格的要求，要求网贷平台选择在本市设有经营实体且符合相关条件的商业银行进行客户资金存管。另外，上海市《征求意见稿》相较于2016年11月银监会发布的《网络借贷信息中介机构备案登记管理指引》，在备案登记方面做了更细化要求，增加了四大条款共十三项材料。对在此前已经设立并开展经营活动的网络借贷信息中介机构申请办理备案登记的，还要求补充提供公司信用报告等六大材料。此外，上海市《征求意见稿》还要求网贷机构以醒目方式向出借人提示各项风险，并且不能向未进行风险评估和风险评估不合格的出借人提供交易服务。

除了颁布各项监管政策文件外，上海市金融办还在官网上建立了风险提示板块，从各中央监管部门处引用风险通知与投资教育知识经验，多次向互联网金融行业发出风险警示，包括互联网平台购买保险、以ICO名义吸收投资等风险、呼吁上海市各级监管部门加强小额贷款公司有关在校学生借贷业务监管工作，为投资者提供各类投资风险教育。

### （二）上海市互联网金融行业自律组织

上海市互联网金融行业协会（以下简称“上海互金协会”）正式成立于2015年8月，由上海市金融办主管，同时接受中国人民银行上海分行的业务指导。与北京互金协会不同的是，上海互金协会主要由传统金融公司主导发起与设立，主要领导也多为传统金融公司主管。上海互金协会在成立的同时，发布了全国首份网贷行业信息披露管理文件，要求机构披露五大类（分别为主体信息、产品信息、业务信息、财务信息与其他信息）49条事项，并在2016年7月25日首次将机构信息披露并公示。

上海互金协会制定了会员间共同遵守的自律公约，同时，也为行业制定了区块链技术应用自律规则和网贷电子合同存证业务指引。除了颁布规范性文件外，上海互金协会还举行了各类论坛和研讨会，共同探讨与学习行业发展经验，探索互联网金融行业未来的发展道路。此外，上海互金协会还为上海市互联网金融机构提供知识培训和守法守规教育。其中，最典型的活动是在2016年7月举办的互联网金融高管组团走进青浦监狱参加警示教育活动，帮助从业机构实现合法合规的健康发展。

## 四 上海市互联网金融专项整治

上海市政府在2016年6月开始落实互金专项整治工作。由于上海市监管部门较早地意识到互联网金融行业的风险问题，及时形成了一系列监管规范（见表1），并建立了较为完善的协同监管体系，上海市专项整治显得有条不紊、相对温和。

**表1 上海市互金行业风险专项整治期间发布的监管政策与规定**

| 发布部门 | 发布时间 | 监管法规 |
| --- | --- | --- |
| 上海证监局 | 2016年6月8日 | 《关于做好互联网金融风险专项整治工作的通知》 |
| 上海保监局 | 2016年9月 | 《关于开展与相关互联网公司合作情况风险排查的通知》 |
| 上海市政府 | 2016年11月16日 | 《上海市小额贷款公司监管办法》 |
| 上海市政府 | 2016年12月9日 | 《上海市互联网金融风险专项整治工作实施方案》 |
| 上海市金融办 | 2016年12月30日 | 《上海市小额贷款公司互联网小额贷款业务专项监管指引(试行)》 |
| 上海市司法局 | 2017年4月5日 | 《上海市司法局关于暂缓办理民间借贷类公证等事项的通知》 |
| 上海证监局 | 2017年4月11日 | 《关于配合做好清理整顿各类交易场所相关工作的通知》 |
| 上海互金协会 | 2017年4月28日 | 《互联网金融从业机构区块链技术应用自律规则》 |
| 上海市金融办、上海银监局 | 2017年5月9日 | 《上海市网络借贷信息中介机构事实认定与整改工作指引表》 |
| 上海市金融办、上海银监局 | 2017年5月9日 | 《关于深入开展上海市网络借贷信息中介机构事实认定并持续推进整改工作的通知》 |
| 上海市金融办 | 2017年6月1日 | 《上海市网络借贷信息中介机构业务管理实施办法(征求意见稿)》 |
| 上海互金协会 | 2017年6月10日 | 《上海市网络借贷电子合同存证业务指引》 |

资料来源：整理自网络新闻。

上海市政府在《上海市互联网金融风险专项整治工作实施方案》中，将主要整治主体分为五大类，分别为P2P网络借贷和股权众筹业务、通过互联网开展资产管理及跨界从事金融业务、第三方支付业务、互联网保险业务以及互联网金融广告及以投资理财名义从事金融活动。

该整治方案分三步开展，首先，从2016年4月到2016年7月底，各区级政府制定区域内清理整顿方案，对各自牵头区域开展清查；其次，从2016年8月到2016年11月底，实施清理整顿，同时，各地区分别组织自查；最后，从2016年12月到2017年3月，进行验收，并由央行会同相关部门完成总体报告，形成互联网金融监管长效机制建议。由于整治期间各项监管政策的出台，地方各部门需要进行协调规划，以及互联网金融整治工作的复杂程度较高、工作进展速度较慢等原因，专项整治工作在“时间服从质量”的原则下延期，最晚至2018年6月结束第三阶段工作。上海市互联网金融风险专项整治工作流程见图1。

2016年7月，上海市互金专项整治开始不久，上海市各区金融办就向P2P网贷机构、互联网开展资产管理及跨界从事金融业务的机构、股权众筹企业以及私募基金机构下发了摸底排查的调查表格。其中仅网贷机构就需要填写企业基本情况、产品及运营情况、社会贡献及创新发展情况、涉及保险业务情况以及其他情况等多个调查表。各类互联网金融机构被分为合规类、整改类、取缔类三个档次，并根据分类档次不同受到监管部门的分类处置。

2017年4月，上海市金融办联合央行上海总部、上海银监局、上海证监局、上海保监局等各监管部门同步整顿各自领域风险及跨行业交叉风险，先后三次开展拉网式摸底排查，将500余家涉嫌非法宣传、设立资金池、非法众筹等行为的第三方网贷平台清除出上海金融市场。

上海市金融服务办公室主任郑杨在2017年6月表示，上海互联网金融发展良好，整体风险可控，在全国的整体表现良好。郑杨表示，到2017年6月，上海市的互金整治已经完成第一阶段摸底排查的工作，正在进行第二阶段的整治工作，第三阶段的清理处置和总结工作预计在2018年初结束。

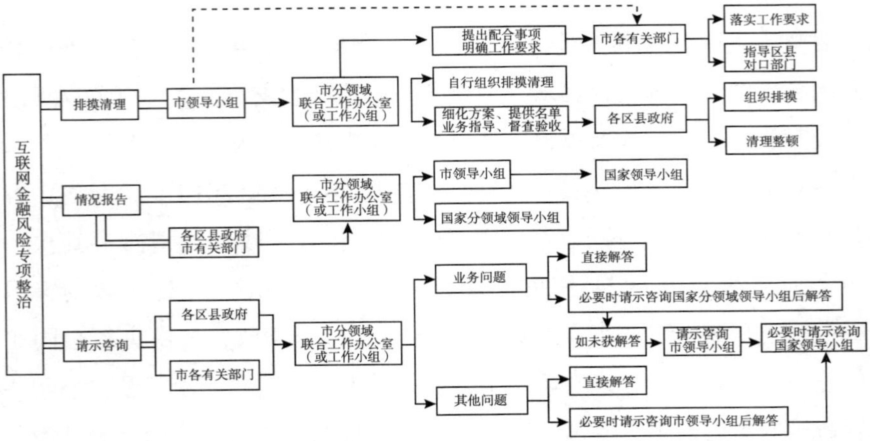


**图1　上海市互联网金融风险专项整治工作流程**

注：①通过互联网开展资产管理及跨界从事金融业务风险排查涉及企业名单，主要由各区（县）政府在本行政区域内组织排摸获取；②市领导小组办公室设在市金融办，6个分领域联合工作办公室（或工作小组办公室）分别设在中国人民银行上海总部、上海银监局、上海证监局、上海保监局和市工商局。

资料来源：上海市政府办公厅。

2017年8月，上海市金融办在部署下一步整治工作要求中提出，要按照分类处置的结果，向互联网金融机构出示整改意见，并要求互联网金融企业必须实现三个承诺：整改过程中业务规模不得增长；不开展不合规业务；不合规业务的存量必须为0。对P2P网贷机构还提出五项要求，分别是：网贷机构必须是信息中介的身份；业务必须是直接借贷模式；不得触碰红线；规范存管要求；信息披露完整。此外，还特别强调，网贷机构不得开展校园贷，有校园贷业务的企业一律不予备案。

## 五　结论与政策启示

上海市在发展金融产业的同时，必然要重视对新兴科技在金融领域的应用，通过在互联网金融产业上发力，走在国际金融业发展趋势前端，引领金融行业创新发展。总结上海市规范发展互联网金融产业经验，为互联网金融行业健康发展提供有益参考。

其一，互联网金融要实现更好服务实体经济的最终目标，不仅需要建立健全行业规范发展的政策制度，也需要注重产业结构的协调平衡发展，形成以竞争促发展、以产业集群保障发展。上海市互联网金融能够走出早期部分细分业态领域的不足，发展到较高水平，不仅在于上海市有着良好的金融生态环境，还有赖于上海市多部门协同提供的各项扶持性政策。上海市在金融业生态环境方面较早就开始布局，经过多年的发展建设，逐渐有了完善的信用与信息共享平台等基础设施、牢固可靠的金融法制体系、厚实的金融人才资源等优势。因此，上海市发展互联网金融有充分的信心和动力。

其二，互联网金融在商业模式上的创新并没有改变金融风险的本质，相反，技术手段事实上也可能造成金融风险的广泛影响和加速传播。在互联网金融风险防控方面，上海市做到了较早部署、全面覆盖、有条不紊地开展工作，针对风险事件也能够有效预防、及时处理、积极善后。上海市从互联网金融发展初期就采取支持与监管并重，重视互联网金融蕴含的风险问题，并通过监管规范、行业自律等监管体系建设，实现了互联网金融平台的全覆盖式监管。同时，上海市也借助执法与司法机关的力量，有效开展互联网金融风险爆发的事前预防、事中与事后处理工作，使上海市互联网金融产业能够健康有序发展。

# B.9

# 广东省互联网金融生态及其风险专项整治*

黄国平　李　根**

**摘　要：** 广东省经济总量居全国前列，金融行业发展质量和规模也均长期位于全国前茅。广东积极推动创业创新和结构转型，为金融科技和互联网金融提供了良好的发展土壤。为促进金融更好更有效服务实体经济，广东省在全国率先推出了金融服务创新驱动发展的一揽子政策，为广东省创新创业提供完善的金融保障机制。发展金融科技和互联网金融不仅是广东省金融业创新发展的内在要求，也是为广东省推动产业结构由“广东制造”向“广东创造”转型的重要保障。面对互联网金融行业风险水平较高的客观现实，广东省积极执行和实施国家互联网金融专项整治政策和方针，并根据自身突出特点，积极采用监管科技手段来治理金融科技和互联网金融风险，通过开发建立“广东省地方金融风险监测防控平台”，对互联网金融风险全面实时监控，促进了广东金融科技和互联网金融健康有序发展。

**关键词：** 金融科技　互联网金融　互联网专项整治　金融生态环境　金融风险

---

* 本报告是在黄国平、唐军主编的《广东金融科技发展报告（2018）》主报告基础上修改形成的。

** 黄国平，博士，中国社会科学院金融研究所研究员；李根，中国社会科学院投融资研究中心研究员，宜信研究院高级研究员。

# 一 前言

广东省是我国经济大省，经济贸易活跃。不仅经济总量居全国前列，金融行业发展质量和规模也均长期位于全国前茅，尤其是在金融行业深化改革方面，全省积极推动创业创新和结构转型，为金融科技和互联网金融提供了良好的发展土壤。大力发展金融科技和互联网金融不仅是广东省金融业创新发展的内在要求，也是为广东省推动产业结构由“广东制造”向“广东创造”转型的重要保障。为促进金融更好更有效服务实体经济，广东省在全国率先推出了金融服务创新驱动发展的一揽子政策，为广东省创新创业提供完善的金融保障机制。

在广东省经济快速发展的催化和积极鼓励政策的扶持下，广东省的互联网金融行业取得亮丽成绩。P2P 网络借贷、互联网众筹和第三方支付在机构数量和行业成交额方面均在全国范围内十分突出。除了经济基础优势和政策鼓励扶持，在金融科技大发展的潮流下，广东省积极发展诸如人工智能、大数据、云计算和信息技术等金融科技和互联网金融行业关键核心技术，完善金融科技和互联网金融产业链，为全省金融科技和互联网金融行业提供重要的支撑和保障。一方面以区位优势为凭依，在国内国外积极交流和引入科技企业、科技人才和新兴技术，另一方面，建立以新兴技术发展为战略导向的发展计划，并配套提供各类机制体制保障，促成省内行业集聚区的建设，引导科技企业入驻省内。

然而，在金融开放创新过程中，广东省互联网金融行业也产生了诸多风险积累，甚至成为全国互联网金融问题和风险爆发重灾区。面对省内互联网金融行业风险水平较高的客观现实，广东省紧跟国家政策方针，并根据自身特点，制定了《广东省互联网金融行业风险专项整治工作实施方案》，积极采用监管科技（RegTech）手段治理金融科技和互联网金融风险。这些系列政策、手段和措施既表明广东省对于治理互联网金融风险和规范互联网金融行业发展的决心和信心，也有效地引导了省内互联网金融行业重新回到健康有序发展的轨道。

## 二　广东金融科技和互联网金融生态环境分析

金融科技和互联网金融的生态环境很大程度上与金融业生态环境重叠，同时也与地区科技发展、创新创业环境有关。从金融业生态环境来看，根据《中国地区金融生态环境评价（2013～2014）》评估结果，广东省的综合得分紧随上海市、北京市和浙江省之后，位居全国第四位。广东经济和金融业的快速发展为金融科技和互联网金融提供了良好的创新发展土壤，不仅为从业机构提供了较大的市场需求，如广东省制造加工和贸易行业的繁荣催生了对供应链金融和贸易金融的极大需求，同时，也有助于行业机构创业融资。总的来看，广东省金融科技和互联网金融的发展环境表现出以下特点。

第一，广东省发展金融科技和互联网金融的动力强、政策多、机制完善。广东的金融改革先试先行，在全国范围内不仅是改革项目最多，也是改革内容最丰富的。目前广东省已经获批建设了四个国家级区域金融改革项目，并且针对金融改革创新推出了一系列的政策，从完善多层次金融服务体系、建设金融创新试验区、鼓励创业创新等方面做出了政策支撑和保障。①

第二，广东省金融科技和互联网金融创新发展的技术基础强。尤其是在一系列金融科技和互联网金融的关键核心技术的发展方面，广东省实施的长期规划实现了较好的产出。以人工智能为例，全国人工智能创业公司中，

① 以广州市为例，2017 年广州市金融局为加快金融科技发展拟推出三大举措：一是将在 2017 年主办中国金融科技创业大赛，挖掘和培育优质金融科技项目；二是研究制定促进金融科技发展的相关扶持政策，为广州金融科技产业营造良好的政策环境；三是推动广州金融科技产业园区的建设，为广州金融科技产业创新发展提供全方位服务，吸引更多金融科技企业和人才来穗发展。这些政策显示了广东省对于金融创新的鼓励态度和较强的内在驱动力，并且在实施中也切实收获了相应的发展成果，达到了既定发展目标。截至 2017 年 6 月底，金融高新区核心区共引进项目 340 个，总投资额超 656 亿元，其中私募创投项目 180 个，募集资金规模超 326 亿元，吸引金融白领人才数量达 5 万人，并建成佛山众创金融街、广东金融高新区股权交易中心、全景网（广东）路演中心等一批金融创新载体与产业平台。

42.9%位于北京，16.7%位于上海，深圳以15.5%的比例位列第三，广州比重达7.7%，排第四。①广东省良好的技术基础未来将会成为金融科技和互联网金融等金融深度融合科技创新的主要驱动力。

第三，广东省独特的区位优势为金融科技和互联网金融的国际国内交流提供极大便利，同时也提供了金融创新领域机构的庞大市场需求。广东省位于南部沿海，毗邻港澳，不仅在国家发展规划中属于经济发展的核心，也是国际合作的重要中心。目前广东省内规划及全国规划的重点经济区包含珠江三角洲城市群、泛珠江三角洲经济区和粤港澳大湾区。多项规划中，广东不仅肩负对内合作、发挥辐射影响作用等带动区域经济发展的领头羊作用，还站在国际合作、经济发展、技术创新等的最前沿。这种独特的优势为广东省发展金融科技和互联网金融等金融创新带来极大的裨益，不仅可以通过国际合作引入先进金融、科技企业为省内发展提供支撑，在发挥其经济带头作用的同时也为省内企业创造了巨大的潜在市场。

第四，广东省金融科技和互联网金融行业已经诞生一批知名企业和大型企业，并形成企业集聚。广东省金融科技和互联网金融行业除产生了诸如平安集团、微众银行等著名互联网金融机构和平台外，业已形成产业行业集聚。这种企业集聚有助于金融科技和互联网金融行业在广东省的进一步发展，促进产业链的健全完善。

总体上看，广东省发展金融科技和互联网金融在全国具有比较优势，其中，互联网金融的发展已经取得全国领先的阶段性成果。但是在开放与发展的过程中，广东省互联网金融行业不可避免地出现了一些问题和风险累积。这一方面是由于行业监管认识不足、手段落后，对于金融科技和互联网金融的潜在风险没有充分理解，导致了监督管理上的缺位和不足；另一方面也是由于广东省互联网金融行业在高速发展下，一些企业忽视经营能力和金融风险。当前，广东省金融监管部门在发展中不断形成金融科技和互联网金融发展的正确认识，已经着重开展进行行业风险专项整治工作，并积极引导行业

① 艾媒咨询（iiMedia Research）发布的《2017中国人工智能产业报告》。

向健康有序方向发展，规范企业守法合规经营。在行业新环境、新态势下，广东省金融科技和互联网金融行业已经出现整合、洗牌的局面，同时风险逐步缓释，部分机构选择停止经营并正常退出行业。

## 三　广东省金融科技和互联网金融的区位与技术优势

### （一）广东省发展金融科技和互联网金融的区位优势

广东省位于我国大陆南部沿海，与广西、湖南、江西及福建四省陆地相接，毗邻港澳，与海南隔海相望。广东特殊的区位使其在国家区域经济贸易规划中处于较为核心的地位。目前广东省内规划及全国规划的重点经济区包含珠江三角洲城市群、泛珠江三角洲经济区和粤港澳大湾区。多项规划中，广东不仅肩负对内合作、发挥辐射影响作用等带动区域经济发展的领头羊作用，还站在国际合作、经济发展、技术创新等的最前沿。

在发展省内金融科技和互联网金融行业产业方面，一系列规划合作加强了广东省与周边省份的交流沟通，尤其是为广东省的金融科技和互联网金融从业机构创造了更为庞大的潜在服务市场。通过区域经济发展合作，广东省金融科技和互联网金融企业可以更方便、有效地将业务拓展并深入合作地区。如泛珠三角区域合作包括了珠江流域地域相邻、经贸关系密切的福建、江西、广西、海南、湖南、四川、云南、贵州和广东 9 省份，以及香港、澳门 2 个特别行政区。“泛珠三角地区”的 9 省份全部人口占到全国的 34.8%，GDP 总值占全国的 33.3%，不论是对于服务个人的借贷、众筹、支付还是服务于金融机构的金融科技企业，都意味着庞大的潜在市场。

在促进省内金融科技和互联网金融创业创新方面，通过对外合作有助于广东省引进先进的科学技术，促进金融科技不断创新，引入各方面资金为创业机构建立融资保障。目前，泛珠三角洲合作和粤港澳大湾区规划均囊括了广东省和港澳的合作规划，深化广东省与港澳的全方位合作，创新与港澳在资讯科技、专业服务、金融及金融后台服务、科技研发及成果转化等领域的合作方式，推进服务业执业资格互认，吸引专业人才落户。香港作为国际金融中心，其金融业发展国际领先，对于广东省的金融科技和互联网金融行业而言，深化合作不仅提供了学习先进经验的重要机会，更是广东省金融科技和互联网金融行业走出国门、面向国际一个重要通道。

此外，广东省在自由贸易开放创新方面的优势也有助于金融科技和互联网金融的发展，贸易不仅是货物的往来，更是信息流和资金流的流动，而金融科技和互联网金融正可以整合信息流与资金流。目前，广东省较早成立了自贸区，涵盖广州南沙新区片区、深圳前海蛇口片区和珠海横琴新区片区，与港澳率先实现服务贸易自由化，并积极打造广东省的“一带一路”建设枢纽。未来，广东省贸易总量的提升将带来金融科技和互联网金融市场需求的进一步提升，对于金融科技和互联网金融在供应链金融领域的发展和创新将起到重要的驱动作用。

### （二）广东省发展金融科技和互联网金融的技术优势

金融科技和互联网金融是金融与科技深度融合的探索和创新实践，金融是金融科技和互联网金融的核心，而技术进步则是金融科技和互联网金融发展的重要保障。从广东省科技发展整体情况来看，广东省科研机构数量多、科研人员队伍大、科研投入规模大。①

在信息技术发展方面，广东省信息化发展水平处于全国领先位置，互联网基础设施建设成就显著。截至 2016 年底，广东省互联网普及率达 68%，移动宽带普及率达 98.3%，年末（固定）互联网宽带用户 2851 万户，同比增加 8.4%。年末移动互联网用户 11519 万户，同比增长 5.2%，4G 用户数

① 2016 年末，广东省县及县级以上国有研究与开发机构、科技情报和文献机构 365 个，规模以上工业企业拥有技术开发机构 5920 个。全省科学研究与试验发展（R&D）人员 51 万人年（折合全时当量）。全省 R&D 经费支出约占 GDP 的 2.52%。全省拥有国家工程实验室 12 家，省级工程实验室 59 家，国家工程（技术）研究中心 23 家，国家地方联合创新平台 61 家。省内已建立省级工程研究中心 2651 家，国家认定企业技术中心 87 家，省级企业技术中心 831 家，建成广东省战略性新兴产业基地 42 家，认定技术创新专业镇 413 个。

量达到9085万户，全年净增3490万户，3G和4G用户合计10664万户，合计占移动电话用户比重达74.3%。目前，全省有35家大企业参与众创平台建设，累计投资超过250亿元，孵化项目3500余个。全省正依托大企业推进“互联网+”小镇创建工作，打造互联网创新集聚区。①

在大数据技术发展方面，广东省政务信息资源共享平台与68个省级部门和21个地市及佛山、顺德区实现联通，共享数据超50亿条。广东省政府在为大数据技术发展形成数据积累和应用基础的同时，也通过建立行业产业试验区促进行业集聚，助推技术成果转化和应用。珠三角国家大数据综合试验区作为全国首批确定的跨区域类综合试验区，完成了“一区两核三带”总体布局。

在人工智能发展方面，广东省是国内最早开始人工智能研究的集聚地之一，产业基础雄厚、产业规划合理、产业人才密集、产业发展迅速。广东省发展人工智能等新兴技术的决心自上而下、一贯始终。以广州市为例，2017年广州市提出了新兴产业“IAB”发展计划，即发展新一代信息技术（Information）、人工智能（Artificial）、生物科技（Biology）等战略性新兴产业，打造若干个千亿级产业集群，以科技产业创新和供给侧改革推动人才、技术、资本等高端要素的集聚。

## 四　广东省互联网金融行业监管与整治

广东省在大力鼓励发展互联网金融行业、推动金融开放创新的过程中，取得了积极成果。在鼓励互联网金融发展的过程中，特别重视互联网金融行业风险的防范。在探索互联网金融监管过程中，重点集中在行业自律监管和金融消费者权益保护两个方面。广东省较早开始推动行业自律监管，由广东省民政厅批准并在广东省金融办的指导下，广东省在2014年5月成立了广东互联网金融协会。行业自律协会不仅在监督管理互联网金

① 据广东省网络文化协会编写的《2016广东省“互联网+”现状与发展大数据分析报告》。

融机构方面发挥重要作用，也是促进互联网金融行业从业机构强化风险意识的重要手段。正是基于此理念，广东互联网金融协会于2015年发布了《广东互联网金融行业准则（征求意见稿）》和《广东互联网金融协会个体网络借贷（P2P）平台信息披露指引（征求意见稿）》。行业准则涵盖了在广东省内从事互联网支付、网络借贷、众筹融资、互联网基金销售、保险、信托和消费金融等领域的机构，对行业准则、消费者权益保护以及网络与信息安全做出具体要求。而披露指引则将P2P网贷机构的信息披露制度化、标准化、常态化。同年，在广东省人民政府金融工作办公室、中国人民银行广州分行指导下，广东省金融消费权益保护联合会、广东互联网金融协会联合主办了“3·15”《广东互联网金融业消费者权益保护公约》签约仪式，全体与会互联网金融企业共同签订了《广东互联网金融企业保护消费者权益公约》，并由企业代表上台宣读致力于完善金融消费者权益保护的誓言。这是全国首个互联网金融行业的保护消费者权益公约，并已经报送至“一行三会”备案。

在鼓励和管制的协调统一的背景下，广东省互联网金融行业发展迅速。然而，在我国互联网金融行业发展失序的大环境下，广东省也难独善其身，风险迅速累计，监管滞后于行业发展要求。在广东省互联网金融行业风险事件中，造成影响较大的是E速贷平台非吸事件。①

2016年4月，紧随全国范围内互联网金融风险专项整治工作的开展，广东省委、省政府按照国家的要求部署，迅速组织制定《广东省互联网金融风险专项整治工作实施方案》（以下简称《广东省实施方案》），组织和部署广东省互联网金融风险专项整治工作。

---

① E速贷是成立于2010年9月的一家广东省惠州市P2P网贷平台，该平台曾是广东互联网金融协会监事长单位，其公司创始人简慧星也是广东互联网金融协会会员。2016年5月E速贷涉嫌非法吸收公众存款被查，当时平台总成交额已经超过70亿元。负责案件的惠州警方发布消息称，经提请惠州市惠城区检察院批准，汇融股份法人代表简慧星因涉嫌非法吸收公众存款罪，被依法执行逮捕。该公司除了非法吸存和放贷，基本没有合法营利收入的业务，处于长期亏损状态，公司主要依靠不停吸收新加入投资者本金的方式来维持公司运作。

《广东省实施方案》要求采取“严格准入管理、坚持分类治理、强化资金监测、建立举报奖惩与黑名单制度、加大整治不正当竞争工作力度、加强内控管理、完善技术手段”等措施，集中力量对 P2P 网络借贷、股权众筹、互联网保险、第三方支付、通过互联网开展资产管理及跨界从事金融业务、互联网金融领域广告等重点领域进行整治。同时，及时总结经验教训，主动加强与中央有关部门协调沟通，建立健全广东省互联网金融监管长效机制。

广东省专项整治开展以来，通过多种手段摸清了行业底数，并突出广州、深圳等重点地区，P2P 等重点领域和重点机构进行现场检查与分类处置。在专项整治期间，广东省初步遏制了行业发展乱象，尤其是在重大风险事件的处理上，能够做到反应及时、处理快速、结果有效。如 2016 年底，广东金融高新区股权交易中心（粤股交）备案发行的惠州侨兴集团“私募债”违约事件，省政府对此高度重视，经过各方共同努力，在 2017 年春节前由浙商财险完成了理赔工作，最大限度地保障了投资者利益。在积极协调处理的同时，广东省专门部署了针对粤股交的检查，经过检查发现粤股交存在过于依赖外部征信手段、尽职调查不到位的问题，存在私募变相突破 200 人限制的违规行为。粤股交现已严格按照国家整改要求，全面停止了与互联网金融平台的合作，对存量业务进行了风险排查，对交易模式、交易品种进行了规范整改。

此外，广东省已经逐步建立起互联网金融监管和风险防范的长效机制。一是制定 P2P 网贷管理细则。二是加快建设地方金融风险监测预警平台，设立 P2P 非现场监管子系统。依托广州商品清算中心，广州市金融局在广州试点建设了广东省地方金融风险监测防控平台。该平台已于 2017 年 6 月底挂牌成立，利用大数据技术和登记清算手段实现对地方金融业态的全面监管。目前，该平台已开发出非法集资风险监测防控、网络舆情监测、第三方电子合同存证及网络借贷信息中介机构非现场监管四大监管防控子系统，具有综合信息登记管理、资金和账户监控、信息交叉匹配验真、固化存证、动态监测、联动预警等核心功能。目前，已有 1200 多家互联网金融公司纳入广东省地方金融风险监测防控平台，有效防范和打击非法集资，化解区域性金融风险，推动广东地方金融规范有序发展。

## 五 结论及政策启示

广东省综合协调风险防范和行业发展，为互联网金融和金融科技行业规划了科学、可行和健康、有序的发展路径。主要经验包括以下几点。

其一，不断提高金融创新的认识，加强社会和行业的风险防范意识。互联网金融的重要服务主体还是社会大众，尤其是在服务我国普惠金融主要目标群体的过程中，这部分群体缺少相应的金融知识，容易成为不法行为的受害者，其维权和自我保护的能力较弱，加强金融消费者权益保护，尤其是针对这部分群体，其重点工作之一应当是提升其金融知识水平，通过提升其自我风险防范意识来降低金融违法犯罪行为的发生，而行政和司法手段应当作为金融消费者权益的最后保护网。同时，互联网金融行业作为传统金融的补充，其服务客户多为风险较高的群体，如果机构缺乏风险防范的意识，容易成为骗贷等违法犯罪行为的受害者，加强机构的风险防范意识，也是在保护其平台投资者的权益。

其二，严厉打击金融诈骗和非法集资，消除行业累积风险。金融诈骗和非法集资是行业发展的毒瘤，不仅导致行业声誉败坏，也严重损害投资人的权益。中国 P2P 网络借贷行业在多年发展过程中，因为快速增长而吸引了少数不法分子试图借此获取非法利益。维护行业声誉、拨乱反正需要通过强力措施清除行业毒瘤，通过互联网金融专项整治活动，多部门联动实现最广泛、最深入的彻查和清理，切实做到严厉打击金融诈骗和非法集资，可以从根本上消除违法犯罪扎根的土壤。同时，在多年的发展中，行业泡沫在资本的狂热和市场的浮躁中形成并逐渐扩大，P2P 网络借贷行业机构水平参差不齐，在一定程度上加剧了行业风险。要通过鼓励行业内机构并购收购，实现优势互补和规模发展。建立机构退出机制，推动 P2P 网络借贷机构破产清算流程的建立，鼓励达不到准入门槛的机构主动倒闭，保障投资人债权债务关系的存续并得到应有的服务，平滑过渡机构退出过程。

其三，明确监管主体和监管内容，加强监管能力建设。中国互联网金融市场发展领先世界，建立与之相适应的监管已经是迫切的客观要求。为互联网金融行业发展搭建全面、规范和适度宽松的发展环境，既要充分发挥规则监管的作用，通过设立合适的市场准入条件，严卡死守行业机构整体水平，确保行业从业机构的运营管理能力、风险管理水平、从业道德水准符合要求，也要通过原则性监管和审慎性监管，为机构的业务交易加上“紧箍咒”，明确监管红线和法律底线，强化风险预防。

其四，大力建设行业基础设施，完善监管手段。行业发展和监管需要与之配套的基础设施建设。一是要建设发展征信系统，增加拥有征信信息人口的比例，将更多信息纳入个人和企业信用范畴，通过技术手段消除信息不对称；二是建立互联网金融行业网络安全标准，对机构从事网上交易和金融行为要有相应的技术保障。建立以日常监管为主，事件驱动监管为辅的灵活机动监管策略，实现风险的防治结合，既保证风险在积累阶段能及时得到化解，同时确保风险爆发时清楚了解风险产生的原因，快速准确地处理和消除爆发的风险。此外，需要完善赏罚分明的监管手段，对不同程度的违规行为给予相适应的处罚，对坚持合法守规的优秀企业适时给予一定奖励。

# B.10 江苏省互联网金融行业风险与监管分析

王 平　杨泽宇*

**摘　要：** 从经济基础、产业格局、发展环境和信用建设方面来看，互联网金融行业在江苏省的发展都具有坚实基础和发展优势。在发达的经济基础、优厚的支持政策、成熟的互联网等新兴技术产业的支持下，江苏省互联网金融产业发展迅速。江苏省互联网金融产业规模在迅速增长的同时，也伴随着风险的高发频发问题出现。江苏省于2016年4月开展互金风险专项整治工作，剔除了众多的问题平台，一定程度上排除了行业近年来积累的风险，并通过部门协同监管与行业自律的方式形成了较为立体化的监管模式。

**关键词：** 江苏省　互联网金融　金融监管　专项整治

## 一　江苏省互联网金融生态环境

江苏省有着金融业发展的良好经济和产业基础，拥有南京、苏州等国内重点金融中心城市，是互联网金融产业孕育与发展优势地区。根据《中国地区金融生态环境评价（2013～2014）》，江苏的综合得分在全国排名第五，是我国金融生态环境较好的地区之一。江苏省十分重视金融生态环境建设，

---

* 王平，中国社会科学院投融资研究中心研究员，宜信研究院研究员；杨泽宇，供职于香港中文大学（深圳）高等金融研究院。

省金融办专门制定了覆盖江苏省69个县（区）的金融生态环境综合评估指标体系，深入推进省金融生态环境建设工作。

从经济增长与金融业发展创新方面来看，虽然江苏省自古以来是我国的经济和产业大省，但在金融业发展方面不甚突出，互联网金融的出现成为江苏金融改革创新的一个重要契机。江苏省GDP多年保持在全国第二名，2016年江苏省GDP产值7.74万亿元。尽管江苏省经济规模国内位列第二，其金融业发展却没有跟上经济发展步伐，2015年和2016年，江苏省金融业创造的经济增加值分别为5302.93亿元和6011.13亿元，仅占GDP产值的7.56%和7.76%。江苏省政府在“十二五”时期就开始强调促进金融业创新发展，要求“把金融业发展作为现代服务业重中之重”和“使金融业成为江苏经济重要的支柱产业”，并在2012年发布《江苏省促进金融业创新发展若干意见》，提出要把江苏省建设成为“金融强省”。经过“十二五”时期的发展，江苏省政府深刻认识到江苏省金融资源的供给和实体经济的需求不够匹配的问题，在“十三五”的开端就强调构建以“一体两中心”为核心的区域金融发展框架，打造多层次、全方位的金融服务市场，为金融业创造良好的发展创新环境。

从基础设施方面来看，江苏省社会信用体系较为完善，信息共享机制成熟，但人才资源不够充足。江苏社会信用体系建设起始于2004年，省政府先后出台了两个社会信用体系建设三年行动计划，计划到2020年建成“一网三库一平台”（诚信江苏网、省社会法人信用基础数据库、省自然人信用基础数据库、金融信用信息基础数据库和信用信息服务平台），信用信息服务平台在2015年就已建成，已经归总和集合信用信息覆盖40个省级部门和13个省辖市共计1.67亿条。江苏省在互联网金融人才资源方面的空缺较大，江苏互金协会在2016年末指出，江苏未来3年互联网金融人才缺口在20万人左右。为填补人才空缺，江苏省在2015年出台的《江苏省政府关于促进互联网金融健康发展的意见》中就强调，要重视学术研究和人才培养，加强互联网金融人才培训工作，构建政、产、学、研联动机制。

## 二　江苏省互联网金融发展态势及行业风险

江苏省互联网金融产业虽然较北上广等地区起步晚，但受到政府政策的大力支持，在近年来保持着较高的发展速度。2011 年，省金融办已经率先对互联网金融规范发展进行探索，并与国开行一道开展“开鑫贷”互金平台试点工作。江苏省政府也大力支持苏宁易购等电商平台开展互联网金融业务，并提供了诸多支持性政策。在发达的经济基础、优厚的支持政策、成熟的互联网等新兴技术产业支持下，江苏省互联网金融产业发展迅速。

经过多年的发展，江苏省互联网金融产业已经达到了较高的发展水平，各个细分业态领域都处于全国前列。目前，江苏省既拥有综合性的互联网金融集团，也具有以网贷平台为代表的丰富的互联网金融业态，更有各类互联网金融孵化基地与交易中心等周边产业。从互联网金融细分业态来看，各种不同业态百花齐放。就第三方支付而言，全国 247 家持牌第三方支付机构中，有 16 家位于江苏，占比达到 6.5%，第三方支付机构数量全国排名第四。就 P2P 网贷而言，根据第一网贷数据，截至 2017 年 9 月，江苏省网贷平台数为 111 家，占全国总平台数的 4.39%，排名全国第五。就互联网众筹而言，根据零壹财经数据，截至 2017 年 6 月底，江苏省共有 29 家正常运营的互联网众筹平台，其中 21 家已经实现转型。就互联网基金销售而言，证监会披露数据显示，截至 2016 年 9 月底，全国独立基金销售机构共有 107 家，其中 6 家位于江苏省。另外，江苏省包括互联网保险、互联网信托、互联网消费金融等其他互联网金融业态则呈现不同的发展态势，这些业态主要发展驱动力来自传统金融机构的转型，而非创业企业或互联网公司跨界。

江苏省互联网金融产业规模在迅速增长的同时，也伴随着风险的高发、频发问题出现。最为突出的是网贷行业的风险爆发，不少问题网贷平台掺杂在互联网金融行业中，通过发布虚假标的、自融、设立资金池等方式进行非法集资或集资诈骗，出现问题后开始大规模跑路。江苏省最早出现问题的平台“汇宝信贷”事发于2013年，涉及违法吸存资金达1759万元。据第一网贷统计，在江苏省百多家网贷平台中，仅2015年就有超过40家平台跑路。互联网金融行业风险频发一度加大了江苏省公检法压力，2016年全省法院共受理非法集资刑事一审案件556件，涉及1004人，审结515件，涉及891人。最近3年，江苏省法院审理的非法集资刑事案件中，涉案金额达亿元以上的有13件，个别案件甚至高达20多亿元，集资参与人数9000余人。江苏省互联网金融行业的风险爆发凸显了江苏省互联网金融监管体系的不足，这也促使江苏省监管部门愈发重视互联网金融产业的合法、守规、健康发展问题。

## 三　江苏省互联网金融监管环境

### （一）江苏互联网金融监管政策及体系

自互联网金融产业兴起以来，江苏省一直努力促进互联网金融创新与发展，其间跟随中央政策的态势转变，逐步以多部门协同监管和行业自律为抓手强化互联网金融监管。

江苏省政府较早地认识到互联网金融发展为地方金融体系改革和实体经济发展带来的优势，在中共江苏省委十二届七次全会中就提出加快推进金融改革创新，以互联网金融服务实体的理念。在全国“互联网+”的政策导向下，江苏省政府在2015年发布了《关于加快发展互联网经济的意见》，大力支持互联网金融发展，并在年底新增了8个省级高新区用于培育互联网金融品牌。省会南京更是出台了《关于加快互联网金融产业发展的实施办法》，提出每年支出千万元支持互联网金融发展。

在促进互联网金融发展的同时，江苏省政府也十分注重互联网金融行业的合规与健康发展问题。在2014年发布的《关于加快推进金融改革创新的意见》中就提出，要推动成立互联网金融行业协会，完善行业自律机制，规范发展网络金融中介服务机构，并表示要理顺新型金融市场主体管理机制，加强非现场监管信息系统建设，逐步将各类新型金融市场主体纳入统计监测范围。2016 年，江苏省政府结合《关于促进互联网金融健康发展的指导意见》，制定了《省政府关于促进互联网金融健康发展的意见》，在监督管理和行业自律方面提出构建互联网金融协同监管机制和建立互联网金融行业自律机制，以此为基础建立了监管部门监督管理和行业协会规范自律的互联网金融监管体系。

随着全国互联网金融监管力度的加大，江苏省政府也积极响应中央各项互金监管政策与行动。在国务院发布了《互联网金融风险专项整治工作实施方案》后，江苏省也下发了《江苏省互联网金融风险专项整治工作实施方案》（以下简称《江苏互金整治方案》），并重点整治网贷平台、各类交易场所和民间投融资机构。

在互金专项整治行动期间，江苏省政府也积极在地方落实各中央监管部门的监管政策，通过指导江苏省互联网金融协会（以下简称“江苏互金协会”）发布了各项互联网金融行业的业务规范和管理办法。在江苏省金融办的指导下，江苏互金协会在 2017 年 6 月启动了《江苏省网贷行业规范》的汇编工作，并于 2017 年 8 月一次性编写了 15 份网贷规范与指引文件，包括 6 项机构外部规范文件和 9 项机构内部规范文件。随后，江苏互金协会陆续公开发布了《江苏省关于网络借贷企业定价的指导意见（征求意见稿）》、《江苏省网贷平台产品模式备案管理办法（征求意见稿）》和《江苏省关于网络借贷平台机构发布社会责任报告指引（征求意见稿）》等文件，为行业发展制定了有规可依的规范与标准。

## （二）江苏省互联网金融行业自律组织

早在 2014 年，江苏省就成立了互联网金融行业自律组织，为互金行业的健康合规发展奠定基础。江苏互金协会成立于 2014 年 12 月，受江苏省金融办和江苏省民政厅的业务指导和监督管理。与上海互金协会类似，江苏互金协会发起成员以传统金融机构为主。协会在机构分类上将网贷机构从互联网金融机构中单独提列出来，分别设立了网络借贷平台（P2P）专业委员会和融合创新专业委员会，凸显了江苏互金协会对网贷机构的重视。

不同于其他地方自律组织，江苏互金协会具有制定行业标准和规范的政府授权，其章程中显示业务范围包括接受政府委托，制定江苏省互联网金融行业标准、业务规范，登记备案全省互联网金融企业。这就意味着江苏互金协会虽然形式上是一个行业自律组织，但实质上具备了一定的监管职能，并在一定程度上代表了监管机构的态度。自成立以来，江苏互金协会陆续向江苏省从业机构发布了多项指导意见、管理办法和指引等文件，并承担了互金机构备案登记的职能。江苏互金协会在这方面的工作不但减轻了监管部门的监管压力，而且让从业机构在接受监管时有更多的缓冲空间和沟通余地。

除了使用规则制度来实现行业自律外，江苏互金协会还十分重视从业机构的自我成长，通过知识和经验分享的方式帮助行业健康发展。作为行业自律组织，江苏互金协会不仅积极牵头举办或参与各类互金监管与发展研讨论坛，还定期发布各类书籍和报告，在向行业传播合规与自律理念的同时，为行业分享发展知识和经验。

## 四　江苏省互联网金融专项整治

在互联网金融专项整治方面，江苏省在 2016 年 4 月就开展了整治工作，并通过部门协同监管与行业自律的方式形成了较为立体化的监管模式。江苏省在国务院展开“互金专项整治行动”后，迅速向各地方政府及省市监管部门下发了《江苏互金整治方案》。《江苏互金整治方案》将互金机构按照不同业务分为 P2P 网络借贷业务、通过互联网开展资产管理及跨界从事金融业务、第三方支付业务、互联网金融领域广告等行为、股权众筹业务、互联网保险业务、各类交易场所业务、民间投融资机构活动八大类。《江苏互金整治方案》在工作原则上增加了一条，要求各部门以区别对待、分类施策的方式开展工作，对持牌合法经营、持牌违法经营、业务与实质牌照资质不符、无牌照且不规范、无牌照且恶意欺诈的机构秉持不同的整治态度。

江苏省的“互金专项整治行动”时间安排较全国其他地区更为细化，共分为五个阶段：一是准备部署阶段，要求在2016年5月15日前制定好总体实施方案和八个专项工作实施方案，2016年5月20日前完成专项整治工作部署；二是摸底排查阶段，要求在2016年7月20日前，各市和省各有关部门对各类互联网金融平台进行全面排查，摸清底数，建立档案，根据调查摸底情况，制定清理整顿方案；三是清理整顿阶段，要求在2016年10月20日前，各市、省各有关部门对本地、牵头领域的互联网金融从业机构和业务活动完成集中整治，轻度违规则限期整改，重度违规则法依取缔，涉嫌犯罪则移交司法机关；四是整章建制阶段，要求2016年11月30日前针对专项整治中暴露出的问题，各地、各部门研究制定相关政策和监管规则；五是验收总结阶段，要求2017年1月31日前省领导小组组织对各市、各领域清理整顿情况进行验收。

在实际整治工作中，由于互联网金融各业态风险问题较为复杂，加上各部门协调统一需要时间，江苏省政府根据央行《关于进一步做好互联网金融风险专项整治清理整顿工作的通知》，对整治工作进行延期，要求整改验收在2018年6月底前完成，并提出要实现互金从业机构数量及业务规模双降的目标。在2017年6月，江苏互金协会秘书长陆岷峰表示，互金专项整治应该以时间服从质量的原则展开，专项整治工作的成果应该形成常态化、规范化监管，而不是运动式、集中式的模式。

经过一年多的专项整治，江苏省互联网金融行业已经剔除了众多的问题平台，一定程度上排除了行业近年来积累的风险，与此同时也形成了一系列的监管规范与行政规定（见表1）。根据第一网贷统计数据，截至2017年9月，江苏省新发生停业或跑路等情况的新增P2P网络借贷问题平台数量降至11家，占全国12.94%，全国排名第三；2013年以来江苏省累积出现问题的P2P网络借贷平台数量达到165家，占全国5.59%，全国排名第六；2017年1~9月新增问题平台同比增加了35%。从数据来看，江苏省的新增问题平台数量不降反升，其网贷行业合规情况仍有进一步整顿空间。

**表1　江苏省互金行业风险专项整治期间发布的监管政策与规定**

| 发布部门 | 发布时间 | 监管法规 |
|---|---|---|
| 江苏互金协会 | 2016年4月21日 | 《江苏省网贷平台产品模式备案管理办法(征求意见稿)》 |
| 江苏互金协会 | 2016年8月8日 | 《江苏省网络借贷信息中介机构董监高人员登记管理规范》 |
| 江苏互金协会 | 2016年8月8日 | 《江苏省网络借贷信息中介机构监管系统接入管理规范》 |
| 江苏互金协会 | 2016年8月8日 | 《江苏省互联网金融协会红黑名单制度管理规范》 |
| 江苏互金协会 | 2016年8月8日 | 《江苏省网络借贷信息中介机构定期巡查管理规范》 |
| 江苏互金协会 | 2016年8月8日 | 《江苏省网络借贷信息中介机构综合评级服务管理规范》 |
| 江苏互金协会 | 2016年8月8日 | 《江苏省网络借贷信息中介机构信息披露管理指引》 |
| 江苏互金协会 | 2016年8月8日 | 《江苏省网络借贷信息中介机构客户服务管理指引》 |
| 江苏互金协会 | 2016年8月8日 | 《江苏省网络借贷信息中介机构系统安全标准管理指引》 |
| 江苏互金协会 | 2016年8月8日 | 《江苏省网络借贷信息中介机构公司治理结构管理指引》 |
| 江苏互金协会 | 2016年8月8日 | 《江苏省网络借贷信息中介机构全面风险管理指引》 |
| 江苏互金协会 | 2016年8月8日 | 《江苏省网络借贷信息中介机构研发管理指引》 |
| 江苏互金协会 | 2016年8月8日 | 《江苏省网络借贷信息中介机构品牌宣传与推广管理指引》 |
| 江苏互金协会 | 2016年8月8日 | 《江苏省网络借贷信息中介机构从业人员管理指引》 |
| 江苏省政府 | 2016年10月13日 | 《江苏省互联网金融风险专项整治工作实施方案》 |
| 江苏互金协会 | 2017年3月7日 | 《江苏省互联网金融协会关于网络借贷平台机构发布社会责任报告指引(征求意见稿)》 |

资料来源：整理自网络新闻。

## 五　结论与政策启示

从经济基础、产业格局、发展环境和信用建设方面来看，互联网金融行业在江苏省的发展都具有坚实基础和发展优势。在发达的经济基础、优厚的支持政策、成熟的互联网等新兴技术产业的支持下，江苏省互联网金融产业发展迅速。江苏省互联网金融产业规模在迅速增长的同时，也伴随着风险的高发频发问题出现。江苏省于2016年4月开展互金风险专项整治工作，剔除了众多的问题平台，一定程度上减缓了行业近年来积累的各类风险，并通过部门协同监管与行业自律的方式形成了较为立体化的监管模式。总结江苏省互联网金融行业发展与风险整治经验，主要体现在如下方面。

其一，建立健全互联网金融行业发展法规制度。互联网金融行业的规范发展有赖于完善有效的制度保障，真正做到互联网金融机构有法可依、有法必依、有责必追就需要从互联网金融的行业准入、业务标准、违法红线和金融消费者权益保护等多方面全方位规范。江苏省在治理互联网金融行业风险过程中通过部门协同监管与行业自律的方式形成了较为立体化的监管模式，并在江苏省金融办的指导下由江苏互金协会编写了 15 份网贷规范与指引文件，丰富了互联网金融监管的依据，初步形成了完善的监管要求和体系。但需要认识到制度具有滞后性，尤其是面对互联网金融行业持续不断的创新时难以实现真正的全覆盖。这就需要地方金融主管部门通过制度安排形成长效的监管机制，建立事前、事中、事后的全流程监管体系，并运用科技手段提升监管效能。

其二，丰富互联网金融监管手段与工具。互联网等技术的应用实现了金融业务的地理时空限制上的突破，不仅提升了金融服务的效率和边界，同时也加快了金融风险的传播、扩大了金融风险的影响范围。金融监管资源的有限性与互联网金融风险出现的无限性之间存在着巨大的矛盾与鸿沟，运用科技手段是弥合鸿沟的有效解决方案。通过监管科技（RegTech）的运用，可以协助监管部门做到行业发展中潜在风险的提前发现、行业风险出现时的提前预警、行业风险积累时的尽快缓解和行业风险爆发时的有效化解。

# B.11

# 浙江省互联网金融行业风险与监管分析

王 平　杨泽宇*

**摘 要：** 在2013年前后，浙江省互联网金融产业迎来了爆发式的增长，以蚂蚁金服为代表的诸多全国知名的互联网金融企业涌现出来，既让浙江省互联网金融产业走在了全国前列，也让杭州成为全国互联网金融三大中心之一。但在快速增长的过程中也闯入了一些问题机构，并因此爆发了一系列的互联网金融风险事件。浙江省在推进互联网金融的健康良序发展过程中，不仅产生了知名龙头企业，在这些企业带动下，形成了丰富的产业聚集和完善的产业链，同时也在对抗互联网金融行业违法乱象与风险整治的工作中形成了一套有效的监管措施。

**关键词：** 浙江省　互联网金融　金融监管　互金专项整治

## 一　浙江省互联网金融生态环境

江浙自古富庶，更是我国经济最为繁荣的省份之一。根据《中国地区金融生态环境评价（2013～2014）》评估结果，浙江省金融生态环境综合得分位列全国第三，仅次于北京和上海两地。在发展互联网金融方面，浙江省全力将杭州市打造成为我国互联网金融创新中心，鼓励和引导浙江省互联网

* 王平，中国社会科学院投融资研究中心研究员，宜信研究院研究员；杨泽宇，供职于香港中文大学（深圳）高等金融研究院。

金融创新规范发展。

从金融业发展与创新方面来看，浙江省金融业发展水平较高，并保持高速增长态势，部分地区金融创新业态发展处于国内领先水平。浙江省2016年GDP接近4.73万亿元，而金融业贡献了其中的6.46%。浙江省金融业保持高速增长，存款余额和贷款余额双指标2016年均实现超过7%的同比增长，分别达到99530亿元和81805亿元。浙江省省会城市杭州是我国金融产业与科技产业融合领先地区，在《2017金融科技中心指数》中①，杭州成为金融科技体验分指数排名第一的城市。为推动浙江省金融业发展，浙江省还将重点打造钱塘江金融港湾，并规划将钱塘江湾建设成为我国第二大金融中心。在发展金融产业方面，浙江省政府在“十三五”金融发展规划中提出，浙江将从原来侧重银行的发展转向多元金融发展，并表示要打造传统金融、私募金融、互联网金融、民间草根金融、浙商总部金融等五大金融。

从基础设施来看，浙江省的社会信用体系已基本成型，并十分重视金融人才的孵化与培养。浙江省自2002年起就开始建设社会信用体系，杭州市、温州市、义乌市在2015年成功入选国家首批创建社会信用体系建设示范城市名单。2015年9月，温州市率先建成并上线了整合金融、政府、民间信息的信用信息查询服务平台。为进一步发展社会信用体系，浙江省在2016年印发了《浙江省社会信用体系建设“十三五”规划》，要建立与现代治理体系和高水平全面建成小康社会相适应的社会信用体系。针对互联网金融产业发展，浙江省政府还在2016年出台了《浙江省“互联网+”行动计划》，明确提出完善互联网金融发展的信用体系。浙江省政府在《人才发展“十三五”规划》中强调，围绕金融等万亿产业，加强产业、行业人才发展统筹规划和分类指导，开展人才需求预测，定期发布重点人才引进目录。

在金融法制建设与防范风险方面，浙江省不但有丰富的历史经验，而且也在实践中不断完善金融法制与监管体系，重视金融风险的把控。浙江省温

① 《2017金融科技中心指数》由浙江互联网金融联盟（浙江互联网金融联合会）联合浙江大学互联网金融研究院共同发布。

州市有着丰富的金融法制建设经验，该地区在2008年金融危机时就爆发过大量的民间借贷纠纷问题，在解决这些纠纷问题的同时，温州市建立起了完善的金融法制与监管体系，并在2011年率全国之先成立首家地方金融管理局，定位为承担地方新型金融组织和各类资本运作市场主体的管理、监测和检查工作的全额拨款事业单位。借此经验，浙江省在2017年11月的全省金融工作会议上，决定省金融办将加挂省地方金融监管局的牌子，主要承担地方金融业的监督管理和风险处置职能。在金融办改制以后，浙江省金融办的监管职能将会继续加强，形成对地方“一行三会”的互补，进一步巩固和完善浙江省金融监管体系。

## 二　浙江省互联网金融发展态势及行业风险

浙江省既有互联网金融中心城市杭州，又有首个国家保险创新综合试验区宁波，有贸易金融城市义乌，又有互联网基金小镇嘉兴南湖，是互联网金融发展的先驱之地，也是互联网金融产业兴盛之地。自从2003年支付宝成立以来，浙江省就拉开了互联网金融发展的序幕。在2013年前后，浙江省互联网金融产业迎来了爆发式的增长，以蚂蚁金服为代表的诸多全国知名的互联网金融企业涌现出来，既让浙江省互联网金融产业走在了全国前列，也让杭州成为全国互联网金融三大中心之一。

浙江省一方面互联网金融产业发展迅猛，另一方面地区间发展差异比较大，部分细分业态达到了较高的发展水平，也有部分细分业态仍处于起步阶段，以蚂蚁金服为代表的部分企业在国际上都享有盛誉，但还有许多较小的互联网金融机构仍在缓慢成长。浙江省杭州市集聚了较多的互联网金融企业，并拥有丰厚的人才资源和完善的产业链条，但省内其他地区往往不具备这些优势，从而杭州市互联网金融产业遥遥领先，其他地区却望尘莫及。从细分业态来看，浙江的P2P网贷行业的发展位居全国前列，根据第一网贷数据，截至2017年9月底，浙江省P2P网贷平台数量达到366家，占全国总平台数量的14.49%；其中，9月浙江省P2P网贷行业成交额达到551.53亿元，排名全国第四。浙江省的互联网理财与基金销售也有着蓬勃的发展，据Choice数据，仅同花顺一家，在2016年就实现了18.89万亿元的基金净值销售额，仅在2017年前三季度，同花顺就实现了13.69万亿元基金净值销售额。浙江省杭州市现有第三方支付持牌机构8家，仅次于北京、上海、深圳和广州。浙江省的互联网众筹以及互联网保险行业仍处于起步阶段，除了阿里系众筹筹资规模较大外，其他平台均无法与之比肩。

虽然浙江省有着蚂蚁金服、恒生电子、同花顺等知名的互联网金融企业引领行业合规发展，但在快速增长的过程中也闯入了一些问题机构，并因此爆发了一系列的互联网金融风险事件。2013年浙江省网贷行业爆发了首批非法集资案件，其中数额最大的中宝投资以虚构标的的方式向全国30余个省市1600余名投资人进行集资数亿元人民币。据天使街众筹不完全统计，2015年至2016年6月，浙江省检察机关受理移送审查起诉的互联网金融领域犯罪案件219件1669人，提起公诉142件840人。虽然以支付宝为代表的行业领头机构开创了互联网金融发展的新时代，但众多不法分子借助互联网金融的名义进行非法集资不但影响了行业的健康发展，也对社会公众产生了严重危害。

## 三　浙江省互联网金融监管环境

浙江省政府充分重视互联网金融产业的发展，2015年，浙江省金融办联合多部门印发了《浙江省促进互联网金融持续健康发展暂行办法》（以下简称《浙江互金发展办法》），该办法为浙江省互联网金融监管制定了最初的框架，并为后续的监管提供了基础支持。

《浙江互金发展办法》明确支持互联网金融产业发展的原则以坚持服务实体经济为本，走新型专业化金融服务模式之路，并强调互联网金融产业发展应严守法律底线，并提出了第三方支付、P2P网贷、股权众筹、金融产品网络销售四类机构应该遵守的主要规则。《浙江互金发展办法》中对P2P网贷行业要求：①网贷机构应该定位为信息中介且不得承担信用风险；②网贷机构不得非法吸存，不得建立资金池，且应该将资金交给银行业机构进行资金存管；③网贷机构不得担保增信、不得保本保息；④网贷机构应该做好信息披露工作。

互联网金融风险爆发之后，浙江省政府迅速落实国务院“互金专项整治行动”，发布了《浙江省互联网金融风险专项整治工作实施方案》。在互联网金融整治工作进程中，为了实现横向联动，纵向联管，完善地方金融监管协调机制，浙江省金融办向温州市学习金融风险防控与监管经验，决定成立地方金融监管局。

除了监管部门主动监管以外，浙江省互联网金融行业从业机构也达成自律共识，并积极主动要求拥抱监管。互联网金融风险事件爆发伊始，浙江多家网贷机构就在2014年11月共同签署了P2P行业自律协议，并表示要保持合规经营，且积极配合监管部门开展工作。为更好地发挥行业自律作用，提升行业规范发展水平，在浙江省金融办的指导下，由浙江大学互联网金融研究院、蚂蚁金服、浙商银行联合发起，并由各互联网金融行业领先的企业或机构、相关行业及组织共同组建了浙江互联网金融联合会（以下简称“浙江互金联会”）。在行业自律方面，浙江互金联会与会员共同签署了行业自律宣言，联会也积极组织召开各类行业合规与发展研讨会议，成为监管部门与企业的沟通平台，并协助监管部门加强行业监督引导，推动浙江省互联网金融行业健康有序发展。

## 四　浙江省互联网金融专项整治

浙江省在金融改革创新发展方面一直领跑全国，尤其是在互联网金融创新业态上，浙江省持包容开放态度，在一系列先行、先试的大胆鼓励政策和制度革新支持下，浙江省的互联网金融行业取得了卓越的发展成果，形成了丰富的产业聚集，为“钱塘江金融港湾”的建设和地方金融改革提供了基础、保障和经验借鉴。

2017 年 11 月，浙江省金融工作会议上，浙江省委书记车俊提出浙江省金融发展方针，包括稳步有序创新发展互联网金融、规范发展草根金融，通过深化监管改革与整治金融乱象并举，积极争取在区域金融开放先行先试的同时改善金融生态环境。事实上，在浙江省互联网金融整治工作过程中，这一方针、理念也贯彻始终。

2016 年，浙江省政府办公厅正式下发《浙江省互联网金融风险专项整治工作实施方案》（浙政办发〔2016〕62 号），标志着全省互联网金融风险专项整治工作的全面开展。方案根据中央关于互联网金融发展和风险整治工作的要求及文件精神，确立了浙江省内互联网金融风险专项整治的工作目标、原则、重点，在坚持规范与发展并举、创新与风险防范并重的基础上，着重于达成促进全省互联网金融行业的健康可持续发展与支持双创的积极作用的目标，以去伪存真、有序推进、协同分工、远近结合为基本原则，重点对 P2P 网络借贷、股权众筹、互联网资管和第三方支付行业与领域的违法违规现象进行查处，并依托整治工作经验形成长效监管机制。依据方案确立的工作职责分工和步骤流程，浙江省各级政府从工商登记信息着手，依据企业注册名称或经营范围对涉及互联网金融的企业逐一摸排，并依据企业实际经营业务进行性质分类，按分类区别处置。

具体排查工作按照企业优先自查、金融主管部门重点排查的流程按步开展。浙江互联网金融联合会首先开展了自查整改工作，联会从完善自律检查制度、助推企业合规发展、建立风险预警机制和消费者权益保护四个方面发挥了自律协会的积极作用，并组织专家委员会会同相关工作组对联会理事单位进行全面排查。2016 年 4 月 26 日，杭州市金融办率先发布《杭州市网络借贷机构风险排查工作方案》，确立了共计 125 家待排查企业名单。排查过程由金融办牵头，街道办、工商和公安协同支持，按照企业自行自查自纠、相关部门抽查核实、区金融办形成排查结论、分类处置风险的流程有序开展。其中排查内容涵盖财务指标、业务指标、合规指标和风险管理指标，包括企业资本、营业收入、出借资金、出借项目、资金托管、风险缓释措施等总计 16 项相关内容。依据排查所得信息，网络借贷机构被分类为正常、关注、风险和高危四类（见表1），不同类别的分类处置主要集中在加强风险类机构设置风险缓释措施、控制业务规模、降低负债水平，联合公安部门处理高危类机构的违法违规行为，化解累积风险。

**表1 杭州市网络借贷机构排查分类标准**

| 类别 | 分类依据 |
|---|---|
| 正常 | 经营规模小，出借人数少（小于150人），吸收资金金额小（小于500万元） |
| 关注 | 经营规模较大，出借人数较多（大于150人），吸收资金金额较大（大于500万元）；有严格有效的风险管理措施；业务开展正常 |
| 风险 | 经营规模较大，出借人数较多（大于150人），吸收资金金额大（大于500万元）；无有效的风险管理措施；业务损失较大 |
| 高危 | 资金入不敷出，主要依靠后续吸收资金支付前期投入资金利息；涉嫌违法犯罪 |

资料来源：《杭州市网络借贷机构风险排查工作方案》。

随着浙江省各地互联网金融风险专项整治工作的开展，通过总结工作经验，浙江省形成了一系列长期有效的监管机制和深化改革举措（见表2）。其一，改变互联网金融监管领域空白和重叠并存的现象，通过建立浙江省政府金融工作会议协调机制，将全省金融监管主管部门纳入协同体系中，通过深度动态的沟通手段填补金融监管的空白，减少重复监管造成的负担。同时，将这一协调机制延伸至金融监管的“毛细血管”，在县级以上人民政府同步建立金融工作议事协调制度。其二，赋予地方金融办金融监管职责和法律授权的监管职能，形成地方一行四局（中国人民银行杭州中心支行、中国银行业监督管理委员会浙江监管局、中国保险监督管理委员会浙江监管局、中国证券监督管理委员会浙江监管局、浙江省人民政府金融监管局）的金融监管体系。借鉴温州试点的成功经验，浙江省成立金融监管局并由原省金融办负责监管局工作，职责由原先协调地方金融监管转变为统一归口负责地方金融监管。此外，浙江省正在积极研究制定《浙江省金融管理条例》，加快省级地方金融管理的立法，强化省金融管理部门的监管职能与法律授权；其三，积极采纳科技手段和工具，推动浙江省金融风险监测防控系统“天罗地网”的开发部署，该系统将全面整合省内金融监管资源，一并接入一行三局、公安、工商等相关部门的监管系统，对各类金融机构和各项金融活动的风险实现全天候、全流程、全覆盖管控，增强对金融风险早识别、早预警、早发现、早遏制的能力。

**表 2　浙江省互联网金融行业风险专项整治期间发布的监管政策与规定**

| 发布部门 | 发布时间 | 监管法规 |
| --- | --- | --- |
| 浙江省人民政府办公厅 | 2016 年 6 月 16 日 | 《浙江省互联网金融风险专项整治工作实施方案》 |
| 浙江省发展和改革委员会、浙江省人民政府金融工作办公室 | 2016 年 12 月 23 日 | 《钱塘江金融港湾发展规划》 |
| 浙江省检察院 | 2017 年 1 月 10 日 | 《关于加强互联网金融刑事检察工作的意见》 |
| 浙江省金融办 | 2017 年 9 月 4 日 | 《省金融办关于进一步加强金融资产交易中心监管工作的通知》 |

资料来源：整理自网络新闻。

与此同时，浙江省司法领域积极全面提升对互联网金融违法犯罪的充分认识。自 2015 年至 2016 年 6 月，浙江检察机关受理移送审查、起诉的互联网金融领域犯罪案件共 219 件，涉及 1669 人，其中提起公诉的案件有 142 件，涉及 840 人。基于保护互联网金融创新，严格区别入罪与无罪，浙江省检察机关对 3 人作不起诉处理，并建议公安机关对 78 人不予追究刑事责任。2017 年初，浙江省检察院发布《关于加强互联网金融刑事检察工作的意见》，指出检察机关应当通过依法履行检察职能，营造互联网金融发展的良好法治环境，通过打击互联网金融违法犯罪，保护互联网金融合法守规创新经营，提供互联网金融行业健康发展的重要司法保障基础。尤其需要强调的是，意见充分体现跨界融合的特点，提出建立健全互联网金融行政执法与刑事司法衔接机制，强化复合型办案人才的培养与选任，有效提升互联网金融监管效能和检察水平。

## 五　结论与政策启示

浙江省在推进互联网金融的健康、良性发展过程中，在金融主管部门秉持的开放、包容态度支持下，互联网金融行业的创新与风险得到了很好的平衡。一方面，互联网金融行业不断出现新技术、新业态和新模式，大量创业企业在有效的政策保障下成立，良好的互联网金融生态环境吸引一些知名机构向浙江省迁移。另一方面，浙江省互联网金融行业风险在有效控制下并未出现极端恶劣案件。随着风险整治工作的开展与深化，互联网金融行业的风险累积也正逐步缓解。总结来看，浙江省为规范发展互联网金融行业提供了丰富的可借鉴经验。

其一，互联网金融的跨界经营决定了对互联网金融行业的监管不能仅仅局限于单纯的机构监管，涉及多主管部门的功能性监管则要求主管部门间具有良好通畅的沟通协调机制，以及培养和选任兼具金融、技术、法律等专业知识的复合型监管人才。浙江省检察院率先开启了检察领域的跨界，并主动从法治环境为互联网金融行业的有序发展提供保障。其他地方和部门可吸收和借鉴浙江经验和做法，拓展跨界合作，建立部门间长效合作机制，避免监管空白和监管重叠，培养和选任具备多元专业知识和技能的复合型人才。

其二，建立健全地方金融监管体系与机制。借鉴温州试点的成功经验，对地方金融办在金融监管和行政管理过程中的身份困难和法无授权困境，应大胆推行地方金融管理法制建设。地方政府应当通过相关法律法规的制定，正当合法化地方金融办的金融管理职能、职权，促进地方金融办对诸如互联网金融等金融创新依法依规监管。与此同时，地方金融办作为归口管理地方金融的主管部门，应当从提升金融监管效率、效能，有效促进金融创新发展，提高金融风险管理控制水平的角度出发，完善金融监管制度、措施，并积极运用监管科技提升金融监管的水平，确保区域金融风险得到有效控制。

**B**.12

# 深圳市互联网金融发展态势及其整治*

黄国平　李 凯**

**摘　要：** 随着全国互联网金融风险专项整治的全面铺开，以及网络借贷信息中介机构业务活动管理暂行办法、备案细则等法律法规的逐步落地，互联网金融从原来的野蛮生长模式逐渐发展成为规范化发展趋势。深圳作为我国互联网金融主要的聚集地之一，近些年行业获得飞速发展，但由于前期准入门槛低、监管相对滞后等问题，行业逐步集聚并暴露了一些风险。为有效规范行业发展，深圳市政府在全国范围内率先部署了互联网金融专项整治工作，并在“首付贷”、“众筹炒楼”、校园网贷等业务规范方面起到了模范带头作用，取得了良好的成效。目前，深圳互联网金融专项整治已进入尾声，但监管体系和长效机制的建立尚远未完成，需要地方政府、金融监管部门和行业自身本着促进和规范行业健康发展目标共同努力。

**关键词：** 金融科技　互联网金融　专项整治　金融生态环境　金融监管

* 本报告是在黄国平、唐军主编的《广东金融科技发展报告（2018）》中《深圳金融科技与互联网金融发展态势及其整治》基础上修改形成的。

** 黄国平，经济学博士，中国社会科学院金融研究所研究员；李凯，经济学博士，深圳互联网金融协会副秘书长。

## 一 前言

深圳作为我国经济特区和改革开放的前沿重镇，已经发展成为我国金融科技和互联网金融最活跃和最发达的城市之一。深圳市一直高度重视互联网金融的发展，努力为互联网金融的发展创造良好的产业基础和创新环境，力争把深圳打造成最适宜金融科技与互联网金融创新发展的热土。

早在2008年，深圳就把互联网作为全市的战略性新兴产业。2014年深圳相继出台一系列重大金融改革文件①，规划建设深圳福田、罗湖和南山三大互联网金融产业园区，大力推动金融科技和互联网金融集聚创新发展，吸引更多有利于增强市场功能的金融科技与互联网金融平台落户集聚，培养了一批初具规模、在国内业界具有影响力的行业标志性企业。深圳市互联网第三方支付规模将近全国的一半。以网络借贷为代表的互联网金融平台迅速增加，基本业务占全国1/4到1/3。互联网理财产品销售规模、股权众筹融资规模、互联网财富管理规模均稳居全国前三。目前，深圳市持续推动各类金融机构在深圳落地，促进深圳在互联网金融、金融科技以及跨境金融创新等方面先试先行，充分发挥深圳在中国金融改革“试验田”作用。

2016年，随着全国互联网金融风险专项整治的全面铺开，以及网络借贷信息中介机构业务活动管理暂行办法、备案细则等法律法规的逐步落地，互联网金融从原来的野蛮生长模式逐渐发展成为规范化发展趋势，行业进入优胜劣汰的淘汰模式，整个行业慢慢回归于理性及真实。这一年，行业称之为“互联网金融规范元年”。深圳作为我国互联网金融主要的聚集地之一，近些年行业获得飞速发展，但由于前期准入门槛低、监管相对

---

① 2014年初深圳颁布了《关于支持互联网金融创新发展的指导意见》，成为国内首个发布实施的互联网金融专项政策。

滞后等问题，行业逐步集聚并暴露了一些风险。为有效规范行业发展，深圳市政府在全国范围内率先部署了互联网金融专项整治工作，并在“首付贷”、“众筹炒楼”、校园网贷等业务规范方面均起到了模范带头作用，取得了良好的成效。但在以 P2P 网贷为主的互联网金融领域，仍存在一些风险问题尚待解决。

## 二 深圳金融科技与互联网金融生态环境分析

金融行业的规范、健康发展离不开良好的金融生态环境，深圳在金融科技和互联网金融领域的全国领先地位与它一流的金融生态环境密切相关。根据《中国地区金融生态环境评价（2013～2014）》对全国 247 个大中城市（地区）进行的金融生态环境综合评分，深圳市的金融生态环境在 247 个城市中排名第一，高于另外两个金融发达城市北京和上海。

2016 年底，深圳市金融行业总资产达到 12.7 万亿元，资产规模位列全国第三，增加值为 2900 亿元，同比增长 14.6%，占同期全市 GDP 的 14.8%。深圳市金融业有“一、十五、二十”的特点，即深圳市金融业有 1% 的人口，15% 的 GDP 贡献和 20% 的税收贡献，可以看出金融业在深圳市经济中拥有重要的地位。另外一个特点是，深圳市的互联网、人工智能、设备等软硬件行业的增加值也很大，2016 年全年行业增加值为 1250 亿元，全年增长 17%。以上两个特点为金融和信息技术的结合、互联网金融和金融科技行业发展奠定了坚实的基础。

截至 2016 年底，对活跃经营公司数据统计显示，深圳市 P2P 网贷平台有 670 家，位列全国第一，全年成交额为 4000 亿元，环比增长 51%；股权众筹平台有 130 家，第三方支付有 19 家，其余互联网基金、互联网信托等财富管理类互联网金融公司数量也位列全国前茅。按照工商注册口径统计，2016 年 3 月深圳市工商部门完整排查全市公司注册信息，其中注册名称或经营范围等含有特定关键词（如金融、互联网金融、P2P 网贷等）的公司为 9500 家。

深圳市金融科技与互联网金融行业整体的特点可以总结为三个关键词来表述：强龙头、全业态、广基础。具体而言，深圳市落地实现的首单、首家、首笔新业务业态较多，如微众银行（第一家民营互联网银行）、招联消费金融（第一家互联网消费金融公司）、中顺易金融（第一家互联网信托公司，由中信信托、顺丰、网易合资）、众惠财产相互保险（首批相互保险公司）、前海再保险（第一家民营资本主导的再保险公司）等实力较强的龙头企业，余额规模50亿元以上的P2P平台有7家，10亿~15亿元的有20家。股权众筹行业成交规模较大的有众筹帮等，以腾讯为代表的互联网第三方支付规模占据全国半壁江山。另外，首批八家个人征信牌照深圳市或与深圳相关联的公司占有四家（华道、鹏元、前海征信、腾讯征信）。

全业态是指各类业态的覆盖广泛、均有涉及，如持牌互联网保险易安财险。广基础是说由行业衍生出来的服务公司多、产业基础好。深圳市金融业和金融科技产业主要分布在前海和福田两个区。目前，前海区带有三块牌子，包括前海深港现代服务业合作区、中国（广东）自由贸易实验区深圳前海蛇口片区、前海湾保税港区，主要承担国家若干政策与战略意图和迁人迁市的职能。前海区对信息服务业和科技服务业实施财税优惠政策和人员、注册资本金等优惠政策，吸引了一些金融公司在此注册。前海区在金融职能上带有两块牌子，一是我国金融业对外示范窗口，二是人民币跨境业务创新实验区，主要是在跨境和创新两个维度进行一些探索，取得经验从而向其他地区复制。

福田区是深圳市金融核心区，福田区的持牌金融机构占深圳市的67%，福田区的金融业增加值占全区增加值的35%，占深圳市金融业增加值的43%，是全国三大金融聚集区之一（其他为上海浦东和北京西城）。前海和福田关系紧密，许多企业注册在前海，办公在福田，这是因为前海是一个在建区，尚处大开发大建设阶段，这带来的问题就是没有成熟的办公地点。目前，前海区注册企业接近12万家，增长速度很快，其中，约半数为金融企业或与金融相关的服务类企业。这些在前海注册的企业，实际在前海区内经营的企业仅为581家，大多数是在其他区域实际开展经营，其中最大的一部分就是福田区。[①] 此前出现的跨区域经营、注册地和经营地相分离的情况，在深圳市较为普遍，也是产业发展的一个特点，即政策注地和产业集聚地相分离，这也是由前海的政策优势和福田的成熟建设等原因造成的。

## 三　深圳金融科技与互联网金融发展态势

### （一）深圳金融科技与传统金融融合发展

金融科技（Fintech）是深圳市重要创新领域，国内A股上市公司与互联网金融和金融科技相关的企业有58家，深圳有46家，上海有12家，在这58家上市公司中，在深圳注册的多达12家。2016年12月20日，深圳市政府牵头举办金融科技全球峰会，随即各类与金融科技相关的联会、研究院、金融创客大赛和各类研讨相继展开。前海在峰会上成立了金融科技先导区，福田率先于2016年3月发布金融科技专项支持政策，提出四个区、七个平台、三块田：四个区是研发区、孵化区、产业集聚区和政策先行先试区；七个平台指智能算法平台、资讯数据平台、智库培训平台、信披监管平台、沙盒标准平台、争议解决平台、融资路演平台；三块田是金融科技的示范田、实验田和高产田。福田区在金融科技领域是全国首屈一指的金融科技集聚区，金融科技企业巨头平安集团的核心金融科技部门位于福田；作为全球领先的金融科技企业深圳证券交易所，其最新的第五代核心交易系统完全自主研发，支持每秒30万笔交易，具有分布式、低时延、成本低、效率高的先进特征。作为金融科技和互联网金融行业典型代表的微众银行，其信息系统架构经过革新，业务成本低，具有从事小额资金业务的优势特点。

目前，全国金融科技领域竞争激烈，行业动态和发展日新月异。深圳结

① 例如，深圳针对P2P网贷进行的统计，深圳全市总共有800多家风险排查平台，其中注册在前海区纳入风险排查范围的平台有480多家，这480多家中实际经营地的分布，其中114家在福田区，34家在南山区，另外，宝安区有十几家。

合香港可以建设金融中心城，深港有作为国际金融中心的潜力，且在跨境的维度上有其优势。深圳除了前海新区，还有一个河套开发区。河套区原先属于深圳，后来归属香港，双方共同治理，2017 年 1 月，深圳与香港签署协议河套开发框架协议，拟将河套地区打造成集核心研发、人才培养、成果转化于一体的金融科技最高端区域。

随着金融科技与互联网技术的发展，深圳市各传统金融机构纷纷顺应国家“互联网 +”战略的要求，布局互联网金融，积极实现实体到网络、线下到线上的转变，加快推进业务互联网化发展。以互联网化成绩较为突出的平安银行为例，早在 2014 年，平安银行就确立了“做互联网时代的新金融”战略，坚持“跳出银行办银行”，将“互联网金融”作为该行潜心打造的四大业务特色之一。目前已经构建了“橙 e 网”“平安口袋银行”“平安橙子”“行 e 通”“金橙俱乐部”等面向公司、零售、同业、投行四大客户群体的互联网门户，形成强大的互联网金融线上服务能力。其中，“橙 e 网”精准定位于“互联网金融 + 供应链金融”领域，为产业链上的企业，尤其是广大中小企业提供生意管理、业务协同、融资、支付、结算、理财、保险、专业资讯等综合金融服务，着力解决了企业跨行收款、订单支付匹配、交易见证、资金增值、B2B 电票/应收账款融资等难题，助力中小企业电商化转型，努力打造供应链金融生态圈。据悉，上线两年来，平安银行的“橙 e 网”服务用户已超 300 万，注册用户超过 230 万，其中企业用户超过 44 万，实施合作项目 1500 多项，服务电商平台 300 多家并间接服务此类平台的过亿用户，累计在线融资金额超过 5000 亿元，在线交易笔数超过 40 万笔，探索出了一条传统商业银行试水“互联网 +”的创新之路。

## （二）深圳互联网金融业态发展

### 1. P2P 网贷行业发展情况

根据第三方机构第一网贷数据，截至 2016 年底，深圳市 P2P 网贷平台数量近 700 家，全年贷款余额 1520. 09 亿元，较 2015 年的 846. 41 亿元提升约 80%，全国排名第三。从整体运营情况看，呈现以下特征。一是业务规模持续增长，发展速度放缓。2016 年全市 P2P 网贷成交额 4565.95 亿元，占全国成交额的 16.3%，全国排名第三，同比上年成交额增长 72.84%，业务规模进一步增长。2015 年全市网贷成交额 2641.68 亿元，同比增长 276.55%，从发展速度看，2016 年有较大幅度下降。二是投资期限延长，利率逐步下降。2016 年全市 P2P 网贷平均期限为 4.67 个月，同比上年延长 17.38%，同比前年延长 15.31%。平均综合年利率 9.86%，同比上年下降 2.89 个百分点，同比前年下降 6.81 个百分点。平台呈现期限合规化、利率理性化发展趋势。三是问题平台大幅下降，合规风险仍待化解。2016 年深圳市新发生停止经营、提现困难、失联跑路等情况的问题平台 83 家，较 2015 年的 151 家下降 45%，问题平台有较大幅度下降。但深圳市大部分平台目前存在期限拆分、借款超额、未实现资金存管等违规行为，合规风险有待进一步化解。

2. 众筹行业发展情况

第三方机构第一众筹统计显示，截至 2016 年 12 月底，深圳市众筹平台总数为 183 家，占全国众筹平台 1321 家的 13.85%。从行业整体运营情况看，主要呈现以下特征。一是众筹平台多样化，股权众筹、实物众筹成主流。全市 183 家众筹平台中，除去 14 家转型平台，剩余 169 家众筹平台中股权众筹平台 82 家，占比 48.5%；实物众筹平台 71 家，占比 42%；公益众筹平台 5 家，占比 3%；综合性众筹平台 11 家，占比 6.5%。二是业务规模有所增长，股权众筹占比高。2016 年全市众筹成交额为 48.85 亿元，较上年增长 33.54%，占全国众筹成交额 330.36 亿元的 14.79%。其中，股权众筹金额 30.37 亿元，占比 62.17%；实物奖励众筹 11.41 亿元，占比 23.36%；公益众筹 7.05 亿元，占比 14.43%。三是认筹时间增加，问题平台占比高。2016 年全市众筹平台平均认筹时间为 77.65 天，较上年 33.87 天延长了 43.78 天，认筹时间较大幅度增加。此外，在 183 家众筹平台中，预警平台 29 家、问题平台 55 家，另外，还有 14 家转型平台，16 家平台暂未有项目上线。整体来看，众筹行业趋冷，行业发展受到一定限制。

3. 其他互联网金融业态发展情况

除 P2P 网贷平台、众筹平台外，深圳市其他互联网金融业态发展也相对较快。截至目前，深圳市第三方支付法人机构 19 家，总体交易规模居全国前列，其中不乏财付通、钱宝支付等知名机构。此外，深圳市拥有国内首家民营银行和互联网银行——微众银行。微众银行于 2015 年 5 月上线首款微粒贷产品，标志着其正式运营。其一周年运营报告显示，截至 2016 年 5 月，微粒贷总授信用户超过 3000 万人，贷款笔数 500 多万笔，业务遍及全国 31 个省份、549 座城市。

## 四　深圳互联网金融行业风险及其监管与整治

### （一）深圳互联网金融风险状况及其特征

同全国其他地区类似，深圳互联网金融风险集中体现于网络借贷领域，互联网众筹、互联网保险以及其他互联网金融形式由于规模相对较小，所暴露的风险影响也相对较小。根据 2016 年 8 月 24 日银监会发布的《网络借贷信息中介机构业务活动管理暂行办法》（以下简称《暂行办法》）规定，目前，深圳市大部分 P2P 平台存在不同程度的违规现象，需要整改或转型，行业面临竞争加剧和洗牌局面，具体体现在以下几方面。

一是借款项目超额较普遍。《暂行办法》规定，同一自然人在同一 P2P 平台借款额度不超过 20 万元；同一法人在同一 P2P 平台借款额度不超过 100 万元。根据统计数据，截至 2016 年底，全市约六成 P2P 平台开展了供应链贷款、房产抵押贷款、赎楼贷等业务，此类业务融资额度基本在上百万元到千万元，违反了借款限额规定，面临较大的整改压力。同时借款项目限额规定将迫使 P2P 企业放弃大额借款业务，转向信用贷、车辆抵押贷等小额借款业务，转型失败的企业将被直接淘汰，转型成功的企业则将面临更加剧烈的同质化竞争压力。

二是期限拆分行为较普遍。P2P 平台存在将借款项目期限进行拆分的现象，以短期吸引投资人投资。《暂行办法》严禁期限拆分，将延长项目投资期限，P2P 平台获客成本增加，不少平台正失去存量客户，生存压力增大。

三是实现银行资金存管平台较少。截至2017年1月，全国仅有99家P2P平台完成银行资金存管，深圳市仅有25家P2P平台完成。银行资金存管门槛较高，也需额外支付一定费用，预计这将进一步淘汰实力较弱的P2P平台。随着P2P管理办法规定的一年整改期临近，预计部分P2P中小平台将难以完成整改，被迫退出市场，中小P2P平台良性退出、倒闭、跑路现象或有所凸显，给全市带来一定的维稳压力。

2015年以来，由校园网贷引发的“裸贷”“暴力催收”等行业乱象在媒体持续发酵，引起社会广泛关注，造成了不良的社会影响。从全国爆发的风险事件来看，校园网贷主要存在以下问题。一是审核门较槛低。校园网贷企业对大学生借款资质的审核门槛低，大部分未落实第二还款来源，个别甚至仅凭身份证就可贷款。大学生群体自制能力较差，容易受到借钱消费的诱惑和平台业务员的鼓动，一旦过度消费，容易陷入以贷还贷的恶性循环，最终造成不可承受的后果。二是收取较高费用。不少校园网贷对外只公布月息、服务费，但收取高额的逾期费、催收费，一旦逾期，学生将背负巨大还贷压力。三是部分催收手段涉嫌违法违规。部分校园网贷催收手段涉及违法违规行为，如群发催收信息、向亲戚朋友催收等，严重干扰了学生及其家庭的正常生活。截至2016年底，部分企业逐步退出校园网贷业务，但仍有一些校园网贷平台仍未完成整改，有待进一步整顿。

至于其他互联网金融领域风险，随着互联网金融的兴起，深圳市部分不法分子开始以“互联网金融”名义开展各种非法金融活动，“互助社区”“养老项目”“商品返利”“二元期货”等名目不一而足，加之隐蔽性较高，给各监管部门监测防控带来较大困难。此外，此类非法金融活动具有涉及人数众多、投资人年龄偏大、人均投资额高等特点，一旦发生违约，投资人往往集结上访，将给市政府带来较大维稳压力。

### （二）深圳市互联网金融监管及专项整治

2015年下半年至2016年初，全国各地陆续爆发了e租宝、大大集团、易乾财富、快鹿集团、中晋资产等百亿级理财公司的兑付危机、自融嫌疑、卷款跑路等风波，给投资人带来重大损失，引发社会各界的强烈反响。正是在这种背景下，2016 年 4 月，国务院制定并实施了《互联网金融风险专项整治工作实施方案》（以下简称《方案》），根据《方案》要求，中国人民银行牵头银监会、证监会、保监会等十余个部门成立互联网金融风险专项整治领导小组，指导分别印发了《P2P 网络借贷风险专项整治工作实施方案》《股权众筹风险专项整治工作实施方案》《非银行支付机构风险专项整治工作实施方案》《互联网保险风险专项整治工作实施方案》《通过互联网开展资产管理及跨界从事金融业务风险专项整治工作实施方案》《开展互联网金融广告及以投资理财名义从事金融活动风险专项整治工作实施方案》六个分领域专项整治工作方案，重点对 P2P 网贷、股权众筹、第三方支付、互联网保险、通过互联网开展资产管理及跨界从事金融业务、互联网金融广告等领域开展为期一年的风险排查与清理整顿工作。同年 8 月和 11 月，银监会等部门先后出台了《网络借贷信息中介机构业务活动管理暂行办法》、《网络借贷信息中介机构备案登记管理指引》，进一步明确网贷行业的监管主体与规范行为，加快推进行业的健康发展。

深圳市委、市政府也高度重视互联网金融风险专项整治工作，2015 年底便开始部署互联网金融风险专项整治工作，随后根据国务院专项整治工作要求，制定并印发了《深圳市 2016 年全面开展互联网金融风险等专项治理工作方案》，市、区两级联动全面开展包括互联网金融在内的全市金融风险大排查。同时，2016 年初，深圳市金融办申请立项开发建设全市金融风险预警和监管信息系统，通过“冒烟指数”“云数据”等技术手段，特别是穿透“业务、资金、人员”三条主线，全天候无缝隙监控互联网金融等风险活动，建立健全地方金融监管机制，强化金融风险防控体系建设。

除了对 P2P 网贷等六大领域开展重点整治外，深圳市政府还率先在全国范围内对存在较大风险隐患的房地产金融、校园网贷两大领域进行了风险排查与整治。2016 年 3 月，深圳市政府指导市互联网金融协会先后出台了《深圳市互联网金融协会关于停止首付贷类型产品的通知》《深圳市互联网金融协会关于停止“众筹炒楼”的通知》，并于 3 月 24 日，正式印发了

《深圳市人民政府办公厅关于完善住房保障体系促进房地产平稳健康发展的意见》，全面严禁互联网金融企业、小额贷款公司等金融机构从事首付贷、众筹购房、过桥贷等金融杠杆配资业务，取得了积极成效。随后，广州、上海等地纷纷效仿执行，相关政策在全国进一步推广。2016 年 8 月，针对近年来全国各地校园网贷存在的虚假宣传、变相发放高利贷、暴力催收等违法违规现象，深圳市政府指导市互联网金融协会结合实际情况，起草了《关于规范深圳市校园网络借贷业务的通知》，要求校园网贷平台必须严格遵循“落实第二还款来源”“禁止向学生提供除助学贷款、创业贷款等有助于学习工作之外的贷款业务”“严禁非法催收”等九项规定，有力打击了非法违规贷款，保障了学生的合法权益。

从促进和规范互联网金融健康发展角度，深圳互联网金融监管和整治提出“两条腿”走路，一是扶优限劣，二是严厉打击非法集资等金融犯罪。2013 年深圳市政府首先实施互联网金融的课题研究，课题当时由深交所牵头，吸收来自监管部门一行三会人员、从业机构人员和研究机构人员参与，课题针对性提出一系列政策建议，包括在物理空间上成立产业园，组织成立行业自律协会，成立深圳市互联网金融产业发展基金，人才培养等一揽子政策建议。2013 年后，深圳市互联网金融行业蓬勃发展，企业数量、成交规模、业态覆盖都出现飞跃，新业态也不断涌现。2015 年 5 月，以云南泛亚事件为转折点[①]，深圳市互联网金融行业政策由鼓励发展逐渐转向风险防控。2015 年 8 月，深圳市金融办与前海区即开始拟制一系列关于如何强化监管的工作方案。2016 年 4 月全国风险整治前，深圳市已经率先开始。2016 年 1 月 1 日，深圳市首先停止带“互联网金融”字样的企业工商注册，早于国家工商总局发文要求停止注册。2016 年 3 月，深圳市全面开展互联网金融风险专项治理工作方案推出，经市委常委审核正式印发执行，由处非

① 泛亚注册在云南，由于非法集资资金链断裂，彼时泛亚在深圳前海注册互联网金融平台泛融网，签订出借人、借款企业、泛亚以及泛融网四方协议，把在泛亚平台上形成的债权债务关系转移到了泛融网，并在协议上约定违约或纠纷的解决地在深圳，转移了自身责任。股市牛市造成泛亚投资人挤兑，加速泛亚资金池的崩塌，给深圳市政府带来极大压力。

办牵头，并且纳入综合考核，建立处非领导小组，并在各区层面成立相应建制，由市小组负总责并统一指挥，各区政府、新区管委会、前海管理局在市小组领导下成立区小组。

在专项整治方案之外，还建立健全多项相关制度，如“打击处置非法集资工作办法”，明确了分工、职责、流程，“深圳市非法集资案件举报奖励办法”大力度奖励举报，对符合条件的举报人最高可获 20 万元奖励，为全国最高。同时，明确责任、纳入考核，确定打击处置非法集资工作考核标准，占各区政府综合考核较大分数，进一步督促落实相关工作。

清理整顿过程包括几个方面具体内容。一是全市纳入整治范围的商事登记主体由工商部门对企业登记信息进行关键字筛选，共计 20 多万家。二是配套建立了信息系统，用于信息传递和资料上传，委托第三方在很短时间内快速开发排查表格上传系统。三是充分运用第三方力量。例如福田分派任务至街道进行片区内排查，前海由于是虚拟注册地，仅 500 多家公司在此经营，大量公司在区外经营，联络困难，于是前海使用一些第三方数据对企业是否实际经营进行判断，查找实际经营地，通过快件服务，寄送表格至公司进行填写，由法人签字、加盖公章和保证所提供的信息真实无误，并由公司寄回。在总体排查外，针对规模较大平台进行重点现场检查，2016 年 5 月在整顿工作初，即对两家较大平台进行较深入的联合检查，通过解剖麻雀，锻炼队伍、验证检查工具和体系的科学合理与有效性。对 50 亿元以上平台，由市金融办牵头进行现场检查，10 亿～50 亿元的平台分派到各区负责，由各区进行现场检查，通过第三方机构（会计师事务所、律师事务所）出具现场检查报告。

在深圳互联网金融专项整治后期长效机制建设过程中，需要密切关注的一项关键问题是地方金融监管权责不对等，金融监管治理体系需要重构。当前的金融监管和治理体系存在五个不适应：金融监管法制资源与商事登记准入制度放松下类金融机构注册泛滥、行业监管无法可依不适应；分业监管模式导致监管套利、资产泡沫不断推高背景下系统性风险防范的实时预警和迅速反应的要求不适应；缺乏穿透式风险监管机制和全面准确的风险统计与信息技术推动下金融风险迅速传染不适应；分类微观审慎监管加剧金融机构资产顺周期性放大金融波动与逆周期宏观审慎监管金融服务实体经济的需要不适应；金融服务监管的实权集中在中央与金融风险处置压力集中在地方不适应。带来的工作难点就是工作由地方开展但缺少执法权、处置权、取缔权、现场检查权等。

目前，深圳市也在建设地方金融风险监测预警系统，应用大数据、云计算、区块链、语义分析、文本挖掘等技术。在宣传上，充分利用如公交站点、广场、银行网点以及电视、互动媒体，商场、地铁、公交等屏幕，网络、移动端等公共设施和场所，采用居民喜闻乐见的方式进行宣传教育。深圳投资者素质和成熟度较高，互联网金融领域没有出现重大案件，风险把控较好。

## 五　结论与政策建议

深圳金融科技监管与互联网金融专项整治过程和经验，概括地说，就是一个基础、三个主体、六个机制，即以类金融机构的监管主体、法律依据、权责清单为基础，以金融监管部门（包括地方政府）、第三方机构（包括技术供应商、专业服务机构）和行业自律组织三个监管主体，以准入、信息披露、风险预警、案件处置、投资者教育和权益保护、宣传六个机制构成一个完整的监管体系，推动行业规范和创新发展。同时，鼓励和引导金融科技和互联网金融企业建立和完善内部风险管理和度量体系，强化自身的风险管理和控制。毕竟，良好的风控还是主要依靠市场机制和企业内部管理，政府无法堵住，大包大揽更不可行。另外，值得一提的是，深圳市在事中事后的监管工作与社会信用体系连接方面有较好的经验，一是企业法人在注册之初，需要对其背景进行调查，并且法人需要做出诚信经营的承诺，允许有关部门在主体违反承诺条款的情况下采取必要的措施；二是自然人作为法人代表的背景调查已经实现部门联动，建立企业工商信息网络，通过法人相关关系进行风险评估，如 e 租宝的涉案人员已经进入黑名单，限制其此类业务的从业限制，建立守信激励、失信惩戒的机制设计。目前，深圳互联网金融专项整治已进入尾声，但监管体系和长效机制的建立尚远未完成，需要地方政府、金融监管部门和行业自身本着促进和规范行业健康发展的目标共同努力。

其一，切实推进互联网金融风险专项整治工作，引导行业合规和健康发展。网络借贷等互联网金融企业作为信用载体，在当前整个行业处于信用危机的情况下，任何风吹草动都容易引发挤兑危机，给企业带来灭顶之灾。2016 年底，深圳市互联网金融风险专项整治工作已进入清理整顿阶段，鉴于当前 P2P 网贷存在较多的违规行为，为防止在风险化解过程中发生二次风险，必须稳妥有序地推进整改工作，积极做到以下三点。一是新老划断，严控借贷规模。责令违规 P2P 网贷、校园网贷企业在完成整改前不得新增网络贷款余额，存量违规业务必须逐月降低并限期结清。二是以时间换空间，逐步化解企业风险。充分考虑违规 P2P 企业存在的流动性风险，给予其必要的整改期限，分阶段化解存量风险。三是树立标杆企业，发挥示范作用。在风险排查、现场检查的基础上，寻找合法合规经营企业，先行备案，鼓励发展，树立行业榜样，引导行业企业积极向合规标杆企业靠拢。

其二，明确监管目标，健全监管体系。目前，除 P2P 网贷、第三方支付、互联网保险等有相对明确的管理办法外，众筹（含公益众筹、实物众筹、股权众筹）、互联网财富管理（含互联网信托、互联网基金销售）、金融科技、金融互助社区、线下财富管理、股权投资机构等类金融机构均没有明确的划分类别，也没有制定相应的准入门槛和监管部门，存在较大的风险隐患。建议有关金融监管部门尽快梳理类金融企业，分门别类，制定准入门槛，明确监管部门，建立健全互联网金融监管体系，为后续日常监管奠定坚实的基础。

其三，规范企业名称，厘清经营范围。当前互联网金融企业名称和经营范围滥用现象较严重，给各地专项整治工作及后续日常监管带来较大的困难，同时，也使不法分子有机可乘，脱离监管范围，进行非法金融活动。建议金融监管部门加强对 P2P 网贷、股权众筹、互联网财富管理等互联网金融企业的名称和经营范围规范，制定明确的名称和经营范围注册登记规范办法，以实现统一、规范的管理。

其四，加快建设地方金融风险监测预警系统，制定有效惩处措施。为有效实现对 P2P 网贷、股权众筹等互联网金融企业的风险监控与预警，建议整合多方资源，逐步推进以下工作。一是整合政府数据。通过接入工商、公安、税务、社保等部门有关数据，实现多维度分析对比，全方位一体化实施监控，有效甄别风险企业，防控金融风险。二是实时报送企业经营情况。强制要求所有互联网金融企业接入系统，并定时报送企业经营数据，未及时报送的，制定相关处罚措施，如列入异常名单、违规通报等。三是逐步接入企业及其高管账户。为有效监控企业账户之间或企业账户与高管账户间的资金往来，建议协调各地银监局、各商业银行将互联网金融企业的所有企业账户及企业法人、高管账户接入系统，并实时监控大额资金异动情况，防范非法集资、卷款跑路等风险。

其五，推动建立金融风险宣传教育长效机制，提高风险识别和防控能力。当前金融服务及产品创新呈现加快趋势，公众参与投资理财的现象普遍化，对金融风险教育提出了新的要求。建议加强金融知识普及工作，建立金融风险教育长效机制。一是将金融风险教育早龄化，将金融基础知识、经典风险案例收进高中、大学课本，强化金融风险防范意识，树立“收益自享、风险自担”观念。二是将金融风险宣传教育常态化，定期通过电视、广播、书报杂志、微博微信等渠道，开展线上线下风险宣传教育活动，多层次、广覆盖地普及金融风险知识，传播理性投资理念，提高风险识别和防控能力。

其六，加强行业舆论关注和引导工作，营造良好的行业舆论氛围。自 e 租宝事件以来，P2P 等互联网金融饱受争议，部分媒体的评论不够客观，严重干扰了行业的健康发展。因此，建议金融监管部门加强行业舆情关注与引导。一是实时关注行业动态，及时发现负面舆情。建立与行业协会、新闻媒体畅通的信息交流机制，实时监控行业舆情，及时发现并处理各种不实报道，营造良好的行业舆论氛围。二是积极引导各主流媒体进行客观公正报道，避免以讹传讹，扩大传播范围，进一步加剧企业面临的风险，从而引发群体性事件，给地方政府带来维稳压力。三是规范互联网金融的广告宣传，明确禁止及处罚虚假宣传、夸大宣传等违规行为并建立举报奖励制度，同时建立宣传追责机制，严格规范明星、专家学者、电视、广播、报纸等受众面广、影响力大的名人或媒介宣传行为，对于未经审查而开展代言或宣传的行为进行追责等。

# 专 题 篇

Special Reports

# B.13 金融科技赋能普惠金融：因何、如何及案例分析

蔡 真*

**摘 要：** 如果将2016年之前互联网金融行业的大发展定义为金融科技1.0时代，那么它更多地反映的是普惠金融“普”的精神。随着大数据、云计算、人工智能、区块链等技术的应用，金融科技迎来了2.0时代，在这一背景下如何将普惠金融“惠”的方面以及有效、可持续等精神内涵进一步发挥出来成为重要议题。本报告首先探讨了普惠金融对经济包容性增长的意义，分析了当下中国金融深化与金融不普惠的现状，接着探讨了金融科技因何以及如何赋能普惠金融，

* 蔡真，经济学博士，中国社会科学院金融研究所副研究员，国金金融研究室主任。

并进行了案例分析。

**关键词：** 普惠金融　包容性增长　金融科技　金融深化　供应链金融

## 一　普惠金融与经济包容性增长

传统的金融深化理论认为：金融抑制导致资源配置效率低效、产生扭曲效应，进而影响经济增长；因而主张通过放松利率、信贷管制的金融深化方法达到促进经济增长的目的。然而，20 世纪 80 年代拉美国家的金融自由化以及 90 年代东欧国家的市场化（包括金融市场化）并没有产生稳定增长的效果，甚至导致动荡和频繁的危机。从截面数据分析，图 1a 绘制了 2015 年 114 个国家私人信贷占 GDP 比例（代表金融深化）与人均 GDP（代表经济增长）的关系，两者之间并未表现出明显相关关系。图 1b 是人均 GDP8000 美元以下组的情况，尽管我们拟合出一条正相关关系的曲线，但拟合优度极低；且拟合线以下分布点众多，反映出即使在低收入情况下金融也存在过度繁荣的现象，未能有效促进实体经济发展。

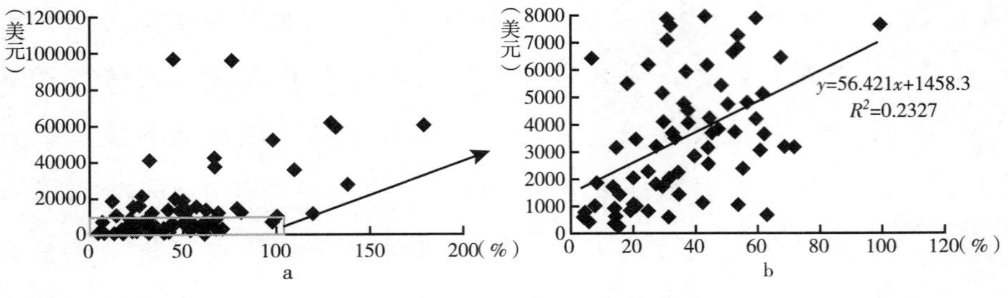


**图 1　金融深化与经济增长**

资料来源：世界银行发展指标数据，笔者计算。

20 世纪末内生金融发展理论研究表明：金融机构或服务的形成存在明显的门槛效应，即人均收入较低时，这一地区无法覆盖金融机构的参与成本，导致该地区无金融服务，进而形成增长约束。从政策角度出发，这意味着对低收入人群、欠发达地区、贫困国家可以施以政策性金融手段使其达到金融服务基本门槛，从而达到解除金融约束实现发展的目的。20 世纪 80 年代以来，一些发展中国家的小额信贷（Microcredit）项目（如孟加拉的乡村银行）取得了一定成效，这从实践层面验证了理论的正确性。随后，小额信贷概念逐渐拓展为小额金融（Microfinance），直至扩展为更广泛的普惠金融（Financial Inclusion）概念。

联合国对“普惠金融”的概念进行了定义，即“立足机会平等要求和商业可持续原则，以可负担的成本为有金融服务需求的社会各阶层和群体提供适当、有效的金融服务”。世界银行建立了一套全球普惠金融数据库（Global Financial Inclusion Database），其中的成年人银行账户拥有率可作为衡量金融普惠程度的重要指标。账户拥有率低于 40% 的国家主要集中于中亚、非洲以及拉美地区，这些国家大多是低收入国家，由此可见金融包容性与经济增长的关系；此外，以最富有的 1/5 人口账户拥有率是最贫穷的 1/5 人口账户拥有率的倍数代表金融不平等程度，其与收入不平等表现出明显的正相关关系（见图 2），这恰恰验证了普惠金融影响经济增

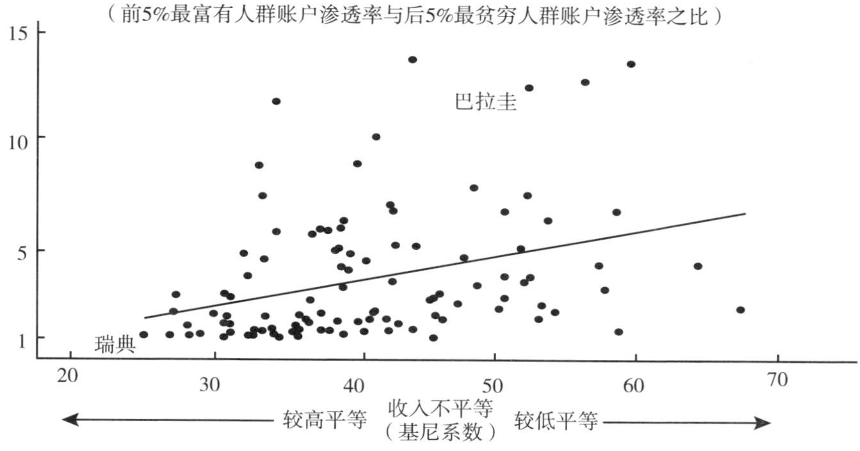


**图 2　账户渗透率与经济增长、不平等**

资料来源：Demirguc-Kunt. etc.，“Financial Inclusion and Inclusive Growth”，*Policy Research Working Paper*，2017。

长的机制，即金融发展越普惠，经济增长越包容。从微观角度讲，普惠金融促进经济发展的机理包括三个方面。第一，普惠金融在解决穷人融资约束困境的同时，也使他们获得了与经济一起成长的机会，主要包括小本经营以及基础教育的投资等方面。第二，根据边际消费倾向递减理论，穷人比富人拥有更高的边际消费倾向，因而解决穷人的融资约束后不仅带来供给面的增长，也对需求侧产生边际贡献。第三，普惠金融带来的包容性增长，有助于减少偷窃、抢劫等财产犯罪，从而改善经济发展的环境。Anand & Chhikara 的研究表明，普惠金融指数与贫困率负相关，与人类发展指数正相关。

## 二　中国金融深化与金融不普惠的矛盾

伴随着金融自由化进程，中国的金融深化程度逐渐提高，根据世界银行的统计，2016 年我国私人部门信贷占 GDP 的比例为 156.7%，在全世界排名第 6 位；然而，我国金融发展的包容性不足，2014 年我国成年人账户拥有率为 78.9%，在全世界排名仅为第 43 位。这是新时代我国社会主要矛盾在金融领域的一个重要表现，也即金融发展还存在不平衡、不充分的问题。

我们以小微企业和个体工商户作为普惠金融的研究对象，统计正规金融体系在普惠金融方面的供给。图 3a 是银行企业贷款情况，该指标由 2010 年的 42 万亿元上升至 2017 年第三季度的近 118 万亿元，但小微贷款比例并没有显著上升，一直维持在 15% ~21%，2017 年第三季度小微企业贷款余额为 23.5 万亿元。图 3b 是住户贷款的情况，一半左右的住户贷款流向个人住房抵押市场，在房地产市场火爆的年份一度超过 50%；再除去汽车消费贷、信用卡等消费类产品，小企业主经营贷款比例更少，在 3 万亿元左右。金融市场中债券市场是一个以利率债为主的市场，信用债占比仅为 33.6%，存量规模 25 万亿元；信用债市场又是一个以金融企业和大企业为主的市场，其中集合票据 44.3 亿元，集合企业债 115.3 亿元，私募债 2.4 万亿元，但其中中小企业私募债只有 190.3 亿元。近年来疯狂增长的影子银行体系几乎不为小微企业提供融资。正规金融体系中仅存村镇银行和小额贷款公司提供普惠金融服务，但两者体量也相当有限，其规模分别为0.5万亿元和0.9万亿元。将上述所涉及的科目相加，正规金融体系提供

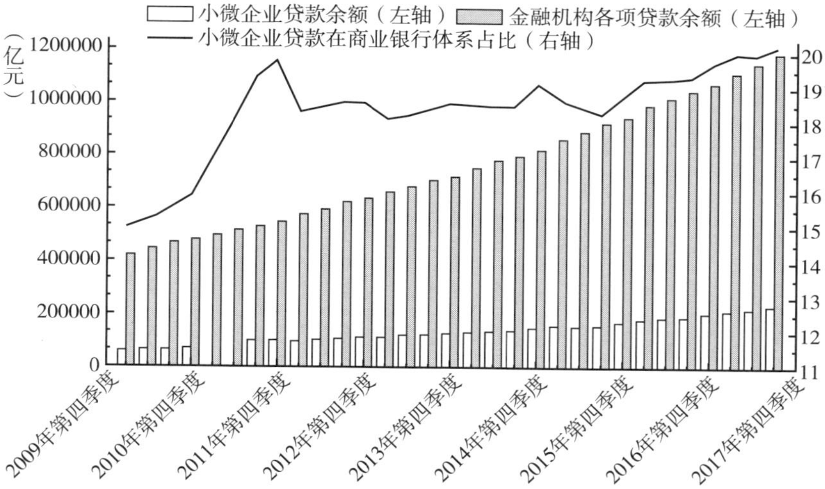


a. 银行企业贷款情况

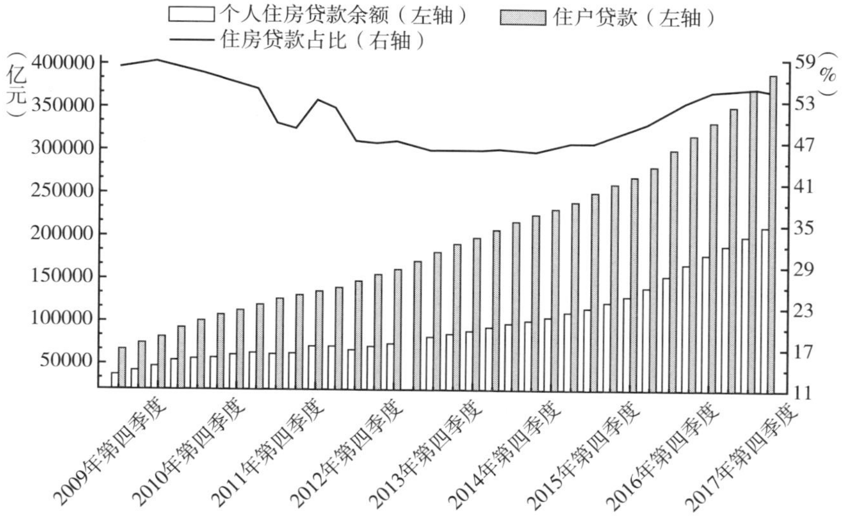


b. 住户贷款情况

**图3　银行企业贷款和住户贷款情况**

资料来源：Wind、中国人民银行。

的小微金融贷款约为28万亿元，根据国家金融与发展实验室的统计，2017年第三季度全社会信用总量达到203万亿元，前者占后者的比例仅为13.8%。

正规金融体系对普惠金融供给不足，在互联网经济的助推下小微企业融资形成了新供给力量。2013年是中国互联网金融元年，之后网络借贷呈快速发展势头，截至2017年第三季度P2P借贷余额已达1.15万亿元（见图4a）。根据全球金融稳定委员会（FSB）的观察，中国P2P借贷交易额在2015年位居全球第一；然而，即使在非正规金融体系快速增长的背景下，普惠金融的需求依然难以满足。图4b是UBS针对24个国家28000个银行客户网络借贷倾向的调查结果，新兴市场国家P2P借贷倾向明显高于发达国家，这再一次反映了普惠金融与包容性增长的关系。就中国情况而言，接近18%的客户申请了P2P贷款，更为严峻的是，还有19%的客户可能在未来12个月申请P2P贷款。根据Deer等的观察，约有一半的人向金融机构借款仅仅是为了积累信用。依据以上调查结果，网络借贷未来至少还有1.2万亿元的成长空间，普惠金融依然是一片蓝海。

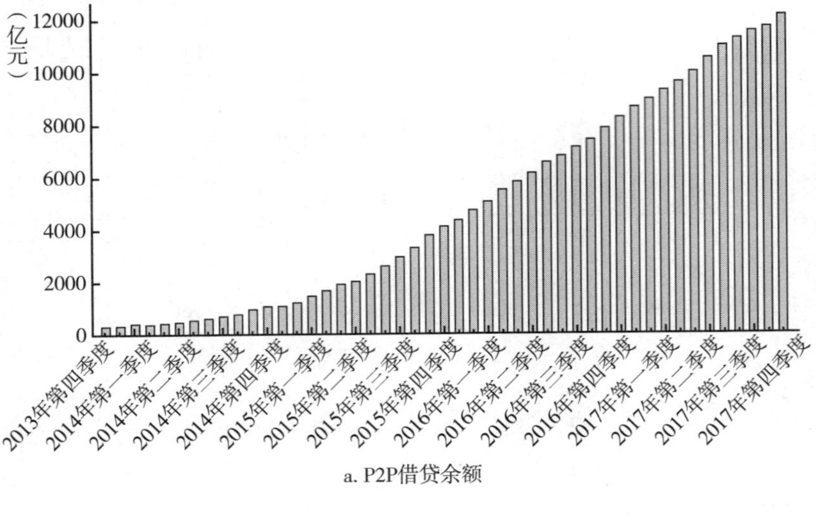


a. P2P借贷余额

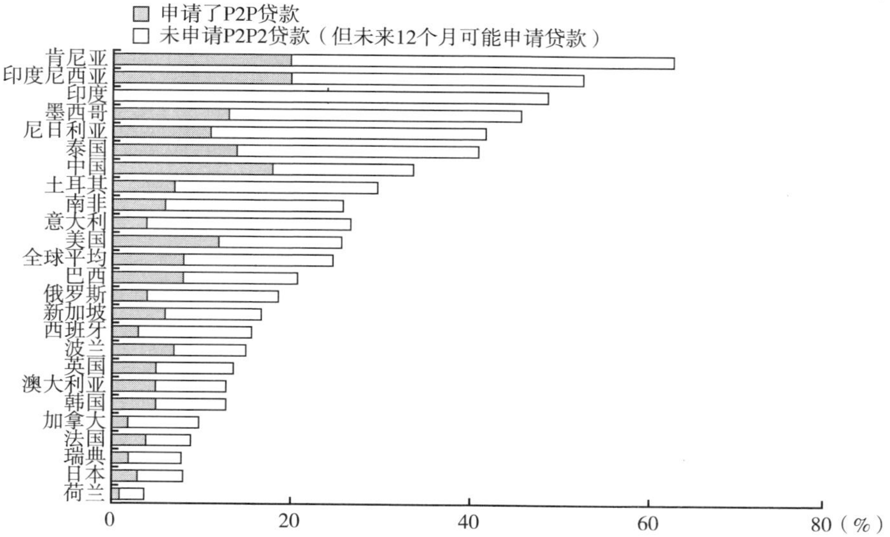


b. 网络借贷申请情况

**图 4　网络借贷余额及网络借贷申请情况**

资料来源：图 a 来源于 Wind、网贷之家；图 b 来源于 UBS，“Is FinTech a threat or opportunity?”，July，2016。

## 三　金融科技因何赋能普惠金融

“金融科技”（FinTech）一词是英文 Financial Technology 的缩写，在中国，人们对它的早期理解几乎等同于互联网金融，即包括第三方支付、网络借贷、股权众筹等范围。随着科技对金融发展的影响逐渐加深，它的范畴进一步扩大，新的业务形态不断出现；全球金融稳定委员会（FSB）在《金融科技的描述与分析框架》一文中给出了一个相对宽泛的定义：“金融科技是指通过技术手段推动金融创新，形成对金融市场、机构及金融服务产生重大影响的业务模式、技术应用以及流程和产品。”

从 FSB 的这个定义来看，金融科技最初的发展原型是“金融 + 科技”的过程，如 ATM 机和 POS 机的发明等。然而，早期的金融科技既不“普”也不“惠”：以 ATM 机为例，一台 ATM 机的运营费用包括折旧费、维护费、通信费、人工费、监控装置折旧费、耗材、电费等，一年下来平均在6万~10万元；20世纪70年代发明的电视可视图文技术，可使客户在家自己办理银行业务，最后却因为普及度不够最终被弃用。金融科技与普惠金融的真正交汇发生在“互联网+”时代，此后金融科技的发展逐渐转变为“科技+金融”过程。这里我们探讨为什么在“互联网+”时代金融科技才能更好地促进普惠金融发展。

第一，金融科技依托互联网，契合了普惠金融“普”的精神。网络具有“泛在性”（Ubiquitous）特征，是一种“泛在”技术，即凭借互联网装备，以无所不在、无所不包、无所不能为基本特征，以实现任何时间、任何地点、任何人、任何物都能顺畅地联通为目的①。网络的这一“泛在”特性在移动互联时代才真正发挥出来。从硬件方面看，传统银行网络成本较高，即使在PC端互联网时代，使每个人拥有电脑并熟练操作依然很难；智能手机的低至千元的成本以及易操作的特性，使网络触角伸向每个人成为可能。根据工信部的统计，2016年底全国移动电话普及率达到113.4%，即使是中部和西部地区，其普及率也分别达到80.2%和89.2%。从软件方面看，金融科技中的人脸识别技术和身份验证技术的发展使账户体系得以变革，远程开户成为可能。从内在机理上讲，网络的零边际成本效应真正降低了金融内生发展的门槛效应，弥补了传统机构网点和自助设备不足的不利影响，形成了较好的地理穿透性。这也是欠发达地区能够弯道超车、跨越发展的根本原因。以肯尼亚为例，2007年移动网络运营商Safaricom和移动通信企业Vodacom合作发起了一种M-Pesa的移动货币，人们可以将M-Pesa货币存入手机账户，运用密码进行短信转账汇款，如果有取现需求可在附近商店取款。银行账户是进入正规金融体系的第一门槛，对于肯尼亚的穷人而言，即使他们没有银行账户也可以获得基本的金融服务。

第二，金融科技有效降低金融服务成本，契合了普惠金融“惠”的精神。金融科技导致成本降低主要体现在以下几个方面。其一，金融基础设施

① 胡潇：《“泛在”和“脱域”》，《哲学研究》2016年第10期。

成本的降低。这主要表现为上文所说的移动互联网导致金融服务门槛降低，这集中体现在移动支付的使用上。根据中国互联网络信息中心的统计，2017年上半年手机支付用户规模达到5.0亿人，占手机网民的比例高达69.4%。其二，金融服务成本的降低。小微企业融资需求具有短、小、频、急的特点，在传统金融体系下人力成本难以覆盖，而在金融科技条件下，资金发放和回款都通过移动端实现，极大降低了人工成本。此外，金融科技简化交易流程和提供标准化操作，这也导致合同成本降低。其三，金融风控成本的降低。小微企业融资难的一个重要原因是风险高，世界银行推荐的小额贷款、联合担保以及国内开发的"三品三表"等模式都是在传统金融体制下拓展的风控模式，其内在机理是寻找更可靠的增信措施或寻找更可靠的硬信息，然而实践中出现了信息造假、集体骗贷等诸多不良现象。金融科技时代，大数据的运用可在移动端多维度地分析客户行为特征，进而判断客户资信特质和风险偏好，这极大地降低了信息不对称程度，提高了风险管理能力。其四，金融科技企业之间的竞争降低了整个行业的成本，惠及更多小微企业。图5是中国网贷平台自2013年下半年以来的走势情况，除了2013年利率上升外，之后行业利率呈趋势性下降，目前网贷利率水平保持在9%左右。

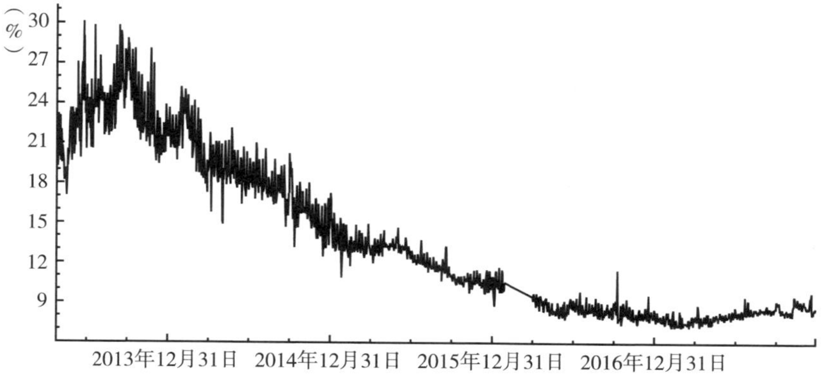


**图5　中国网贷平台利率走势**

资料来源：Wind、深圳市电子商务协会。

第三，金融科技提供高效和个性化的金融服务，体现了普惠金融“人本化”的精神。金融科技之所以能够提供高效和个性化的服务，其原因在于大数据技术的应用。大数据技术除了可以分析用户的行为特征，还可针对文本信息进行提取转换，形成结构化信息，不仅满足风险管理的要求，也可高效匹配客户信贷需求。以 2015 年 6 月才开业的网商银行为例，其提供的网商贷和旺农贷都是无抵押纯信用贷款，最快放款速度达到 1 秒，还款方式灵活（随借随还）。截至 2016 年底，网商银行为 277 万家小微企业提供金融服务，累积提供信贷资金 879 亿元。而贷款不良率仅为0.78%。①

## 四　金融科技如何赋能普惠金融

如果将 2016 年之前互联网金融行业的大发展定义为金融科技 1.0 时代，它更多反映的是普惠金融“普”的精神；那么下一阶段行业发展将迎来金融科技 2.0 时代，它将在可负担成本、有效和可持续方面为普罗大众提供更好的金融服务。

支撑金融科技这种应用能力的主要取决于三大技术：大数据、人工智能以及区块链。在互联网金融时代，大数据技术主要应用于数据架构和信息整合（第 1 层 + 第 2 层），可实现初步的分析和决策（见图 6）。经过多年的数据积累，大数据的数量、分析速度与数据种类都发生着急速的变化：如线上浏览、游戏、购物行为的积累，线下基于位置的餐饮、购物、出行，甚至包括搬家行为的数据积累，此外可穿戴设备、智能家居等智能硬件的兴起，再次扩充了数据的维度。对于多维度、多形态的数据，传统的大数据分析方法难以完全应付，需要更强大的机器算法才能够实现模型的迅速矫正，通过知识图谱、知识规则的输入以及自然语言处理技术等人工智能的应用，实现知

① 贷款数据来源于网商银行官网，https：//www.mybank.cn/。不良率数据来源于新闻报道，http：//money.163.com/17/1218/00/D5T85DCF002580S6.html。

识发现的功能（第 3 层）。人工智能相较于大数据而言，其最终目标是要在深度学习、智能分析的基础上最终做出智慧决策（第 4 层）。区块链是一种分布式共享数据库、利用去中心化方式集体维护一本数据簿的可靠性技术方案。该方案将参与者分布式账户中记载的历史信息同步比对验证，只有网络中绝对多数参与者均认可其真实性和有效性，该区块才能存入网络中各参与者的分布式账户；每个区块中都包含了一定时间内的系统全部信息交流的数据，并且与账户体系中以前存档的区块相链接，形成区块链。区块链在交易主体间建立了“强制信任”关系，可应用于智能合约。在合同中约定的条件被触发时，合约内容就能够自动生效执行。例如当保险合约等自动判断满足赔付条件时，保险费将自动划拨赔付，从而免去了以往的保险理赔中的一系列流程。

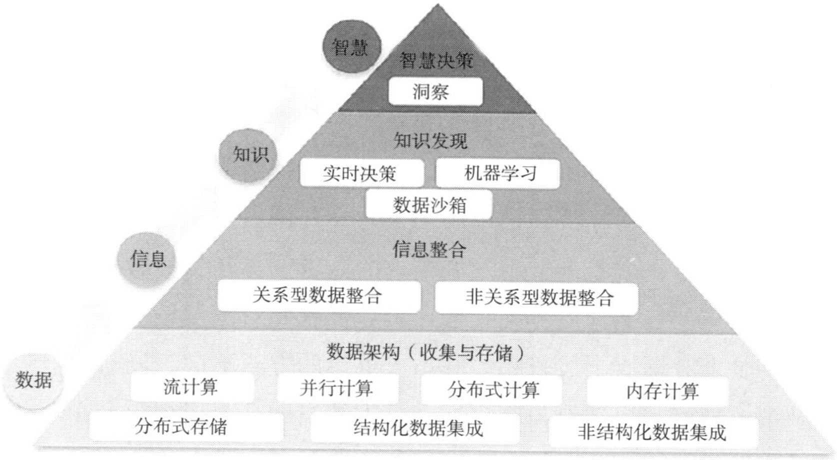


**图 6　大数据到人工智能的升级**

从应用场景来说，网贷平台依然是金融科技赋能的主要应用领域。图 7 是按流程划分的网贷平台业务情况以及金融科技的具体应用。最底层是满足客户和平台安全所依托的各类基础技术，如电子签名、电子数据证明等。在应用层，贷前营销可以通过大数据技术以及人工智能做到精准获客，不仅做到精准获客，未来甚至还能做到精准投放（即需要多少信用额度）。微观经济学大师范里安关于网络时代的隐私权有一个另类但精辟的观点：我们每天接到无数的房产中介电话，一般人认为这是我们的隐私泄露造成的；而范里安认为这恰恰是我们的信息泄露不够造成的，因为如果中介机构准确知道你是否想买房子，就不会给你打不必要的电话，因为每一个电话都是要付费的。目前我们面临的可能不是数据不够的问题，而是数据孤岛和处理能力不足的问题，未来随着大数据和人工智能的深入应用，平台精准获客以及客户免受骚扰将进一步提升。在贷中审核阶段，金融科技的应用主要分为两类：一是反欺诈，二是基于大数据征信的智能决策。以大数据征信为例，它的数据来源和应用如下：公开的失信名单可以用作平台的黑名单；公开的学历证书、社保以及公积金数据可通过传统评估模型做出初步判断；APP 安装数据、社交行为、购物行为以及航空旅行等可对客户进行社会地位、行为习惯的初步画像；网上支付、互金平台负债、还款及投资等金融行为数据可进一步对客户进行画像；通过机器学习方法可判断客户违约率及违约损失率，最后给出贷款利率。网贷平台积累的征信数据除了可以为自己所用外，还可用于其他领域。例如免押金服务、后付费服务、信用证明开具以及共享经济。信用问题是共享经济亟待解决的首要问题，因而共享经济是未来大数据征信发展最大的需求方。在贷后管理阶段，金融科技的应用主要包括资产分配处理、贷后催收和二次营销。以贷后催收为例，与传统催收即逐个拨打相关联系人电话的方式不同，通过融入社交数据以及痕迹搜索，只选取与客户互动频次较高的一个或少数几个联系人沟通，这样既维护了客户声誉和隐私又能准确定位，从而增大了追回欠款的成功率。此外，针对二手车金融业务，可通过 GPS 异常监测系统及时启动资产保全措施，把风险控制到最低。

供应链金融是金融科技赋能的另一重要场景。传统的供应链金融模式是以供应链中核心企业展开的“1 + N”的融资模式，其实质是为供应链周边“N”的小企业找到可靠的担保方，并辅以物流、信息流等风险监控手段。与传统金融相比，它的先进性表现在围绕企业圈层考察信用，摆脱了依赖单

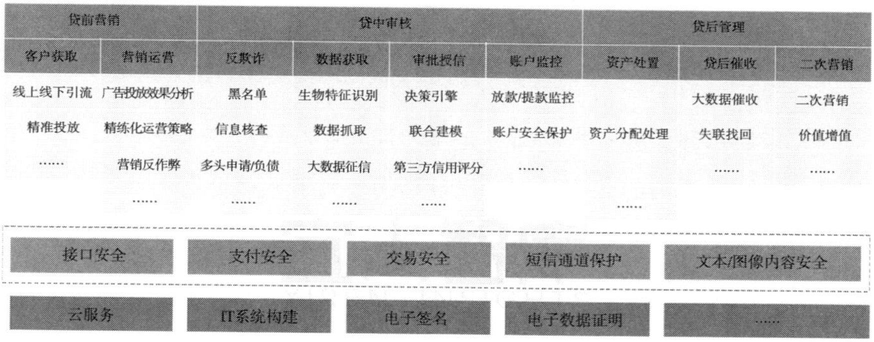

贷前营销
贷中审核
贷后管理
客户获取
营销运营
反欺诈
数据获取
审批授信
账户监控
资产处置
贷后催收
二次营销
线上线下引流
精准投放
……
广告投放效果分析
精练化运营策略
营销反作弊
……
黑名单
信息核查
多头申请/负债
……
生物特征识别
数据抓取
大数据征信
……
决策引擎
联合建模
第三方信用评分
……
放款/提款监控
账户安全保护
……
资产分配处理
……
大数据催收
失联找回
……
二次营销
价值增值
……
接口安全
支付安全
交易安全
短信通道保护
文本/图像内容安全
云服务
IT系统构建
电子签名
电子数据证明
……


**图7　金融科技赋能网贷平台**

个企业抵押物授信的传统思维，它的缺陷则表现在要求供应链中的核心企业承担更大的担保责任和信用风险。金融科技应用到供应链金融中可以解决传统供应链金融的两个痛点。第一个痛点是解决了动产融资难的问题。动产尽管有明确的权属关系，但在现实中很难确认，这是动产融资难的主因。所谓“家产万贯带毛的不算”，指的是鸡鸭猪牛这些高经济价值的家禽家畜难以算作资产，也难以质押从银行贷款，其主要原因是它们很容易“被转移”。目前京东金融与中国工商银行合作的“数字农贷”业务通过“猪脸识别”技术彻底解决了“此猪非彼猪”的难题，化解了动产融资难的问题。第二个痛点是化解了核心企业承担过多风险而不愿担保的难题，这主要是通过全程监控和大数据分析技术实现的。对于品牌经销商而言，如果从传统机构贷款需要品牌商做担保，然而在天猫经营的商户，天猫可以先行垫付80%的货款给品牌商，商家的销售款直接进入支付宝账户冲销贷款即可。商家可以实现较小的资金撬动较大的业务量。这一切的实现以商家产品在天猫的仓储体系运行为前提，天猫之所以敢于授信完全是基于大数据的可靠分析：天猫每秒扫描库存一次，商品库存变化、买家、上游供应商这些信息实时掌握，通过机器学习天猫可以准确预测销售额。正是基于这种大数据分析，天猫可以做到3000万元以下授信全部系统自动完成，而成本做到最低8%、最高10.4%。

## 五　案例分析——蜂巢数据魔方产品体系

宜人贷蜂巢数据魔方产品体系是基于用户授权数据，通过创新式抓取解析引擎，并结合顶尖的数据挖掘、机器学习、计算机视觉等技术，提供数据抓取解析、数据风控等产品和服务的工具。

目前，蜂巢可抓取数据覆盖社交、电商、金融、信用、社保等五大类十余种数据信息，并基于此通过所抓取的海量数据进行交叉验证，从而对申请人进行身份信息核实、检验（见图8）。通过申请人授权的运营商信息，可进行实名信息验证、通话行为以及社交关系网络等信息分析；基于电商信息抓取，分析申请人消费水平、消费频度、支付行为以及地理位置信息，从而判断其消费能力、资产状况等；此外，金融、信用、社保等强金融属性的数据抓取及解析，可对申请人的信用额度、消费及偿还行为、债务等资产状况，以及收入分层、工作信息等进行评估，从而掌握申请人的详细资料，便于风控反欺诈判断。

**图8　宜人贷蜂巢数据魔方产品体系**

目前，通过蜂巢系统抓取解析得到的数据，主要应用于账单反欺诈、社交关系图谱、风险特征建设三方面的应用。“账单反欺诈”是在用户授权的前提下实时获取账单数据，通过计算机视觉、数据挖掘和机器学习等技术（逻辑回归/决策树/随机森林），挖掘数百维度的账单行为特征和账单内容特征，并进行邮件发送路径反向追踪、黑白名单筛查、欺诈规则引擎输出等，最终实现实时甄别虚假账单和非一手账单的反欺诈服务。“截至2017年6月，已完成对600多万疑似欺诈账单的有效拦截、数次欺诈团伙识别并建立了上千维度的欺诈特征库。社交关系图谱”，通过提取用户注册、进件申请、贷后逾期等各环节的信息，构建了包括用户设备、通信记录、邮箱账号等10余种类型节点，目前已形成了4000余万的节点、近亿级关系的复杂社交网络。可实现黑名单关联、团伙欺诈识别、贷后失联召回、手机号存疑检测、设备存疑检测等欺诈识别，进而帮助金融机构判断借款人的关系网络风险、申请行为风险。该产品具有数据维度广、生成速度快等特征。“风险特征建设”基于海量借款用户的贷后风险表现，针对每类数据源特色挖掘不同欺诈特征，目前已建立千余种维度的风险特征库、百余维度的欺诈风险规则，并可进行不同数据源风险特征的自由拆分组合，旨在帮助风控实现规则引擎和风险模型建设。

截至2017年8月，通过蜂巢放款的交易金额达310亿元，日均查询量超过34万次，体验用户人数超过1030万，累计成功查询蜂巢系统共3077万次，真正体现了金融科技赋能普惠金融的实质。目前，蜂巢不仅为宜人贷乃至宜信公司的风控反欺诈产品服务，蜂巢技术能力对外输出，业已惠及慈善、金融、投资、汽车、传媒等行业。

## 六　关于金融科技发展的一点思考

科技使生活更美好。在金融科技2.0时代，金融科技使金融更加普惠。报告探讨了金融科技因何以及如何完成这一使命，但进一步深思，普惠属于价值判断范畴，而科技属于工具手段范畴。金融科技既可以用于反欺诈，也可以被欺诈者用以伪装骗取贷款；金融科技既可以赋能普惠金融，也可以赋能垄断金融。因此，有必要让金融科技在确定的边界内规范运行。在当下有三点尤其值得注意：第一，警惕数据垄断，网络时代比以往任何时候更易形成垄断，因为信息的传递更加扁平化、更快；第二，防止数据泄露，提高消费者保护，强者恒强的生态更需要行业自律；第三，加强 RegTech 在监管中的应用，如果监管的能力不足以抗衡市场的能力，那么就有打开潘多拉盒子的风险。

# B.14

# 沙盒监管的法学分析

## ——寻找金融创新与稳定的新平衡

方宇菲*

**摘　要：** 始于英国的沙盒监管制度是金融科技迅猛发展之下，监管机构寻求金融创新与金融稳定平衡的结果，是金融监管制度的创新。首先，本文以沙盒监管的产生和发展为起点，探索沙盒监管产生的源头。其次，以金融监管法为视角，剥开层层外衣，探析沙盒监管的本质。本文认为沙盒监管的本质是有限的监管豁免，并将之与作为工具的“监管沙盒”以及逻辑起点相反的“改革试点”相区分。最后，在比较研究主要国家和地区沙盒监管制度的基础上，分析现有沙盒监管制度的异同和优劣，并以我国新时代的基本国情为出发点，提出构建我国沙盒监管制度的基本框架。

**关键词：** 沙盒监管　金融监管　金融创新　金融稳定

## 一　沙盒监管的产生与发展

### （一）沙盒监管的产生

1. 现实：金融科技倒逼监管

一方面，信息技术和金融的深层融合不断打破现有金融的边界。金融稳

* 方宇菲，博士，中国政法大学讲师。

定理事会（Financial Stability Board）认为“金融科技”（FinTech，Financial Technology的缩写）是指技术带来的金融创新，它能创造新的业务模式、应用、流程或产品，从而对金融市场、金融机构或金融服务的提供方式造成重大影响。[①] 国际证监会组织（IOSCO）于2017年2月发布的《金融科技研究报告》中认为，金融科技是指有潜力改变金融服务行业的新兴科技和创新商业模式。在英国财政部联合安永于2016年发布的一份报告中，将“金融科技公司”定义为通过结合创新商业模式与科技，进而实现、改进和革新金融服务的高速增长组织。英国金融行为监管局（FCA）认为，金融科技主要是指创新公司利用新技术对现有金融服务公司进行去中介化。无论定义如何，金融科技已成为全球投资人和创业者聚焦的热点产业，这一事实无可争议。

另一方面，英国政府欲巩固其全球金融科技发展的引领地位，进而实现全球金融领域的创新中心的目标。围绕此目标，英国在投资环境、税收、监管框架和金融科技基础设施等方面着力打造有利于金融科技发展的各项因素。英国原首相卡梅伦在2015年曾宣布为英国金融科技规划的到2020年要实现的三个目标，分别是打造全球金融科技投资最友善的环境；成为全球金融科技中心并诞生至少25家领先的金融科技公司；新创造10万个金融科技工作。

在市场和政策的利好之下，英国的金融科技迅速发展。但与此同时这些科技引发的金融创新，是否能完全符合现有法律和监管要求也面临极强的不确定性。然而这些初创企业难以找到符合成本效益的方式，在金融产品或服务投入市场前，就对其进行有效且及时的测试。在这种情况下，金融机构或初创企业通常抱有两种态度：一是谨慎行事，害怕违背法律法规而选择不实施其创新，但这可能会导致有前途的创新被扼杀；二是激进行事，明知可能因违背现有法律和监管要求而遭受处罚，但还是将其投放市场，这可能会导致勇于创新的金融机构或初创企业遭受处罚，商誉受损，金融行业遭受波

① 廖岷：《全球金融科技监管的现状与未来走向》，《新金融》2016年第10期。

动，还很可能损害金融投资者的利益。这两种选择都非最佳，但在传统的金融监管下并无第三条路可走。

2. 理论：寻求金融创新与金融稳定的新平衡

平衡，是与不平衡或失衡相对的概念。平衡是指一个系统中双方的力量或其他的制约因素保持大小相等、方向相反的一种状态。平衡的双方处于一个相对静止的状态，在这种状态下，双方的制约保持在度的范围之内，没有超过"度"。此时，平衡的双方处于量变的积累状态，即相对静止状态。如果双方的制约超过了度的范围，那么它们所处于的这个系统将会发生质变，形成一个新的系统，在这个新的系统下再保持相对的平衡，从而走上另一个相对静止。

金融创新与金融稳定，是一个金融系统中相互制约的双方。王仁祥、安子铮认为，金融创新对于金融稳定存在以下三种效应：一是"熨平效应"；二是"稳定效应"；三是"冲击效应"。[①] 在这三种效应中，"熨平效应"是超越了"度"之后，从量变到质变的新的平衡状态；"稳定效应"是双方处于量变之中的相对平衡状态，没有超过"度"；而"冲击效应"，是从平衡的量变状态发展到质变，从相对平衡到不平衡。

科技的应用之初旨在辅助业务提升金融效率，可谓之金融业务电子化。随着科技融合发展，大数据、云计算、AI、区块链技术的应用突破了技术的辅助角色，成为金融业务的引领乃至发展的核心驱动力。[②] 然而，监管机构所运用的监管技术，监管技术人员、监管技术设备，无法与进行金融创新的技术相匹配，那么这种金融监管机构的监管有效性必定遭受质疑。如何有效监管技术引发的金融业务，如何兼顾和平衡支持金融创新与有效风险防控，全球金融主管部门均面临这一困境。破局的关键不仅是提升监管者认识创新的前瞻性与甄别创新的能力，革新监管理念、树立明晰适度的监管目标、形成合理有效的监管制度以及丰富监管工具也同等重要。因而监

---

① 王仁祥、安子铮：《金融创新与金融稳定的关联性根系》，《金融发展研究》2008 年第 2 期。

② 颜勇：《英国、新加坡和澳大利亚监管沙盒机制研究及启示》，《西部金融》2017 年第 7 期。

管沙盒这一适应金融科技创新的金融监管工具并非被凭空创造，这背后是金融监管与金融创新的博弈，是保持金融稳定与促进金融创新的双重监管目标的平衡。

3. 标志：英国首创沙盒监管

面对后金融危机时代金融监管体制的既存缺陷，2011 年 6 月，英国政府发布了《金融监管改革白皮书》，对英国金融监管进行改制。2014 年 10 月，英国金融行为监管局（FCA）设立创新项目（Project Innovate），旨在鼓励和支持金融服务创新。同时，增设创新中心（Innovation Hub）为创新企业提供与监管对接，帮助取得有限授权等各种支持。一年后，由于鼓励和支持金融服务创新的成果优异，在英国政府科学办公室的提议下，英国金融行为管理局开始研究“沙盒监管”的可行性，并公开征询意见。2015 年 11 月，英国金融行为监管局向英国财政部递交了有关开展沙盒监管可行性和实用性的报告《沙盒监管》（*Regulatory Sandbox*）。

报告中提出的“沙盒”是一个安全空间（Safe Place），其中既有受管制和不受管制的公司，可以试验创新产品、服务、商业模式和交付机制，却不会立即引起参与此类活动的所有正常监管后果。该份报告清晰地说明了使用沙盒的标准和流程，沙盒的益处、风险和限制，沙盒中消费者的保护方法等。英国用沙盒直接支持企业，为全球的金融监管创新提出了新思路、新方案。英国最终于 2015 年设立监管沙盒，成为全球首创沙盒监管制度，并率先进行监管实践的国家。2016 年 6 月至 7 月的第一轮沙盒申请中，英国金融行为监管局获得 69 个申请者加入，其中 24 个被选中进行沙盒测试。

4. 辨析：监管制度与工具的区别

来源于英国金融行为监管局创造的词汇“Regulatory Sandbox”，有多种中文译法：沙盒监管、监管沙盒、监管沙箱等。在文章的开头，有必要探讨一下这些中文译法，主要是沙盒监管与监管沙盒的差别，以明晰本文“沙盒监管”之所指。

沙盒（Sandbox），也称沙箱，但是探究“沙盒监管”和“监管沙盒”

的中文语义，两者却有很大的区别。沙盒监管，是指运用沙盒理念实施金融监管，落脚点在“监管”，这是一种制度安排，包括监管原则、监管目标、监管工具、监管机制和内容等，是一个综合配套的系统。监管沙盒，是指用于金融监管的一类沙盒，落脚点在“沙盒”，这是一种监管工具或监管技术。本文并非仅仅分析作为监管工具的监管沙盒，而是着眼于始于监管沙盒这一监管工具创新而逐步发展形成的沙盒监管制度。

## （二）沙盒监管的发展

1. 英国初步实现监管目标

英国金融行为监管局于 2017 年 10 月发布的《沙盒监管经验报告》（*Regulatory sandbox lessons learned report*）中表明，自 2016 年 6 月开放申请以来，英国金融行为监管局已收到 146 份沙盒申请。其中 50 个申请被接受，41 个正在接受测试，测试分为两批进行。在第一批接受测试的企业中，有 75% 已成功完成测试，而在第一批完成测试的企业中，约有 90% 正在继续向前发展，在测试之后面向更广泛的市场推出金融产品和服务。大多数被授权进行测试的公司已经在测试完成后获得完全授权。第二批的企业中有 77% 已经进入测试阶段。

报告结论表明，沙盒为受测试的企业带来的益处有五种。

第一，对于接受测试的金融科技产品和服务来说，沙盒减少了企业将创新想法推向市场的时间和成本，提高了效率。对于大型企业而言，参与沙盒加速了企业的治理和产品开发周期，使它们能够更快速地测试创新思路。

第二，对于接受监管来说，沙盒帮助企业深入理解监管的框架如何适用于它们，同时，在一定程度上减少了外部监管顾问的支持。

第三，沙盒测试有助于受试者在测试期间或之后获得投资。据统计，在第一批完成测试的公司中，至少有 40% 获得了投资。投资者考虑投资的一个因素是被投资公司的监管确定性，较高的监管确定性可以减少投资失败的风险。而如果一个公司表明参与或通过了沙盒测试，则为投资者提供了一定程度保证，使其监管确定性增加。同时，英国金融行为监管局收到的反馈意见表明，投资者可能不愿意与尚未被授权的金融科技公司合作。

第四，沙盒测试能够帮助公司评估消费者接受度和商业可行性。一方面，在现实环境中进行测试，为了解消费者对不同定价策略、沟通渠道、商业模式和新技术的接受提供了机会。这使公司可以根据收到的反馈信息不断评估和迭代其业务模式。另一方面，测试底层技术的可行性是接受沙盒测试公司的另一个共同目标。英国金融行为监管局在设置沙盒测试时对企业进行技术和网络弹性评估，这使公司能够在小规模的市场上测试他们的技术，同时确保适当的控制措施到位，以尽量减少对消费者造成伤害的风险。与未经测试的版本相比，这些接受过测试的公司潜在地降低了产品推出的成本。

第五，沙盒使公司能够与金融行为监管局合作，为新产品和服务建立适当的消费者保护制度。与金融行为监管局密切合作，使企业有机会发展与消费者的业务模式，并通过实施适当的保障措施来预防损害，从而降低风险。所有沙盒测试都遵守金融行为监管局的标准的保护措施以及与其合作开发定制的测试保障措施。

英国监管机构和政府对金融科技的支持水平已经使英国在金融科技发展方面处于世界领先地位，领先于其他金融科技中心，如硅谷、纽约和香港。① 英国沙盒监管的实践和成果，为世界其他国家和地区的金融监管提供了全新的监管理念和监管方式。

2. 国际上的广泛关注与探索

沙盒监管推出之初，便受到国际上的广泛关注。继英国之后，新加坡、澳大利亚、中国香港、阿布扎比、迪拜、中国台湾等国家和地区也陆续探索沙盒监管制度，并出台了相关文件（见表1）。

① EY，*UK FinTech On the cutting edge*：*An evaluation of the international FinTech sector*，https：//www.gov.uk/government/publications/uk－fintech－on－the－cutting－edge，2016－02－24.

**表 1　主要国家和地区沙盒监管制度的设立情况**

| 国家/地区 | 时间 | 设立机构 | 有关文件 |
| --- | --- | --- | --- |
| 英国 | 2016 | 金融行为监管局(FCA) | 《沙盒监管》(*Regulatory Sandbox*) |
| 阿布扎比 | 2016 | 全球市场金融服务管理局(FSRA) | 《金融科技监管实验室》(*The Fintech Regulatory Laboratory*) |
| 新加坡 | 2016 | 金融管理局(MAS) | 《金融科技沙盒监管指导方针》(*Fintech Regulatory Sandbox Guidelines*) |
| 中国香港 | 2016 | 香港金融监管局 | 《金融科技沙盒监管》(*Fintech Supervisory Sandbox, FSS*) |
| 泰国 | 2016 | 泰国央行(Bank of Thailand) | 《沙盒监管》(*Regulatory Sandbox*) |
| 澳大利亚 | 2016 | 澳大利亚证券和投资委员会(ASIC) | 《监管指南 257 号:测试未获得澳大利亚金融服务或信贷许可的金融科技产品和服务》(*REGULATORY GUIDE 257: Testing fintech products and Services without holding an AFS or credit licence*) |
| 迪拜 | 2017 | 迪拜金融服务管理局(DFSA) | 《迪拜金融服务管理局规则手册》(*The DFSA Rulebook*)第十三章"促进金融科技创新" |
| 中国台湾 | 2017(草案公布) | 台湾金融监督管理委员会 | 《金融科技创新实验条例草案总说明及条文》 |

## 二　沙盒监管的本质和理论基础

### (一)沙盒监管的本质

1. 沙盒监管是有限度的金融监管豁免

沙盒监管，按照英国金融行为监管局的定义，是指在确保消费者权益的前提下，从事金融创新的机构，按特定简化程序，提交申请并取得有限授权（行政许可）后，在适用范围内测试，监管当局会对测试过程进行监控并对情况进行评估，以判定是否给予正式的监管授权和推广。[①] 沙盒监管，是沙盒理念在金融监管领域的应用。沙盒监管不仅仅指某种创新的监管工具，而是一种涵盖监管理念、监管目标、监管原则、监管程序、监管方法的监管制度安排。这种创新的制度安排在风险可控、可观测的情况下，赋予金融科技创新一些弹性，即在金融创新可能突破现有监管的情形下，监管者免除金融创新主体承担现有监管的必然后果。

可以看到，沙盒监管的本质是金融监管豁免。豁免，是法律概念。豁免的概念可追溯至西汉中期的“亲亲相隐”制度。汉宣帝地节四年，以诏书的形式第一次正式确定了“亲亲相隐”的合法性，在适用范围中确定了“不负法律责任”的具体情况。[②] 这里法律责任的免除、减轻和免除处罚就是豁免。在国际法领域，典型的豁免即是国家豁免原则，也称国家主权豁免或国家管辖豁免。在反垄断法领域，有反垄断法豁免制度，允许某些行业存在垄断或对某些垄断行为不予追究的特别制度。[③] 这一系列的豁免规则并非否认垄断行为的危害性，而是在权衡利弊之下的选择结果。在金融法领域，证券法中的发行豁免制度就是这一理念运用的典例，综合评估发行门槛的利与弊之下，允许符合要求的情况发行人可以免于注册或者使用简化的注册程序。[④]

从以上的豁免中可以看到，豁免往往是对两种价值追求进行平衡的结果。比如“亲亲相隐”是“亲情”与“大义”的平衡，国家豁免是主权与司法权的平衡，反垄断法豁免是维护竞争秩序与公共利益的平衡，证券发行豁免是便利企业融资与保护投资者的平衡。沙盒监管中所指“监管”，是指金融监管，而“沙盒”是对虚拟性、试验性、风险可控性的一种形象化表达，本质是在“沙盒”这个范围内的试验可以获得一定程度的金融监管豁

① 尹海员：《金融科技创新的“监管沙盒”模式探析与启示》，《兰州学刊》2017 年第 9 期。

② 谢佑平：《“亲亲相隐”与亲属间窝藏、包庇类犯罪的豁免》，《河北法学》2011 年第 12 期。

③ 孙效敏：《外资并购国有企业法律问题研究》，北京大学出版社，2007，第 191 页。

④ 彭冰：《投资型众筹的法律逻辑》，北京大学出版社，2017，第 53 页。

免。在技术推动爆发式的金融创新背景下，金融监管机构一方面需要促进金融创新，发展金融科技，另一方面需要防范金融创新所带来的对金融稳定的冲击，保持金融稳定。金融监管豁免，是一种金融科技所引发的量变到质变的变化之中，寻求金融创新与金融稳定这两种价值追求的平衡的结果。

必须强调的是，这种豁免，并非完全的豁免，是有限度的。首先，这种豁免是在金融监管机构法定权限内的豁免，不能超越法律对金融监管机构的授权；其次，取得豁免的前提是进入“沙盒”，而进入“沙盒”是由金融监管机构设定了一定条件和标准的；最后，对豁免的享有也并非永久，有一定的期限和条件，如果超过期限或者不再满足条件，则丧失豁免，只能退出沙盒。

这里，还有必要对沙盒监管与改革试点进行区分。学术与实务界对二者有着不同的看法。有学者认为①，沙盒监管与改革试点有基本相似的逻辑。而笔者认为沙盒监管与改革试点在逻辑起点上，有着根本的不同。在前文中，笔者已经论述，沙盒监管的本质是有限度的豁免。豁免，有“网开一面”的意思，即某种金融产品、服务或金融行为已经违反监管规定，甚至法律法规的规定，但免除其承担的责任。沙盒监管的逻辑是在一定范围内对现有监管规则的违反而不担责。而改革试点工作是指正式或全面进行某项工作之前，在一些部门或地方先做试验，以取得经验。改革试点的逻辑是在一定范围内施行新的法规、制度或政策，而承担这些法规、制度或政策预设的后果。虽然，沙盒监管和改革试点，皆有“试验”的特征，且都要求在一定范围进行“试验”，所试之规定以及责任的承担却大大不同。因此，沙盒监管与改革试点有着根本的不同。

2. 沙盒监管的价值

沙盒监管的价值分别体现在市场和监管这两个方面。首先，就市场角度而言，沙盒所创造的真实可控的试验环境、有效持续的监管沟通、实时反馈

---

① 黄震：《“改革试点”与“沙盒监管”有何区别?》，环球网，http：//finance. huanqiu. com/roll/2017 －06/10869144. html。

的用户测试结果，尤其是一定限度的监管豁免，至少具有以下价值。

第一，沙盒监管有助于监管机构直接辅导企业，减少企业创新的监管成本。沙盒监管创造的较低成本的试验模式使金融科技企业可在试验中对创新的金融产品或服务进行检测、评估，使其符合现有的法律和监管要求。

第二，沙盒监管能够减少金融创新产品和服务对市场的冲击，降低进入的经济成本。沙盒监管根据金融创新产品和服务的实际需求和权限，适当放宽法律和监管要求，给创新创造适度宽松的弹性环境。

第三，沙盒监管能够降低企业未来应对风险和监管的成本。通过沙盒测试，则意味着获得了未来监管的确定性。未来可能面临的监管风险，能够在沙盒测试中充分显现，企业既可以预先设计应对监管风险的方案，也为受测企业及时调整金融产品和服务的设计以降低监管风险带来了可行性。

第四，企业能够在沙盒测试期间获得消费者的反馈，通过沙盒测试的数据充分了解消费者接受金融产品和服务时所反映出的偏好、行为、情绪等，为其完善产品架构、提升服务体验、更合理的定价，以及进行更有效的市场推广累积经验。

其次，就监管的角度而言，从各国各地区的实践来看，至少有以下价值。

第一，从监管理念上看，由事后监管转向事前介入。英国、澳大利亚、新加坡等地区面向金融科技创新的“沙盒监管”是监管理念的创新。我国的互联网金融历经 2013 ~2015 年的爆发式增长，到 2016 年国务院制定并公布《互联网金融风险专项整治工作实施方案》，再到《网络借贷信息中介机构业务活动管理暂行办法》的出台，经历了“先发展后规范”的监管思路。在其发展的过程中，出现了类似 e 租宝事件，不论是对行业的自身形象，消费者对行业的信心，还是对整个社会的稳定来说都出现了不同程度的影响。监管机构包容其无限度发展，待出事后再进行严打和整治，这种监管理念，不仅容易滋生投机者冒着违法违规的风险获利，不利于对其业务模式的监测和风险防控，也不利于弱势的金融消费者的权益保护和行业的良性发展。“先发展后规范”这种发展理念在当今金融科技迅猛发展的环境下是不可取的。而反观沙盒监管，其体现出的是发展与监管并举的理念。不是允许金融科技企业先突破法律或者在法律的边界上发展，出现了问题后再进行严厉整治，也并非事先制定好发展的条框，抑制企业可能的创新，而是通过沙盒的模式，在监管机构充分了解其业务模式的情况下，在法律制度和具体监管上给予一定标准的放松，保障其创新的空间；将风险控制在可防范和接受的范围内，为风险设定不扩散的边界；将消费者利益的保护和救济放在首位，给予金融消费者投资的信心。

第二，从监管关系来看，沙盒监管发展出了新的监管者与被监管者的互动方式。尽管金融监管部门在维持金融稳定，但在推进金融发展的过程中主要和创业企业建立监督管理的关系，这促使这些国家的金融监管部门建立起与金融创新者的动态沟通互动。一方面监管部门向行业学习加速对创新的认识与了解，从而更好地开展金融监管工作；另一方面创新创业企业需要获取监管部门的支持从而达成有效且负责任的金融创新目标。从某种程度上来说，沙盒监管的意义不仅是加速金融创新应用落地、维持金融体系稳定，更关键的是在于通过新型监管关系弥合监管与被监管之间角色定位导致的疏远和距离，加深金融创新与金融监管的互相理解与合作。

第三，从监管模式来看，沙盒监管丰富了主动型监管的内容。随着金融科技的不断发展，国际上的主流监管形式都逐渐向主动适应型监管模式趋同。[①] 沙盒监管具有强烈的主动监管特征，进入沙盒的审批机制、实时观测与沟通、定期反馈与汇报等，都能让监管者在更广范围、更深程度上掌握受测的金融产品和服务，实现主动监管。

第四，从监管范围来看，沙盒监管扩大了监管范围，突破了金融监管所面临的时空地理约束。通过全面覆盖、实时监控，形成对现有金融监管机制手段的补充和创新。首先，沙盒监管扩大了金融监管所覆盖的机构范围，从持牌金融机构拓展至所有涉及金融业务和金融活动的企业均被纳入金融监管，全面覆盖金融科技创新的监管。其次，沙盒监管使监管机构在金融创新

① 伍旭川、刘学：《金融科技的监管方向》，《中国金融》2017 年第 5 期。

产品和服务进入市场前就介入其中，通过沟通机制和沙盒测试，对其了解更具深度和广度。对其的监控几乎做到全流程，从产品和服务的测试，到更大范围内的部署，都处于监管机构的掌握中。

第五，从监管工具来看，监管沙盒是对监管工具的创新。监管沙盒与传统通过跟踪资本充足率、拨备覆盖率、不良贷款率等一系列监管指标来监测和发现金融机构存在的风险的微观审慎监管不同。沙盒依赖的是一种真实但受限的测试环境，是监管者测试与了解创新、评估风险、是否推广，并判定是否调整现有监管规则的工具，其目的是在控制风险的前提下促进金融创新。① 监管沙盒作为沙盒监管制度最重要的构成部分，它的存在价值之一是发现现有不符合现状的监管方法和监管制度，进而影响着监管的改变。

第六，从监管的效果来看，一是使监管机构对监管对象的了解更具前瞻性和全面性。沙盒监管使新加坡金融管理局能够在新的金融产品、服务投入市场前就介入其中。由于金融产品和服务具有复杂的结构设计和信息不对称的特征，加之信息科技的助力，监管机构通常难以全面了解其架构与风险。但申请进行沙盒试验要求提交各项说明，要求申请者和监管机构进行持续、全面和深度的沟通，有助于金融管理局提前、全面了解创新的金融产品、服务。二是使对金融创新的风险更具控制力。在沙盒试验区中，监管机构对试验的金融产品和服务放宽监管条件，在通过评估的情况下，允许与现有法律、监管相冲突的业务得以开展，通过试验能够有效地观测到风险点。同时，金融管理局能够参与到产品、服务的试错、矫正与改进的全过程，能够通过对企业的辅导，最大可能地降低风险。三是能够在监管上实现对金融创新的更大支持。“沙盒”实际上是一个既可以最大限度促进金融创新的发展，又能够有效管控风险、保护金融消费者权益、控制金融产品和服务研发成本的监管试验区。以此实现金融创新与金融稳

---

① 赵杰、牟宗杰、桑亮光：《国际“监管沙盒”模式研究及对我国的启示》，《金融发展研究》2016 年第 12 期。

定的双赢局面。

3. 沙盒监管的局限性

第一，沙盒监管可能会产生“监管背书”效果，导致消费者盲目投资。比如在新加坡的沙盒监管制度中，为沙盒实体（受测试企业）可以在更广泛规模下部署金融服务和产品设定了两个需同时满足的前提条件：一是新加坡金融管理局和沙盒实体都对沙盒已经达到的预期测试结果感到满意；二是沙盒实体能够完全符合相关法律和监管要求。这样退出后的广泛部署机制显然会形成监管机构对其的背书，尤其是前提条件之一中的“满意”，可能会使金融消费者误以为经过沙盒测试的产品和服务得到监管机构的完全认可，且风险可控。

第二，测试效果的准确性尚不清晰。“监管沙盒”作为一种有限授权测试，受一定条件的约束，参与的投资者也明知自己是在参与一项对消费者权益保护程度较高的测试，这些不同于真实状态下的内容会对测试结果造成影响，进而影响是否对监管规则做出调整的准确判断。[①]

第三，可能会引发新的不公平竞争。进入沙盒进行测试，需要授权或者审批，而是否授权或予以批准的标准由监管机构具体执行。沙盒测试期间，通过受测企业与监管的一对一沟通和调整，通过测试的产品或金融服务面对外来的监管更具确定性。但是，在批准进入沙盒的环节、受测期间的调整与沟通环节、评估是否通过测试的环节，如果监管机构没有清晰明确的审查标准和工作制度，就为权力寻租提供了很大的空间。这可能会导致新的不公平竞争，使真正有益的创新受到阻碍。

## （二）沙盒监管的理论基础

金融监管与金融创新之间是一种博弈互动的关系。美国经济学家爱德华·凯恩称这种博弈和互动关系为“监管的辩证法”。首先是金融监管诱发

---

① 赵杰、牟宗杰、桑亮光：《国际“监管沙盒”模式研究及对我国的启示》，《金融发展研究》2016 年第 12 期。

金融创新的形成。许多形式的政府管制与控制，性质上等于隐含的税收，阻碍了银行等金融机构从事已有的营利活动和利用管制以外的利润的机会，由此形成了金融监管目标与金融机构获利动机的矛盾。这种矛盾发展到一定程度，开始产生束缚力时，金融机构就会设法通过各种途径来逃避政府管制，金融创新由此产生。[①] 其次，金融创新也会促进金融监管的变革。由于规避监管的创新打破了原有的平衡状态，金融监管当局必然会调整监管力度把创新纳入监管之中，新的监管就此产生。[②] 上述二者不断交替，形成一个相互推动的动态的博弈过程。从理论上，这种动态的博弈过程是循环往复、不断上升的辩证过程，任何一方力量过于强大导致循环的中断都是不符合金融发展规律的。

1. 监管的由来：金融市场失灵

1958 年，弗郎西斯 · M. 巴托在其《市场失灵的分析》中提出“市场失灵”的概念。所谓“市场失灵”是指市场机制不能或难以实现社会资源的有效配置。其后的研究表明，在宏观总量平衡、公共物品的供给以及公共资源的利用、社会收入的公平分配等方面，市场失灵的情况也显而易见。总体而言，市场失灵具有以下特性：固化于市场机制内，难以通过市场机制克服；相对非市场机制存在，而非孤立绝对的；受周遭因素影响而变化，其强度与市场情况、市场所在经济环境因素相关。

金融行业作为市场经济的重要部分，同样存在着市场失灵的问题。金融体系的负外部效应、公共产品特性、自然垄断性、信息不对称性的特征，导致市场失灵的破坏性在金融业产生更严重的破坏力。[③] 2015 年，我国互联网金融的乱象，以及引发的恶劣后果足以显示金融市场的失灵带来的破坏力。金融的本质属性和金融体系运行的特殊性决定了其仅仅依靠市场约束和内部控制是无法解决其风险产生的，因此要依靠外部监管在某种程度上减少其自

---

① 徐孟洲等：《金融监管法研究》，中国法制出版社，2008，第 83 页。

② 徐孟洲等：《金融监管法研究》，中国法制出版社，2008，第 83 页。

③ 李爱君：《现代金融监管理念的重塑与构建》，《金融法学家（第一辑）》2009 年 10 月 17 日，第 163 页。

身的脆弱性。[①] 这也就解释了“沙盒监管”中“监管”的由来。

2. “沙盒”的由来：政府失灵

市场失灵引发政府干预的出现，金融市场失灵引发金融监管的出现。政府干预的作用是弥补市场固有缺陷，使干预后的社会效益高于干预前的。政府干预市场的一个隐性的假设是，政府有能力并且有良好的动机来纠正市场失灵。[②] 但政府干预行为本身的局限性又导致另一种非市场失灵——政府失灵，即政府的干预手段最终偏离预定目标，从而降低经济效率和损害社会福利。[③]

“政府失灵”中偏离预定目标的可能情况有：其一，最终结果与预定目标方向不一致；其二，最终结果与预定目标程度不一致；其三，最终结果产生预定目标以外的副作用；其四，预定目标的实现超过政府干预的能力范围。[④] 而对政府失灵的解释主要是两个：规制俘虏理论和信息不对称。就信息不对称而言，是指政府干预要达到预期目标必须首先拥有必要的、足够的信息。但是实际上，政府掌握的信息十分有限。尤其在金融领域，面对日益高度复杂结构化的，跨市场、跨行业、跨区域、跨境的金融产品和服务，金融监管机构很难获取真实的、准确的、完全的信息，很难以此为基础科学地进行监管决策。

但是，沙盒监管这一创新的监管模式，一方面有助于缓解广泛存在于监管者与被监管对象之间的信息不对称。进入沙盒的条件之一在于充分的信息披露以及与监管机构进行沟通，沙盒测试期间，监管机构也能够实现对受测的产品和服务的实时监控。另一方面，“沙盒”是一种封闭的、有限的、真实的监管试验区，这种“试验”既是对受测企业创新的金融服务和产品的试验，也是对监管制度、监管工具、监管能力的试验。在沙盒监管这一主动

---

① 李爱君：《现代金融监管理念的重塑与构建》，《金融法学家（第一辑）》2009 年 10 月 17 日，第 165 页。

② 唐胜楠：《应对政府失灵的国际金融监管体系探讨——以“次贷危机”为例》，《知识经济》2011 年第 16 期。

③ 李东方：《政府失灵的原因及其治理探析》，《昆明学院学报》2010 年第 1 期。

④ 陈秀山：《政府失灵及其矫正》，《经济学家》1998 年第 1 期。

型监管的系统中，面对金融科技创新的产品和服务，监管机制的有效性、及时性也时时面临挑战，新的金融产品和服务与现存的监管之间的碰撞，能够帮助监管者更清晰地看到，哪些监管措施是不符合现状的，哪些是过于激进或保守的，以帮助监管者在试验中找到监管的动态平衡，避免在对金融市场现状全面了解之前，制定出不符合现状的法规、政策，避免创新的金融产品或服务出现风险，影响社会稳定后，制定出严格限制金融正常创新的法规、政策。因此，“沙盒”能够在一定程度上减少“政府失灵”的出现，这是“沙盒监管”中“沙盒”的由来。

## 三 我国沙盒监管制度架构

### （一）我国沙盒监管的目标

有效的监管需要明确定义的监管目标，以及准确无误的职责委托。中国沙盒监管的目标应当以社会利益和社会责任为最高准则，应当以社会本位为核心的理念。沙盒监管的目标应当符合普遍认同的金融监管的目标，主要包括：一是维护金融稳定，防范系统性金融风险；二是促进有效金融创新；三是保护金融消费者的合法利益；四是促进公平与有效竞争。

### （二）沙盒监管的原则

沙盒监管的原则是反映实施沙盒监管制度需要的普遍的、基本的、主导型的准则，是判断沙盒监管制度好与坏、善与恶、对与错的基本准则。沙盒监管的原则是贯穿沙盒监管活动全过程的基本指导方针，是实现沙盒监管目标的重要保证。

1. 依法监管原则

依法监管是现代金融监管的内在要求，也是维持良好的金融秩序与金融安全前提条件。金融监管者拥有的金融监管权力相当广泛，是一种综合性的行政管理权。一方面，金融行业具有极强的专业性和信息不对称性，且创新速度快，权力机关立法程序复杂且难以在业务上全面掌握金融行业的状况，以至于部分立法权就旁落到金融监管者的肩上；另一方面，由于司法程序复杂，时间、经济成本更高，尽管与行政机关相比，更具有相对的公平性，却很难具有行政活动所必需的及时、简便和高效的特点，这就使金融监管者又负担部分司法裁判的功能。因此监管者在金融监管中拥有的监管权力是以准立法权（行政立法权）、准司法权（行政司法权）和狭义监管权（行政执法权）为内涵的，也有人称其为“超级金融监管权”。① 因此，应当通过法律制约监管者的权力，形成有效制约。

依法监管原则有三层含义。一是沙盒监管的监管主体地位的确立和监管权力的取得要源于法律。二是沙盒监管的主体应当依法行使监管职权。沙盒监管作为金融监管机构对金融监管的创新，这种监管创新活动应当在法律授权的范围内进行。

2. 独立监管原则

监管独立性可以进一步区分为目标独立性（goal independence）和工具独立性（instrument independence）。监管主体的独立性原则要求监管主体必须具备独立性。在结构上，要与政府其他部门严格分开，防止其他部门的干预。在职权上，要真正具有独立和自主执法权，并独立执行监管政策。

3. 风险可控原则

依法监管原则和独立监管原则是金融监管所必须遵循的原则，普遍适用于金融监管机构及其行为。而风险可控原则是专门针对沙盒监管的原则。风险可控原则是指沙盒监管的制度安排要以能够由内而外地控制受试企业的风险为监管原则，沙盒监管的监管机构应当确保能够有效实施全方位、持续监管。包括事前风险监管、经营过程风险监管以及事后的风险监管。沙盒监管的本质是监管豁免，金融创新豁免的底线则是保证金融稳定。而保持稳定最为重要的一点即是控制沙盒受试者所试验产品或服务的风险，使其可能产生或者已经产生的风险可观测、可控制，能够稳定在沙

① 徐孟洲等：《金融监管法研究》，中国法制出版社，2008，第 202 页。

盒内部不往外部扩散。风险可控原则的重要性不言而喻，是沙盒监管的基础保障。如果不能做到风险可控，沙盒这一安全空间（safe place）的意义将不复存在。

4. 成本效益原则

金融监管活动是要付出大量成本的，主要包括人力成本、制度成本和技术成本。人力成本是组织金融监管活动所需的人员成本支出；制度成本是设置、实施和监督制度的成本；而技术成本是进行有效金融监管购买监管技术设备、知识产权、服务等技术上的支出。随着金融科技的发展，监管科技也在被广泛提及。国际金融协会（IIF）将监管科技（RegTech）定义为能够高效和有效解决监管和合规性要求的新技术，这些新技术主要包括机器学习、人工智能、区块链、生物识别技术、数字加密技术以及云计算等。英国金融行为监管局则认为，监管科技是金融科技（FinTech）的一部分，主要关注如何运用科学技术更有效地满足监管要求。德勤的一份报告总结了监管科技的三个核心特点：一是敏捷性，能对错综复杂的数据组进行快速分解和组合；二是速度，能及时生成报告与解决方案；三是集成，即共享多个监管的数据结构，并对多项监管规定的众多要求形成统一的合规标准。有学者认为监管科技不应仅被看作一种满足监管要求的工具，它有可能引发监管范式和理念的转变。可以看到，技术在金融监管中的巨大作用，以及未来广泛应用的趋势，那么监管的技术成本也不可避免地增加。但是从另一个角度看，监管成本与监管效果之间的估算难以精确。

5. 监管协作原则

一方面，就国内而言，对于尚未设立超级监管机构的国家，通常存在多个金融监管机构。但是金融科技的核心特征是跨界化，为避免监管职能出现真空地带，加强监管机构之间的协作十分必要。另一方面，就国际而言，随着互联网信息技术在金融领域的广泛应用，金融活动超越空间界限，无法脱离互联网进行，推动着跨国金融科技产品和服务出现，打破国界限制，形成全球经营网络，且规模不断膨胀。这就使各国国内金融市场与国际金融市场连为一体。必须加强对跨国金融科技公司的监管并防范金融风险的快速传播。尤其是部分超级金融科技公司，具有系统重要性的地位，更需要各国监管机构之间的协作。

## （三）沙盒监管的法定方式

沙盒监管的本质是监管豁免，但这种豁免需要依法开展，即需要在主管部门的法定权限内进行豁免，而不应超过主管部门的法定权限。比如我国台湾地区“立法院财政委员会”于 2016 年 12 月召开会议审查与沙盒监管机制相关的“保险法”“证券交易法”“银行法”“期货交易法”“信托业法”等八部法，需要在该八部法律中增订有关进行金融科技创新实验机制的相关条文。因此，我国的沙盒监管制度应当建立在现有的法律框架内，沙盒监管的监管主体应当具备正当合法性，沙盒监管的具体措施应在法律的授权之内，不得超越法律。

## （四）我国沙盒监管制度的具体内容

金融监管法律制度的内容主要包括市场准入监管、市场运作监管，市场退出监管三个方面。在英国最先应用沙盒监管服务金融创新企业后，新加坡、澳大利亚等国家和地区也展开与沙盒监管相关的制度安排，部分地区还处于制度的建立或法规的起草或意见征询阶段。本部分，笔者选取英国、阿布扎比、新加坡、中国香港、澳大利亚、迪拜作为比较研究的对象，分析其在测试条件、测试标准、保护措施等制度安排上的各自侧重和共同取向。结合我国的金融监管体制及金融科技发展状况提出沙盒监管制度的具体内容。

### 1. 沙盒监管的监管主体

在沙盒监管的金融监管法律关系中涉及两个主体，一是金融监管主体，二是被监管主体。金融监管主体，即金融监管当局，是指对金融业实施监管的政府机构或准政府机构。金融监管法的主体体系与各国的金融监管体制紧密相连，在不同的监管体制下，监管者的设置不同。美国学者 Goodhart 将金融监管制度分为三种类型：一是机构（部门）导向型监管，即金融监管机构按照金融机构类别进行监管，而不考虑金融机构实际提供的产品和服务类型；二是业务导向型监管，即监管主要侧重于金融服务活动的类型，而不考虑金融服务提供者的类别；三是目标导向型监管，即金融监管机构按照自身监管目标不同来设置金融监管制度和监管组织。

考虑到我国机构导向型监管的现状与金融科技创新产品与服务的跨行业特性，有学者提出创立以行业自律运行为主的“虚拟监管沙盒”，可考虑由影响力较强的行业自律组织（比如中国互联网金融协会等）牵头建立监管沙盒，利用行业数据创建一个虚拟环境，邀请相关从业者、消费者和研究者，供申请使用沙盒的企业对新的解决方案进行测试，为企业提供完善金融服务的依据，防范潜在金融风险。① 考虑到机构监管难以协调，还有的学者提出分行业建立沙盒，类似中国香港地区的做法。

笔者认为，首先，“虚拟监管沙盒”的正确说法应是“虚拟沙盒”，是以云计算为基础的一种解决方案，即企业在不进入真实环境的情况下利用公共数据、其他公司通过虚拟沙盒提供的数据来进行测试。“虚拟沙盒”是一种纯粹的试验工具，不能作为本文所指的沙盒监管制度中的一部分。但是，行业协会（如中国互联网金融协会）面向协会会员发起设立的“虚拟沙盒”是有益于行业发展的。

其次，由于金融创新的产品和服务跨市场、跨行业的特征明显，边界模糊，在掌握完全、真实的相关信息前实现真正的穿透式监管，将其纳入与之对应的监管机构存在一定的难度。且部分新业态的产品和服务的主体，难以被归为任何一个监管机构的被监管对象之中。这样，又回到了“铁路警察，各管一段”的监管方式之中，助长监管套利行为。

最后，笔者建议由国务院金融稳定发展委员会牵头协调三会设立监管沙盒。这样考虑的原因之一，在于沙盒监管的本质是监管豁免，而监管豁免的前提在于监管主体拥有监管权。因此，沙盒监管的监管主体不能是脱离法律授权的金融监管机构。而在我国分业监管的金融监管体制下，既要使金融监

① 尹海员：《金融科技创新的“监管沙盒”模式探析与启示》，《兰州学刊》2017 年第 9 期。

管机构的监管行为符合法律，又要克服分业监管对金融科技创新跨市场、跨行业特性的不适应，则需要金融稳定发展委员会发挥议事协调的职能，加强金融基础设施的统筹监管。

2. 沙盒监管的被监管对象及范围

关于沙盒监管的被监管对象的范围，各国的实践存在区别，各主要国家和地区沙盒监管适用范围的异同见表2。笔者建议，在我国，沙盒监管的被监管对象应当是提供金融产品或服务，以及从事金融业务的公司。我国金融科技创新的主力军是互联网企业，一些创新的金融服务或产品的提供者，由于处于模糊的业务边界中，难以在最开始被纳入传统的监管中，比如网络借贷信息中介机构。因此，沙盒监管的对象，不应以提供金融产品、服务、业务的公司的性质为标准，应当以是否有提供金融性质的产品、服务或从事金融性质的业务为标准。

**表2　主要国家和地区沙盒监管的适用范围**

| 国家/地区 | 适用范围 |
|---|---|
| 英国 | 不限定企业规模，适用新兴科技创新机构及传统金融机构 |
| 阿布扎比 | 适用于金融科技领域的所有参与者，从初创企业到现有的受监管公司 |
| 新加坡 | 其金融服务受金融管理局监管的公司，不限于金融机构、金融科技公司以及与这些企业合作或提供支持的专业服务公司 |
| 中国香港 | 金融沙盒监管制度适用于授权机构打算在香港进行的金融科技以及其他科技的创新，监管对象范围目前限于银行业 |
| 澳大利亚 | (1)对产品或服务提供者的限制。《监管指南257号》中主要提到了对以下情况下产品或服务提供者拒绝或撤销豁免，即被禁止提供相关产品或服务；已获得相关许可证；已成为许可证持有人的授权代表或相关法人；未能满足豁免的一项或多项条件；适用豁免期间或之前的不当行为；ASIC认为其业务不具有创新性并且/或者在提供金融服务或信贷时没有使用技术<br>(2)对产品或服务的限制。金融科技许可证豁免适用于特定的服务，而不是适用于所有的金融科技服务或者信贷活动，详见该监管指南表1和表2所列举的具体范围。金融科技许可证豁免主要适用于金融居间业务，比如某些金融产品的交易以及咨询业务，不适用于发行金融产品或者直接提供信贷。不适用于复杂的金融产品(比如衍生性金融产品)、非流动性金融产品或服务、长期金融产品(比如退休金险和生命险)以及原本就针对风险承受能力较低的消费者的金融产品(比如消费借贷) |
| 迪拜 | 业务在DFSA监管的活动范围内公司 |

3. 沙盒监管的适用条件

各主要国家和地区沙盒监管适用条件的异同见表3。笔者认为，我国沙盒监管的适用条件，或者审查标准应当要符合我国沙盒监管的目标，即维护金融稳定，防范系统性金融风险，促进有效金融创新，保护金融消费者的合法利益，促进公平与有效竞争。具体来说，一是监管者要对各类金融科技产品及其机构的创新内容、形式和特征进行充分了解和分析，尤其是一些跨市场跨行业的运营行为，要认清其经营模式的实质；二是需要把握申请受测企业所提供的消费者保护措施是否有真正效用。如果消费者的保护措施看起来有效，但实则无效，当出现风险时，会使消费者出现受骗感而产生过激行为。三是应当考虑申请受测企业进行测试的必要性。如果申请受测的金融产品或服务在业务模式上与已经通过测试的或正在接受测试的金融产品或服务相似，则没有进行测试的必要性。

**表 3　主要国家和地区沙盒监管的适用条件**

| 国家/地区 | 适用条件(审查标准) |
|---|---|
| 英国 | 必须是一项切实的创新。申请沙盒测试的产品或服务必须是独创的,或者和市场上已有的产品差异较大。<br>对消费者有利。产品或服务必须描绘出能向消费者提供可确认益处的前景,如更高质量(或者更低价格)。<br>存在进行沙盒测试的必要性。必须有在真实的客户中并且是在 FCA 沙盒中测试产品或服务的切实必要。<br>对测试做足准备。需要测试的产品或服务必须对真实环境中的测试做好准备。FCA 会事先进行审核 |
| 阿布扎比 | 符合阿布扎比国内相关金融服务资质 |
| 新加坡 | 申请人有意愿及能力在更大范围内实施金融技术解决方案;<br>能解决重大问题或是为消费者、行业带来益处;<br>明确界定沙盒的测试场景和结果,并基于时间表向新加坡金管局汇报测试进程;<br>规定适当的边界条件 |
| 中国香港 | 明确试验的边界。香港当局对于边界的规定包含三个方面。第一,试验的范围。这其中包含该试验所针对的科技、参与试验的客户人数与客户类型,该试验中所涉及的银行服务种类。第二,试验的时间阶段。第三,试验终止后的安排。<br>合理完善的客户保护措施。获取沙盒监管的条件之一即为:授权机构保证在试验中保护客户利益的充分措施正在发挥作用。<br>合理的风险管理控制。<br>试验的准备工作已经充分,试验过程时刻受到监控。文件中明确,获取沙盒监管的条件之一即为:试验所需要的系统和程序已经做好了准备,例如首次展示所需要的准备 |

续表

| 国家/地区 | 适用条件(审查标准) |
|---|---|
| 澳大利亚 | 客户数量限制。适用豁免的测试业务可以最多向100名零售顾客提供服务,而对于批发客户没有数量限制。<br>风险敞口限制。每个零售客户在测试中承受的相关金融产品的风险不得超过10000澳元,签订信贷合同项下的信贷数额不得超过25000澳元,签订保险合同项下的保险金额不得超过50000澳元,对批发客户没有特殊风险敞口的限制。测试期间所有客户承担的风险总额最多不得超过500万澳元。<br>消费者保护措施。消费者知悉他们在和谁交易以及被测试服务的性质是非常重要的。测试企业提供金融服务时,必须向其零售客户提供金融服务指南、信贷指南中通常包含的信息,如他们的服务、薪酬以及纠纷解决程序的信息,履行信息披露义务。<br>安排适当补偿作为金融科技许可证豁免的条件,测试企业因违反义务或者有不当行为给客户带来损失时应适当安排补偿。《监管指南257号》中对适当补偿安排的建议主要是购买专业的保险,包括专业补偿保险政策中对单项或者集合索赔至少有100万澳元,以及为期12个月的停止运营后的补偿保险。<br>设置争议解决机制。测试企业应该设置符合ASIC制定或授权制定的标准和要求的内部争议解决(IDR)程序,以及参与一个或多个ASIC认可的外部纠纷解决(EDR)计划。外部纠纷解决(EDR)计划为消费者和投资者提供了一种比正式法律程序更加快捷以及更加经济的投诉和纠纷解决途径 |
| 迪拜 | 企业欲向DFSA申请限制性许可,需要满足以下条件:<br>产品或服务使用了创新性金融科技——即创新性;<br>其业务在DFSA监管的活动范围内——即DFSA有权监管;<br>准备好开始与客户进行实时测试——即具备测试条件;<br>在成功完成测试后,在更广泛的范围内拓展其金融科技业务——即拓展性。<br>具体来讲,在考虑企业测试的金融产品或者服务是否具有创新性时,应考虑其产品或服务是否采用新技术或以创新的方式使用技术,以及是否解决了现有问题给消费者或行业带来潜在的好处。而在评估产品或服务的开发程度是否已具备测试条件时,如果其没有达到可以进行测试的阶段,则其没有正在进行的金融服务所以无须获得许可证,而如果其已经完全投入运营,那么应该申请正式的许可证而不是限制性许可 |

4. 沙盒监管的批准制度

沙盒监管的批准制度应当包括批准（授权）方式、审查形式、审查标准、审查程序等。在批准方式方面，英国和新加坡类似，采用审批制，也可理解为申请授权制。与英国金融行为监管局的沙盒测试需要企业自行申请与审核通过不同，ASIC 的金融科技许可证豁免制度无须企业进行申请，而是采取“通知” ASIC 以及提交相关材料的方式。从一方面来说，无须申请以及审核即可适用豁免开始测试，节省了时间和资金成本。而从另一方面来说，仅仅依靠“通知”以及形式审查的方式，事前监管未免相比之下较为薄弱，难免会有实质上不符合豁免条件的漏网之鱼借此开展金融业务，不利于保护消费者和维护金融秩序稳定。而且可想而知，“通知”ASIC 进行测试的企业数量相比严格的申请审核模式下会更加庞大，成本提升、监管效果摊薄的问题显著。“无须申请”本身的目的是节省企业适用豁免进行测试的成本和时间，所以对于事后发现不符合豁免条件的企业既需要明确责任又不能规定过于严格的责任，否则削弱了“无须申请”本身的激励作用。各主要国家和地区沙盒监管批准制度的异同见表4。笔者认为，我国的沙盒监管的准入制度应当采用审批的方式。

**表4 主要国家和地区沙盒监管的批准制度**

| 国家/地区 | 批准方式 | 具体安排 |
|---|---|---|
| 英国 | 审批制 | 第一步,公司使用沙盒的提案:公司向金融行为监管局(FCA)提交测试提案,提出新解决方案以及它将如何满足标准。第二步,金融行为监管局评估:金融行为监管局审查提案,如果符合资格标准,则接受该提案。案例官员被分配为公司的联系人 |
| 阿布扎比 | 审批制 | 金融科技参与者首先需要获得金融服务监管机构(FSRA)的授权。由监管机构评估后,对具体的每个申请人进行一系列适当的监管控制。金融科技监管实验室(RegLab)允许金融服务监管机构(FSRA)根据具体的业务模式和个别金融科技参与者的风险,将监管要求适用于不同的开发阶段或测试阶段。激励措施包括全外资所有权和免税政策 |
| 新加坡 | 审批制 | 申请人确保应用沙盒的产品或服务符合沙盒的目标和原则后,填写“金融科技沙盒监管申请”交与新加坡金融管理局的审查官员。申请中包含申请者信息、申请者核心业务以及沙盒测试要求的概述,以此来判断其是否符合沙盒评价标准的详细信息等。新加坡金融管理局在申请人提交申请书后的21个工作日内完成对提交评估信息的审查。对审查申请的时间进行必要限制有利于提高效率,不让金融服务、产品的创新因监管机构的工作效率而打折扣。申请者也不会因为对审查时限的未知而导致的不确定性放弃参与沙盒 |
| 中国香港 | 审批制 | 香港沙盒监管的准入采取的是用企业申请授权制,且这种授权为单一具体授权,类似于向每个单独申请授权的机构颁发金融科技个人许可证 |
| 澳大利亚 | 备案制 | 澳大利亚的方式则非常不同,澳大利亚采取备案制,允许符合条件的金融科技公司在向监管机构备案之后,按照澳大利亚证券和投资委员会制定的两份概念验证许可豁免文件要求,无须持有金融服务或信贷许可证即可测试特定业务 |
| 迪拜 | 审批制 | 欲申请许可,首先应该在初期与 DFSA 讨论其金融科技计划。申请人需要填写一份特制的申请表格,并且在提交许可申请书时提供一份详细的测试计划,应当详细介绍要求的内容,只有 DFSA 认为申请表以及测试计划中的信息是充分完整的才会考虑批准许可申请 |

5. 充分、有效及时的信息披露制度

信息披露制度是保护金融消费者利益的重要前提。伴随着科技带动的金融创新浪潮出现了许多奇异的、定制的、高杠杆的衍生产品，包括产品发行人、投资者和中介机构在内的市场参与者无法真正理解这些产品的功能和风险特征，放大了金融市场的波动性。同时对于金融机构以外的个人金融市场主体而言，由于其分析和处理信息的能力十分有限，如果市场信息的供给缺乏制度保障，那么软弱的获取信息能力必然不足以支持正确的市场决策行为，不仅会使金融市场总体的约束作用限定在很小的范围内，也会因为市场行为的忙碌而使金融市场充斥着各类错误的市场信号，这对政府的金融监管也产生负面影响。① 有效的信息披露是发挥市场约束作用的前提。信息披露制度要求信息披露义务人及时向金融消费者披露有关金融产品或服务的真实、准确、完整信息，保证金融消费者的知情权，便于其依据真实充分的信息做出理性的投资决策。因此，沙盒监管主体应当为受测者设定最基本限度的强制信息披露规则。应当就信息披露的时间（按照时间来划分，一是测试前的信息披露，二是测试过程中的定期报告）、信息披露的方式、信息披露的内容、信息披露的程度、信息披露的对象制定规则。

6. 全方位金融消费者保护措施

消费者与金融机构之间的合同关系被视为平等主体之间的私法关系，强调当事人意思自治而排斥公权力的干预。② 但随着金融产品日益复杂，专业知识薄弱的消费者对风险收益形式、费用及利润结构、提前退出的惩罚机制、税收负担等难以正确地理解，使消费者在与金融机构订立合同时处于严重不利地位，这就要求公权力及时介入，加强政府对金融机构的监管，保证产品的透明化以方便消费者的知情权与选择权，实现实质公平正义。③ 尤其是 2008 年金融危机之后，金融消费者权益的保护被置于更高的位置。

① 徐孟洲：《金融监管法研究》，中国法制出版社，2008，第 98 页。

② 吴弘、徐振：《金融消费者保护的法理探析》，《东方法学》2009 年第 5 期。

③ 陆军、吴慧、林斌彦：《中国金融服务消费者保护监管问题研究》，http：//www.docin.com/p－384978.html，2009 年 8 月 19 日。

面对金融科技的创新，我国沙盒监管制度的构建，也需要建立全方位金融消费权益保护措施。参考国际沙盒监管的实践，各主要国家和地区沙盒监管中金融消费者保护措施的异同见表5。

**表5　主要国家和地区沙盒监管中金融消费者保护措施**

| 国家/地区 | 金融消费者保护措施 |
|---|---|
| 英国 | 强调以消费者受益为中心,包括降低价格、提高服务质量、帮助消费者识别和缓释风险等。在《沙盒监管》报告的附录4中阐述了消费者保护的方式:<br>在临床实验中,仅能够对信息包含在测试范围内的消费者试用新的解决方法,消费者应被告知测试的潜在风险以及可获得的补偿;<br>寻求合适的关于消费者信息披露、消费者保护、消费者赔偿的建议;<br>参加沙盒测试的消费者和与其他授权公司产生争执的消费者之间享有同等的权利;<br>必须承担向消费者赔偿所有损失的责任(包括投资损失),并且应当证明其有足够的资产确保赔偿 |
| 阿布扎比 | 要求限制对消费者的影响,包括禁止处理客户资金、限制客户数量、限制投资规模、限制营销渠道等 |
| 新加坡 | 制定最大损失和影响的定性分析提案;<br>明确沙盒测试时的界限,同时必须有效保护客户利益和行业稳定与安全;<br>具备处理客户查询、信息反馈和投诉的渠道;<br>制定风险化解计划,降低测试失败后对客户和金融系统的影响;<br>制定针对客户的退出和过渡计划,防止损坏客户利益;<br>制定客户沟通计划 |
| 中国香港 | 制定妥善的程序挑选自愿参与施行的客户;<br>健全投诉处理机制;<br>合适和公平的赔偿机制;<br>客户退出程序的适当安排;<br>实施合理的补充管控措施,应对参与试验的客户所构成的风险;<br>重大事项及时向客户及公众披露 |
| 澳大利亚 | 在澳大利亚金融科技许可证豁免制度的整个制度设计中,都非常强调对消费者的保护。<br>明确了ASIC对创新的鼓励一定要建立在保障投资者和金融消费者的信任和信心的基础之上。豁免条件将客户数量和风险敞口进行严格限制,从而防止大范围的消费者受到不利影响或者消费者受到严重的影响。<br>规定了测试企业在测试期间需要设置适当补偿制度(购买专业保险以应对测试期间及测试期结束后一段时间内的消费者赔偿请求)以及设置争议解决机制,如果这两项制度不到位的话对后续该企业申请正式许可时有不利影响。<br>测试企业应履行信息披露义务,告知消费者相关法律法规以及该企业及其业务的相关信息以及风险 |

续表

| 国家/地区 | 金融消费者保护措施 |
|---|---|
| 迪拜 | 在评估企业是否涉及创新的金融科技时,DFSA 将考虑是否给消费者或行业带来潜在的好处作为评估标准之一;<br>要求以公平、明确、不误导的方式对待客户的利益和沟通信息;<br>金融科技经营者需确保消费者知晓其产品或服务正在经受测试,以及由此产生的风险;<br>在技术的使用或者业务失败引发问题的情况下,为充分保护消费者而设置的保障措施;<br>在测试之前、期间和之后,处理好与客户的沟通问题,包括金融科技经营者将如何处理查询、反馈和投诉;<br>明确在测试不成功的情况下的退出计划,包括金融科技经营者将如何履行其对测试消费者的义务 |

所谓“全方位”的金融消费者权益保护措施，是指该措施涵盖了沙盒监管的各个方面。第一，是沙盒监管的原则中有要强调金融消费者保护之必要。第二，是在沙盒准入时，把创新的金融产品和服务是否有利于消费者，是否有完善有效的消费者保护措施作为审查或授权的必备标准。第三，消费者保护的措施。英国的沙盒监管制度要求企业承担客户的任何损失（包括投资损失）的赔偿，并且在加入沙盒前必须证明企业有足够的资源（资本）来履行赔偿，同时还设计有金融服务补偿计划（FSCS）。在目前各个国家的消费者保护措施中，英国是力度最强的，甚至包含到投资损失。澳大利亚证券和投资委员会（ASIC）制定发布的有关澳大利亚沙盒监管制度的文件《监管指南 257 号》中，为消费者设计了“适当补偿安排”，要求企业为消费者提供充足的适当补偿安排，并提出最低要求，即最低限额为至少 100 万澳元来应对消费者的任何单项请求和集体请求。

笔者建议在我国沙盒监管制度的设计中，对受测企业的金融消费者权益保护措施应当围绕金融消费者的财产安全权、知情权、自主选择权、公平交易权、依法求偿权、受教育权、受尊重权、信息安全权、监管权而展开。监管机构可以设立所有受测企业必须遵守的最低限度的措施，在此基础上，受测企业自己提出更高的消费者保护措施。而最低限度的保护措施至少应当包含以下内容：一是参与沙盒测试的金融消费者的适当性要求，二是查询与信息披露措施，三是接受金融知识教育措施，四是投诉、反馈机制，五是赔偿和补偿措施，六是消费者退出措施。

7. 弹性的退出制度

在金融监管法中，包括了市场准入监管、市场运行监管，以及市场退出制度。因此退出沙盒的制度是不可或缺的。在新加坡的沙盒方案中有两种退出方式。一是按照原定计划按时退出，规定的沙盒试验期届满，新加坡金融管理局放宽的法律和监管要求将过期，试验的金融产品、服务须退出沙盒。在退出沙盒之前，沙盒实体必须完全履行或解决试验中对其客户提供的金融服务的所有义务。退出沙盒时，如果新加坡金融管理局和沙盒实体都对已到期的沙盒测试结果感到满意，同时沙盒实体所测试的金融创新产品和服务已经完全符合法律和监管要求，便能够在更广泛的范围内部署受测的金融产品和服务。二是不按照原计划停止试验。新加坡的《金融科技沙盒监管指导方针》列明了五种沙盒试验被停止的情形：一是根据最新的与沙盒实体一致的测试场景、预期结果和进度协议，新加坡金融管理局对沙盒已达到的预期目的不满意；二是沙盒实体在沙盒时期结束时无法完全符合相关法律法规要求；三是在金融服务实验中发现了一个缺陷，其中对客户或金融体系造成的风险超过试验金融服务或产品的利益，沙盒实体承认在沙盒期间无法解决该缺陷；四是由于诸如沙盒实体违反在其间进行沙盒试验的任何条件的原因，新加坡金融管理局终止沙盒；五是沙盒实体已经通知新加坡金融管理局，其决定自行退出沙盒。①

退出应当包括按计划退出和临时退出，按计划退出是指按照沙盒测试的程序，到期完成相关评估后退出沙盒；临时退出是指测试未到期，受测试的企业退出沙盒。还应当有主动退出和强制退出，强制退出是指受测企业违背了沙盒的适用条件，不再有进行沙盒测试的必要而强制退出沙盒。新加坡的经验表明，退出制度至少应当包含以下内容：一是要确定退出的时间，二是明确退出的条件和情形，三是要明确退出需要承担的责任。

① 方宇菲等：《新加坡金融科技沙盒监管指导方针》，《金融创新法律评论》2017 年第 2 辑。

# B.15 广州互联网消费金融发展现状与前景

黄国平　黄志海*

**摘　要：** 消费金融目前虽处于初期阶段，但高份额的市场需求使其自发展伊始便广受关注。我国对于消费金融的监管仍是以机构监管为主的监管体制，处于向功能性监管转变的过程。现阶段持有小贷牌照的机构不论是否从事以消费为目的的个人信贷业务，其监管权仍在地方政府，缺乏全国范围的数据统计和风险监测。广州良好的宏观经济环境为互联网消费金融发展提供了重要的基础支撑。广州居民可支配收入及消费性支出在过去几年均呈现上涨趋势，为互联网消费金融业务的开展提供了广阔的拓展空间。

**关键词：** 消费金融　场景　互联网金融　金融风险　金融监管

## 一　前言

随着我国经济进入新常态，经济增长速度从高速降至中高速，全面促进消费成长，成为保障和拉动 GDP 的主要动力。2015 年我国最终消费支出 GDP 贡献率达 66.4%，同时，消费金融的市场需求也逐渐增大。中国人民银行孙国峰教授认为，消费金融促进消费，对优化经济结构、提高宏观政策传导效力、推动传统金融机构现代化和科技化转型都有重要意义。第一，消

* 黄国平，中国社会科学院金融研究所研究员；黄志海，广州互联网金融协会秘书长。

费金融有效促进消费升级，带动相关产业投资增加，进而优化经济结构。第二，消费金融的发展通过利率和信用渠道提升宏观金融政策的传导效力。第三，消费金融服务促进传统金融机构改革创新，是传统机构业务创新增长点。

目前，对于“消费金融”的定义还未形成统一，从广义上理解，是指向消费者提供消费贷款的金融服务方式，主要涵盖信用卡、车贷、房贷及其他消费贷款四个方面。狭义上的消费金融主要是指与短期消费直接有关的融资活动。总体来讲，消费金融是金融机构通过多元化、多渠道的信贷模式，满足消费者的跨期消费需求，扩大消费需求，刺激消费增长。

消费金融虽处于初期阶段，但高份额的市场需求使其自发展伊始便广受关注，并对其实施较为严格的监管措施。目前，我国对于消费金融的监管处于从机构监管的监管体制向功能性监管的转变过程中。现阶段，大部分消费金融机构（如持有小贷牌照的小贷公司）缺乏全国范围的数据统计和风险监测，地方监管部门缺乏足够的协调和处置能力。消费金融在发展中可能会遇到各类问题和障碍，但消费金融在促进消费、提升居民生活水平、推动经济健康发展方面的重要作用，预示中国消费金融具有巨大发展潜力。消费金融政策监管见表1。

**表1　消费金融政策监管一览**

| | 时间 | 消费金融政策 |
|---|---|---|
| 试点期 | 2009年8月13日 | 银监会正式发布《消费金融公司试点管理办法》，为试点消费金融公司规范经营和依法监管提供法律保障 |
| 修订期 | 2013年11月14日 | 银监会发布《消费金融试点管理办法（修订稿）》，同时，扩大消费金融公司试点城市范围 |
| 全国推广期 | 2015年6月10日 | 国务院召开常务会议决定，放开市场准入，审批权下放到省级部门。鼓励符合条件的各类资本进入消费金融市场，成熟一家、批准一家 |
| | 2015年7月18日 | 央行等十部门发布《关于促进互联网金融健康发展的指导意见》，确立了互联网消费金融的监管职责分工，明确了业务边界 |
| | 2016年3月5日 | 2016年政府工作报告再次提出在全国开展消费金融公司试点，鼓励金融机构创新消费信贷产品 |
| | 2017年4月 | 中国互联网金融协会向会员单位下发《互联网金融信息披露标准——消费金融》（征求意见稿），定义并规范了23项披露指标 |

## 二　广州互联网消费金融发展现状及历程

随着国内经济的发展，国民消费结构逐渐产生变化，居民消费从以往的住房和汽车消费，逐渐向商品消费转变。个人消费占比提高，超前消费的理念逐渐普及，国内居民的短期消费贷款大幅提高。互联网金融不断发展，加之广东经济推动，使广东居民网络支付能力非常强劲。支付宝全民账单显示，2016 年广东省总支付金额占到全国的 16%，排名首位。从城市来看，广州人总支付金额为广东省第一，全国第三。

广州市统计局统计数据显示，2016 年末，广州市全部金融机构本外币各项存款余额 47530. 20 亿元，比年初增加 4686. 52 亿元，其中人民币各项存款余额 45937. 34 亿元，增加 4362. 85 亿元。广州金融业快速发展，现代金融服务的发展为其提供了不小助力，在消费金融、互联网金融、融资租赁等领域均不断提升，推动广州地区金融产业的延伸。

广州的消费市场十分活跃，消费金融的兴起，丰富了广州市民的消费选择。旺盛的消费需求给消费金融带来了巨大的市场空间。从广州地区消费金融公司的发展来看，作为广州地区首家面向全国的消费金融公司——中邮消费金融公司——其股东结构包括广百股份、海印集团等，这说明消费金融可为本地传统百货实现多主业经营提供便利渠道。可以预见，未来广州也将借力消费金融，释放消费潜力，向着“区域金融中心”发展。

广州互联网消费金融诞生于 2013 年。银监会于 2009 年首次颁布《消费金融公司试点管理办法》，并于 2010 年批准北京、上海、天津、成都四个城市为试点城市，广州并未在列。直到 2013 年，银监会在第一批的四个城市基础上增加了 12 个城市作为消费金融试点城市，广州才正式成为其中一员（广东消费金融发展历程见图 1）。同年，广州首个消费金融公司（也是国内首家支持大学生分期购物的数码类网上商城）佰潮网创建。2015 年的 5 月，作为国内首家专注于女大学生的消费分期解决方案提供商——广州咪哑网络科技有限公司成立。2015 年 11 月，广州首个具有银监会执照的消费金融公司——中邮消费金融公司成立。至此，消费金融正式走进广州。目前，这三家消费金融公司尚在完善之中。在国家政策扶持以及互联网金融快速发展大背景下，广州市的消费金融发展前景值得期待。

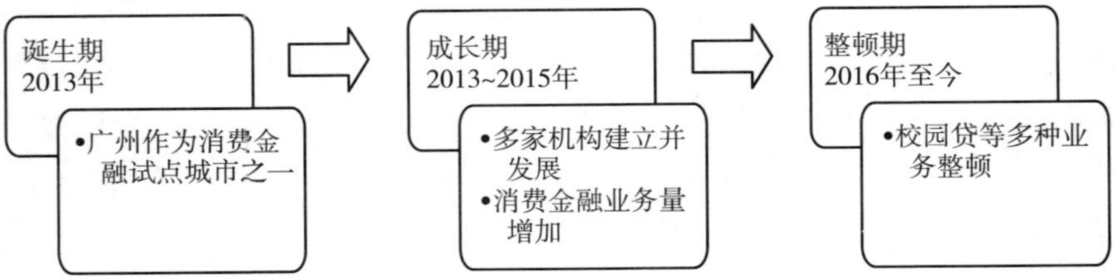


**图 1　广州互联网消费金融发展历程**

## 三　广州消费金融发展的经济与市场环境

互联网消费金融在当前结合了多种场景之后，其互联网特性不断加强。目前，主要互联网消费金融基于消费者信用，为消费提供小额贷款。主要服务提供者有四类：电商平台、分期购物平台、商业银行和消费金融公司（见表 2）。

**表 2　基于服务主体分类的消费金融模式对比**

| | 电商平台 | 分期购物平台 | 商业银行 | 消费金融公司 |
|---|---|---|---|---|
| 客户覆盖 | 任意消费者 | 大额消费品购买者 | 持卡人员 | 特定场景消费者 |
| 审批模式 | 基于用户消费记录及互联网征信提供服务 | 基于互联网征信提供服务 | 成熟的征信及审批模式，但效率较低 | 风险容忍度较高，比银行审批效率高 |
| 资金来源 | 股东资金，自有资金丰富 | 资金来源于自身、P2P 理财用户及金融机构 | 资金来源于吸收的存款，成本低，来源稳定 | 股东资金和金融机构间拆借 |

续表

| | 电商平台 | 分期购物平台 | 商业银行 | 消费金融公司 |
|---|---|---|---|---|
| 优势/劣势 | 流量大，有用户基础，但征信问题不一定能够解决 | 经营存在不规范，但是效率较高 | 征信严格，在互联网驱动下效率有所提高，但业务模式仍然较为僵硬 | 场景插入设置困难，难以形成 |
| 代表产品 | 京东白条、淘宝花呗、苏宁任性购等 | 校园分期、装修分期、教育爱学贷、租房分期、农业分期等 | 商业银行的信用卡分期等 | 闪钱包旗下的闪白条、闪银等 |

据艾瑞咨询预计，2017 年中国消费信贷规模将超过 27 万亿元，其中互联网消费金融市场规模将突破千亿元。预计 2019 年中国消费信贷将达到 37.4 万亿元，是 2010 年的 5 倍（见图 2 与图 3）。

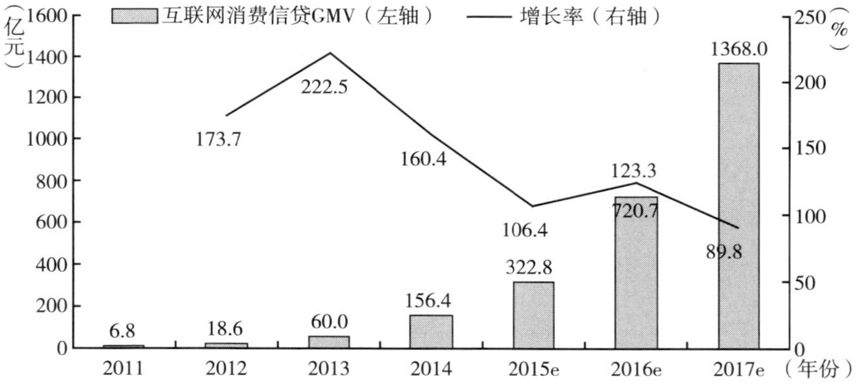


**图 2　中国互联网消费金融发展情况**

资料来源：艾瑞综合行业访谈及艾瑞统计预测模型推算。

支付宝发布的 2016 年全民账单数据显示，广州人的总账单成绩相当不俗，人均支付达 12.2 万元。从 2009 年至 2016 年广州市地区生产总值（GDP）数据可以看出，广州市近几年经济增长整体趋向平衡，地区生产总值年增长率稳定在 8% 左右（见图 4）。广州作为历史悠久名城，经济基础雄厚，这也是实力强大的中邮消费金融公司落地广州的重要原因。广州刚起步的消费金融公司在平稳的经济增长环境下正在蓬勃发展。

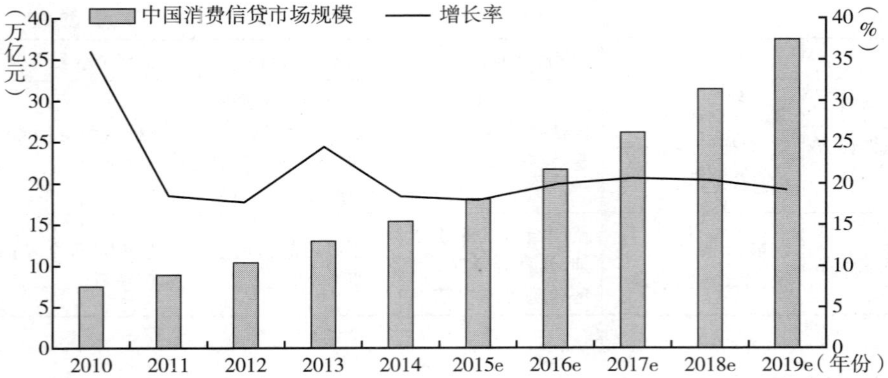


**图 3　中国消费信贷发展情况**

资料来源：艾瑞综合行业访谈及艾瑞统计预测模型推算。

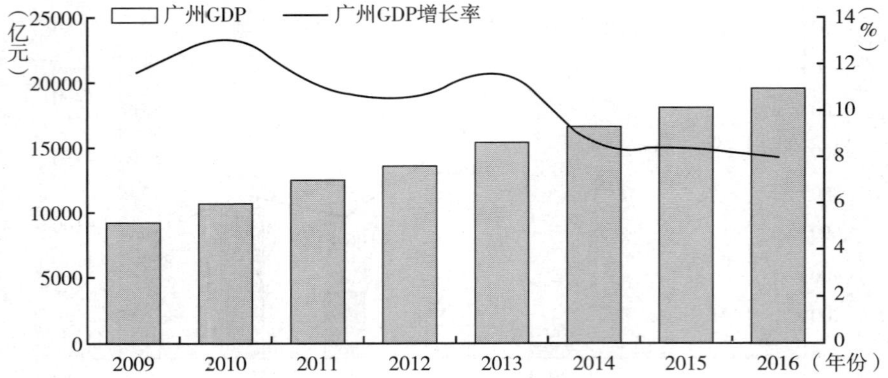


**图 4　广州 2009～2016 年 GDP 及 GDP 增长率**

资料来源：广州统计年鉴。

广州市经济的稳健发展势必拉动居民收入水平的提高。2009 年至 2015 年，广州市居民的经济收入稳步提升，消费性支出也随之不断提高（2015 年的数据与之前的数据统计口径不一样，在同等口径下 2015 年的两项数据都比 2014 年高），这说明了广州市居民的消费欲望旺盛，追求高生活质量（见图 5）。

居民消费观念的转变和移动端支付方便消费直接促成了广州社会消费模

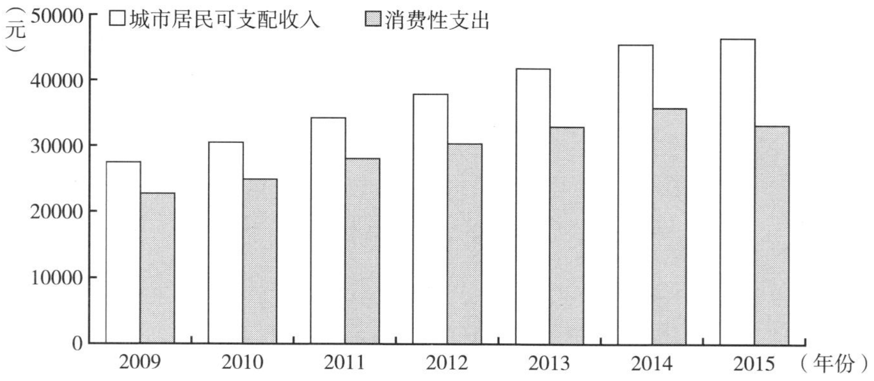


**图5 广州2009～2015年城市居民人均可支配收入与消费性支出**

资料来源：广州统计年鉴。

式的升级。一方面，在不影响居民的必要储蓄的情况下，使用各种类型的消费金融产品能“先消费，再按期还钱”，这样既能先享受产品或服务，又有时间去筹集费用，从而更好地提高生活水准；另一方面，手机等移动端支付方便了居民生活，足不出户就能买到自己想要的东西，消费方便直接促进了人们的消费欲望。

广州作为广东省省会城市，经济条件好，吸引了一大批外来人口在此安家。根据广州市统计局统计，以年末全市总人口数与年末全市户籍总户数之差作为广州外来人口年末人口数，广州总人口中外来人口占了绝大部分，而且外来人口不断增加。2015年广州市外来人口达573万人，占全市人口的67%，也就是说每三个住在广州的人，只有一个是广州本地人。如此庞大的外来人口数，使本来面积不大的广州，从2010年至今，住房压力不断增加。根据2010年至2015年新建住宅销售价格指数，广州市房价总体呈上升趋势。在不降低生活质量的情况下，外来人口选择消费金融产品的可能性很大，庞大的外来人口基数会为广州市消费金融业带来巨大的市场。以宜人贷、拍拍贷、人人贷为代表的P2P小额消费金融，主要面向白领等有固定收入的阶层，核心品类为汽车、装修等大额支出。广州市2010～2015年户籍总户数、总人口数和新建住宅销售价格情况见图6。

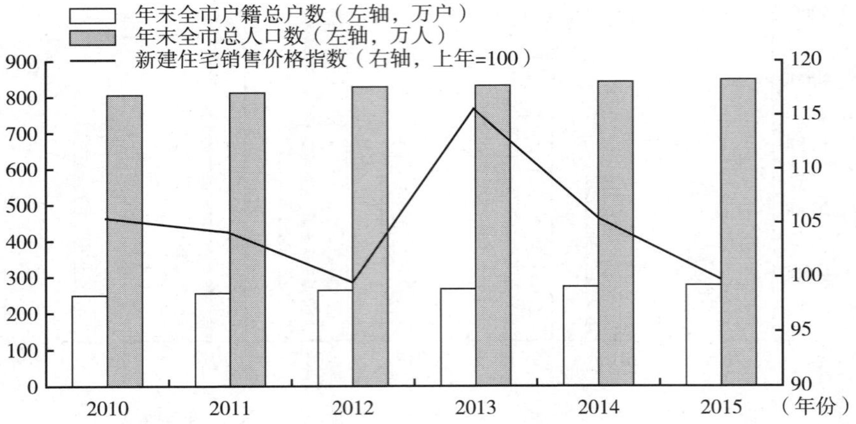


**图6　广州市2010～2015年户籍总户数、总人口数和新建住宅销售价格指数**

资料来源：广州统计年鉴。

广州拥有81家高校，111.27万的在校学生，庞大的人口基数也奠定了大学生市场数十亿级的消费规模。据预计，2017年大学生消费金融市场将突破1000亿元的金融交易规模。大学生消费金融是互联网金融创新焦点，以分期乐、人人分期、爱学贷为代表的企业，面向大学生消费者群体，核心品类为3C、轻奢及品牌产品，以电商平台为主要消费场景，营销方式侧重地面团队，风控方式侧重线下面签。

## 四　广州消费金融业态案例分析

2015年11月20日，中邮消费金融公司正式在广州成立，是广州首家具有银监会执照的消费金融公司。中邮消费金融公司主要面向风险偏高的客户群，提供小额、无抵押、利率较高的贷款服务。目前，中邮消费金融公司已在广州、深圳、东莞、佛山开设了45个服务网点。

2016年1月上线推出的“中邮钱包”APP，注册量已突破10万人，用户通过“中邮钱包”在手机上享受一站式无抵押信用贷款服务，实现了线上线下全渠道覆盖。目前，中邮消费产品和服务包括“邮你贷”“邮你花”“邮你购”的三大产品体系（见图7）。

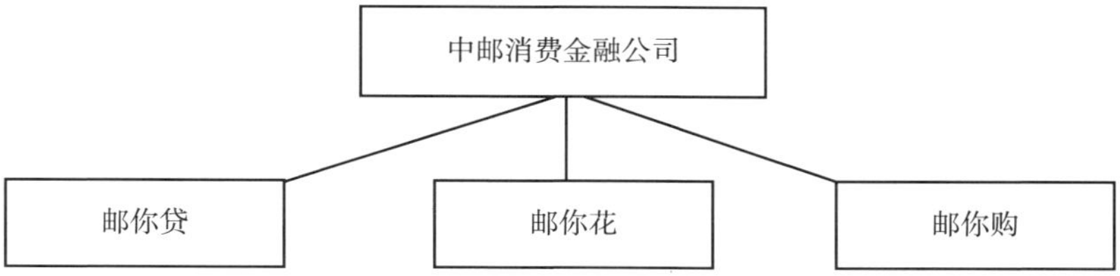


**图7　中邮消费金融公司产品体系**

资料来源：中邮消费金融公司。

邮你贷：无抵押纯信用贷款，20万元内的一次性消费类现金贷款，可选期数最长48个月，月费率0.6%，当天即可放款。

邮你花：额度可循环，无手续费，利息每天0.05%，随借随还。

邮你购：与消费产业类商家合作，为消费者提供商品分期贷款。

“邮你贷”适用于需要购置较大金额的消费品或消费服务而且消费者无法短时间内支付费用的情况，“邮你花”适用于购置较小金额的消费品或消费服务而且消费者可以在较短时间内支付费用的情况，“邮你购”则是通过商家向消费者间接发放贷款，同时可以通过商家宣传公司产品。

2016年，针对国家“全面二孩”政策落地出现的新需求，中邮消费金融公司推出了创新的“有孩家庭”主题消费金融产品“二胎贷”。“有一个小孩”是申请该款产品必要条件，成为国内消费金融产品的客户定制化创举。2016年6月6日，中邮消费金融公司入驻支付宝服务窗，参加蚂蚁金服举办的“6·6信用日”活动，在支付宝服务窗搜索并添加“中邮消费金融”，即可申请中邮消费金融公司的贷款产品。自2016年6月开始，中邮消费金融公司的贷款产品已经可以通过支付宝在线申请，用户可在支付宝服务窗中搜索“中邮消费金融”。凡是芝麻分达到660分，就能通过“中邮消费金融”服务窗在线申请“邮你贷”，最高可贷5万元，最高可分24期。

## 五　结论及前景展望

广州良好的宏观经济环境为互联网消费金融发展提供了重要的基础支撑。广州居民可支配收入及消费性支出在过去几年均呈现上涨趋势，为互联网消费金融业务的开展提供了广阔的拓展空间。通过互联网消费已经成为越来越多消费者的习惯，过去的以线下消费为主的消费时代已经成为过去，尤其是消费大军中的中青年人群，更倾向于线上消费。今天，从超市、衣着、用餐、交通等与居民日常消费息息相关的方面，都完全实现了互联网线上的可获得性，消费者的日常消费日益脱离线下渠道，而这将助力互联网消费金融业务的开展。由于互联网消费场景的日益丰富且变换速度加快，互联网消费金融公司在拓展渠道时，单靠自身力量很难打开市场，因此如何结合有效和稳定的场景，将是互联网消费金融公司需要深究的课题。

互联网消费金融的办理手续简便、快捷，一些消费金融公司能够在极短时间（如几秒）内为消费者提供信贷额度，且无须提供任何担保物。这种高效性为互联网消费金融公司吸引了更多客户——尤其是消费常客——的青睐。消费金融公司如何在确保业务特色的同时，控制风险，是一大挑战。互联网消费金融往往无须抵押担保且其贷款办理速度也快，因此其信用风险极大。广州个人信用体系尚不完善，个人信用水平难以在极短的时间内做出有效判断，征信的缺失将不能保证互联网消费金融公司的贷款质量。

大数据将为消费金融挖掘和抓取更多的消费机会。通过大数据分析，消费金融公司可以更加了解消费者的行为，为消费者提供更加有针对性的金融产品和服务，提高客户转化率。消费金融公司通过掌握整体市场的大数据，能够通过数据分析进行潜在价值的开发，创新其营业模式，实现客户数量和客户价值的拓展，最终实现收入增长。此外，消费金融属于细分市场，针对不同的消费者提供定制化的消费金融产品和服务，靠传统的信贷模式完全无法满足互联网环境下的消费模式，因此大数据的技术支持必不可少。

消费金融对场景的依赖性将不断增加，场景的深入和丰富程度将决定成败。当前，“电商加消费金融”模式已经很难有新的进入空间，因此对于独立的消费金融企业而言，应当挖掘除电商之外的业务发展空间，如旅游行业、航空行业、家装行业等。通过丰富客户的消费金融选择来增加客户数量。

互联网征信系统的完善能够极大提高消费金融的运营效率，同时降低其运营风险。在互联网时代，消费者对消费金融产品和服务往往有极高的效率性要求，但是，金融的大前提为风险控制，因此，合理衔接两者，需要更好的互联网征信系统支持。个人信用体系不健全和个人信用信息分散是消费金融发展的最大阻碍。有了征信数据，个人消费贷款业务的违约率将得到合理控制，互联网消费金融公司风险将得到有效地改善。

## 参考文献


广州互联网金融协会：《广州互联网金融发展报告（2016）》（研究报告），2017。

广州互联网金融协会：《广州互联网金融发展报告（2015）》（研究报告），2016。

广州互联网金融协会：《“十三五”时期广州市互联网金融风险防控与规范展研究》。

网贷天眼研究院：《消费金融发展现状与趋势》，2017。

# B.16
# 印尼金融科技发展现状与趋势

伍旭川　吕明霞*

**摘　要：** 印尼基于较好的互联网基础设施和快速的经济增长，金融科技市场在蓬勃发展中，截至2016年底，已经有一百多家企业，在筹建中的金融科技企业也很多，主要集中在支付、数据技术、网络借贷这三大子行业。印尼的金融科技处于初始的快速成长阶段，在监管政策上借鉴了其他国家的经验。为了鼓励金融科技的发展，印尼监管部门的监管政策更多倾向于鼓励和支持。印尼金融科技仍然面临很多挑战。这些挑战包括：需要更明确的规则、更多的合作，人才缺乏，金融素养有待提高。

**关键词：** 印尼　金融科技　发展环境　金融监管

## 一　印尼金融科技发展环境及成因

印尼（印度尼西亚）是由17500个岛屿组成的全世界最大的群岛国家，截至2016年总人口约2.6亿，是全球第四人口大国，仅次于中国、印度和美国。除此之外，印尼还是宗教国家，虽然无国教，但规定一定要信仰宗教。印尼是全球穆斯林人口最多的国家，其中88%的国民信奉伊斯兰教，6.1%的

* 伍旭川，博士，中国人民银行金融研究所互联网金融研究中心副主任兼秘书长；吕明霞，嘉银新金融研究院负责人，兼任嘉银金科行业研究专家、上海千人互联网金融研究中心副主任。

国民信奉基督新教，3.6%的国民信奉天主教，其余信奉印度教、佛教和原始拜物教等。印尼有300多个民族，民族语言达200多种，印尼语为官方语言，属马来语系。其他通行的语言有英语、荷兰语、华语，其中英语普及率很高。因此，印尼无论是在经济，还是政治方面都在亚洲和全球具有一定影响力。

### （一）经济稳定增长、人口基数庞大

印尼是东南亚最大经济体及G20成员国，2016年经济增速超过5%，全球排名第三。随着全球贸易总体呈复苏态势，国际市场对印尼经济预期向好，麦肯锡研究所研究成果显示，至2030年印尼有望成为第七大经济体；国际货币基金组织（IMF）调升2017年印尼经济增长的预计，有望增长5.2%；经济学人（EIU）预估，印尼GDP增长将保持在5%直到2020年。印尼人均国民总收入稳步增长，从2007年的人均1600美元增长至2016年人均3400美元，相当于中国2009年的水平，居民具有一定的消费和支付能力。印尼是全球第四人口大国，也是继印度之后最大的新兴人口市场，拥有巨大的人口红利。2016年印尼总人口超过2.6亿，其中35岁以下占全国人口的70%左右，这使印尼对新兴的移动互联网有更高的接受度。

### （二）互联网基础设施建设纳入国家中期发展计划

印尼是世界上最大的群岛国家，分散的地理分布带来了巨大的互联网基础设施成本，这也延缓了互联网用户的增长。

在印尼的中期发展计划中，基础设施支出在2015年至2019年总计达到2216万亿印尼盾（1870亿美元）或是每年名义GDP的2.9%。认识到总基础设施需求有可能更高，政府设定同期投资目标为5519万亿印尼盾（4657亿美元）或是年度GDP的7.2%。国家自主计划占总投资额的50%。

在国家中期发展计划中，互联网基础设施建设也是其中的重要指标。印尼对既可靠又便宜且高质量的网络接口的需求量很高，实际宽带连接却相当有限，全国情况也各不相同：相比偏远地区，雅加达和日惹宽带渗透率达到70%，而马鲁古群岛和巴布亚岛则只有11%。加速发展偏远地区固网和无

线宽带铺设已经纳入国家规划，光纤覆盖率从2014年的72%，到2019年实现100%覆盖。

根据世界银行的估算，印尼自2005年以来互联网渗透率逐渐提高，2005年互联网普及率不足5%，2015年达到22%左右，相当于中国2008年的水平。WeAreSocial发布的互联网调研报告显示，印尼于2016年成为全球互联网用户增长速度最快的国家，2016年初互联网用户仅为8810万，2017年互联网用户达到1.327亿，增长了51%，居民的互联网渗透率超过50%。大多数发展中国家的宽带都是从互联网阶段逐渐走向移动互联网时代，而印尼没有经历成熟的互联网而直接迈向移动互联网。印尼手机用户3.74亿，移动手机普及率143%。智能手机只有6000多万部，占比20%左右，但其移动手机网络访问超过70%。

### （三）传统金融无法满足日益增长的消费金融需求

印尼金融业以银行业为主体，银行在信贷市场中占主导位置，印尼国有大型银行仍然是印尼信贷市场增长的主要推动力。在银行信贷业务中，抵押贷款业务仍是主要业务。2016年印尼市场流通中的银行账户约为9300万，占人口比重不足40%。每10万人口的银行分支覆盖率仅为欧洲的1/6，约4900万中小企业不能得到银行融资服务。

印尼信用卡协会（AKKI）数据显示，其中流通的信用卡数在1690万张左右，人均2张信用卡，大概800万的信用卡用户，仅占总人口的3%。印尼信用卡持有率之所以较低，是因为印尼央行对信用卡申请者实施了较严的经济资格审查，只有年龄大于18岁，月均收入超过300万印尼盾（约合人民币1500元）的用户，才有资格申请信用卡。

基于BCG的预测，2020年印尼“中产阶级和富裕消费者”（MAC）数量较2013年将翻倍，从7400万人上涨至1.41亿人，这期间每年有800万到900万人进入中产阶级。伴随人数的增长，这一群体在家居用品、车辆、耐用消费品等领域的需求也将快速增长，传统金融机构无法满足印尼居民日益增长的金融需求。

## 二　印尼金融科技行业发展现状

### （一）理财市场

印尼宏观经济近年来保持了快速增长态势，印尼中央银行（Bank Indonesia）发布的统计数据显示，印尼经济持续增长已经超过 15 年，2010 年 GDP 增长率为 6.1%，2017 年第二季度的 GDP 增长率仍然为 5%，金融行业做出了很大的贡献。不过，印尼面临国内外经济发展的各种不确定性，金融市场虽然已经发生了较多变化，但依然要应对大量的挑战，如大宗商品价格波动、增加人均收入、改变不均衡增长、政府巨额的基建支出计划等。

印尼金融市场发展仍相对不成熟且以银行为主。截至 2015 年底，印尼金融业资产总额占其国内 GDP 的比重达到 72%，其中 3/4 为银行资产。对于非银行金融业的保险公司、多类型金融公司（multi-finance companies，如金融租赁公司、消费金融公司等），它们属于印尼金融业第二大、第三大的子行业，其资产分别占金融业总资产的 10%、5%。保险公司资产增长最快，其发展带动了金融业资产占 GDP 比重在 2005～2015 年提高了 8%。共同基金（mutual funds）、养老基金、小额信贷机构仍然规模较小，尽管一些银行涉足小额信贷业务。印尼国内存在若干金融集团，截至 2015 年底，已确认的 44 个金融集团资产合计占金融业总资产比例达到 66%，银行业资产占这些金融集团资产合计的 84%。这些金融集团多数属于综合性企业集团，其中半数拥有一种横向集团结构，由一家不受监管的控股公司控制着。印尼政府计划在 2017 年底之前对国有金融机构成立一家国有控股公司，该公司将会对 4 家国有商业银行、1 家专业的中小企业贷款金融机构和 1 家支付服务供应商进行资源整合。

印尼的金融业与经济发展水平相当的国家相比整体上并不落后多少，但是落后于金砖四国、马来西亚、泰国等发展中国家。IMF 与世界银行 2017 年的报告指出，印尼的银行信贷占 GDP 比例约为 40%，信贷中介化水平较低，净息差高于其他发展中国家，其股票市场市值占 GDP 比重的 41%，比其他发展中国家该指标中值低约 30%。印尼的固定收益市场无论对公对私都不够发达，未偿还个人债券占 GDP 比重大约 2.5%，银行和金融公司占比为 63.5%，可交换政府债券占比仅为 13%。印尼机构投资者持有资产规模少，养老基金、保险公司管理资产仅占 GDP 比重的 2%、4%。对比而言，非居民的外国投资者在印尼金融市场发挥了较大的作用，大概 40% 的政府债券、54% 的权益证券由外国投资者持有，以外币计价的公司债务占公司借款总额的比例为 45%，这其中 60% 是属于外国债权人的债务。印尼的普惠金融水平同样较低，成年人持有银行账户的比例为 36%，远低于东南亚平均值 69%，有授信额度的公司占比只有 27.4%。

考虑到印尼的经济发展程度和教育水平，我们认为，其居民理财能力较弱、风险容忍度低。这样的结论从理论上看是合理的，现有实证研究的抽样调查结论也支持我们的判断。在 Fahd A. Ahmad 等的 2017 年研究论文中，采用截面、匿名和基于网络的问卷调查，2010 名受访者中有 422 人回答了问卷，设计的问卷中有关于个人理财的 20 道试题和关于受访者的个人理财规划、态度、债务共 28 个问题。研究结论是：印尼居民理财能力弱、风险容忍度低、高负债、理财准备过程中存在赤字。Sulaeman Rahman Nidar 等 2012 年的研究以 400 名印尼大学生为对象，目的是获知印尼大学生的理财能力及对其产生影响的因素。研究表明：印尼大学生理财能力较低，需要提升，特别是在投资、信贷和保险领域，教育水平、雇员、个人收入、父母传授的知识、父母收入、贷款、保险标的物所有权对个人理财能力有重大影响。T. Hidajat 在其 2015 年的研究中，从印尼多个地区采集 25～50 岁的 258 名渔民作为样本，数据及模型证实 85% 的渔民没有理财能力，大多数渔民没有存款账户，渔民理财能力正相关地影响其家庭的存款，普惠金融对渔民存款发挥了至关重要的作用。

针对印尼金融市场及银行业的上述情况，印尼当局将深化金融业改革、加强监管和危机管理提上了议程，金融服务管理局正在实施金融服务业总体规划，2016 年启动国家普惠金融战略，大力支持和鼓励金融科技、普惠金融发展。在此背景下，印尼国内涌现出许多有代表性的个人理财金融科技平台，我们选择部分平台，其简要情况见表1。

**表1　印尼有代表性的个人理财金融科技平台**

| 平台名称 | 成立时间 | 主要产品和服务 | 融资情况 |
| --- | --- | --- | --- |
| Jojonomic | 2015年 | 为企业和个人管理报销费用凭证；<br>产品包括：Jojonomic Pro（移动记账及费用管理，包括网页版及APP）；<br>JojoAttendance（在线实时进行个人考勤或请假申请、审批）<br>JojoFinance（个人理财移动APP） | 2016年9月A轮融资150万美元 |
| Veryfund | 2015年 | Veryfund（记录用户多银行账户所有交易的移动APP） | 暂无 |
| Cermati | 2015年 | 提供诸如信用卡、汽车贷款、存款、储蓄政策等多种产品及相关信息，用户也可以在线比较各种不同的产品 | 2015年7月、2016年9月、2017年2月获得三轮融资，其中第二轮融资190万美元 |
| CekAja | 2013年 | 用户可以在平台上比较和申请购买各种理财和普通险产品，包括个人贷款、信用卡、传统存款、伊斯兰教性质的存款等 | 其母公司C88 Financial Technologies于2016年9月获得B轮融资 |
| Aturduit | 2015年 | 用户可以在平台上比较借款、无担保贷款、保险产品等各种理财产品，也可以通过平台申请信用卡等 | 暂无 |
| Bareksa | 2015年 | 在线提供投资和市场的金融数据、在线工具、新闻资讯、分析报告，网上销售共同基金 | 2017年4月获得Doku的融资 |
| Stockbit | 2012年 | 在线投资社区平台，印尼股票交易所的交易商、投资者可以分享想法、观点、数据、新闻、投资信息等 | 2015年9月、2017年4月获得种子轮的两次融资 |
| Jurnal | 2014年 | 在线会计核算平台，为中小企业提供会计服务、记录各种交易、生成和寄送凭证、生成财务报表等 | 2016年2月获得A轮融资 |
| Akunting Mudah | 2015年 | 基于云的会计服务平台，帮助用户准备和分析财务报表 | 暂无 |
| DuitPintar | 2012年 | 提供各种投资理财金融产品的相关信息，包括贷款、保险、信用卡、储蓄，平台不直接提供或销售上述产品 | 暂无 |

资料来源：各平台官网、Crunchbase网站及公开信息，嘉银新金融研究院整理。

由此可见，我们发现印尼的线上个人理财平台具有以下几个特点。

（1）平台成立时间普遍较短。截至2017年底大多只有3年左右时间，主要原因可能有两点：一是金融科技行业在全球真正发展起来也不过数年，二是印尼本身作为东南亚发展中国家，相对欠缺首次出现个人理财金融科技平台这类创新事物的环境和条件。

（2）平台类型多样化。上述10家平台并不能代表印尼个人理财市场的所有类型，不过根据各自的侧重点大致可以归纳为这几种：记账平台（如Veryfund），报销费用凭证平台（如Jojonomic），理财产品比较平台（如Cermati），理财产品销售平台（如Bareksa），会计核算平台（如Jurnal），理财社交平台（如Stockbit），理财信息提供平台（如DuitPintar）。

（3）多数平台有移动端APP，顺应随时随地为用户提供理财服务的趋势。正如我们之前的研究报告中指出的那样，印尼互联网普及率快速增长，网民偏好移动手机上网，区别于传统的银行理财，个人理财金融科技平台借助于技术充分挖掘用户的理财需求，使数据和信息的价值更大，从而凸显出平台的价值和优势。

（4）产品或服务种类都相对较少，应用场景有待拓展。这种情况应该是在预料中的，初创企业拥有的资金、人员、渠道、技术等都比较少，而且金融科技不是简单的IT技术加金融，上述平台在今后的发展中提供更多的产品和服务值得期待。

（5）大多数平台获得了融资，但几乎都是初创阶段的融资。从投资人角度看，对一个金融科技平台是否投资及投资多少，需要考虑很多方面，如投资风险、创业团队、市场空间等。结合我们前面对印尼金融市场的介绍，印尼国内的机构投资者本来就较少，国外的风投机构投资印尼国内初创企业，不得不考虑政治风险等，也不是贸然投资的。所以，能获得融资的平台说明其至少是被资本市场所认可的。

### （二）网络借贷行业

比较中国和印尼的监管政策，有较多相似的地方。

一是双方都明确了网贷平台只是运营方，进行借贷撮合，而不可以直接进行借贷。

二是都对借款人贷款金额做出了上限，中国是个人 20 万元人民币，企业是 100 万元人民币，印尼为 100 万 IDR。

三是都对平台要求其在相关部门注册登记，中国是要求在地方金融机构备案，印尼要求在 OJK（金融服务管理局）先注册再申请牌照。

四是相关信息披露的要求。

2016 年印尼金融科技协会（IFA）调研数据显示，网贷企业有 21 家，占金融科技企业的 15%。印尼知名媒体 DailySocial 携手数字调查平台 Jakpat 对印尼市场 P2P 借贷意识的调查显示，85.47% 的受访者从未听说过"P2P 借贷"一词。尽管如此，还是有少数（约 4.15%）的受访者表示曾经参与 P2P 借贷。印尼知名的网贷平台有 Modalku，Uangteman，Investree、Koinworks 等。

印尼金融科技协会的会员单位一般已经正式成立或开展业务，并在相关监管方注册。之前协会的调研报告数据是 2016 年的，这大半年以来又有了高速增长，同时很多企业也在筹建中。从金融服务管理局（OJK）官网最新资料看，目前已发放 26 家金融科技许可证。此外，据了解，有几十家金融科技公司已登记，但验证过程尚未完成，且有几十家在准备递交登记注册资料。总体来看，行业目前处于快速成长期。

目前网贷平台不是很多，模式也是各有差异，有从事现金贷的 Uangteman，也有从事 P2P 的 Koinworks，还有侧重中小企业的 Modalku 及 Investree 等，以及一些特色贷款平台。

由于中国国内网贷市场已经日趋成熟，不少网贷巨头以及一些创业团队将目光瞄向了东南亚地区。目前在印尼已经开展业务的有闪银（Tunaikita）、明特量化、掌众金融，正在筹备或计划中的有你我贷、凡普金科、拍拍贷等。中国创业团队有 Rupiah Plus、印飞科技（Go Rupiah）等，都是现金贷公司，做手机线下分期和消费分期的有唐牛科技（Tangbull，oppo 参股）和 Akualaku。

其中闪银（Tunaikita）和 Rupiah Plus 是唯一两家在 OJK 注册的公司，其他已注册的公司都是印尼当地的平台。但在申请排队的有不少是中国企业做的印尼 APP。闪银在印尼是采用了与当地资本 JAS Kapital 及 Kresna Usaha Kreatif 合资的方式。

## （三）支付行业

印尼的银行只有本国人或持工作签证的外国人才可以开立账户，每个银行都会在开立账户时给客户提供一张 ATM 卡，ATM 卡与银行账户绑定，可在本行的 ATM 机提现。但在之前，A 银行的 ATM 卡取现是不可以去 B 银行的 ATM 机上实现的。因为银行是属于不同财团的，很多都是私人银行，银行间相互垄断，拒绝互通支付结算。为了打破僵局，出现了银行间组织，在同一个组织下的银行账号是可以相互转账的，并且一家银行的 ATM 卡可在同一银行组织下的其他银行的 ATM 机上跨行取现。目前，印尼四个较大的银行间组织，覆盖了印尼绝大多数银行。印尼的 ATM 卡是不能在 POS 机刷卡支付的，印尼的 POS 机目前主要为 VISA 和 MasterCard 两个卡组织，支持银联的较少。因此只有部分银行给客户发行 VISA 或者 MasterCard 的借记卡或贷记卡，其中借记卡和贷记卡的使用方式与中国国内的一致，同时借记卡和贷记卡均可以作为 ATM 卡使用（但跨行 ATM 提现操作还是需要看发卡行和 ATM 机银行是否在同一银行组织）。借记卡在 ATM 机提现则直接扣除银行账户中的存款，贷记卡提现则等同于中国国内的信用卡取现，扣除贷记卡的授信额度。

印尼支付行业的监管机构为印尼央行（Bank of Indonesia，简称 BI）。BI 对支付系统颁发四类许可牌照：

①信用卡许可证（截至 2017 年 6 月 2 日，共发放 32 张，被禁 0 张）；

②ATM/借记卡许可证（截至 2017 年 7 月 4 日，共发放 121 张，被禁 1 张）；

③汇款许可证（截至 2017 年 6 月 8 日，共发放 25 张，被禁 0 张）；

④货币交易许可证（截至 2017 年 7 月 4 日，共发放 111 张，被禁 49 张）。

信用卡和ATM/借记卡主要由银行取得，电子货币许可证由银行/非银机构拥有，汇款许可证主要针对非银机构发放。目前，印尼央行共发放25张电子货币许可证牌照。其中，银行和电信运营商占大部分。

一方面，线下纯现金交易，政府监管不到，容易滋生漏税、洗黑钱和腐败等问题，另一方面，民众对于互联网认知不足，担心资金及个人信息安全，大多数民众更愿意采用现金交易。

目前印尼移动支付工具包括银行卡、信用卡、手机银行、电子钱包及第三方支付APP等。为鼓励人们使用移动支付工具，在2014年8月，印尼央行推行了一项名为“国家非现金运动倡议”（GNNT）的活动，旨在提高人们对使用移动支付工具好处的认识。为响应印尼央行的非现金使用活动，包括中亚银行（BCA）、曼迪利银行（Mandiri）和印尼国家银行（BNI）在内的多家金融机构，都推出了各自的卡式电子支付工具，用户在公共交通、加油站或商场均可消费。另外，印尼央行还在2016年10月下发文件，将移动支付工具在线转账额度上限，由之前的500万印尼盾提升至1000万印尼盾。

印尼主要的直接支付方式包括运营商支付、银行转账支付、信用卡支付、电子钱包支付。

运营商支付是指用户通过手机预充值费用进行消费支付。用户选择商品后，一般会收到运营商短信，短信中含有一个验证码，用户在APP或游戏界面中填入验证码（或回复短信），即可完成支付。多用于游戏、音乐和视频等小额购物，不能用于实物网购。由于印尼手机入网卡大多为预付费账户，因而该种方式，坏账风险较低，同时是全国最贵的支付方式。运营商支付流程见图1。

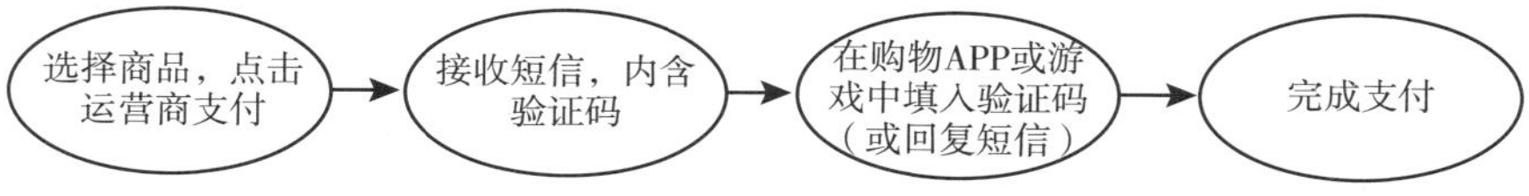


**图1　印尼运营商支付流程**

印尼运营商均支持该种支付，其中主要有 Telkomsel、Indosat、XL 三家。据 2015 年 CIMIA 公布的数据，在印尼通信市场三者合计超过 80% 的份额，其中 Telkomsel 为 44.5%，Indosat 为 20.8%、XL 为 16.29%。

目前，在印尼银行转账一般有三种方式：ATM 机线下转账、移动银行 APP 转账、银行网银转账（见图 2）。

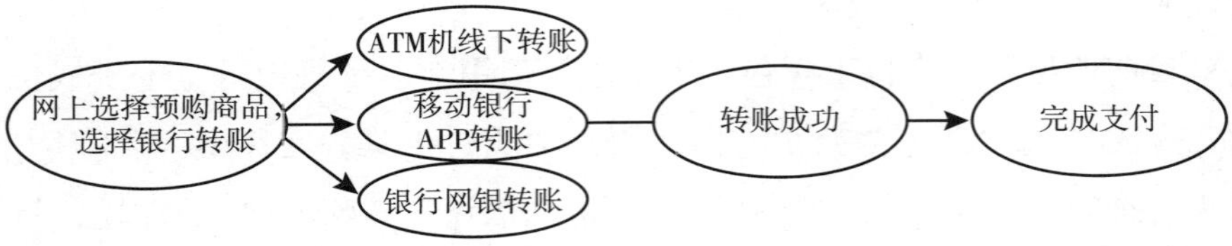


**图 2　印尼银行转账流程**

（1）ATM 机线下转账：用户网购中选择 ATM 机方式支付，然后到线下 ATM 机转账，即可支付。印尼自动取款设备超过 10 万多台，除各大银行 ATM 机外，有三大 ATM 机设备商即 Bersama、Primo 和 Alto。

（2）移动银行 APP 转账：如 BCA、Mandiri、CIMB、BNI、SMS 等均推出了银行 APP 应用。

（3）银行网银转账。如 BCA 的 KlikBCA、Mandiri 的 ClickPay、CIMB 的 CIMB Clicks 等。主要通过访问第三方网站、网银登录、输入物理适配器发出的一个或多个问题码（必须）进行验证交易。

印尼信用卡持有率较低，另外，为防止信用卡债务泡沫破裂，印尼央行从 2015 年开始对信用卡申请者实施了较严的经济资格审查。规定只有年龄大于 18 岁，月均收入超过 300 万印尼盾（约合人民币 1540 元）的用户，才有资格申请信用卡，其中 1000 万印尼盾以下的民众只能拥有两张卡，1000 万印尼盾以上的民众最多只能持有三张卡，而且信用卡合并额度不得超过其月薪的 3 倍。

印尼电子钱包发行机构有运营商、银行及第三方机构，机构需在印尼央行取得电子货币许可证（截至 2017 年 6 月，共发放 25 张牌照），电子钱包可用于直接购买实物商品及给虚拟卡充值。目前印尼电子钱包支付市场尚未有一家领先者。印尼调查机构 Jakpat 调研显示，超过 60% 的用户选择通过 ATM 机与线下便利店向电子钱包充值。印尼电子钱包类别及发行机构见表 2。

**表 2　印尼电子钱包类别及发行机构概况**

| 机构类别 | 部分发行机构 | 电子钱包 |
| --- | --- | --- |
| 银行 | Mandiri 银行 | Mandiri 银行推出三种电子钱包：Indomaret Card（用于购物）、GazCard（用于加油）、E-Toll（用于高速公路收费） |
| | BNI 银行 | Tap Cash：推出于 2014 年，截至 2016 年 2 月已发出 35 万张 TapCash 卡，每用户月平均交易额约 450000 印尼盾 |
| | BCA 银行 | BCA Flazz 是 BCA（中亚银行）银行推出的，目前支持包括公共交通、书店、商场、娱乐场所等多个场景进行支付消费 |
| 运营商 | Telkomse | T-Cash 是 Telkomse 推出的通过 NFC 技术进行支付的电子货币服务 |
| | XL | Tunaiku 是 XL 公司于 2012 年推出的电子钱包，到 2015 年底，Tunaiku 的用户达到 170 万 |
| | Doku | Doku 于 2013 年 4 月推出，截至 2016 年 10 月 Doku 注册用户达 136 万，注册商户 2 万多家。用户通过 Doku Wallet 可支付水电费、保险、电视订阅、话费，甚至还可以在印尼连锁商店 Alfamart 提取现金 |
| 第三方机构（网约车、支付公司） | Go-Jek | Go-Pay 为印尼的网约车机构 Go-Jek 推出了一款电子钱包，可以让用户在应用程序上存储一定额度以供乘车或购买其他产品 |
| | DOKU | DOKU 推出的电子钱包，目前在印尼的发达城市应用广泛，支持银行卡、信用卡、便利店、手机银行等方式进行充值 |
| | Paypal | PayPal 是目前全球最大的在线支付提供商，PayPal 作为电子钱包只有基本的付款与收款功能，收款、提现都要收费 |

资料来源：相关新闻网站及机构官网。

由于印尼民众拥有银行卡数量较少，受限于网络环境、技术手段等原因，第三方支付业务起步较晚，发展较慢，已有支付服务主要存在于网络实物购物、网上数字产品购买等消费场景。在购买数字虚拟产品中，代表性的支付机构有：Indomog、Unipin、MOL、CodaPay、Game-On 等。网络实物购物中，第三方支付机构多采用网关支付模式。

近年来，印尼电商市场增长潜力巨大，物流和支付仍是制约因素。德国统计公司 statista 数据显示，截至 2017 年底，印尼电商市场规模为 69.63 亿美元。预计到 2021 年，市场规模将达 144.74 亿美元，年增长率为 20.1%。

目前，印尼的主要电商平台有 Lazada、Okopedia、Shopee、Indonesia、Zalora、WOOK、Blibli 等。然而，由于印尼城市建设和基础设施较为薄弱，加之由众多分散岛屿组成，物流成本较高，快递周期长；网速较慢，同时 60% 以上的民众无银行账户，民众对网络支付有顾虑，当前印尼电商环境与中国 10 年前类似，尚处于电商发展的初级阶段，物流和支付是印尼电商发展的两大难题。

目前，印尼第三方支付机构多采用支付网关模式，即通过和银行的支付接口进行联通传输交易数据，支持居民在线交易。印尼常见的网关支付的第三方支付公司主要包括：DOKU、Mopay、IPaymu、Midtrans、TrueMoney、FinPay、KasPay、FirstPay 等（见表 3）。

**表 3　印尼主要第三方支付机构一览**

| 机构 | 主要服务 |
|---|---|
| DOKU | DOKU 成立于 2007 年，是印尼首个在线支付服务商，2012 年 DOKU 便获得电子货币许可证，目前与印尼主流银行联通，支持绑定信用卡、银行，同时作为电子钱包，支持多种线上线下方式充值，并支持多种货币结算。经过近年来快速发展，DOKU 已经成为印尼领先的在线支付解决方案提供商之一 |
| Mopay | Mopay 隶属于德国 MindMatics AG 公司旗下，目前在 10 个国家设有各级分支机构为全球客户提供服务。2013 年进驻印尼，通过与印尼运营商的合作，用户可直接通过其手机话费、座机话费或宽带账户轻松完成在线支付 |
| FinPay | 专注印尼医疗支付服务，包括分期贷款支付、第三方支付服务（信用卡、借记卡、支票等）等 |
| Ipaymu | 服务主要由借记卡、信用卡等支付，支持 137 家银行，特色服务为货到付款（COD）支付服务 |
| Midtrans | 服务包括信用卡支付（VISA/万事达卡/JCB/美国运通卡等）、银行转账（ATM 转账，包括 Bersama、Prima、Alto）、网银支付（mandiri clickpay、CIMB clicks、BRI e-pay、BCA clickpay）、电子钱包（GO-pay、T-cash 等）、便利店支付（Indomaret 网点） |
| TrueMoney | 东南亚知名的支付公司，总部泰国，服务包括电子钱包、网银转账支付、跨境汇款、货到付款支付服务等 |
| KasPay | KasPay 是由印尼最大的网络社区 KasKus 推出的支付服务，功能类似于电子钱包，用户以向 KasPay 虚拟账户充值方式进行支付，支持 BCA、mandiri 等银行转账充值，可用于 KASKUS 论坛消费及网站合作商家消费 |
| FirstPay | 服务包括 E-AVS、信用卡支付、电子钱包支付、虚拟账户充值支付等 |

资料来源：相关机构官网及公开资料。

## （四）众筹市场

现代意义上的众筹起源于美国，ArtistShare 于 2001 年开始运营，被认为是世界上最早建立的众筹网站，主要服务对象是音乐领域的艺术家及其粉丝。自 2005 年之后，大量的互联网众筹平台出现，如 2006 年的 Sellaband、2007 年的 SliceThePie、2008 年的 IndieGoGo 和 Spot. Us、2009 年的 Pledge Music 和 Kickstarter。印尼作为一个发展中国家，紧跟金融科技发展的潮流，近年来涌现出了一些众筹平台。Niko Ibrahim 等指出 2005 年成立的平台 Kiva 可以看成是印尼第一家众筹平台，不过我们认为，真正意义上的众筹平台是 2012 年成立的捐赠型众筹平台 Wujudkan，此后各种类型的众筹平台相继出现，据报道，2017 年 3 月印尼第一家权益性众筹平台 Akseleran 正式上线运营。印尼部分众筹平台概况见表 4。

**表 4　印尼主要的众筹平台概况**

| 平台名称 | 成立时间 | 平台项目类型 | 运营业绩 | 平台收费 |
|---|---|---|---|---|
| Wujudkan | 2012 年 | 捐赠型<br>众筹项目包括电影、书籍出版、创意活动、游戏、时尚、软件等 | 截至 2014 年 4 月平台项目数超过 410 个，其中 16 个成功筹资，筹资额超过 7.6 亿印尼盾；由于入不敷出，平台于 2017 年 3 月关闭 | 不详 |
| KitaBisa | 2013 年 | 捐赠型为主 | 截至 2017 年 11 月初，成功筹资项目 7341 个，筹资总额超过 1723 亿印尼盾，活跃用户数 47.03 万人 | 5%，但对于经过确认的组织或 NGO 的慈善和赈灾项目免费 |
| AyoPeduli | 2014 年 | 捐赠型<br>平台接受健康、教育、环境类的项目 | 较成功的一个项目是为一个照顾致命疾病小孩的组织募集了 1500 美元 | 不详 |
| Crowdtivate | 2015 年 | 回报型 | 新加坡 StarHub 和印尼 Indosat 的合资众筹平台；<br>为创业企业和顾客提供众筹、众投票、众包三种服务 | 4% |

续表

| 平台名称 | 成立时间 | 平台项目类型 | 运营业绩 | 平台收费 |
|---|---|---|---|---|
| Gandeng Tangan | 2015 年 | 回报型 | 目标客户是如小农场主这样的社会企业和微型企业 | 5% |
| Akseleran | 2017 年 | 权益型兼债权型 | 截至 2017 年 11 月初，平台共有 15 个贷款项目，其中 12 个已完成，金额约 38.8 亿印尼盾；权益型众筹共 2 个项目，其中 1 个已经完成 | 权益型众筹为 3% 加上 1000 万印尼盾的管理费；<br>贷款项目为 1% ~3% |
| DanaDidik | 2015 年 | 债权型为主 | 已成功为至少 231 名学生顺利完成学业筹集所需资金 | 5% |
| Kiva | 2005 年 | 债权型 | 贷款偿还率 96.9%；累计 170 万人从平台获得过贷款，客户覆盖 83 个国家；<br>提供个人、家庭等多种用途的贷款，如教育、创业等 | 平台不收取任何费用或利息，收入来源于贷款人的捐赠，或者基金与支持者的捐赠与奖助 |
| Zidisha | 2009 年 | 债权型 | 总筹资额达到 1240 万美元；成功筹资项目数高达 101459 个；会员数共计 17.77 万人，来自 169 个国家，其中借款人 15.2 万人，出借人 2.53 万人 | 5%；通过平台的贷款不收取利息 |
| Crowdo | 2013 年 | 债权型、权益型 | 网贷成交项目数超过 3000 个，会员数超过 3.1 万人；为五大洲的公司融资，资金来自超过 50 个国家的支持者；<br>在印尼暂无权益型项目 | 项目成功全额筹资，平台收费 6.5%；未成功全额筹资，平台收费 9.5% |
| Uangteman | 2014 年 | 债权型 | 平台累计已发放贷款超过 190 万美元；2017 年 8 月获得 1200 万美元 A 轮融资 | 服务费 1%，用户提前还款不收取费用；借款人未及时还款，平台将收取高额利息和滞纳金 |

资料来源：各平台官网及公开信息，嘉银新金融研究院整理；5% 是指平台收取每单贷款额或筹资额的 5% 作为平台收入。

一般我们将众筹平台分为债权型（即 P2P 网贷）、权益型（或股权型）、回报型（或产品型）、捐赠型（或公益型）这 4 种，很显然印尼众筹行业具有以下四个特点。

（1）成立时间普遍很短。P2P 属于广义上的众筹平台，而其他类型的众筹平台只有 3 年至 5 年的时间，更短的只有不到 1 年的时间。

（2）各种类型的都已经出现，部分平台业务多样化，如 Akseleran、Crowdo。

（3）多数平台的运营业绩亮点不多。这从侧面印证了印尼国内普惠金融发展水平不高，我们认为这与印尼国内民众的金融知识匮乏有很大关系，对比印尼潜在的众筹市场规模，未来发展空间相当大。

（4）平台的非营利性特点突出。平台收费机制较单一，这与平台自身的定位有很大关系，不少平台本身就不是以追求盈利为宗旨，而是为创业者、贫困群体、弱势群体提供帮助，追求的是社会效益。

## 三　印尼金融科技前景展望

印尼已有一百多家金融科技公司，大部分是创业公司，公司业务涉及 P2P 借贷、电子钱包、众筹及财务结算。市场数据门户网站 Statista 数据显示，在年增长率为 18.8% 的前提下，2020 年印尼金融科技平台的总交易额预计将达到 145 亿美元。

### （一）金融科技的市场潜力较大

2015 年，印尼金融科技协会（Indonesia Fintech Association，简称 IFA）成立，到 2016 年底已有 55 家企业加入。印尼互联网用户数量达到 1.327 亿。2016 年台式与笔记本电脑访问网络份额仅 28%，同比减少了 41%；与此同时，移动手机访问达到 70%，同比增加 41%，而平板电脑仅 3%。每位互联网用户平均每天花费 4 小时 42 分使用台式或笔记本电脑访问互联网。印尼有 3.263 亿台移动设备，移动手机普及率高达 143%。

印尼仅 36% 的人在正式的金融机构拥有账户。每 10 万人口的银行分支覆盖率仅为欧洲的 1/6。4900 万中小企业无银行融资业务，有 988 万亿印尼盾的融资贷款缺口。P2P 借贷依旧低于 1500 亿卢比（约 7500 万元人民币）。这反映了金融科技发展的巨大市场，无须侵蚀银行的市场份额。

### （二）金融科技企业数量与融资规模同步增长

印尼越来越多的科技公司、初创企业加入金融市场。由于大量金融科技企业的涌现，IFA 正式于 2015 年 9 月成立，其愿景是打造印尼金融科技生态圈，使金融科技在印尼快速成长，服务印尼民众。过去两年是印尼金融科技行业增长最迅速的时段。根据 IFA 的数据，印尼金融科技公司在过去两年增长了 78%。截至 2016 年 11 月，IFA 统计市场上的金融科技企业在 135 ~ 140 家。其中，55 家已经成为协会的正式成员，43% 的金融科技企业活跃在支付领域，从移动支付公司到网络支付。

2016 年，约 32 家投资方投资了印尼金融科技公司（包括本土与外国进驻）。虽然大多数创业公司与资方选择不披露投融资金额，但已披露的金融科技企业投资金额已经达到 4863 亿印尼盾。在过去的一年中，East Ventures 是在印尼最活跃的投资方，投资达 8 起，其次是 500 Startup。

### （三）第三方支付是金融科技发展的主流

在印尼，金融科技领域包括 P2P 借贷、第三方支付、个人理财等。据公开市场调查，71.66% 的人对金融科技表示陌生，仅 18.46% 称使用过金融科技相关服务，其中 81.08% 由银行提供，仅 10.27% 来自非银行机构。

虽然投资者对金融科技领域并不熟悉，资本对印尼金融科技领域却抱有极大的热情。2016 年约 32 家投资方投资了印尼金融科技公司，已披露的金融科技投资金额达到 4800 亿印尼盾。根据 CB Insights 估计，印尼金融科技领域在 2017 年至少会有 50 笔投资，而三年前，印尼金融科技领域全年只有三笔投资。2015 年时，印尼市场上的金融科技企业仅在少数。数据显示，印尼 43% 的金融科技企业活跃在支付领域，从移动支付公司到网关支付，电商企业的推动作用不言而喻，第三方支付目前是金融科技的主流。网贷业务占比为 17%，众筹业务占比 8%，个人理财业务占比 8%。

### （四）监管为金融科技的发展提供规范和指引

印尼监管部门也在出台相关政策以规范金融科技行业发展，如在借贷领域，印尼金融服务管理局（OJK）在2016年底签发的No. 77/POJK. 01/2016的监管文件对P2P提出明确资金要求，按照规定P2P网贷平台注册资金至少10亿卢比（7.4万美元），申请牌照需要的注册资金不得少于25亿卢比。这较之前监管草案中要求的20亿卢比和50亿卢比大幅降低。在支付领域，印尼央行2016年下发文件将移动支付工具在线转账额度上限由500万卢比提升至1000万卢比，这都为金融科技领域的发展提供了弹性和空间。

## 四　总结

1. 金融科技整体发展步伐较快

总体来看，印尼基于较好的互联网基础设施和快速的经济增长，金融科技市场在蓬勃发展中，截至2016年底的数据，已经有一百多家企业，在筹建中的金融科技企业也很多。主要集中在支付、数据技术、网络借贷这三大子行业。

就网贷行业而言，监管政策已经出台，平台只能作为运营方，做借款人和投资人的撮合。目前已经获取牌照的有26家，还有一些已登记注册或在申请中。模式也较为多样化，有面向个人和中小企业的贷款，也有特定用途和场景的贷款。中国一些知名网贷企业也已经开始布局，有几家已经上线了借款APP并在OJK注册。

就互联网支付而言，由于印尼居民持卡率不高以及线下支付的便捷性，尽管有了第三方支付公司，但是发展比较缓慢。印尼支付市场仍以线下支付为主，网购支付更多以“线上选购+线下支付”的方式进行，即线上创建的订单，线下通过便利店现金充值支付、ATM转账或货到付款。其中，小额支付主要是靠手机运营商代扣；稍大额购物，就会线上创建订单，然后线下去便利店现金充值、ATM付款或货到付款。目前印尼支付服务机构虽然有 80 ~ 100 家，行业内尚未形成“独角兽”式竞争态势。

印尼有信息信用局，有查询信用的系统，主要是传统银行和非银金融机构提供的数据。征信行业目前覆盖人群少，很多印尼人并没有征信记录。目前第三方征信和大数据公司也处于初始阶段。

2. 监管在适应过程中不断完善

印尼的金融科技处于初始的快速成长阶段，在监管政策上借鉴了其他国家的经验。为了鼓励金融科技的发展，印尼监管部门的监管政策更多倾向于鼓励和支持的政策。比如，印尼金融服务管理局在 2017 年初将 P2P 网贷平台注册资金和申请牌照需要的注册资金分别由 20 亿卢比和 50 亿卢比分别降低到 10 亿卢比和 25 亿卢比；印尼央行在 2016 年将移动支付工具在线转账额度上限由 500 万卢比提升至 1000 万卢比。这些鼓励的政策都有利于推动印尼金融科技的发展。

根据德勤与印尼 FinTech 协会的调查结果，印尼金融科技中最需要明确规则与监管的是网络支付、然后是电子货币和电子钱包、KYC 原则、P2P 借贷等。49% 的金融科技企业认为印尼当前的金融监管是迟钝的；61% 的金融科技企业认为目前印尼监管或规则依旧处在不清晰或者灰色地带。对于缺乏清晰的监管，印尼政府预计后续会推出明确的监管体系。

3. 市场潜力与挑战并存

随着智能手机的推广，印尼金融科技处于移动端阶段。但由于金融服务和科技能力的不足，互联网支付推广、网贷及大数据征信等发展还不成熟。印尼政府希望在 2020 年实现 1300 亿美元的数字经济规模，而金融科技无疑是这一目标的主要驱动力。随着印尼的年轻人数量开始逐渐增多，消费者也变得更加自信，而且中产阶级数量和智能手机普及率不断提高，很多新创公司正在颠覆印尼消费者和小企业金融服务。在认识到行业变化之后，一些印尼的传统银行业开始转型，有的开始设立自己的风险投资公司并直接投资金融科技初创公司，有的则计划直接收购一些初创公司。另外，风投公司还投资了不少提供金融产品的初创公司，帮助金融机构获得更多客户。印尼金融科技市场潜力将随着进一步发展而逐步释放出来。

印尼金融科技仍然面临很多挑战。印尼科技企业的这些挑战包括，需要更明确的规则、更多的合作，人才缺乏和金融素养有待提高。目前印尼有三大金融监管机构，分别是印尼央行、金融服务管理局与通讯信息技术部，这三大监管机构的职能需要进一步明确。另外，随着公司的成长，对人才的需求将发生转移，印尼金融科技企业中，年轻的公司需要更多数据分析型人才，而已运营几年以上的公司则对风险管理人才更渴求。这些都需要在金融科技的进一步发展过程中逐步解决。

## 皮书起源

“皮书”起源于十七、十八世纪的英国，主要指官方或社会组织正式发表的重要文件或报告，多以“白皮书”命名。在中国，“皮书”这一概念被社会广泛接受，并被成功运作、发展成为一种全新的出版形态，则源于中国社会科学院社会科学文献出版社。

## 皮书定义

皮书是对中国与世界发展状况和热点问题进行年度监测，以专业的角度、专家的视野和实证研究方法，针对某一领域或区域现状与发展态势展开分析和预测，具备原创性、实证性、专业性、连续性、前沿性、时效性等特点的公开出版物，由一系列权威研究报告组成。

## 皮书作者

皮书系列的作者以中国社会科学院、著名高校、地方社会科学院的研究人员为主，多为国内一流研究机构的权威专家学者，他们的看法和观点代表了学界对中国与世界的现实和未来最高水平的解读与分析。

## 皮书荣誉

皮书系列已成为社会科学文献出版社的著名图书品牌和中国社会科学院的知名学术品牌。2016 年，皮书系列正式列入“十三五”国家重点出版规划项目；2013~2018 年，重点皮书列入中国社会科学院承担的国家哲学社会科学创新工程项目；2018 年，59 种院外皮书使用“中国社会科学院创新工程学术出版项目”标识。

# 中国皮书网

（网址：www.pishu.cn）

发布皮书研创资讯，传播皮书精彩内容
引领皮书出版潮流，打造皮书服务平台

## 栏目设置

关于皮书：何谓皮书、皮书分类、皮书大事记、皮书荣誉、
皮书出版第一人、皮书编辑部

最新资讯：通知公告、新闻动态、媒体聚焦、网站专题、视频直播、下载专区

皮书研创：皮书规范、皮书选题、皮书出版、皮书研究、研创团队

皮书评奖评价：指标体系、皮书评价、皮书评奖

互动专区：皮书说、社科数托邦、皮书微博、留言板

## 所获荣誉

2008 年、2011 年，中国皮书网均在全国新闻出版业网站荣誉评选中获得“最具商业价值网站”称号；

2012 年，获得“出版业网站百强”称号。

## 网库合一

2014 年，中国皮书网与皮书数据库端口合一，实现资源共享。

权威报告·一手数据·特色资源

# 皮书数据库

## ANNUAL REPORT(YEARBOOK) DATABASE

## 当代中国经济与社会发展高端智库平台

### 所获荣誉

- 2016年，入选“‘十三五’国家重点电子出版物出版规划骨干工程”
- 2015年，荣获“搜索中国正能量 点赞2015”“创新中国科技创新奖”
- 2013年，荣获“中国出版政府奖·网络出版物奖”提名奖
- 连续多年荣获中国数字出版博览会“数字出版·优秀品牌”奖

### 成为会员

通过网址www.pishu.com.cn访问皮书数据库网站或下载皮书数据库APP，进行手机号码验证或邮箱验证即可成为皮书数据库会员。

### 会员福利

- 使用手机号码首次注册的会员，账号自动充值100元体验金，可直接购买和查看数据库内容（仅限PC端）。
- 已注册用户购书后可免费获赠100元皮书数据库充值卡。刮开充值卡涂层获取充值密码，登录并进入“会员中心”—“在线充值”—“充值卡充值”，充值成功后即可购买和查看数据库内容（仅限PC端）。
- 会员福利最终解释权归社会科学文献出版社所有。

社会科学文献出版社 SOCIAL SCIENCES ACADEMIC PRESS (CHINA) 皮书系列

卡号:851332773869

密码:

数据库服务热线：400-008-6695
数据库服务QQ：2475522410
数据库服务邮箱：database@ssap.cn
图书销售热线：010-59367070/7028
图书服务QQ：1265056568
图书服务邮箱：duzhe@ssap.cn

# S 基本子库
## UB DATABASE

### 中国社会发展数据库（下设 12 个子库）

全面整合国内外中国社会发展研究成果，汇聚独家统计数据、深度分析报告，涉及社会、人口、政治、教育、法律等 12 个领域，为了解中国社会发展动态、跟踪社会核心热点、分析社会发展趋势提供一站式资源搜索和数据分析与挖掘服务。

### 中国经济发展数据库（下设 12 个子库）

基于“皮书系列”中涉及中国经济发展的研究资料构建，内容涵盖宏观经济、农业经济、工业经济、产业经济等 12 个重点经济领域，为实时掌控经济运行态势、把握经济发展规律、洞察经济形势、进行经济决策提供参考和依据。

### 中国行业发展数据库（下设 17 个子库）

以中国国民经济行业分类为依据，覆盖金融业、旅游、医疗卫生、交通运输、能源矿产等 100 多个行业，跟踪分析国民经济相关行业市场运行状况和政策导向，汇集行业发展前沿资讯，为投资、从业及各种经济决策提供理论基础和实践指导。

### 中国区域发展数据库（下设 6 个子库）

对中国特定区域内的经济、社会、文化等领域现状与发展情况进行深度分析和预测，研究层级至县及县以下行政区，涉及地区、区域经济体、城市、农村等不同维度。为地方经济社会宏观态势研究、发展经验研究、案例分析提供数据服务。

### 中国文化传媒数据库（下设 18 个子库）

汇聚文化传媒领域专家观点、热点资讯，梳理国内外中国文化发展相关学术研究成果、一手统计数据，涵盖文化产业、新闻传播、电影娱乐、文学艺术、群众文化等 18 个重点研究领域。为文化传媒研究提供相关数据、研究报告和综合分析服务。

### 世界经济与国际关系数据库（下设 6 个子库）

立足“皮书系列”世界经济、国际关系相关学术资源，整合世界经济、国际政治、世界文化与科技、全球性问题、国际组织与国际法、区域研究 6 大领域研究成果，为世界经济与国际关系研究提供全方位数据分析，为决策和形势研判提供参考。

# 法律声明